新闻出版博物馆 文库·研究

近现代大众读物的编写、出版和影响

中国近现代新闻出版博物馆
复旦大学历史学系 编

中 华 书 局

图书在版编目(CIP)数据

近现代大众读物的编写、出版和影响/中国近现代新闻出版博物馆,复旦大学历史学系编. —北京:中华书局,2024.12. —(新闻出版博物馆文库). —ISBN 978-7-101-16876-1

Ⅰ.G239.295

中国国家版本馆 CIP 数据核字第 20244DB028 号

书　　名	近现代大众读物的编写、出版和影响	
编　　者	中国近现代新闻出版博物馆　复旦大学历史学系	
丛 书 名	新闻出版博物馆文库	
责任编辑	董洪波	
装帧设计	刘　丽	
责任印制	陈丽娜	
出版发行	中华书局	
	（北京市丰台区太平桥西里 38 号　100073）	
	http://www.zhbc.com.cn	
	E-mail:zhbc@zhbc.com.cn	
印　　刷	三河市中晟雅豪印务有限公司	
版　　次	2024 年 12 月第 1 版	
	2024 年 12 月第 1 次印刷	
规　　格	开本/710×1000 毫米　1/16	
	印张 23¼　插页 2　字数 370 千字	
印　　数	1-1000 册	
国际书号	ISBN 978-7-101-16876-1	
定　　价	98.00 元	

新国生版博物馆 文库

目　录

1

序　言

张仲民

从 2008 年以来,复旦大学历史学系就开始和中国近现代新闻出版博物馆合作,那时的新闻出版博物馆还处在筹备期。转眼十余年过去,双方多次的合作催生出诸多的成果。这本《近现代大众读物的编写、出版和影响》即双方在中国近现代新闻出版博物馆正式开馆后合作举办的第一次学术研讨会的部分论文结集。

近现代中国出版编写的大众读物种类甚多,数量巨大,影响也甚大。其中它们对近现代中国的民族主义和大众文化的打造,特别是对启蒙与革命事业的催动,都居功甚伟。作为近现代中国印刷业中心和文化中心,上海是近现代中国大众读物的最重要产地。这些在过去学者们的研究中多多少少都有所体现,但与其实际发挥的作用和扮演的角色相比,学术界的研究并不足够。故地处上海的中国近现代新闻出版博物馆和复旦大学历史学系决定召开一次专题讨论会,希望从更为多元、更为细致的角度关注近现代大众读物的编写、出版和影响等问题。会议通知发出后,我们收到了近 200 个回复,最终有 180 余篇论文提交,大家论文关注的近现代大众读物的广度、深度都呈现出新的面貌,涉的学科也非常广泛,有历史学、出版学、编辑学、图像学、文学、美学、艺术、哲学、图书馆学、营养学等。但限于会议规模,最终我们不得不忍痛割爱,从中选择了 40 余篇与会交流。由于本次会议安排了较为充分的评论和讨论时间,大家交流都比较坦诚,自然收获也较多。

现在会议论文集即将推出,但限于篇幅,主办方只能从中选出 19 篇。这些论文中,关注大众读物与大众阅读情况的论文较多。其中陈宜然关注了近代期刊中关于西南民族的报道,这些基于现代性和男性知识精英立场的文献再现和建构了西南少数民族婚恋观念和风俗习惯,其中不乏猎奇与优越心态,但其中也包含女权色彩和对婚姻自由的认可,这实际显示了在近代中国国族打造过程中的复杂性,不便以"文明"或"融合"这类进步叙述进行标签化,作者对此似应多加检讨。梁艳则对民国时期中华书局出版的"世界童话"丛书及其日文底本进行了研究,试图厘清该丛书的"材源"之外,还从内容、语言、插图等角度分析该丛书的编译策略和出版特色,以及其影响。刘善涛、杨亚妮的论文通过对近代西人所编辞书关于"金"字的再现情况的分析,讲述了在汉语近现代转型的大背景之下,西人辞书所发挥的重要作用。乔世华则分析了民国时期连环画流行的情况及其原因,还讨论了其与外部环境的关系。张玉亮关注了民国初年谭嗣同文章和著作的流行情况,并列举了其版本情况及其对于谭嗣同形象的建构情况。张子旭则对商务印书馆出版的谢洪赉《最新中学教科书瀛寰全志》底本进行了研究。陆秀清关注了1930年代中期舒新城主持编选中华书局"中华百科丛书"的出版过程,还考察了其影响情况,不过比较依赖当事人的说法,对丛书商业层面和影响层面的勾勒不太深入。万益君对民国时期的儿童白话尺牍从问题和内容角度进行了分析,并试图将该问题理论化、类别化,但同样存在忽略其商业性和受众反应的情况。温长松关注了抗战时期大后方的抗战壁报宣传,分析了其形式和内容,以及其影响。但与前两文存在同样的问题,即忽略了这些壁报作为宣传媒介本身引发的社会效果具体如何。周蓓研究了抗战时期营养卫生读物的编撰、出版与内容等情况,并试图分析这些著作出版的意义。

较之上述研究,徐添的文章则关注了五四时期无政府主义出版物的发行、宣传和流通情况,尤其是注意列举若干读者阅读接受的个案进行分析。罗宇谦的论文也是类似取径,他关注了抗战时期重庆大后方"抗战小丛书"的出版背景、文本内容及传播成效。郭永钦关注了《青年技术》杂志译介的大批反特侦探小说,分析了其对中国本土的反特公安文学的影响。张睿睿讨论了1932年创刊的《论语》上登载的有关教育的幽默作品,借以考察知识精英如何以幽默的方式让大众读者层参与对现代教育的讨论,同时关注读者的反馈,进而揭示双方实现良性互动的情况。

在有关大众读物的生产者方面,宫陈利用了大量细节材料关注了1949年前后商务印书馆实际负责人张元济的处境和心态,特别钩沉了他与各方打交道的过程和经营商务印书馆的策略,言前人未曾言,这样的研究取径对深化张元济乃至商务印书馆的研究很有贡献。莫为以《圣教杂志》上刊载的徐宗泽的翻译文章为研究对象,讨论了徐宗泽的翻译思想。邵文菁则关注了《点石斋画报》的画师,分析其创作方式、知识来源,以及新的印刷技术影响下画报的生产方式。韦昊昱讨论了第一位在西方大学获得艺术史博士学位的中国人滕固的《中国美术小史》的成书经过,试图从艺术史研究范式转型的角度进行考察,并对滕固未完成的志业进行了评述。

总起来看这批即将结集出版的各篇论文,各有新意,涉及的领域多属既往研究者甚少关注,或即便有所关注,但研究深度不足够的问题。由此也反映出本次会议较高的学术水准。现在新闻出版博物馆各位精心选编的这本论文集即将付梓,作为合作方,也作为本次会议的实际操办者之一,博物馆请我代撰序言,惶恐之余,只好简单写下以上阅读各位先进论文的感受,若有助于激发读者进一步阅读原作的兴趣,则于愿足矣。

石印媒介时代的新闻插图画师
及其构建的现代图景

——以《点石斋画报》画师为例

邵文菁

（上海市历史博物馆/上海革命历史博物馆）

引言

    19 世纪 70 年代以后的几十年间,石版印刷技术在上海出版业普遍应用。石印为德国人逊纳菲尔德(Aloys Senefelder,1771—1834)发明,因以石版为转印介质印刷,省去了木版印刷或铜板蚀刻印刷的镂刻环节,大大降低了人工技术要求,普通的印刷工人经培训便可完成图像印刷。而真正开启"石印书时代"的,是照相石印术。石印机器代替人力,加快了生产速度,配套廉价的机制连史纸,能很快生产出大量低价的图像印刷品。

    随着清末江南农村地区众多劳动力涌向相对稳定的上海租界,城市的工人阶级和小资产阶级渐渐形成。他们阅读能力有限,也没有充足的闲暇时间学习和欣赏高雅的知识阶层的文化。当城市阻隔了他们与固有民间文化的联系,他们的生活方式和兴趣取向也发生了转变。城市里精明的商人及时发现了这一新群体的消费需求。① 而印刷技术的迭代更新助力了上海大众图书消费市场的形成,促使大批量的、符合世俗审美的图像在清末上海产生。图像的效果必须借助各种用途居中才能发挥,而人们观看图像的社会传播环境则是促成图像作用的居间。② 石印画报及绣像本的普及,培养了更多的"机械复

---

① 万书元：《尴尬的现代性——〈申江胜景图〉新解》,《同济大学学报(社会科学版)》2020 年第 6 期。
② 韩丛耀：《图像：一种后符号学的再发现》,南京大学出版社 2008 年版,第 1—2 页。

制"图像的欣赏者。

"媒介即讯息",本文试图以"石印"这一媒介技术为切口,以石印新闻画报《点石斋画报》为例,考察在媒介技术变化的影响下,新闻插图画师作图方式、职业功能上的突破,兼论他们对现代图景构建的特殊意义。

一、石印新闻插图画师的代表人物

1884 年申报社创办的《点石斋画报》是中国出版史上最负盛名的石印画报,有众多当时的名画家参与创作。据统计,全套《点石斋画报》4 666 幅画里,可确定身份的画师有 23 人①,画师团体相对稳定。最早加入《点石斋画报》的画师有吴友如、金桂(蟾香)与张志瀛。创刊之初的新闻画多为吴友如所作,金桂与张志瀛的作品较少。随着《点石斋画报》的市场被打开,其创作者队伍也越来越庞大,如朱儒贤(云林)、顾月洲、贾醒卿、符节(艮心)、葛龙芝、田英(子琳)、马子明、吴子美、沈梅坡、李焕垚等画师也加入进来。纵观画报全帙,画作数量过百的画师分别有:符节,1 169 幅;金桂,1 126 幅;何元俊,810 幅;张志瀛,501 幅;吴友如,443 幅;田子琳,210 幅;周慕桥,135 幅。② 他们当中极少人有其他作品传世,因而能够名传至今,多仰仗后人对《点石斋画报》的重视。他们在为《点石斋画报》供稿时遵循了画报要求的统一风格,服从了办报理念。由于画报风格的一致性,在后世的文献中,他们的名字也常常被最有名的"吴友如"所代替。

对石印新闻插图画师的研究,多以吴友如(约 1840—1893)为例。或考证其生平与作品,分析其中西融合的艺术风格及新闻画题材的创新性。③ 或根据其前后期创作目的的改变,推论画家心态的转变。④ 有关吴友如的生平,后

① 黄永松:《〈点石斋画报〉简介》,载叶汉明、蒋英豪、黄永松编《〈点石斋画报〉通检》,(香港)商务印书馆 2014 年版,第 XIII 页。
② 张伟:《绘时事与新知 开一代之风气——纪念〈点石斋画报〉创刊 130 周年、吴友如逝世 120 周年》,《新民晚报》2014 年 12 月 7 日。
③ 潘建国:《近代海上画家与通俗小说图像的绘制》,《荣宝斋》2007 年第 3 期;邬国义:《近代海派新闻画家吴友如史事考》,《安徽大学学报(哲学社会科学版)》2013 年第 1 期;邓怡然:《〈点石斋画报〉与〈飞影阁画报〉的关联探究》,载李雪涛、[日]沈国威主编:《亚洲与世界 第 3 辑》,社会科学文献出版社 2020 年版。
④ 潘耀昌:《从苏州到上海,从"点石斋"到"飞影阁"——晚清画家心态管窥》,《新美术》1994 年第 2 期;吴雪杉:《终嫌时尚:吴友如的"名家"理想》,《文学与文化》2014 年第 4 期;刘权:《由"俗"归"雅"——吴友如光绪十六年后的新选择》,《美术研究》2017 年第 3 期。

世学者考证颇多，说法种种。他本人在创办《飞影阁画报》时写下的自述，应当最有说服力。吴友如称"余幼承先人余荫，玩愒无成，弱冠后遭赭寇之乱，避难来沪，始习丹青，每观名家真迹，辄为目想心存，至废寝食，探索久之，似有会悟，于是出而问世，借以资生。前应曾忠襄公之召，命绘功臣战绩等图进呈御览，幸邀见赏，余由是忝窃虚名。逾事竣旋沪，索画者空集，几于日不暇给，故设《飞影阁画报》，藉以呈政……"① 由此可知，吴友如年少时生活无忧，20 岁后因姑苏老家遭兵灾而来沪避难，才开始学习绘画。废寝忘食地学习名家之作，终有所成，让他能够以绘画为生。

与吴友如同门的周慕桥、张志瀛、何元俊的事迹也有文献记载。"自吴谢世，继起为难，惟周君慕桥天姿秀拔，笔意清超"② 。周慕桥（1868—1922），名权，字慕桥，亦作慕乔，号梦樵、梦蕉、红薇馆主、花（华）朝生，早年跟随吴友如。周家祖籍江苏苏州，因经商迁居上海。周慕桥从小在绘画方面天赋异禀，后拜于张志瀛门下。当时张志瀛已是闻名于沪上的画家，尤擅绘仕女人物，"沪人士争慕之，以得其一帧一幅为宝贵"③ 。在张志瀛的诸多弟子中，周慕桥"一指授即领悟，颇有颜氏子闻一知十之概"，并能"揣摩尽致，笔意活泼"④ 。张志瀛另一得意门生，也是入室弟子，是上海人何元俊（明甫），"能得师薪传"，"规抚合法"⑤ 。除了他们以外，其他《点石斋画报》的画师即使在当时名噪一时，也很少有传世文献记载其生平。

二、石印新闻插图画师的创作方式

萨空了将《点石斋画报》创刊至 1920 年称作中国画报的"石印年代"⑥ ，阿英把这一阶段划作中国画报的第二时期⑦ ，都是以媒介技术为依据的。图像复制技术的改变，导致了创作方式的变化。《点石斋画报》的插图模式为后来大批时兴的石印画报提供了范式。

---

① 转引自董惠宁：《〈飞影阁画报〉研究》，《南京艺术学院学报》2011 年第 1 期。
② 飞影阁启：《飞影阁新出中日战图》，《申报》1894 年 8 月 30 日。
③④⑤ 练川饮秋氏：《周慕桥小传》，《繁华杂志》第三期，1914 年 11 月。
⑥ 萨空了：《五十年来中国画报之三个时期及其批评》，燕京大学新闻学系：《新闻学研究》，良友公司 1932 年版，第 1—3 页。
⑦ 阿英：《中国画报发展之经过》，《良友》1940 年总第 150 期。

（一）新闻画的绘制规范

吴友如作为点石斋石印书局早期的合作者，为《点石斋画报》的插图风格定下了基调。画报第一期至第四期的插图皆出自吴友如与金桂二人之手，而吴友如的作品占绝大多数。1884 年 6 月 4 日起，《申报》开始刊登《请各处名手专画新闻启》，这是一份向各界广征新闻画的"征稿启事"。此时《点石斋画报》已发售至第三期。从《申报》打出的画报出售广告可知，画报第三期发售时，第四期已定稿。而从第五期开始，便有其他画师参与进来，似乎可证"征稿启事"的效果。该启事提出的各项要求中，并未提及作画的风格，可此后画报中的各幅画作风格却千篇一律。可见，吴友如所绘前三期的画报，为投稿者提供了参考标准。最后被画报录用的画作均似吴友如的画风。

从启事中可以看到画报为适应石印而对画师作画提出的要求。其中对画师投稿的规格和流程作了明确的规定："以洁白纸新鲜浓墨绘成画幅，另纸署明事之原委函寄本斋。……画幅直里须中尺一尺三寸四分，横里须中尺一尺六寸。除题头应空少许外，必须尽行画足。"[1] 这里透露了《点石斋画报》原稿的尺寸为纵一尺三寸四分，横一尺六寸，约 44.67×53.34 厘米。上海市历史博物馆藏的《点石斋画报》"原稿"实际为石印前用于制作湿片的"书底"，尺寸约为 52.5×62 厘米。[2] 一般为保证图文的清晰度，书底宜大些，拍摄时可通过调整焦距缩放图文尺寸。因此要求画师统一提供大尺幅画稿，使底图比册页打开尺寸大约 4 倍。除每册画报的第一幅和最后一幅画外，中间几幅画均为左右双幅对开，所以制作书底须将原稿左右对裁开，前一幅画的左半幅与后一幅画的右半幅拼成一页，当中留出添加书口的空隙，加上版框。四周留出一定的空白，以便印刷时空出天头地脚。右边空白处标记该图所在期号和页码，用于留档，不被拍摄制版。因此，书底的尺寸比画稿要更大，且保留了制版标记。

另外，启事还透露了"图"与"文"的关系。"另纸书明事之原委"，"除题头空少许外，必须尽行画足"等语说明，画上的题记并非画师所写。从画报书底上的痕迹也可印证，画面、文字、标题、落款、书口等，是从不同稿纸上剪切下来

---

① 点石斋主人：《请各处名手专画新闻启》，《申报》1884 年 6 月 4 日。
② 上海市历史博物馆藏《点石斋画报》书底因经过托裱，尺寸与原初状态有出入。

再拼接而成的。使用照相石印法"若须加圈点者,则可用朱印色打上,图书亦可用朱,惟不可用蓝色。因蓝色受光过强,不能显影于湿片之上,故着色之画及旧板之书,不宜于石印"①。在画报前几期的插图书底上,款识为朱砂色。而在画报印成后,款识为黑白。因除蓝色外,其他颜色在石印后均为墨色。之后书底上的"款识"使用墨色绘制。

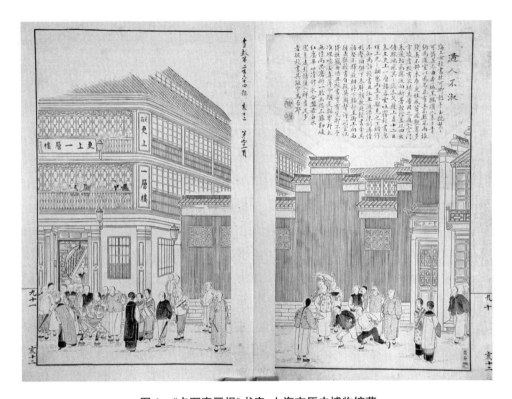

图1 《点石斋画报》书底,上海市历史博物馆藏

(二)作为美术编辑的画师

照相石印技术虽然可实现图像的翻印,但并不意味着画师作用的减弱。相反,画师对原有图像的编辑处理,对插图更加完美的呈现发挥了重要作用。据1918年第3期《家庭常识》中的《照相石印法》一文介绍:"书底如有墨污,可

---

① 《照相石印法》,《家庭常识》1918年第3期。

用白铅粉涂之。错字，则涂粉候干，更书其上。"①画报书底上清晰可见白色颜料覆盖原先笔迹再重画的情形。这些修改可能是画师自己在创作时涂改的，更有可能是点石斋的"美术编辑"对原作的修改和调整。这些拼贴和白粉涂改的痕迹因颜色与纸张接近，黑白对比不强烈，不会显现在湿片上。中国传统绘画中常用有覆盖性的白色颜料在深色底色上描绘纹饰，这一做法在石印书底上也有体现。同时，白色颜料还可以描绘出镂空部分，或提升亮度，表现事物的立体感。黑白对比越明显，显影则越清晰，这也是要求画师需"以洁白纸新鲜浓墨绘成画幅"的原因。

以 1889 年开始在《点石斋画报》上连载的"卧游图"系列为例。画家徐家礼临摹过的古画，经由整理和二次加工形成了一组主题统一、形式一致的古画图谱。徐家礼临摹古画，减少渲染和积墨，重绘成适用于石印技术的白描本，实现"再媒介"的转化。② 显然，徐家礼的"临摹"一方面是为连续出版物这种形式服务的，另一方面则是为石印技术的特性服务的。

画报中的图画也并非全为画师所作。从《点石斋画报》书底中保留的《暹罗白象》一页可以得知，《暹罗白象》这则新闻取材美国《哈珀周刊》（*Harper's Weekly*）1884 年 4 月 19 日刊登的《亚洲之光——来自暹罗的白象》（*The Light of Asia—White Elephant from Siam*）。图像便是直接用照相石印术翻印了《哈珀周刊》上的铜版画。唐宏峰认为"这是由于图像本身太过复杂（线条纹理过细过密），点石斋没有采取画师临摹的方法，而是决定直接复制该图像"③。实际上，"细密的线条"对于《点石斋画报》的画师来说并非难事，在其他画作上已经可以看出画师们的精工细作。直接翻印铜版画更有可能是因为《哈珀周刊》上的图像黑白分明，线条清晰。在《点石斋画报》中还有不少图像可以从西方铜版画报上找到原型，尤其以西人肖像的案例居多。但如同《暹罗白象》这样直接从其他报纸上翻印的做法却不常见。④ 多数图像还是由《点石

---

① 《照相石印法》，《家庭常识》1918 年第 3 期。
② 唐宏峰：《透明——中国视觉现代性（1872—1911）》，生活·读书·新知三联书店 2022 年版，第 142—148 页。
③ 同上书，第 90 页。
④ 唐宏峰认为《孤拔真像》（丁七，四十九）没有画师署名，"真像"二字也强调摄影媒介，图像下面还有一行英文印刷体字，而上海市历史博物馆藏原稿上也只有文字没有图像，可推测这页图像和《暹罗白象》一样，也是直接复制自西方版画。参见唐宏峰：《透明——中国视觉现代性（1872—1911）》，第 106—110 页。

斋画报》的画师对照铜版画或照片进行临摹作为书底。唐宏峰认为这不是技术问题,而是中国人对人物肖像绘画风格接受的问题。[1] 这当然是很重要的原因之一,但画报原图的尺寸大小及明暗线条是否适应照相石印也是很重要的因素。阴影面积过大,黑白对比不够明显的图像,更需要画师作为美术编辑,进行加工处理。用石印翻印书法、碑帖和白描作品已被证明是非常成功的了。[2] 因此用白描技法结合点、线表现阴影,重新临摹西方人物,既可还原图像,也可以过滤掉不必要的深色背景和阴影,使小尺幅的画面干净清晰。

如徐家礼及吴友如等为《点石斋画报》作画的画师,已充分掌握了石印技术原理。他们也十分明白,自己的画作是专为画报所设计的,人们最终见到的作品是"机械复制时代的艺术品"。至少他们在参与石印插图本时,已将自身定位为插图设计师。《点石斋画报》的画师们遵照石印的技术要求,仿照吴友如的"打样",投身于石印画报的生产中。虽然他们在画报上拥有署名权,但为

图 2 《暹罗白象》,载《点石斋画报》(民国东陆社版)

符合画报的品质水准,都隐藏了自己的创作个性,仿佛在流水线上因循吴友如的设计,进行着插图的标准化生产。正因为他们表现出印刷资本的雇佣工人的姿态,他们的作品也进入了套路化的创作。

三、"石印"造就"绘画时事者"

文学的图像化是一种普遍的文化现象,古今中外皆有之。在以"画"作为主要信息传递的视觉文化体系下,图像用以诠释文学,有更强大的再现性。图

---

① 唐宏峰:《透明——中国视觉现代性(1872—1911)》,第 110 页。
② 参见此一时期《申报》上频发的"新印碑帖书籍出售"的广告,以及点石斋印画谱、楹联等商品。

像的生成机制是与世界之间的"相似性",而受众则是凭借"直观经验"获得图像的意义,所以文学难以在"具象性""直观性""真实性""当下性"等方面与图像竞争。"石印既行,始有绘画时事者"①,石印画报的读者无须像阅读文学那样,在脑海里破译出一幅符合文字描绘的图景,他们可以从"绘画时事者"提供的图像中直接获得信息。

(一)新知识的图解者

异国风光和西方科技发明是满足当时人们猎奇心理的素材。在《点石斋画报》之前的画报多采用木版或铜版制图来表现这些新鲜事物。不论是申报馆出品的《寰瀛画报》,还是教会所办的《小孩月报》《画图新报》等,皆"纯为历象、生物、汽机、风景之类"②,倚重"图"的"存形""知类"的功能,并不具备"画报"的新闻性。这一时期的画报主办者自居于传播西方文明的优势地位,仿照中式图书的装帧排版,试图让中国读者接受西方的自然科技知识,使得画报具有强烈的说教意味。然而这些画报的影响力却并不很大。

石印画报的新知识传播力反而在扩大。受众乐于放弃"阅读"而选择"观看",很重要的原因在于图像被视为认识世界的"经济"模式。③ 为了使读者更省力、更愉悦地享受"观看"的过程,画师就要代替读者理解文字,承担起将文学图像化的工作。对于未曾见过的事物,画师通过对文字的理解发挥想象力,把自己头脑中的意象传达给大众。他们甚至需要将自己都不曾知晓的事物变得具象化、可信化。

如介绍"潜艇"的《水底行船》(吴友如绘,1884 年第 1 期)来源于 1883 年 10 月《画图新报》上的一则消息《水底行舟》。《画图新报》处于"中国的画报萌芽时代"④,由美国传教士范约翰(John Marshall Willoughby Farnham)创办于 1880 年 5 月,偏重知识的介绍。关于这则消息,《画图新报》并没有配以图版。《画图新报》的《水底行舟》载:

> 美国新闻纸云,有美国人名李哲礼者,向有巧思,能创造各种新奇机器,前

---

① 戈公振:《中国报学史》,上海古籍出版社 2014 年版,第 191 页。
② 同上书,第 191 页。
③ 赵敬鹏:《"文学与图像关系"视野下的"形象思维"问题重估》,《西南民族大学学报(人文社科版)》2017 年第 4 期。
④ 阿英:《中国画报发展之经过》,《良友》1940 年总第 150 期。

曾造一机器,传于人身,可以飞行绝迹,现在又欲造一能行水底之船。盖以北极地多冰洋,各国探路之船至此,无不折回。然冰在水上,冰之下,则仍是水,因拟造此船,以行于北极。其船长二百尺,形如鸭蛋,以铜为之,前后上下,各开一孔,而镶以厚玻璃,以便外视。船尾一轮,船底一轮,用螺丝轮可以浮沉随意,遇冰则旋而下,无冰则旋而上,气皆收诸船中,或不足用,则旋向无冰处,可以续收新气,船中机器,不用煤力,但须用油燃火,已足运动。船上所用之灯,皆系电气灯。船内只须用二十人已足。刻下已在大池中造一小样,试行甚为灵便。俟将来造成之后,当非北极冰洋所能阻,且设有战事,此船亦适于用。是真可谓巧夺天工矣。①

《点石斋画报》根据《画图新报》中的文字描述,绘成图像。但《点石斋画报》中的《水底行船》题记这样写:

> 地球外围皆是水,东西则通,南北则窒,以日光不到,水结层冰故也。西人每于人力告穷之处,思有以通之。美国李哲礼者,精格致之学,新创一船,能行水底。盖知冰山之下仍有水也。船长三百尺,以铜为质,形如卵,中藏机器,设电灯。上下、前后、左右俱有孔,镶嵌玻璃,以通外视。外附两轮,一在船底,一在船尾,鼓气入其中,便可浮沉随意。而其浮沉之所以随意者,以螺丝旋为枢纽也。至于驶行之法,则不用煤而用油,燃火于油机,轮环动。从此天地之秘俱可昭宣,而风浪有所不惊、山礁知所预避,行海者如履平地。虽古所称为地行仙,当亦无多让也。

题记可看出《水底行船》选材的参考痕迹。《画图新报》中称美国人李哲礼欲发明新的潜水机器,而一年后的《点石斋画报》则报道机器已经发明,所谓新闻,其真实性存疑。吴友如根据已有的文字描述进行创作,虽然图像已经十分接近文字的描述,但与真实的"潜艇"显然还是有很大的差距。题记中的评论语句称赞了西人敢于探索、擅长发明的精神,表明了办报者的价值立场。离开文字解释,画作仍不足以表达新闻的信息和观点。

1893 年,《点石斋画报》又刊出一幅有关"潜艇"的画作《水底行舟》(何元俊绘,1893 年第 330 号)。新造的"没水轮船""形似鸡蛋,长四丈,阔九尺,深一丈六尺,内外悉以坚木为之。舟内设汽机、电机各一副,行于水面则用汽机,

---

① 中国圣教书会印发:《画图新报》1883 年 10 月,第四年第六卷。

图3 《水底行船》,载《点石斋画报》(民国东陆社版)

及沉入水则由电机运动其轮,轮有二,各四叶……"①同为描绘卵形的潜艇,不同画师的表现方式不同。之前的《水底行船》描绘了"潜艇"在水下航行时的情形,具体表现了潜艇的内部结构,重在介绍潜艇这一新发明的构造和用途。而这幅《水底行舟》则描绘了浮在水面上的潜艇,着意表现岸边人们观看潜艇下水时的情景。

从以上案例可知,即便"画报"有意强调图画的叙事功能,但"画"依然从属

---

① (清)吴友如等绘:《点石斋画报·大可堂版10》,上海画报出版社2001年版,第51页。

于文字,只能看作新闻的插图。画师是尝试以图像来叙事的创作主体,他们对文字的理解和传达,体现了他们作为传播者编辑和择选信息的主动性。

(二) 画师亦是访员

如同一份报纸需要大量的访员收集撰写新闻素材,画报也不能只靠个别画师。从《请各处名手专画新闻启》还可得知,画报新闻的采编任务交到了画师手里。"各外埠所有奇奇怪怪之事,除已登《申报》者外,能绘入画图者""如遇本处有可惊可喜之事"均为可创作的题材。"在先进的新闻传递技术的压力下,编辑活动已经从写作活动彻底变成一种新闻专业活动:素材的选择变得比社论更重要了;对新闻的加工和判断,对新闻的筛选和组织,比通过文学表现来鼓吹某种'路线'更为紧迫。"①此时《点石斋画报》的画师们承担了访员及编辑的角色,他们在选择创作素材时,需充分考虑到读者的关注点。

有几则新闻画上的题记都强调了新闻来源的可靠和真实。如第 12 号的第二、三幅新闻画都与中法战争相关。第二幅图《吴淞形势》(吴友如绘)描绘了吴淞口停泊的铁甲船,并标注出吴淞口地形地貌及船名。题记称"前月二十二日专派有人赴吴淞口周览形势",为杜绝流言,"故将淞口的确情形绘成图幅,以供众览"②。第三幅图《法败详闻》(张志瀛绘)的信息来源为"近得日耳曼人来沪述及……"③。再如第 191 期的第二、三幅图为车利尼大马戏演出情景,分别为《直上干霄》(吴友如绘)和《驯象索食》(金桂绘)。在第二幅图上的"观西戏述略"中说道:"本月十二夜,月明如水,气爽疑秋,偕吴君友如往归途,谓予曰,此戏绘图者屡矣,今欲续之,毋乃蛇足乎? 虽然,不可以不绩也。戏无尽藏,日新而月异,而画因之以成结构者,亦不犯重也。"④由此叙述可推测,金桂与吴友如两人一同去观看了车利尼大马戏,尽管二人知道,该马戏团赴沪演出已有三次之多,不少市民已观看过,而且关于马戏的画作也不在少数,但吴友如依然觉得此题材有再作画的意义。因此这两幅画作正是车利尼大马戏来沪的第三次演出,为吴友如与金桂根据亲眼所见绘制。

---

① [德] 尤尔根·哈贝马斯:《公共领域的结构转型》,学林出版社 1999 年版,第 222 页。
② (清) 吴友如等绘:《点石斋画报·大可堂版 1》,上海画报出版社 2001 年版,第 98 页。
③ 同上书,第 99 页。
④ (清) 吴友如等绘:《点石斋画报·大可堂版 6》,上海画报出版社 2001 年版,第 91 页。

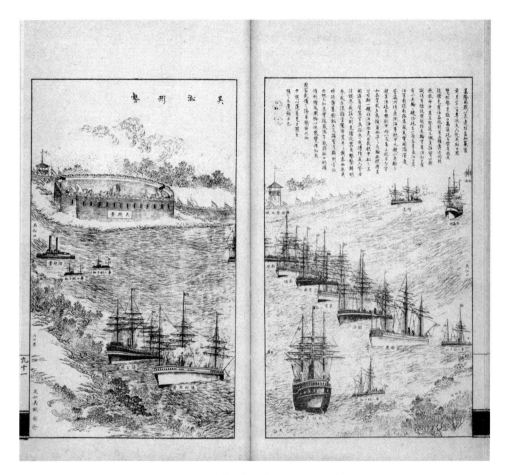

图 4 《吴淞形势》,载《点石斋画报》(民国东陆社版)

　　然而《点石斋画报》中的新闻事件并不占多数,甚至多为没有太大价值的奇闻轶事。光绪十五年(1889)二月下旬发刊的第 182 号画报上,刊登了《画报更正》(符节绘),澄清了前一年刊登的三则“新闻”均事出子虚,如此之事在《点石斋画报》中并不少见。许多“新闻”以当代读者的常识就可判断,尽是乌有之说。近代新闻学家戈公振(1890—1935)评述:“石印既行,始有绘画时事者,如《点石斋画报》《飞影阁画报》《书画谱报》等是。惜取材有类《聊斋》,无关大局。”①虽然从新闻学角度看,以《点石斋画报》为代表的石印画报仍不够专业,

———————————

① 戈公振:《中国报学史》,第 191 页。

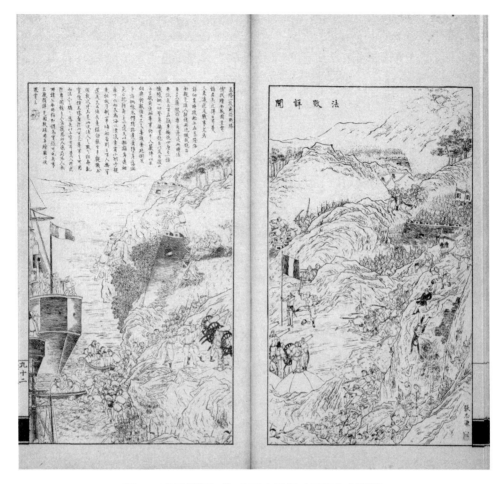

图5 《法败详闻》,载《点石斋画报》(民国东陆社版)

但这恰恰迎合了因上海城市化而成长起来的市民阶层的精神需求,并在图像的维度逐渐建构起市民阶层的"舆论空间"。

四、"机械复制时代"的画师

虽然读者和观众不能决定作品的形式特性,但是他们的艺术趣味和精神状态对画报题材的选择却有着重要的作用。根据潘耀昌(1994)的分析,吴友如的艺术接受者,可以分为三种类型:其一是曾国荃、慈禧太后之辈,要求肖像画、历史画的真实性和纪念性,功臣像和战绩图迎合统治阶级的功利性;其二是市民中属于下层的平民大众，要求故事画的图解性和趣味性，这符合办报立足之本的营利性；其三是真正的绘画爱好者与收藏者，他们代表了文人墨客和知识阶层的审美趣味，所要求的是绘画的艺术性，他们对传统题材有强烈的爱好，在批评界与舆论界形成了有批评导向的压力集团。吴友如感受到了这种压力，于是有了"飞影阁"系列的问世。①

（一）复制品亦能酬知己

光绪十六年九月初三(1890 年 10 月 16 日)，吴友如在南京路石路(今福建中路)口的公兴里开设飞影阁，创刊《飞影阁画报》，由鸿宝斋石印，托申报馆及在各地的申报分销处代售。《飞影阁画报》无论在形式、规格、风格、题材上都仿照《点石斋画报》。而论艺术的表现力，《飞影阁画报》比《点石斋画报》的绘画更精细，构图更巧妙，装订也改为蝴蝶装，书底不再需要拼版，可以完整地复制，更利于画面的完美展现。《飞影阁主人谨白》写道：

> 画报昉自泰西，领异标新，足以广见闻，资惩劝。余见善之，每拟仿印行世，志焉未逮。适点石斋首先创印，倩余图绘。赏鉴家佥以余所绘诸图为不谬，而又惜夫余所绘者，每册中不过什之二三也。旋应曾太宫保之召，绘平定粤匪功臣战绩等图，图成进呈御览，幸邀称赏。回寓沪，海内诸君子争以缣素相属，几于日不暇给，爰拟另创《飞影阁画报》，以酬知己。②

这段话清楚地阐述了吴友如的成名历程，即主要归功于《点石斋画报》。同时也表明了吴友如创办《飞影阁画报》的缘由，明确了画报针对的消费群体为欣赏收藏其画作的"知己"。

也正因为如此，吴友如在主编《飞影阁画报》时，对新闻性的要求并不高，而是将更多专注力放在了画面创作上。于是作画的题材也局限于闾巷琐谈、奇闻轶事，甚至拿《点石斋画报》已发表的内容进行再创作。例如光绪十七年九月初三(1891 年 10 月 5 日)出的《飞影阁画报》第 37 号，就有两则"新闻"，第 5 页的《鼋踞运河》和第 7 页的《道士见鬼》，分别出自同年《点石斋画报》八月十六日(1891 年 9 月 18 日)第 274 期(名《巨鼋嬉水》，金桂作)，以及五月十

---

① 潘耀昌：《从苏州到上海，从"点石斋"到"飞影阁"——晚清画家心态管窥》，《新美术》1994 年第 2 期。
② （清）吴友如绘：《飞影阁画报》(第二册)1890 年第 2 期。

六日(1891年6月22日)第265期(《道士见鬼》,符节作)。图上题记也十分相似。此类例子还有很多。① 画面的构思虽非吴友如原创,但经他重新演绎,更加精细考究,可以看出吴友如创作"酬知己"的主要目的。

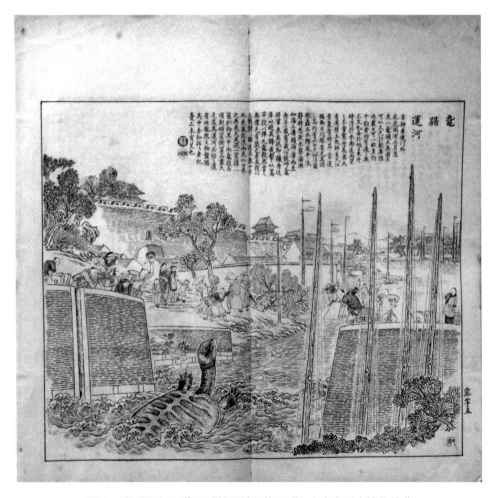

图6 《鼋踞运河》,载《飞影阁画报》第37期,上海市历史博物馆藏

光绪十九年二月(1893年3月)起,吴友如将《飞影阁画报》正式交给周慕桥打理,不再干涉编辑事务,飞影阁改址大马路西首的德仁里内,画报也改名

---

① 邵文菁:《海派商业画家周慕桥与石印年代》,载上海市历史博物馆编《都会遗踪》2015年第2辑,学林出版社2015年版,第19页。

《飞影阁士记画报》以示区别。前后二者在整体装帧上保持一致，封面上的"飞影阁画报"五个大字无变化，只是在"阁"与"画"二字间加了"士记"两个小字。把原写于封面左侧的"沪妆仕女图册页三帧吴友如绘"删去，本位于上下两端横书的出版年月及售价移至左侧。《飞影阁士记画报》接连《飞影阁画报》的期号，从第 91 号开始编至 133 号，共 43 期。① 内容与风格上都与吴友如主编时一脉相承，附录皆出自周慕桥一人之手。此时另一位《点石斋画报》的画师朱儒贤（又署朱鸿、如言或云林）也加入了飞影阁。《飞影阁士记画报》中新闻画的题材也在很大程度上依赖于《点石斋画报》上的旧作。例如在光绪十九年八月中浣（1893 年 9 月）的第 110 号上刊有《削木为衣》，选材于光绪十一年九月廿六日（1885 年 11 月 2 日）的《点石斋画报》第 56 期吴友如所作的同名插图。②

　　1893 年秋，吴友如又办《飞影阁画册》，这次他几乎完全摒弃了新闻，单一追求艺术创作。他在《飞影阁画册小启》中写道："屡蒙阅报诸君惠函，以谓画新闻如应试诗文，虽极揣摩，终嫌时尚，似难流传，若缋册页，如名家著作，别开生面，独运精思，可资启迪，何不改弦易辙，弃短用长，以副同人之企望耶？"③于是在《飞影阁画册》里，尽是历史人物、文学形象、翎毛花卉及其最为擅长的时装仕女等。1894 年 1 月，画册第十册还未出版，"不料吴君友如便于当月撄疾，于十一日逝世，所绘画册尚未装订齐全，故十五一期作为罢论"④。

　　《飞影阁士记画报》维系至 1894 年 4 月，周慕桥也走了吴友如的老路——另起《飞影阁士记画册》。《飞影阁士记画册》形式也仿《飞影阁画册》，每逢朔望各出一册，每册 12 页画，且每册都有一主题。光绪二十年五月朔日（1894 年 6 月 4 日）《飞影阁士记画册》第一号——"人物暗藏地支"出版。其中也有周慕桥最擅长的"时装仕女"特辑，为光绪二十年七月望日（1894 年 8 月 15 日）出版的第六号。

①　董惠宁：《〈飞影阁画报〉研究》，《南京艺术学院学报》2011 年第 1 期。
②　邵文菁：《海派商业画家周慕桥与石印年代》，载上海市历史博物馆编《都会遗踪》2015 年第 2 辑，第 20 页。
③　董惠宁：《〈飞影阁画报〉研究》，《南京艺术学院学报》2011 年第 1 期。
④　申报馆代启：《飞影阁画册告白》，《申报》1894 年 1 月 21 日。

从《飞影阁画册小启》及申报代启的《飞影阁画报展期告白》①中可知,吴和周改"画报"为"画册"都是接受了"同人"的建议。"画报"尚且供不应求,"画册"市场潜力则更大。正应验了吴友如与周慕桥在创办"飞影阁"系列画报、画册时的初衷,"飞影阁"系列画报出版后,许多画师的拥趸便开始收藏画报中的作品。上海市历史博物馆藏有一批"重订"的"飞影阁"系列画报。这几期"画报"将每期连载的特辑拆出,另订成一册。封面不另做,而以某一期画报的封面装帧。由此形成了一小册专题画谱,如"百兽图"专辑,"时装仕女"专辑等。这几册"画报"极有可能是当时的读者为收集喜爱的图片而重新装订的。

出自飞影阁的作品在之后的几年里,被出版商多次汇编成画集,至今仍有翻印。1897 年上海天禄书局出版了《飞影阁画传全集》30 册。② 1910 年苏州广智书室出版《飞影阁画谱》。后世的飞影阁作品汇编中,最为出名的当属《吴友如画宝》。1909 年,上海璧园主人"出巨资于其哲嗣处购得粉本一千二百幅,编成巨册,蔚为大观"③,由上海文瑞楼书局石印。但《吴友如画宝》里并非都为吴友如的作品,其中还有少数周慕桥的画作,主要集中在第三集《海上百艳图》。另一本《飞影阁丛画》也广为流传,由上海锦文堂石印发行。1922 年 6月初版,后年再版,至 1931 年 4 月已发行至第 11 版。《飞影阁丛画》共 8 卷,前 3 卷为周慕桥在《飞影阁士记画报》与《飞影阁士记画册》中的作品,后 5 卷为周慕桥所收藏的名家画谱,有费丹旭、杨伯润、任薰、沙馥等名家之作。"飞影阁"系列图像的结集和再版,也让吴友如和周慕桥成为对后世影响最大、知名度最高的石印插图画家。

石印术依靠机械复制实现插图的规模化生产,成就了石印新闻插图画师们的社会名声。在"机械复制时代"的读者也已渐渐放弃了对真迹的执着,使得画师们可以用定期发行画作的方式,满足"赏鉴家"的需求。同时,石印工坊的一时兴盛,也降低了成名画家们自办报刊的门槛,成全了他们后期追求成为独立艺术家的理想,不必附庸于申报社谋求生计。然而尽管石印时代的画家们已经能够充分利用石印技术开辟新的艺术风格,但他们并没有完全认同此

① 申报馆代启:《飞影阁画报展期告白》,《申报》1894 年 5 月 9 日。
② 《飞影阁画传全集三十本并各种书籍减价》,《申报》1897 年 3 月 13 日,第 6 版。
③ (清)屠维:《吴友如画宝序》,载(清)吴友如:《吴友如画宝》,上海书店出版社 2002 年 1 月版。

时上海城市社会中已然出现的"现代性"特征,仍认为新闻画过于时尚,难以流传。所以画家们在"飞影阁"阶段放弃新闻画而转攻传统题材,仿效名家作册页,以期作品的传世。

(二)石印复制的纸上洋场

郑振铎与鲁迅对中国插图艺术史的梳理,均以石印技术的出现为分水岭。郑振铎在《插图之话》(1927)中详细分析了木版插图的发展与衰落后说道:"到了清之末叶,吴友如又起来而从事于插图之写作。他的时代,却为新印刷术初介绍入中国之时代,所以他的插画,除了我所见的一部附在《三国志演义》卷首以外,其余的都是用石印来代替木版雕刻的。这一点是他与以前的作家绝异的。"①鲁迅在《北平笺谱序》(1934)开篇归纳了中国木刻版画的发展,其中写道:"光绪初,吴友如据点石斋,为小说作绣像,以西法印行,全像之书,颇复腾踊,然绣梓遂愈少,仅在新年花纸与日用信笺中,保其残喘而已。"②郑振铎与鲁迅对吴友如的插图都没有展开具体评论,似乎那只是木版插图时代结束后的余绪。也可理解为,他们认为吴友如是这一时期小说绣像的代表画家。他继承了传统木刻插图的遗风,但所作插图多为石印而作,复制方式已非木版印刷。因此与前人不同,应另当别论。生产力的进步,让传统的木刻技艺走向湮灭,却让全像之书比过去更为"腾踊"。

在石版印刷基础上改进而来的照相石印术,因摄影术的加入开拓了印刷内容的来源。石印书籍报刊中的图文皆为照相机摄取的图像,同一时期著作之间的相互盗印也变得轻而易举。照相石印术的缩印功能可控制开本大小,也为石印巾箱本的流行提供技术支持。于是,石印新闻插图画师的作品借助"石印"的复制能力,得到反复而广泛地传播。

清末上海娼妓业发达,沪上寓公名流狎妓冶游活动公开化,常留恋于妓院。上海青楼的故事和人物成为文人笔记和市井文学中常见的叙述内容。近代白话"邪狭"小说兴起,通俗易懂,广受市场欢迎。另有城市冶游指南,对沪上妓院做传奇化的介绍。各家书坊受商业利益驱使大量刊印狎妓题材的时文。例如石印

---

① 郑振铎:《插图之话》,郑尔康编:《郑振铎艺术考古文集》,文物出版社 1988 年版,第 18 页。
② 鲁迅:《鲁迅全集》第 7 卷,江苏凤凰文艺出版社 2020 年版,第 335 页。

巾箱本《绘图海上酒地花天》(月寿斋,1894)、石印本《海上青楼图记》(上海花雨小筑,1895)等,其中绣像多来自《飞影阁画报》。吴友如和周慕桥所绘的"时装仕女"便被翻印作海上名妓的形象。这些市井文学记述了上海社会的细节,而石印画报中描绘的海上风俗世相又恰恰将这些文字具象化、形象化。石印新闻插图画师对现实的描绘拓展了传统绘画的母题。他们在画报上创造的城市图景,延伸到其他图像领域,共同构建了现代性城市的图景。如同鲁迅的评价:"吴友如画的最细巧,也最能引动人。但他于历史画其实是不大相宜的;他久居上海的租界里,耳濡目染,最擅长的倒在作'恶鸨虐妓''流氓拆梢'一类的时事画,那真是勃勃有生气,令人在纸上看出上海的洋场来。"①

图 7 《海上青楼图记》插图《陆黛玉》,同《艳竞榴红》(收录于《吴友如画宝》)

图 8 《绘图海上酒地花天》插图《坐马车》,同《有女同车》(收录于《吴友如画宝》)

五、直面时代更迭的插图画师

《点石斋画报》终刊后,石印新闻插图画师并没有都像吴友如一般回归传统,而是继续活跃于画报工作。

---

① 鲁迅:《〈朝花夕拾〉后记》,《鲁迅全集》第 2 卷,人民文学出版社 2005 年版,第 338 页。

1900 年,周慕桥在结束《飞影阁士记画册》后,又与何元俊在上海棋盘街创刊的德商《求是斋画报》担任主绘。1901 年,中国经历了庚子赔款后,清末政治体制和经济结构的改革运动,对社会风气与民众思想产生了巨大影响。于是《求是斋画报》"更名时务画报,首论说博综近时要政,或外洋新议。次为论说,次图学。凡天文及环球地舆、格致声光化电、机器诸图式,无不备载,而必另系图说,使人一览了然。次新闻古迹。绘图上石,月出一册,前后不紊,可以装订成帙"①。1902 年 4 月 15 日,飞影阁又出了一份石印画报,名为《飞影阁大观画报》,与《求是斋时务画报》处于同时代。时隔 8 年后的这份画报与飞影阁先前所出的画报虽在装帧外观上还有相近之处,但精神面貌已大不相同。《飞影阁大观画报》主要绘图者是周慕桥和何元俊,偶尔能见张志瀛作品。该刊为旬刊,内载中西实事画与小说等文艺作品②,设有格致蒙

图 9 《飞影阁大观画报》创刊号,上海市历史博物馆藏

学、诙谐小说等版块,集文艺、科普、新闻、艺术为一体,强调了传播新学、教化民众的作用,已是一份综合性的画报。《飞影阁大观画报》仍保留了"时装仕女"图,该版块也几乎都为周慕桥所绘。

1905 年后,依靠翻印古籍生存的石印书业随着科举制度的废除也活力日减。20 世纪初,珂罗版、金属平版和间接平版、照相凹版等印刷技术逐步传入。这些新技术能更好地还原摄影写真,也更能满足市民对时事新闻和阅读新式书籍的渴求。印刷技术的革新与社会思潮的走向都导致了石印画报走向衰落,而石印新闻插图画师的事业也面临着转型。民国初年,过渡时期的画报还些许留有晚清石印画报的遗风,画报插图已开始倾向于风格夸张的讽世漫画。1912 年,由岭南画派领军人物高

---

① 《求是斋时务画报缘起》,《求是斋画报》1901 年 1 月。

② 龚育之主编:《中国二十世纪通鉴(1901—2000)》第 1 册,线装书局 2002 年版,第 70 页。

图 10 　周慕桥绘"时装仕女图"(设色版),载《飞影阁
大观画报》创刊号,上海市历史博物馆藏

剑父、高奇峰在上海创刊的《真相画报》,是最早综合采用照相铜锌版印刷和石版印刷的画报。自创刊号起连续数期刊载何元俊绘的"时事画",既有石印画报的绘画风格,又有明显的现实批判意味。1914 年 9 月,鸳鸯蝴蝶派代表人物孙玉声(1864—1940)创刊文艺休闲月刊《繁华杂志》,"不志兴亡志滑稽"①,至 1915 年 2 月共发行了 6 期。周慕桥被列为其画报主笔之一,创刊号"滑稽魂"栏目中就刊登了五彩石印的周慕桥所绘"滑稽画"。

新印刷技术的使用,逐渐打破了石印画报单一的图文组合形式,具有过渡意义。1920 年上海时报社出版《图画周刊》,此后摄影画报迅速占据了主流地位,中国画报进入了萨空了所说的"铜版时代"。② 媒介技术的发展改变着图

① 　海上漱石生(孙家振):《题辞》,《繁华杂志》第 1 期,1914 年 9 月。
② 　陈平原:《新闻与石印——〈点石斋画报〉之成立》,《开放时代》2000 年第 7 期。

像出版的形式,也改变着图像传播的作用;社会思潮翻涌左右着出版市场的走向,也更新着图像的内容。服务于商业美术设计的画师能够适时而变,周慕桥与张志瀛在后期还投身于五彩石印月份牌广告的创作,在商业市场与艺术理想之间开辟出了新的道路。

结语

  石印作为时新的媒介技术,改变了出版物的传播功能与方式。这一技术很快被资本印刷业所利用,进而促进了大众文化的消费,让原本属于官绅阶层的小众商品,成为普通市民的日常消费品。在技术革新与消费主义的裹挟中,这些投身于大众文化消费品制造的石印新闻插图画师们,改变了绘画的目的和形式,也改变了自身的定位和生存方式。他们不再拘泥于传统的图像生产模式,而捕捉他们所生活的时代的方方面面,不经意间留下了现代生活的画像。而后世之所以能够通过"吴友如"们的画作看到清末的社会,也得益于石印技术大批量且快速地复制图像的能力。这些图像的反复再现,构成了这一时期的社会历史图景,为今人留下了丰富而生动的晚清社会写照,也书写了媒介技术迭代下的中国"画史"。

近代西人辞书"金"字释义和构词研究[*]

刘善涛　杨亚妮

（河北师范大学文学院；曲阜师范大学文学院）

在第二次西学东渐和中西文化交流的大背景下，以传教士为代表的西方人士相继编纂出一系列汉外语文辞书，既有效地弥补了《康熙字典》后我国辞书发展的不足，又为西人的汉语学习积累了丰富经验，还推动了汉语词汇词义的古今转型，成为中国近现代文化史、学术史和国际中文教育研究的重要资料。张西平指出"西方人早期汉语学习史是一个长期未被关注的研究领域"[①]。意大利汉学家马西尼[②]以之为背景，详细论述了 1840—1898 年间汉语词汇系统的古今转型；中国学者尹延安[③]就 1815—1907 年间传教士中文报刊译述语言对汉语发展的影响展开论述；徐式谷[④]选择了 19 世纪西人编纂的七部代表性辞书进行择要介绍；沈国威[⑤]对汉外辞书的古今转型和以辞书为载体的现代汉语词汇体系的构建展开论述；杨慧玲[⑥]梳理了 16 至 19 世纪从手稿汉外词典到出版的汉英词典双语词典史的主要发展脉络和代表性辞

＊　本文系国际中文教育科研课题一般项目"近代西人辞书中国文化核心词语的译释与传播研究"（项目号：23YH81C）阶段性成果。

① 张西平：《应加强对西方人早期汉语学习史的研究——兼论对外汉语教学史的研究》，《国际汉学》2003 年第 2 期。

② ［意］马西尼（Federico Masini）著，黄河清译：《现代汉语词汇的形成：十九世纪汉语外来词研究》，汉语大词典出版社 1997 年版。

③ 尹延安：《传教士中文报刊译述中的汉语变迁及影响（1815—1907）》，上海交通大学出版社 2013 年版。

④ 徐式谷：《历史上的汉英词典》，《辞书研究》2002 年第 1 期。

⑤ 沈国威：《理念与实践：近代汉外辞典的诞生》，《学术月刊》2011 年第 4 期。

⑥ 杨慧玲：《19 世纪汉英词典传统：马礼逊、卫三畏、翟理斯汉英词典的谱系研究》，商务印书馆 2012 年版。

书之间的继承与创新关系;元青①介绍了晚清西人辞书和国人双语辞书编纂的历程和类型;刘善涛、王晓②梳理了 16 到 20 世纪四百年间汉外辞书编纂由手稿到印刷,由西人到国人的五个阶段。上述研究均较为宏观,从微观角度出发多为对单部辞书的分析,如对马礼逊辞书③、卫三畏《汉英韵府》④、罗存德《英华字典》⑤、翟理斯《华英字典》⑥、赫美玲《官话词典》⑦等的相关研究。但尚缺少从更为微观的视角审视古今转型时期辞书收词释义在辞书发展历程中的发展演变,本文以汉文化代表性单字"金"为切入点对这一话题加以探讨。

在古今辞书中,"金"字及其构词带有鲜明的中国文化色彩和西方现代科技元素,蕴含重要的中西对比价值。沈永有、胡绳生⑧阐释了"金"字相较于五行其他元素的重要性;张准⑨探讨了古文献中"金"字金属义和货币义的发展变迁;李志霞⑩、占仲英⑪以《汉语大词典》为语料分析"金"字词语的文化和修辞特点;周燚⑫、魏瑜⑬则借助概念隐喻理论分析"金"字词语的词义演变和汉英文化差异。本文以古今文化转型为时代背景,以中国传统字书的集大成者和早期汉英辞书的重要参考蓝本《康熙字典》(1710—1716,简称"康1710")为起点,以传教士为主体的代表性西人辞书为主要研究对象,将此过程中进步国人所编双语辞书融入其中。这些辞书按照出版时间分别为:马礼逊《字典》(1815—1823,简称"马1815")、《五车韵府》(1819—1820,简称

---

① 元青:《晚清汉英、英汉双语词典编纂出版的兴起与发展》,《近代史研究》2013 年第 1 期。
② 刘善涛、王晓:《汉外语文辞书编纂四百年(1575—1950)》,《国际汉学》2018 年第 1 期。
③ 叶再生:《概论马礼逊的中国语文字典、中国最早一家现代化出版社和中国近代出版史分期问题》,载《出版史研究(第一辑)》,中国书籍出版社 1993 年版;汪家熔:《鸟瞰马礼逊词典》,载《出版史研究(第五辑)》,中国书籍出版社 1997 年版;张西平:《马礼逊〈汉英英汉词典〉中的基督教词汇研究》,《基督宗教研究(第十二辑)》,宗教文化出版社 2009 年版。
④ 董方峰、杨洋:《汉语教学史上一部不应被遗忘的著作:卫三畏的〈汉英韵府〉》,《国际汉语教学动态与研究》2008 年第 2 期。
⑤ 高永伟:《罗存德和他的〈英华字典〉》,《辞书研究》2011 年第 6 期;熊英:《罗存德及其〈英华字典〉研究》,北京外国语大学 2014 年博士学位论文。
⑥ 董守信:《翟理斯和他的〈华英字典〉》,《津图学刊》2002 年第 2 期。
⑦ 高永伟:《赫美玲〈英汉官话词典和翻译手册〉谱系研究》,《国际汉学》2022 年第 2 期。
⑧ 沈永有、胡绳生:《从五行说中的"金"谈我国古代科技对哲学的影响》,《江淮论坛》1981 年第 5 期。
⑨ 张准:《古文献中的"金"字含义略考》,《三明学院学报》2013 年第 3 期。
⑩ 李志霞:《"金"词群研究》,南京师范大学 2012 年硕士学位论文。
⑪ 占仲英:《"金"及语素"金"参构词语的语义分析和修辞阐释》,福建师范大学 2013 年硕士学位论文。
⑫ 周燚:《汉语五行文化中"金"的概念隐喻认知研究》,湖南师范大学 2016 年硕士学位论文。
⑬ 魏瑜:《汉语成语中"金"的概念隐喻研究》,西南大学 2018 年硕士学位论文。

"马 1819")、《英华字典》(1822,简称"马 1822")、麦都思《英华字典》(1847—1848,简称"麦 1847")、罗存德《英华字典》(1866—1869,简称"罗 1866")、邝其照《华英字典集成》(1868,简称"邝 1868")、司登德《汉英合璧相连字典》(1871,简称"司 1871")、卢公明《英华萃林韵府》(1872,简称"卢 1872")、卫三畏《汉英韵府》(1874,简称"卫 1874")、翟理斯《华英字典》(1892,简称"翟 1892")、谢洪赉《华英音韵字典集成》(1902,简称"谢 1902")、颜惠庆《英华大辞典》(1908,简称"颜 1908")、赫美玲《英汉官话口语词典》(1916,简称"赫 1916")、《国语辞典》(1937—1945,简称"国 1937")、《新华字典》(1953,简称"新 1953")、《现代汉语词典》(1978,简称"现 1978")。在辞书信息库基础上描写分析和对比探讨"金"字释义和构词的变化,以及对当前外向型辞书编纂的启示意义。

一、西人辞书中"金"的释义情况

为全面、准确地归纳"金"字义项,本文在参照《汉语大字典》《汉语大词典》等辞书中"金"字释义的基础上,归纳出 21 个"金"字义项,按照苏新春《现代汉语分类词典》(2013)将各辞书的义项情况分列如下(见表 1)。

此表较为系统地呈现了不同历史阶段辞书文本中"金"字释义和义项发展的整体情况。通过此表可知,以西人辞书为主线,辞书中普遍收录的"金"字义项有:黄金;金属通称;钱财;金色的。同时,作为汉语学习者的西方人士对"金"的性质、颜色、用途也给予了一定关注。不同辞书的概括义项虽有大同,但释义内容上还存在一定差异。

《康熙字典》中对"金属"义项的解释尚无法与传统五行学说割裂开来,带有鲜明的中国文化色彩,并从金之气味、颜色、性质对"金"定义,且认为"金"可以指代一切金属,包括金银铜。马礼逊《华英字典》对"金"的解释承袭《康熙字典》将"金"作为五行之一来界定,认为"金"主要指的是"黄金",不仅是金属材料,还与中国人的伦理与精神有关,既是一种"material",也是"element"。同时,"金"可以泛指任何金属。在马礼逊《五车韵府》和《英华字典》中对"金"义项的描述同样也是主要指黄金,且用来指代一切金属。麦都思的《华英字典》依然与《康熙字典》和马礼逊辞书一脉相承,从"五行之一""金之气味""金属通

表 1 各辞书"金"字义项分类表

分类		义项	康1710	马1815	马1819	马1822	麦1847	罗1866	邝1868	司1871	卢1872	卫1874	翟1892	谢1902	颜1908	赫1916	国1937	新1953	现1978	义项数
材料	金属材料/金银铜	黄金	+	+	+	+	+	+	+	+	+	+	+	+	+	+	+	+	+	17
	金属材料/金属	一种贵金属通称	+	+	+	+	+	+	+	+	+	+	+	+	+	+	+	+	+	17
	金属材料/金银铜	铜					+	+			+									3
具体事物	概称 用品/日用品/铜器	青铜或纯铜铸成的钟鼎	+																	1
	文化用品 文艺用品/乐器/打	指徽钲	+				+												+	3
		八音之一	+									+					+			3
	器具 军事装备/刑具	刑具										+								1
	军事装备/旧式武器	武器										+						+		2
	生活用品 日用品/饰品	金制饰物						+	+	+										3
	自然物 天体/日月	太阳									+									1
	建筑物 建筑	"金"字形的（塔）	+						+		+	+					+			5

分类		属性	义项	康1710	马1815	马1819	马1822	麦1847	罗1866	门1868	司1871	卢1872	卫1874	霍1892	谢1902	颜1908	赫1916	国1937	新1953	现1978	义项数
抽象事物	属性	名号/姓名属相	姓氏	+				+										+		+	4
	经济	名号/名称	国号	+									+	+				+		+	5
		货币(资产)/钱财	钱财、货币	+		+	+		+	+	+		+	+	+	+	+	+	+	+	14
	数量单位	度量衡单位	计算货币的单位	+																	1
		数量/数值	含金的						+		+		+	+	+	+					6
性质与状态	知觉	颜色	黄色的、金色的	+		+			+	+	+	+	+	+	+	+	+			+	12
	性质	贵贱/贵重	贵重的、可贵的	+					+		+	+								+	5
		贵贱/尊贵	权威的、高贵的	+						+		+	+					+			5
		好	吉祥的、有福的									+				+					2
	形貌	软硬/牢	坚固的	+	+	+		+													5

27

称"的角度对"金"进行了定义。邝其照的《华英字典集成》作为国人编纂的双语辞书,在收录的内容和释义上也借鉴了西人编写的双语辞书,也收录了"黄金"和"金属通称(五金)"两个常用义项,由此可见这两个义项直至邝其照辞书时期依然保持着自身的稳定性。直至卢公明的《英华萃林韵府》对"金属通称"这一义项的解释为"metals,五金类、金类、五金",即从《康熙字典》、马礼逊辞书、麦都思辞书到卢公明的《英华萃林韵府》,在义项的收录上是一脉相承的。

到了卫三畏与翟理斯的辞书中,对"金"的释义显然要更完整,卫三畏不再停留于浅显的释义,而是从"金"的由来和产生描述该物质,同时,它又是五金之一,可以用来指代其他金属。卫三畏和翟理斯都指出了金"ruling in the west",即"金"在五行之中指代西方,这表明传教士对"金"的认识开始发生变化。到颜惠庆《英华大辞典》对"金"的解释更加具备近代科技色彩,即从颜色、质地、软硬度解释,抛开五行的宗教色彩,回归金本身的性质。直至后来的《新华字典》《现代汉语词典》都收录此义项。由此可见在西学东渐背景下"金"的近代科技意义逐渐进入汉语的过程,也反映出中国学者在辞书中对"金"字近代义项的接纳与吸收。

又如"金属"通称义,在《康熙字典》中出现,后经过西人辞书和国人双语辞书的普遍收录和传承,最终在汉语系统中稳定下来,被收录到《新华字典》和《现代汉语词典》中。这不仅要归功于西人辞书的桥梁作用,还与该义项自身的稳定性有密切关系。

"金黄色的"是西人辞书中普遍收录的义项,除了在个别辞书(麦都思《英华字典》)中没被收录,在其他辞书中均有收录,可见该义项在汉语近现代转型时期使用频率始终保持较高且相对稳定的状态,通常被译为"yellow""copper colour""orange colour""golden colour""golden"等。经过西人辞书的传承,该义项也得以在《新华字典》和《现代汉语词典》等普通语文辞书中保留下来。

关于"钱财、货币"这一义项,《康熙字典》中以"百金"之注"古者以金重一斤,若今万钱"的方式释义。在马礼逊辞书《五车韵府》和《英华字典》中,该义项均已通过词义带字义的方式体现;在邝其照辞书中该义项依然没有作为独立义项收录,而是在构词下体现,如在"金钱""医金"的构词中将"金"释义为

"gold coin""fee"等。罗存德辞书以同样的方式将"金"释义为"rich"。到司登德辞书才将"金"明确地释义为"money"和"coin",此义项正式成为"金"字下的独立义项。之后卫三畏、颜惠庆又在辞书中将"钱财"的义项正式收录进"金"字义项下,前者释为"a coin or piece of gold;money;during the Han dynasty, a catty of gold",后者释为"money,钱币,金银;riches,富;wealth,财富,钱币"。到赫美玲的《官话》则又引入"金本位制"这一西方经济学释义。由此可见,该义项在西人辞书的释义过程中由最初隐含于句例、词例内,通过语境义带字义的释义方式,将其具体释义为"salary""fee",到转变为释义成抽象的"money""rich""wealth",释义涵盖范围更准确、更科学,被我国近现代的普通语文词典以"钱财、货币"义项传承。同时,跟"钱财,货币"有关的近代经济学术语"金本位制"等词也通过西人辞书进入汉语系统中,在汉语转型过程中发挥了积极的桥梁作用。

"威严的,高贵的"义项在《康熙字典》中仅仅是以"金法,言能决理是非"这一词例出现,后在西人辞书中释为"权威的"或"美好的"之义,该义项逐渐形成,并经过国人和西人辞书这一桥梁最终进入现代汉语系统。如邝其照在《华英字典集成》中并未明确指出该义项,而是以词义带字义的方式,将"金銮"中的"金"翻译为"imperial",即"权威的,高贵的"之义;后卢公明采取同样的方式将"金銮"的"金"翻译为"imperial";直至卫三畏的《汉英韵府》正式将"imperial,royal"纳入"金"字下的形容词性义项中,由此,根据"威严的"这一义项可以发现这三本辞书之间的联系。而"美好的,珍贵的"这一义项主要出现于罗存德之后的辞书中,罗存德以词义带字义的方式,如"golden opinoin,珍意",将"golden"释为"珍贵的";至卫三畏《汉英韵府》正式将"to make as precious as gold precious,true"这一义项纳入"金"字的义项中去,之后的颜惠庆和赫美玲也将其正式纳入"金"字义项之中,后以"贵重的"义项被纳入《汉语大字典》和《汉语大词典》中,《新华字典》《现代汉语词典》也同样收录了该义项,该义项最终在汉语系统中稳定下来。

又如"金的、金制的"这一义项最早出现在邝其照辞书中,被译为"golden",之后卢公明辞书再次收录,释为"made of gold",翟理思《英华字典》也将其收录在内,释义与卢公明辞书相同,颜惠庆、谢洪赍、赫美玲都将该义项收录其中,且释义与卢公明辞书一脉相承。"珍贵的""金制的"这两个例子也恰恰可以说明,有些原本在汉语体系中模糊、不明确,或者被汉语母语者忽略的义项,经过传教士在汉语学习过程中的发掘、释义和传承,最后在汉语系统中确定了明确意义,并延续到现代汉语普通语文辞书。

"坚固"义最早出现于《康熙字典》,马礼逊和麦都思辞书多有借鉴,但在后来的西人辞书中因出现频率低,未形成独立义项,只保留在"固若金汤"等词语中。同样,"朝代名"和"姓氏"的义项在《康熙字典》中有收录,"朝代"意指"大金","姓氏"意指"金天氏",马礼逊辞书和麦都思辞书在《康熙字典》的基础上完成,他们都收录了"姓氏"的义项,而后来的邝其照、罗存德、卢公明、颜惠庆、谢洪赉、赫美玲辞书均未收录,只有卫三畏和翟理斯辞书收录了"朝代"的义项,这一规律与"坚固"义收录规律大致相当,即早期传教士辞书借鉴《康熙字典》,因而收录了不少《康熙字典》中存在的义项,伴随着现代语言观的成熟,这些"朝代"义和"姓氏"义也就失去了使用环境,不再被收录。

上述义项在各辞书中的变迁,大致可分成三大类:第一,该义项在汉语系统中本就存在,通过西人辞书对其释义收录情况的对比,可探究西人汉语学习的深入,以及在汉语近现代转型的背景之下,该义项如何增添了新的内涵,如"黄金""金属"义项。第二,某几个义项在西人辞书中存在类似的出现规律,可从中探求西人辞书之间的内在联系,如"朝代名""姓氏名""坚固的"等义项。第三,某类义项最初在汉语系统中不存在或释义模糊,通过西人辞书的纽带和传承作用,在汉语近现代转型时期释义逐渐清晰,被纳入汉语体系中,如"珍贵的""金制的"义项。由此可见,西人辞书在汉语近现代转型的过程中发挥了重要作用,可以总结为:传承旧义项,为旧义项增添新内容,归纳新义项。

二、西人辞书中"金"字词语的收录情况

按照语言单位的属性,西人辞书单字字头下所涉条目的"构词用语"可分为四类:普通词语,主要指普通语文性词语;专有名词,指专有事物名称;俗语短句,即口语性较强的词语;文言用典,即文言词语或文言典籍中的句子。各辞书"金"字字头下所收词语如表2:

表 2 各辞书中"金"字构词数量分布

辞 书	康 1710	马 1815	马 1819	马 1822	麦 1847	罗 1866	邝 1868	司 1871	卢 1872
普通词语	5	2	20	18	13	86	47	10	82
专有名词	24	1	17	19	13	31	12	5	52
谚语/短句	1		2	12		3	6		3
文言用典	10		10	4	4	15	15	1	15
总 计	40	3	49	53	30	135	106	16	152

辞 书	卫 1874	翟 1892	谢 1902	颜 1908	赫 1916	国 1937	新 1953	现 1978	
普通词语	12	28	48	40	94	62	6	16	
专有名词	7	11	34	30	91	61			
谚语/短句		12	10	3	2				
文言用典	6	8	9	5	7	16		3	
总 计	25	59	101	78	194	139	6	19	

《康熙字典》"金"字释义中含普通词语 5 条,如黄金、金丹;专有名词 24 条,如金天氏、蔓金苔、金山、金马门等;短句收录 1 条,如金有五色;文言词语 10 条,如浮金之钟、金戈、金马碧鸡等,专有名词和文言用典类词语数量较多,占词语总数的 85%,体现出我国传统辞书词语处理上的特点。

马礼逊三部辞书中"金"字词条的收录不尽相同。第一部中收录普通词语 2 条,如金黄色、黄金;专有名词 1 条,如金蛊花,数量最少。第二部中收录普通词语 20 条,如黄金、镀金、描金等;专有名词 17 条,如金银花、金星、金刚石等;俗语短句 2 条,如床头金尽,壮士无言等;文言用典 10 条,如金策、金鸡勒、堆金积玉等,共计 49 条,普通词语占比有所增加。第三部收录普通词语 18 条,如黄金、镀金、水金、山金等;专有名词 19 条,如金橘、金银花、金刚石等,短句俗语短句 12 条,如金屑虽贵入眼成翳;始终不变金玉君子等;文言用典 4 条,如金鸡勒、矿去金存等,共 53 条。普通词语和专有名词占比最大,新兴科技词语受到关注。从二语学习者视角分析,语言交际中较少使用的文言词语比重显著减少,第三部《英华字典》收录了大量的俗语短句,如"真金不怕火"(True gold does not fear the fire)、"金屑虽贵入眼成翳"(Gold dust, although it be valuable, if it enters the eyes it will obscure the vision)、"瓦缶器胜金玉"(Earthen ware utensils are better than gold and precious stones)、"始终不变金玉君子"(He who is constant from beginning to end is a valuable and good man)、"以智慧火镕炼金性"(golden human nature by the fire of knowledge)、"金榜挂名时是快畅之至"(When the golden list of graduates' names is suspended. It is delightful in the extreme [to have a place in it]),其中包括很多赞扬人民美好品质的句子,虽语义理解较为浅显,也可反映出早期传教士对中国文化的关注多与中国皇权制度或民风民俗有关。同时,马礼逊有意识地以"金"的语素义带动词群学习,再以词群带动句子学习,如"金"的"黄金"这一义项,构词多与古代的金之工艺有关,即可通过该语素义带动一个词群的学习;而以词带句的汉语学习策略则如"金"的朝代义之后,又收录"辽金元皆以夷狄主中国"(The Leaou, Kin, and Yuen Tartars were all foreigners who ruled China)的词条,将词置于句子语境之中释义。

麦都思辞书从"金"字相关收词数量上看没有马礼逊《英华字典》多。其中收录普通词语 13 条,如黄金、金银铜等;专有名词 12 条,如金天氏、金刚刺等;文言用典 4 条,如金戈、温金而止等,共 29 条。普通词语和专有名词占比重较大,是总数的 86%;文言用典词语数量少,仅占总数的 13%。

罗存德字典收词量较为丰富,达 135 条,其中普通词语有 86 条,如足金、精金、金钱、五金等;专有名词有 31 条,如金展子、金针菜、金橘、金雀花等;俗语短句短语 3 条,如真金不怕火等;文言用典 15 条,如堆金积玉、日进千金、金石同盟等。普通词语和专有名词数量占总数的 86%,收录的俗语短句数量少,文言用典词汇占 11%。

邝其照《华英字典集成》的收词数量相较于前者增多,其中普通词语 47 条,相较于前人数量有明显增加,包括足金、金银纸、金钱等;专有名词 12 条,如金钱薛、金刚刺草、旧金山等;俗语短句短语 6 条,如大镀金架顶厚照身镜、汝到旧金山时曾去看戏否、行三个礼拜镀金有玻璃罩之钟等;文言用典 15 条,如堆金积玉、金橘子弟等,共收录词条 106 条,其中普通名词、专有名词、文言用典词占比较大。

司登德《汉英合璧相连字典》由于辞书规模较小,因此"金"字构词的收录数量不多,共计16条。普通词语10条,如金矿、金钗、金钱、金银等;专有名词5条,如金刚刺、金星、金刚石等;文言用典1条,如金貂(指近臣),虽收词不多,但普通词语和专有名词的收录数量依然较大。

"金"字构词在卢公明辞书中有了一个明显的增加,共计152条,其中普通词语有82条,如黄金、足金、金矿、五金等;专有名词有52条,如金星草、金针菜、金凤花等;文言用典15条,如点铁成金、积金累玉、以金易粟、高登金榜等;俗语短句短语有3条,如真金不怕火、究金石先生等。普通词语占总数的54%,专有名词占总数的34%,文言用典词语占总数的10%。

卫三畏《汉英韵府》中共收录构词25条,普通词语有12条,如镀金、金花、五金、赤金等;专有名词7条,如金朝、金针菜、金星、金星石等;文言用典6条,如金戈、衽金革、玉堂金马、金枢等,普通词语和专有名词数量占总数一半以上。

翟理斯《华英字典》与卫三畏辞书中涉及的"金"字构词义项大致相仿,但从收词数量上来看,翟理斯辞书比卫三畏辞书的收词数量多,共收录相关词条59条,其中普通词语28条,如黄金、五金、泥金、金线等;专有名词11条,如金针菜、旱金莲等;俗语短句短语12条,如三百金我任其半、一寸光阴一寸金等;文言用典8条,如金戈、金疮、金口玉言等。其中普通词语占总数的47%,专有名词占19%,俗语短句短语占20%,文言用典占14%,普通词语和俗语短句短语比较多。

谢洪赉《华英音韵字典集成》中普通词语共48条,如黄金、足金、镀金、五金等;专有名词34条,如金星草、金橘、金莲等;俗语短句短语10条,如五金传热易、木石玻璃传热难等;文言用典9条,如掷地作金声、金世、金法等,共101条。其中普通词语和专有名词占比大,分别占词条总数的48%和34%。

颜惠庆辞书中涉及词条共78条,其中普通词语有40条,如炼金、金类、五金、金钱等;专有名词30条,如金刚石、金钱鹿、金牛宫等;俗语短句短语3条,如预支薪金、付租金等;文言用典5条,如翰林游金街、金石同盟等。普通词语和专有名词占比较大。

赫美玲《官话》作为一个时代内传教士努力编著辞书的尾声,收录的"金"

字词语数量较多,共 194 条,其中普通词语有 94 条,如镀金、金属、金类等;专有名词 91 条,如金钱薛、金盏草、千金菜等;俗语短句短语 2 条,如金玉其外败絮其中、一寸光阴一寸金;文言用典 7 条,如鸣金收兵、金鸡独立、金蛇电光等。普通词语占总数的 49%,专有名词占总数的 47%,且收词具有白话特点,文言用典词语数量相对减少。

考察不同辞书相关词条各类语言单位的数量分布可知,西人辞书中所收普通名词和专有名词的数量整体呈上升趋势,这与西人辞书的规模也有一定关系,但总体来说,后期西人辞书对普通名词和专有名词的收录要比早期传教士数量多。尤其是对比赫美玲辞书与马礼逊辞书,可以看到前者比后者在普通名词和专有名词的收录数量上增长了四倍。对俗语短句的收录,在马礼逊《英华字典》、翟理斯辞书和谢洪赉辞书中体现得较为明显。西人辞书对文言用典的收录,体现出先增加后减少的趋势,从马礼逊到邝其照、罗存德体现出增加的趋势,西人对汉语词语认知了解深化的过程;从罗存德之后,文言用典的收录总体上呈下降趋势,即随着汉语的近现代转型,西人对文言用典也会有一定程度的取舍。随着近代汉语的古今转型,西学东渐的程度加深,后来的谢洪赉、颜惠庆和赫美玲辞书中收录的文言用典词相对减少,而代表科技、经济领域新事物的新词语大量增加。在早期传教士辞书中,汉语转型的过渡性特点不是非常明显,例如马礼逊、麦都思辞书,都是以早期国人辞书《康熙字典》为蓝本,因此收录的词条多是从《康熙字典》中借鉴而来,介绍西方文化和事物的词语很少,而谢洪赉之后的辞书中介绍了许多与西方文明相关的词语,例如西方经济领域的"金本位制""金融寡头"等,西方科技领域的化学元素名称等。如辞书中的"金,黄金"义项,早期国人辞书与西人辞书对该义项下构词的关注点不同,《康熙字典》中只出现了与五行有关的构词,并没有涉及锻金技艺的内容,而从马礼逊的第二部辞书《五车韵府》开始就增加了中国的锻金技艺的词汇。由此可见,该内容在早期国人辞书中并没有体现,而西人站在学习汉语的角度,需要了解中国社会经济、政治、文化等各个方面,因此从马礼逊开始将该部分早期科技类词语收录进辞书,经过后来西人和国人双语辞书的传承,"镀金""冶金""销金""描金"等词汇不断收录,在汉语近现代转型过程中起到很好的桥梁作用。在"一种贵金属或金属通称"的义项中,第一个转折点应是邝其照的《华英字典集成》,从这部辞书开始,词汇开始有明显增长,且增添了新的内容。在早期的《康熙字典》中，构词相对简单，即"金银铜"均可用"黄金""白金""赤金"来指代，另外收录了"金之颜色"及"金之气味"的相关词。在马礼逊的三部辞书中均是依托《康熙字典》的内容，没有明显的构词内容上的变化，到麦都思辞书也依然承袭着《康熙字典》和马礼逊辞书，直到邝其照的《华英字典集成》增添了金属通称——"五金"、金之纯度——"低金"、锻金技术——"金花""镕金""打金器"等词条，再往后的西人辞书则对邝其照的内容有所继承和增添，比如罗存德辞书中也收录进"低金""金花""打金匠"等相关词条，卫三畏辞书虽然规模较小，收录词汇的数量也较少，但也收录了"金花"一词，由此可见这三本辞书之间的联系。

第二个转折点则是谢洪赉辞书，之前的翟理斯辞书中还是保留了一些此前西人辞书中常见的词条，如"白金""五金""黄金""青金"，到谢洪赉辞书则收录的词条更加体现出近代性的色彩，如收录了"新白金""金酸""金醋""包金""考金之理""冶金之艺"。从谢洪赉辞书的收词中可见，原来《康熙字典》和早期西人所关注的构词大量减少，尤其是早期的锻金技艺的词减少了，即使还存在指代金属通称的"五金"等词，大部分内容也被近代科技词汇所代替，一直到赫美玲《官话》，很少收录古代科技类的词语，取而代之的是一些近代化的科技类词汇，多数是西人从西方文明中带来的。同时，赫美玲《官话》介绍了很多西方文明中的科技、经济等词汇，一些不符合社会和语言发展趋势的词汇逐渐在人们视野中消失，这也体现在西人辞书中，例如"青铜或纯铜铸成的钟鼎""印，虎符""刑具""武器"等义项都不再常见。这些都属于"金"字的义项，即古代以单音节字"金"就可以表示这三种意思，这些义项在早期辞书《康熙字典》中没有相关构词。以单音节字表现双音节词的意思显然违背了汉语由单音节到双音节发展的规律，又由于相关事物在近现代社会中逐渐被淘汰，即使这两个词条在早期西人辞书中存在，在后期西人辞书中也不再收录。

总之，通过词条的对比可以发现，对于中国特有的风土名物、花草树木、地理天文的内容，西人辞书中的收词大多都是共性的，主要是由于他们大多会吸收前人的成果；部分不常见、随着语言发展淡出人们视野的词汇在西人辞书中很少被收录，或渐渐消失，例如"视金"等词；使用频率高并且含义未发生较大变动的词，如"金黄色的""金星"等词出现频率很高，没有发生太大变动；而像"黄金""一种贵金属或金属通称""钱财,货币"等义项下的构词随着社会的发展、语言的发展、东西文化的交流和碰撞,构词的内容发生了较大变化,该类词在西人辞书中既有古语词,又有新词,且随着前者和后者使用频率的改变,比重会发生变动,如后编西人辞书中,新词的数量要比古语词数量多。

三、西人辞书对现代语文辞书构词释义的影响

语言是人类最重要的交际工具,也是社会变迁、文化转型的重要载体,以《康熙字典》为代表的传统字书集中反映了古代社会的语言文化系统,以传教士为主体的西人辞书在汉语学习和西学传播过程中推动了中国传统语言体系的现代转型,近代开明国人在双语辞书编纂中吸收西人的现代语言理念,进而也影响到汉语单语辞书的现代转型,最终体现了"汉语言文化体系的古今转型"这一宏大论题。本文仅以此链条中代表性辞书"金"字义项及构词为切入点,集中探讨辞书中"金"字义项及构词在汉语近现代转型过程中的演变。晚清民国时期的西人辞书记录了这一阶段"金"字的重要变化,在汉语系统中原本存在的义项,经过西人辞书的传承得以保留,并增添了新的内容;汉语系统中原本没有的义项和构词,通过西人辞书的发掘和收录,有的也在汉语系统中固定下来。

通过对"金"字义项在各辞书中的变迁的分析,我们可以看到西人辞书的价值所在:第一,某些义项在汉语系统中一直存在,通过不同西人对其释义的对比,可以看到西人对该义项关注的不同视角和认识的深化,这些义项经过传承最终在语文辞书中保留下来。例如"黄金""金属""金黄色的"义项,这些义项在汉语系统中存在,且被西人辞书普遍收录,可见这些义项在汉语近现代转型时期的使用频率始终保持在相对稳定的状态。尽管以上义项在大多数辞书中均有收录,但西人对义项的释义也有差异,尤其是"金属"义。《康熙字典》对早期传教士辞书影响较大,在对"金属"进行释义时,将其与中国文化中的"五行"联系起来,直接影响了以《康熙字典》为蓝本的马礼逊对"金"的认识。马礼逊认为它不仅是一种"物质",还是一种"精神"。到了翟理斯辞书时期,还保留着"金"与五行的联系,但翟理斯将其进一步解释为"五行之一的西方(west)",对五行的认识进一步加深。而从本文统计辞书来看,后来的辞书基本没有了将"金"解释为"五行之一"的痕迹,直到赫美玲《官话》中收录了大量带有"金"

字的化学名称,之后《国语辞典》将"金"作为化学元素名称解释,义项就已具备了近代新科技色彩。《新华字典》《现代汉语词典》都不再收录五行义,而是将其作为一种化学元素,解释其性质。

又如"钱财"义,在《康熙字典》中就已存在,但西人辞书对该义项的收录经历了一个"从词义中提取字义"的过程。在马礼逊的《五车韵府》《华英字典》、邝其照的《华英字典集成》、罗存德《华英字典》中该义项均没有收录于"金"字义项下,西人是通过词义的释义理解字义的,如马礼逊在词条中将"金"译作"钱""薪水",邝其照译为"金币""费",罗存德译为"财富",直至司登德辞书才将"钱财"这一义项正式纳入"金"字义项之下去解释,并将其译为"钱财""钱币"。后来的卫三畏、颜惠庆都将该义项进行了收录。因此,西人对"钱财"这一义项的解释由"薪水""费用"的具体意义演变为"钱""财富""货币"的抽象义。而后"钱财,货币"的义项也延续到《汉语大字典》《汉语大词典》对"金"释义的义项中,现代语文辞书《新华字典》《现代汉语词典》直接以"钱"来释义,囊括了"金"所包含的"money""coin""fee""salary"等西人辞书时期的不同译词。

第二,某义项随着社会发展使用频率降低,不被西人辞书所关注,该类义项在后来的语文辞书中出现频率也较低。如"坚固的"义项,该义项最早可见于《康熙字典》之中,只有早期依托《康熙字典》的传教士——马礼逊、麦都思等予以收录,出现频率并不高。这也与该义项在社会中的使用频率有关,用"金"比喻坚固多用于古语词,如"金城""金池""金汤",随着汉语的发展、单音节词向双音节词的过渡,该义项多在书面语中出现而很少从口语中体现,因此后来的西人并没有将其收录,现仅在义项较为全面的历时性大型辞书《汉语大字典》《汉语大词典》中有收录。

第三,某义项最初在汉语系统中不存在或释义模糊,通过西人辞书的纽带和传承作用,在汉语近现代转型时期被纳入汉语体系中,如"美好的、珍贵的"这一义项最初在《康熙字典》中并没有体现,罗存德运用了"以词义带字义"的方式,如"golden opinoin,珍意;golden rule,金法"的释义,将"golden"解释为"珍贵的"。这一义项经过卫三畏、颜惠庆和赫美玲辞书正式纳入"金"字的义项中去,在汉语系统中固定下来。之后的《新华字典》《现代汉语词典》都将其纳入"金"字义项之下,立项为"比喻尊贵、贵重"。可见,该义项由西人辞书立项,后在汉语系统中保留,并在对外汉语辞书中作为重要义项出现。

在"金"字构词上,西人辞书的纽带作用体现得尤为明显,尤其是西人辞书普遍关注的构词,也收录到了后来的语文辞书中。近代中国深受西方文明冲击,代表西方经济领域的新词语也进入汉语系统,表现到辞书中,如赫美玲《官话》收录了"金本位制""金本位""金融"这样的词条,直至后来《现代汉语词典》第1版也收录了"金本位"一词,第7版收录的经济类词语更多,如"金镑""金融""金融资本""金融危机""金融寡头"等。

汉语中新的构词语素作为义项被西人辞书收录,包括其常见构词在内的词条也通过西人辞书传承下来。如"金字形的"义项在邝其照《华英字典集成》中第一次出现,即"金字髻""金字塔形""金字形"三个词条,卢公明辞书中则收录了"金字髻""金字房"词条,但"金字形的"义项在西人辞书中也仅仅是以构词义项对待。后来在《现代汉语词典》第7版中依然将其作为构词义项,收录了"金字塔""金字招牌",可见这一构词义项及"金字塔"这一事物在近代西人辞书以后继续被关注。

通过近代西人辞书对"金"字义项发展演变的贡献,可以说明在汉语近现代转型的大背景之下,西人辞书发挥着重要作用,它不仅为我们研究晚清民国时期的汉语系统提供了丰富的史料,也深刻影响了当今语文辞书和外向型汉语辞书的编纂,是一笔不可多得的文化遗产。

革命的流量：民国初年
谭嗣同著述再考

张玉亮

（中华书局）

在历时性考察维新志士、戊戌六君子之一谭嗣同的著述在不同历史时期的发展脉络时，笔者曾就清末民初以营利为目的的谭氏著述出版情况作了初步研讨①。随着一些新材料的发现，笔者对清末民初谭氏著述出版"慕英风而骛商机"的认识有所补充和增益，今不揣冒昧加以梳理，以期更加全面地认识将"革命"作为话题资源和流量选题的早期出版实践成败，以及个中反映的世风变化。

一、尺牍出版物中的谭嗣同

《章谭汪黄四家尺牍》（国家图书馆古籍馆馆藏，索书号 106446），一函四册，石印，半叶十二行、行三十二字。函端署"沈光汉题"，有"沈""光汉"两朱文印。前三种署"拙庵书端"，有"□初"朱文印；后一种署"沈桐生题"，有"桐生"联珠朱文印。

末册版权页署"全部四册，定价大洋七角，中华民国二年二月出版"，并标识出本书的权利相关方：

校判(刊)者	锦涛书屋
印行者	振学社
代印者	国光书局　上海六马路东新桥北首吉庆坊内

---

① 参见拙文《慕英风而骛商机：谭嗣同著述在清末民初的编印》，《民国文献研究》2022 年第 1 辑，国家图书馆出版社 2022 年版，第 77—81 页。

　　总发行所　　　国华书局　　　上海四马路中

　　分售处　　　　各埠大书局

（一）本书简况

1. 关于四家

　　该书中的四家,章、谭容易猜到是章炳麟(太炎)、谭嗣同(复生)。将章、谭并称也非本书首创——早在清末,就有国学扶轮社出版的《章谭合钞》。根据笔者考证,此系清末走上出版职场并在民国出版业界叱咤风云的奇人、中华书局副局长沈知方主导的,以"革命"之敏感性和话题性博取流量和销量的较早的出版活动。这一传统经过几年的发酵,有所发展。熟悉晚清史者见到"章谭汪黄"四个姓氏,对后两者的猜测更容易偏向汪康年和黄遵宪,因为这两个人与章太炎一样,都是与谭嗣同有过亲身交往的友朋。但令人意外的是,本书所收的四家尺牍,后两家是汪精卫与黄克强。将此四人相提并论,本身就耐人寻味。黄兴在清末多次领导起义,身先士卒,更是武昌起义的战时总司令;汪精卫以谋刺摄政王载沣,及其"引刀成一快,不负少年头"的诗篇为世瞩目;章太炎则早在 1903 年就因为给邹容《革命军》作序,牵涉《苏报》案而入狱,被视作革命先驱。戊戌年就义的谭嗣同与他们并列,其中的革命意味不言而喻。

2. 关于尺牍

　　尺牍作为文体之一种,自古以来就受到出版商的重视。特别是在商业出版角度,尺牍是日常生活中需求量较大的交际文体,有不少日用类图书以尺牍为重要组成部分。当然,尺牍也兼具其他文化内涵。比如学林耆旧的论学尺牍,官场要员的公文尺牍,艺坛名家的手书尺牍等。因此从出版角度来看,如果说诗、文等体裁强调的是文学史的正统意味,那么尺牍则是面向丰富的流量入口。

3. 关于出版机构

　　本书首册标"振学社印行",背印"振学社出版各书目录",共计 14 种,本书为其中第二种。值得注意的是,在这 14 种已出书目中,有 7 种为"泣群编"的小说,且这些小说的署名后分别有署名为啸庐、铁楼、自由自在生、我虚生的评点。振学社虽限于资料而失考，但从中不难看出，这是一家以通俗读物为主要选题方向的出版机构。而振学社印行图书目录中占据半壁江山的姜泣群，也值得关注。他不仅精通技击，以姜侠魂为署名刊行了大量的国术文献，推行中华武术不遗余力，更出版有《朝野新谈》。这部笔记体著作中辑录的谭嗣同佚作和谭氏事迹，有从未见于他书者，在谭氏文献流传与传记资料的图谱中有着无可取代的价值。

4. 关于谭嗣同尺牍

本书第三种《谭复生先生尺牍》分为二卷，卷一计三十一叶，收致欧阳中鹄书、致贝元征书；卷二计十叶，收致沈小沂书一、致沈小沂书二、致刘善涵书一、致刘善涵书二。除《报贝元征》为《思纬吉凶台短书》主体部分刊于戊戌年版《皇朝经世文新编》外，其他均录自谭氏生前亲自刊行的《寥天一阁文》。更值得注意的是，四家尺牍中唯谭氏尺牍有眉批和跋语。

（二）谭氏尺牍之眉批

对应原文与眉批过录如下：

一、前寄书有未宣究，今且即答来语，一一陈之。

【眉批】寝馈旧学深邃，临去秋波，未免有情耳。

二、即如君臣一伦，人人知其有，不待言矣。而有所谓民主者，尤为大公至正，彬彬唐尧虞揖让之风，视中国秦以后尊君卑臣以隔绝不通气为握固之愚计，相去奚止霄壤。

【眉批】西人分居后恒缺定省，然妯娌姑妇之间则不知省却多少闲气矣。

【眉批】我谓西人虽分居，而遗产犹世及，不若遗产归社会公有，而己之子女亦得受教养之为尤善。惟事须本人自愿，不能迫之使为耳。

三、使无伦常而犹有今日，则伦常者初无关于治乱得丧，为可有可无之赘旒，而吾圣人以伦常设教，反虚而多事矣。

【眉批】宗教迷信，中外一辙，彼此相非，俱非正理，欲破除之道在教育普及。然非遗产归公，则终难有此一日。

四、足下所谓洋务，第就所见之轮船巳耳，电线巳耳，火车巳耳，枪炮、水雷及织布、炼铁诸机器巳耳。于其法度政令之美备，曾未梦见，固宜足下之云尔。凡此皆洋务之枝叶，非其根本。执枝叶而责根本之成效，何为不绝无哉？况枝叶尚无有能讲者。

【眉批】写尽此辈心理伎俩，使无遁形。呜呼！此世皆欲杀，所以不止法国之卢骚也。

五、今之原祸始者，必以合肥为丛矢之的。夫日暮途穷，百政废弛，诚足恶矣。然二十年前，有绝大之名奏议，为中国生死存亡之所系，则为请以科举变西学一疏。既格不行，何从得群策群力以自辅？何从使君子自别于小人，而化四百兆无用之废物为有用？更何从有安内攘外建威销萌之一日？合肥聪明人，岂见不到此？故规模虽极宏远，布置虽极周匝，一有边警，即始终主和，亦灼见科举不变，材艺不奋，万无可战之理。此其洞睹几先，力维大局，非后生浅识所能窥观者矣。责人斯无难。我辈匡居逸豫，超然事表，但觉彼之失机后时。而当局者步步荆棘，居高地而不能行其志愿，事变万端，交秉迭赴，实有至难者。独怪其变科举之言既不用，何不以去就争之；争之不得，即奉身而退，不人己两全矣乎？侯至伊藤博文十年变法之诘，张目而不能对。嗟乎！贪位恋权之足以丧身如此，徒枉其才而已。故夫变科举，诚为旋乾斡坤转移风会之大权，而根本之尤要者也。

【眉批】如此责合肥，方足使之心服。

六、顾亭林悼八股之祸，谓不减于秦之坑儒。愚谓凡不依于实事，即不得为儒术，即为坑儒之坑。惟变学校、变科举，因之以变官制，下以实献，上以实求，使贤才登庸而在位之人心以正。且由此进变养民卫民教民一切根本之法，而天下之人心亦以正。根本既立，枝叶乃得附之。夫何忧顽钝贪诈，夫何忧洋务之无效？

【眉批】此为对无治法者立言，非谓徒法可以为治也。

七、虽然，吾所云变学校、变科举，凡以为士与民，化其桀骜，而登庸其贤才也。贤才登庸，正如西人所称联合力，岂有不可为之时势哉？

试为今之时势筹之。已割之地不必论矣，能有为者固不在大，此其浅祸也。赔兵费二万万两，又议增三千万两，其祸较深。括尽中国之民财及于妇女之环珥，恐犹不足取办。不足取办，则威海之倭兵永不得撤，五十万之岁饷永不得停，子金又日孳而日重，势不得不假资于西人。西人更因而盘剥之，重息也，质地也，抵押海关也，皆所不免，而吾益不足取办。子金之日孳日重，负西人无益于负日本，积累既久，虽割地割海关犹不能偿。统筹全局者，所以必首先从事于此。若无内国债可举，而择祸莫如轻。莫如俗谚"与其欠钱，不如卖田"，是犹有办法者也。至于遍地通商，免税免厘，兴创机局，制造土货，其祸之烈，直无办法！

【眉批】时辽东半岛犹为日占，故先生云然。

【眉批】时尚无能借外债之人才，故先生有此下策，非不知土地为国家存立之要素也。

八、几阙失有警察之官，禁暴修闾之遗制也；正粮土有测绘之官，封人、均人之职掌也。

【眉批】几同讯。

九、续电线、创邮便局以理邮政，汲自来水、然电气煤气灯以利民用。

【眉批】然同燃。

十、今之矿务、商务，已成中西不两立不并存之势，故西书《物类宗衍》中有"争自存宜遗种"之说，谓万物必争，而后仅得自存以绵延其种类也。以矿务、商务力与之争，即今之下手处，而所以能有此下手处者，岂他故哉？

【眉批】《物类宗衍》，即达尔文《物种由来》也。

十一、前见□□□上书，言与西人战不当用枪炮，当一切弃置，而用己之气。

【眉批】竖儒瞽说，对之真欲一笑出泪。《兴算学议》作"陈长镞"。

十二、有为弃海口海岸专守内地内江之说者，此殆以为西人止能水战，亦不识夷情之至矣。西人尤善陆战，有正有奇，能谋能勇。苟得我之海口海岸，所谓猛糠及米，而内地内江又化为海口海岸之形矣，然则又将弃之耶？

【眉批】此与近人所谓西医只善外科者，可谓无独有偶。

十三、若夫西人则更不须巫觋多方也。岁取中国八千万，视国家岁入犹赢一千万，且无国家之费用，是商务一端已远胜于作中国之木那克。迨至膏血竭尽，四百兆之人民僵仆流离，自不能逃其掌握。

【眉批】木那克，英语王也。

十四、今之寺观庙宇，多而且侈，使悉废之，不惟财无虚掷，人无游手，而其云构崇阁，亦可为议院学堂诸公所之用。

【眉批】此著似宜行之以渐。

十五、道出天津，地形平衍，空明四鉴，托体若虚。车中倦卧，仰见游丝百尺，亭亭苕苕，婵娟裔漾于九天之上。谓是偶尔谛视，则处处有之，惟背日乃得见。今年春暮,江南看杨华,风日俱素,正复类之。目力故胜,静且加明,初可十许丈,久之辨及百丈,内外平视,亦二三十丈。何时不有游丝,静便了了尔许。

【眉批】由静生定,由定生慧,岂独明而已哉?

十六、署中度岁,薪米要会,性尤不近,论说之友,又终阙如,以此居恒邑邑。内计心力渐顿,便再咿唔一百年,亦不过如是尔也。悲夫!

荧荧之露,既未容把玩;殇伯鬼中,亦会有穷期。正色苍苍,熟视无睹;坤灵抟抟,蹴我则胜。曾几日月,乃曰今古;通乎昼夜,乃曰幽明。睅车丰斗,圣人语怪于前;虑妃娥女,骚客媟亵于后。陆通见圣,犹发却曲之狂谈;平子何愁,厥有龙丸之诡制。巨灵高掌,六鳌短趾,海垂天仰,云止峰流,俯仰旷观,谁不应有。区区曼美荒唐,曷尝不为志士焉归矣。因得奇理二件,试与足下嬉笑剖之。

【眉批】浏阳思想之超越,我谓近世无第二人。

以上十数条眉批,从内容上看,无论见解还是史料价值都很难说有什么过人之处,特别是其中还有两条通假字、一条英文音译、一条西书译名方面的注释性质的文字。尚具价值者,是发表了遗产归公的意见,以及通过校勘谭氏《兴算学议》,对原文的缺文处进行了校补。这些眉批,约略反映了批点者关于法制、教育等方面的见解和思想倾向,同时也可看出这是一位对谭氏推崇备至且对其著述较为留心的读者。

(三) 谭氏尺牍之跋语

书末有跋语云:

岁庚子,自友人案头读此书,即叹为董氏《天人》,贾氏《治安》,无是精卓。时年才十二,又苦涉猎西书少,于其远见独到处,犹多疑信参半。今来重谈(读),始佩卓识。因为勘校,兼附一二眉语。佛头着粪,知不免矣。方先生为此书时,正辽东新北之后,朝野俱厝火积薪而寝其上,犹憺然自以为安。先生虽众睡独醒,而我瞻四方,抑郁谁语,胸中块垒,遂不择地而发。明知法无可说,而犹强聒不已。呜呼! 此其所以为先生欤? 先生聪明异众,虽无良佳之东西政俗学艺参考书,又少同志之师友,且足不出国门,仅凭一二西友之告语,而其指论中西,乃视十年后我曹有书有友者,为鞭辟近里,使须臾毋死,其成就宁有量哉? 呜呼! 人之云亡,邦国殄瘁,我思哲人,潸焉出涕矣。任庸校竟记。

按此跋中两个时间点值得注意。一是庚子(1900)，"时年才十二"，则跋语作者至本书出版的民国二年时也仅仅 25 岁。二是"辽东新北之后"，当指甲午战争，而跋中称"乃视十年后我曹"云云，时为 1904—1905 年左右，此时正是保皇派与革命派激烈论战、革命报刊迅猛发展的时期。

《报贝元征书》后又有署名"重民"的按语：

> 呜呼！此壮飞甲午年之作，于当时情事，洞若观火。雨窗重读，追忆二十年前，海上酒楼，纵谈时局，恍如昨日，不禁泪涔涔下。而世变日新，国事日亟，安得起死友于地下一商榷之乎？

按本书出版于民国二年(1913)，"二十年前"当在 1893 年，与谭氏赴江苏候补知府任而客居南京，并往来宁沪结交维新志士的 1896—1897 年在时间上有所抵牾。尽管"二十年"有可能是个笼统的提法，但也不致虚计三四年之多。且除此以外仍有可疑之处，比如《报贝元征书》虽然未署甲午秋七月，但文中多处涉及《马关条约》签订后的史事，则该文实作于乙未年(1895)，真正熟悉谭嗣同"于当时情事，洞若观火"的友人，当不至于仅据落款时间就发此皮相之语。联系当时清室已亡、无须避讳，而如此藏头露尾又疑点重重，令人不能无惑。

如果说，本书正文部分的眉批与署名"任庸"的跋语，尚有一定关联性，且能反映一个"八零后"读者对谭嗣同这位革命先觉的推崇态度的话，那么，署名"重民"的按语则更像是自重身价、故弄玄虚又难藏马脚的伪托文字。

二、文学期刊中的烈士诗文

《民权素》是民国初年重要的文学刊物，前人论之颇详，并已有对其中刊载诗作、诗话进行汇编、校注的成果。而令人疑惑的是，在这份以发表时人作品为主的文学期刊中，却混入了不少谭嗣同诗文。以此为切入点，或可发掘这份刊物的别样价值。

(一) 关于报刊编辑机制

《民权素》在众多论者的研究成果里，被称为民国初年的大型文学刊物。其实该刊自 1914 年 5 月创办至 1916 年停刊，出版不过 17 期。说其大型，恐怕与其单期的栏目较多、篇幅较大不无关系。而在其稳定的栏目设置与重组的作者资源中,一些问题往往容易被忽视。比如,《民权素》的编辑组稿机制如何? 要解答这个问题,单从刊出的作品和列出的作者署名中考查尚嫌不够,以出版史的角度进行观照,或可获得更多启发。

谭嗣同作为一个去世超过十年的"先烈",其作品被辑入该刊,从办刊主旨和主创团队的思想倾向上不难理解,固然是出于对革命的倡导乃至对出卖变法的袁世凯的挞伐,但这里有一连串值得注意的问题:编者是如何关注到谭嗣同的诗文,其文献来源是什么? 又是以怎样的严谨程度将其编入《民权素》,收录标准或原则是什么? 等等。

爬梳 17 期《民权素》可以发现,编入该刊的署名谭氏的文章共 12 篇,分别为:

《以太说》、《仲叔四书义自叙》、《史例自叙》(第五集);

《海峤府君家传》、《治事篇释名自序》、《报邹岳生书》(第六集);

《群萌学会叙》(第七集);

《远遗堂集外文初编序》(第八集);

《与沈小沂书》(第九集);

《治事篇仕学自序》、《改并城乡各书院为致用学堂公启》(第十二集);

《熙亭府君家传》(第十六集)。

此外,还有署名为谭嗣同的诗作 2 题 3 首,即《述怀》2 首(第六集)与《赠邱文阶》(第八集)。

首先,从最直观的署名上看,编者自己犯了错误,也将后来的研究者引入误区。

编者将来自《远遗堂集外文初编》的谭嗣同之仲兄谭嗣襄的诗作,误当成谭嗣同本人作品,包括《述怀》2 首和《赠邱文阶》。更令人诧异的是,该刊在刊发《赠邱文阶》的第八集同时刊发了《远遗堂集外文初编序》,该文在表达对已故仲兄的深刻悼念后明确表示:

乃克检仲兄遗文手书一通,单辞夸简,莫成卷帙……无所离丽,命曰《集外文》尔。

也就是说,这《集外文》初编所收皆系谭嗣襄的作品。《民权素》编者却误署谭嗣同及其笔名"褰冥氏"之下,不可谓不疏忽。

而署名的错综,也给后来者以误导。《民权素》刊发的谭嗣同作品已如前述,但一些研究者不加考辨,仅将署名为"谭嗣同"的作品纳入视野,对署名谭浏阳、谭壮飞、褰冥氏的作品全部失检,所得出的结论自然难免留下遗憾。这也是以近代报刊作为史料时应当高度重视、极力避免的误区。

其次,从入选篇目和内容上分析,我们可以发现,这里来自谭嗣同生前手订的"东海褰冥氏三十以前旧学"的有6篇,来自《湘报》的有6篇,各自占了一半比例。值得指出的是,最能反映谭嗣同革新思想和反封建锋芒最为锐利的著作《仁学》并未入选,至第十六集却反而选择了被谭氏摒弃的旧学代表之家传。谭嗣同曾于致友人唐才常书札中对自己三十以前专攻旧学进行了批判:

> 嗣同不慧,蚤为旧学所溺。或饾饤襞绩,役于音训;或华藻宫商,辱为雕虫。握椠则为之腕脱,雒诵则为之气尽,夫亦可谓笃于文矣。

谭嗣同三十岁时正当甲午战争,他自我反思、力求振作,决心告别旧学而开启新的探索之路:

> 三十以后,新学洒然一变,前后判若两人。三十之年,适在甲午,地球全势忽变,嗣同学术更大变,境能生心,心实造境,天谋鬼谋,偶而不奇。故旧学之刻,亦三界中一大收束也。

可惜的是,《民权素》对谭氏三十以后新学之作所选并不占主流,且未能选入其言辞犀利、思想深刻的《仁学》。因此,从内容上说,我们很难认为编辑在谭氏文章的遴选上下了足够功夫。

此外还可注意的是,在同题、同组作品的署名上,《民权素》的处理也较为粗糙。比如,文献来源同为《寥天一阁文》卷一的《与沈小沂书》《仲叔四书义自叙》《史例自叙》,就分别用了谭壮飞、谭嗣同、褰冥氏3个不同的署名;同为录自《寥天一阁文》卷二的两篇家传,又分别署名谭嗣同和谭浏阳。更有甚者,标题一看便知是系列性文章的《治事篇释名自序》和《治事篇仕学自序》,署名也不相同。这样错综的署名方式,固然有对刊物作者队伍庞大观感的追求,但也不能否认其所反映出的粗疏。

无论是作者的张冠李戴、内容的遴选不精还是署名的错综粗疏,在一定程度上反映出《民权素》编辑过程中的一些真实情状。这些情状不仅在研究期刊本身时值得注意,同时也不啻给研究者提醒,在以近代报刊为研究资料时,需要考虑报刊编辑机制所带来的文献特点及可能导致的价值损耗。

(二) 关于作品传播过程

研究作品,不能不讨论作品的各种版本及其传播、流变。《民权素》所刊谭嗣同诗文,为谭氏著述出版与传播的链条补上了重要的一环。

谭嗣同著述在其生前编订并刊行的有"东海褰冥氏三十以前旧学"四种,即《寥天一阁文》、《莽苍苍斋诗》、《远遗堂集外文》初编与续编、《石菊隐庐笔识》学篇与思篇。这"旧学四种"自光绪二十三年(1897)木板刊行以来,流传不多。加之戊戌政变后,六君子著述旋为厉禁,以至于谭嗣同的友人章炳麟都未能获睹"旧学四种"之全貌。章氏在光绪二十四年末致书梁启超时说:"复笙遗著,弟惟《寥天一阁文》一册,其余多未及见,友人中亦有箧藏者乎? 罗网满天,珍重是幸。"尽管之后上海有据此木刻本之石印本面世①,但流传范围也比较有限。一个辅证是,据温州人符璋光绪三十年六月十四日的日记记载,其时新公布的查禁图书名单 10 余种,汇集谭嗣同、唐才常著述的《浏阳二杰集》在名单中②,但却已不见"旧学四种"的木刻本与石印本。

谭氏诗文的流传,在清末较为重要的一环是梁启超在其主编的《新民丛报》上连载的《饮冰室诗话》。该刊自 1902 年初创刊,至 1907 年冬季终刊,共出版 96 期,其中第 4—95 期刊有《饮冰室诗话》。尽管所录谭氏诗作不多,但在这一时期,凭借梁启超"笔锋常带感情"的新文体,谭氏诗作进一步流传。民国肇建,孙中山及其代表的革命派成为民国元勋,谭嗣同成为较为尴尬的存在——对比邹容与谭嗣同在民国初年的政治影响,邹容因《革命军》而受到政府的推崇,民国元年(1912)即被追封为大将军,哀荣备至;而谭嗣同仅在民国二年才在地方政府申请下得到政府支持建立祠堂以资纪念。谭氏著作之流传,仅宣统三年(1911)、民国元年地处湖南的谭氏家属自费再版"东海褰冥氏三十以前旧学四种"、《兴算学议》并补辑遗文一卷。这两个版本校勘不精,影响也十分有限。在此背景下,《民权素》所刊谭氏诗文就显得较为难得了。

首先,尽管选材并未尽善,但该刊编者能搜罗到当时并不易得的"旧学四

---

① 详见新编《谭嗣同集》前言第 17 页,浙江古籍出版社 2018 年版。
② 《符璋日记》,中华书局 2018 年版,第 153 页。

种"，且不囿于这单一的文献来源，还注意从《湘报》当中选取文章。要知道，《湘报》系日报，在刊行之初就不易保存，加上历经戊戌政变、辛亥革命等历史风云，存世更少。对比政变发生前的《兴算学议》，此书系谭嗣同写给老师欧阳中鹄的长信，欧阳认为颇有见地，以"兴算学议"为题，加以按语，刊刻流传，湖南巡抚陈宝箴亦加首肯，命刻印千本以为湖南新政之倡。有此官方背景和上千发行量的整部著作，其初刊本目前国内图书馆所藏稀如星凤，遑论每日刊行、装订保存不易的日报形式的《湘报》了。唯其如此，章士钊在得到徐良保存的全套《湘报》时才会感喟良多，赋诗抒怀①。由此不难看出，《民权素》的编辑在文献搜集上还是费了一番心思的。

其次，《民权素》的诗话栏目，是考索谭氏作品在民初流传的重要线索。按《民权素》的诗话栏目收录时人诗话作品 21 种，有王培军、庄际虹校辑本，其中 3 种录存了谭嗣同的诗作。请分述之。

南邨《摅怀斋诗话》，第四〇条（载《民权素》第六集）云：

> 戊戌被难六君子，最以名闻者厥为谭壮飞，生平诗文尤脍炙人口。湖南有郭四者，郭嵩焘之子，以文字自矜，目空千古。尝评定前此文章之士，独谭嗣同得六十分，其他如韩、柳、归、方诸贤，率在四十分以下也。所为诗有《莽苍苍斋集》行世。说者谓其谨严豪放，才兼杜、苏，洵不诬也。

以下转录"其遗稿数章"，如《狱中题壁》《述怀》《过战鸟山》《罂粟米囊谣》《六盘山转饷谣》《宋徽宗画鹰》《秦岭韩文公祠》及词作《望海潮·自题小照》。需要辨析的是，这里的《罂粟米囊谣》《六盘山转饷谣》《宋徽宗画鹰》《秦岭韩文公祠》皆为谭氏生前刊刻之《莽苍苍斋诗》中之作，《望海潮·自题小照》也系"三十以前旧学"第四种《石菊隐庐笔识》思篇第五〇则所录，并非遗稿。且《述怀》正如前文所述，出自旧学第二种，乃谭嗣同仲兄嗣襄的作品。也就是说，诗话作者南邨并未获睹光绪刊本"旧学四种"，才会出现此误。且《罂粟米囊谣》"罂空粟，囊无米"光绪刊本作"罂无粟，囊无米"；《六盘山转饷谣》"舆夫舆夫尔勿嗔"较光绪刊本脱一"官"字。又《过战鸟山》云："珠玉相生愧独顽，可儿豪胆镇相关。悲秋剩有桓宣武，雪涕重经战鸟山。"该诗未见于"旧学四种"，系谭嗣同稿本《秋雨年华之馆丛脞书》中的《江行感旧诗并引》四首之三，唯"珠玉相

---

① 见王揖唐《今传世楼诗话》第五二七条所录《题徐善伯见视戊戌湘报全册四十韵》。

生"作"冰玉澄鲜",可见《摅怀斋诗话》所录别有所本。

第二种系钝剑《愿无尽庵诗话》,据整理者考订,此系南社著名诗人高旭的笔名。该诗话第一八、一九两则(载《民权素》第七集)摘录谭氏诗句"壮士事戎马,封侯入汉关"(《别兰州》)、"笔携上国龙光去,剑带单于颈血来"(《赠入塞人》)、"官仅用尔力,尔何不肯竭"(《六盘山转饷谣》),亦与刊本有异文:光绪刊本"封侯"作"侯封"、"龙光"作"文光"、"何"作"胡"。

第三种系苏曼殊《燕子龛诗话》第二则(载《民权素》第十三集)云:

> 《寥天一阁集》中,《古意》两章最佳。诗曰:"磷磷日照鸳鸯瓦,姑射仙人住其下。素手闲调雁柱筝,花雨空向湘弦洒。""六幅潇湘曳画缯,珠帘垂地暗香凝。春风不动秋千索,独上红楼第一层。"

按光绪刊本"磷磷"作"鳞鳞";"潇湘"作"秋江"。更且此题乃出自诗集《莽苍苍斋诗》而非《寥天一阁集》,"旧学四种"中有《寥天一阁文》乃文集而非诗集。

以上三种诗话,两种出自著名诗人之手,然与光绪刊本异文颇多,且著录有误。诗话作品的撰作,本以讨论诗艺为鹄的,似不大可能在抄录中随意改字或不加校勘,如果这一认识成立的话,那么,南邨、高旭、苏曼殊等诗话作者所读到的谭诗,当时转录所本或耳闻所得,与刊本相比有较多差异。这也说明,直到民国初年,谭氏生前手订的"旧学四种"刊本流传并不广,诗坛名家甚至都未能寓目,换言之,谭氏著作在民国初年存在较大的市场空缺。唯其如此,擅长商业性出版运作的沈知方,不惜人力启动《谭浏阳全集》项目,也就不难理解了。而《民权素》中所刊诸作,正是谭嗣同作品流传链条中重要的一环。

(三) 关于作者形象建构

《民权素》脱胎于《民权报》,因此它虽是文学期刊,同时也保留了较为鲜明的政治诉求。如该刊首期刊登的第一首诗是蓝天蔚的作品,联系蓝氏在一年后即于护国运动中率军起义,该刊的反袁倾向不言自明。尽管前人对该刊在启蒙上的软弱无力多所论列,但不能否认该刊的倾向性。在这样一份刊物中,谭嗣同作品的刊登,有着别样的意义。

众所周知,谭嗣同作为维新运动的烈士被世人铭记。然而,对谭的评价在此后不久遇到了尴尬。戊戌政变后,康、梁流亡日本。康有为创立保皇党,梁启超尽管与乃师出现过思想分歧，但毕竟是康氏麾下最具舆论影响力的弟子，因此革命派也以保皇派视之，甚至在两派矛盾激化后，对梁的敌视更甚于康。在此局面下，推崇死友、刊其遗著《仁学》而苦心孤诣的梁启超，在客观上"连累"了谭嗣同著述作为思想资源在革命派中的影响力，以至于抱持革命倾向且与谭嗣同颇有渊源的章士钊在著作中表明，谭嗣同的戊戌北上担任清廷官职实为虚与委蛇，与保皇派有本质不同。而也正是在此期间，《苏报》案爆发，邹容及其《革命军》反而因清廷查禁而获得了更大的关注度，《革命军》也因此几乎成为近代革命文献中版本最多、发行量最大的著作，远超《仁学》。至此，谭嗣同被有意无意地悬置了。这个在生前被称为"伯理玺之选"（梁启超语）、"世家子弟之杰出者"（翁同龢语），身后被公认为"戊戌六君子"中最引人注目的天纵英才，被历史的变幻风云搅扰，形象变得微妙而难以言说。

三、余论

以上简要考述了民国初年一书一刊中的谭嗣同著述。尽管对这两种出版物在当时的影响与阅读情况，根据现有资料难以进行更为详尽的再现，但从并无再版等情况来看，《谭复生先生尺牍》与《民权素》并未引起太大反响殆无疑义①。因此从某种程度上可以认为，谭嗣同作为烈士的形象，尽管清末以来便受到商业嗅觉敏锐的出版商青睐，但在民国初年的政局翻覆中，在城头变幻的大王旗下，毕竟难以凝聚起足够的市场号召力。民国初年以革命求流量的谭氏著述出版终告失败，时代呼唤着新的谭氏著述出版物。

民国六年（1917），作为中华书局旗下机构的文明书局推出《谭浏阳全集（附续编）》，商务印书馆推出《戊戌六君子遗集》。在思想史上，新文化运动之风也正起于青萍之末——1916 年创刊的《民彝》，刊登了李大钊的《民彝与政治》，中云："湘贤谭复生而生于今日，更不知作若何沉痛之语。"到 1919 年初，李大钊更是直接以《仁学》中的观点和原文命名自己的作品，也才有了著名的《乡愿与大盗》②。此后，谭嗣同的名字更加频繁地出现在新文化运动旗手

---

① 特别是对比国学扶轮社《章谭合钞》宣统二年八月初版两个月后即告售罄，十月再版；而《湘学报》《湘报》《清议报》等清末期刊皆有合编本、类纂本等。

② 谭氏《仁学》第二十九篇云："故常以为二千年来之政，秦政也，皆大盗也；二千年来之学，荀学也，皆乡愿也。惟大盗利用乡愿，惟乡愿工媚大盗，二者交相资，而罔不托之于孔。"李大钊《乡愿与大盗》几乎全同。见《仁学》（汇校本），浙江古籍出版社 2021 年版，第 98—99 页。

的笔下。胡适《五十年来之中国文学》、蔡元培《五十年来中国之哲学》,这两篇名文的引文中括注了所引谭氏著述的页码,对比这些页码可以断定,这些新文化运动的健将所引用的版本正是文明书局版《谭浏阳全集(附续编)》。这个谭氏著述的第一部全集,尽管在出版机构经历巨大挫折时断版多年,仍有着旺盛的生命力——该书初版于民国六年九月,再版于民国十二年四月,三版刊行于民国十三年四月,四版刊行于民国十四年十一月……而张元济所编《戊戌六君子遗集》,也在此后多次再版。

与这一谭氏著述出版活动时间轴相对应的是,作为作者的谭嗣同,不再是亲身可接的先人、朋辈,不再是时代剧变的参与者,而变成了历史长廊里的一幅画像。随着人世推移和世风变化,维新烈士、革命"先觉"谭嗣同在出版物市场上失去了流量,而作为历史人物、思想精英等研究对象,其著述才获得更为长久的生命力。考究民初谭氏著述的出版细节,对认识当时的政局与世风不无裨益。本文仅就《章谭汪黄四先生尺牍》和《民权素》中谭氏著述的出版情况进行粗浅勾勒。若结合姜泣群《朝野新谭》中谭氏生平记述与作品辑录、民国二年关于六君子褒恤的公文和纪念活动、梁启超与蔡锷(一为谭氏至交,一为谭氏时务学堂时期的学生)在民初政坛的活动及影响、新文化精英对谭氏著述的阅读等来考察,于民初历史与时代思潮、出版活动与历史人物形象建构的交互关系等议题想必会有更有趣的发现,谨俟来日。

商务印书馆出版谢洪赍世界地理教材《最新中学教科书瀛寰全志》底本研究

张子旭

（复旦大学）

一、谢洪赍与商务印书馆出版世界地理教材《最新中学教科书瀛寰全志》

谢洪赍是近代著名基督徒翻译家,1873 年生于浙江宁波慈溪一个基督教家庭,祖籍绍兴府余姚县(今宁波余姚)泗门谢氏,因而在《最新中学教科书瀛寰全志》等书的封面与版权页,把谢作为绍兴人。美国北长老会在宁波兴办教会学校崇新书院,其父谢元芳后为长老会牧师,宣教于宁波的慈溪和余姚地区。受父亲的影响,谢洪赍较早、较多接触了西文教材。1892 年,谢洪赍赴上海,入监理会创办的博习书院(Buffington Institute),因英文颇佳,而驻校协助校长潘慎文(Alvin P. Parker)翻译西方自然科学书籍,具备自然科学的翻译经验。①

1897 年,商务印书馆创建,创办人夏瑞芳、鲍咸昌、鲍咸恩、高凤池等都曾在基督教会主办的墨海书馆工作,是在上海的浙江籍基督徒,与谢洪赍是旧识世交。商务印书馆初为一家单纯的小印刷厂,只承印一些与商务有关的传单、账册、票据之类,商务印书馆之名即此而来。次年,商务印书馆收购了日人在上海创办的现代印刷厂,规模初具,在上海的新式出版印刷业中确立起自己的商誉。夏瑞芳不再满足于只印些账单票据之类,开始投身于图书市场,他购得印度编写的英文教材《印度读本》,聘请谢洪赍加上中文译注,定名为《华英初

---

① 谢洪赍事迹整理自胡贻榖:《谢庐隐先生传略》,青年协会书报部 1917 年版。

53

阶》,系中国近代最早的自编英文教材。①

出版教材需要专门的翻译机构对教材进行编译,1903 年,张元济正式加盟商务印书馆,主持编译所,自此,教材出版事业进入一个快速发展阶段。

谢洪赉在这一时期,积极参与商务印书馆的编译活动,翻译了大量的近代教材,主要集中于经济学、地理学、物理学、化学、英语教学、国文教育等诸多领域,其中在世界地理教材方面,谢洪赉编写了《最新中学教科书瀛寰全志》(商务印书馆 1903 年版)、《中外国地理教科书》(商务印书馆 1907 年版)、《高等小学最新中外地理教科书》(商务印书馆 1909 年版)。

《最新中学教科书瀛寰全志》②为中学地理教材,扉页有"经总理学务大臣审定"字样,1903 年初版,1906 年第 8 次印刷,1913 年经赵玉森重订,编为《重订瀛寰全志》,赵玉森重订的内容主要为将谢洪赉原版中的清朝地理概况修订为中华民国地理概况。该教材初版的编著者谢洪赉、校勘者奚若,两人都侧重于翻译宗教与科学教材,而修订者赵玉森主要侧重于编著国文教科书。

该书主要篇目为第一编总论、第二编亚细亚、第三编欧罗巴、第四编亚非利加、第五编北亚美利加、第六编南亚美利加、第七编大洋洲,其中各编分节,主要论述各洲各国概况,分为国政、地理、民族、人种、动植物、名胜古迹等,并配有精美的插图。

目前国内最早有关谢洪赉生平著述的研究是胡贻穀所作的《谢庐隐先生传略》,该书主要介绍谢洪赉的基本生平事迹。③ 其他论文和论著中,第一类为谢洪赉基督教青年会与出版事业的研究,例如谢扶雅关于谢洪赉基督教青年会事业的研究④、赵晓阳《中国基督教青年会早期文字贡献者谢洪赉及著述目录》⑤《基督徒与早期华人出版事业——以谢洪赉与商务印书馆早期出版为中心》⑥、邹

---

① 参见汪家熔:《商务印书馆史及其他——汪家熔出版史研究文集》,中国书籍出版社 1999 年版。
② 本文所涉及《最新中学教科书瀛寰全志》的相关内容,均使用谢洪赉所编著的 1906 年版本。
③ 胡贻穀:《谢庐隐先生传略》。
④ 谢扶雅:《纪念谢洪赉百年冥寿》,载《生之回味》,道声出版社 1979 年版,第 165—166 页。
⑤ 赵晓阳:《中国基督教青年会早期文字贡献者谢洪赉及著述目录》,《基督宗教研究》2006 年第 1 期。
⑥ 赵晓阳:《基督徒与早期华人出版事业——以谢洪赉与商务印书馆早期出版为中心》,《青海师范大学学报(哲学社会科学版)》2009 年第 3 期。

振环的《谢洪赉及其基督教著述》①、汪家熔《谢洪赉和商务创办人的关系》②；徐以骅从研究基督教青年会的角度，提及了谢洪赉在基督教青年会中的作用③；吉田寅的《中国プロテスタント伝道史研究》涉及谢洪赉和他的基督教青年会事业，主要侧重于身患肺痨的谢洪赉编译治疗肺痨的医学史方面，吉田氏认为"谢氏の医学面での業績は、主に肺炎治療の著作を編著したものである"④。

第二类为从文献学角度切入的、有关谢洪赉文献尺牍与教材版本的研究，例如陆胤的相关研究，陆胤认为谢洪赉"得以暂时放弃以往较为熟悉的那种从精英人群或诗文文本切入的路数，转而投入一种类似社会史的做法，面对许多不知名的人物，分析大量教本的材源和脉络"⑤。这种方法，无疑是一种重要的学术创见，为日后研究谢洪赉的地理教材知识底本来源问题提供了一种新的借鉴视角和研究思路。

目前，学界有关谢洪赉世界地理教材的相关专题研究相对较少，毕苑的《建造常识：教科书与近代中国文化转型》提出"晚清著名基督教学者谢洪赉在 1906 年出版了口碑颇好的《最新中学教科书瀛寰全志》，该书就用旅行般的介绍说明世界人文自然景观。例如在介绍蒙古人时，书中安排了插图，两个蒙古人坐在篝火旁边吸烟，远处是炊烟袅袅的蒙古包"⑥，提及了旅行体对谢洪赉系列世界地理教材的影响。袁剑的《欧亚边疆：中国知识视野中的亚美尼亚形象变迁及其时代性》提及"1913 年，谢洪赉编纂的《瀛寰全志》（上册）中，对亚美尼亚的情况作了简要的说明"⑦，主要关注谢洪赉对亚美尼亚的地理认知。

上述前行研究，对谢洪赉世界地理教材底本关注较少，笔者试以西方—日本—中国三方的知识环流为背景，对谢洪赉的地理教材底本进行考察。

---

① 邹振环：《谢洪赉及其基督教著述》，载《"经典的翻译与诠释"国际学术讨论会论文集》，复旦大学当代国外马克思主义研究中心 2006 年版。
② 汪家熔：《谢洪赉和商务创办人的关系》，《编辑学刊》1994 年第 4 期。
③ 徐以骅：《中国基督教教育史论》，广西师范大学出版社 2010 年版，第 35 页。
④ ［日］吉田寅：《中国プロテスタント伝道史研究》，汲古书院 2015 年版，第 131 页。
⑤ 陆胤：《国文的创生：清季文学教育与知识衍变》，社会科学文献出版社 2022 年版，第 7 页。
⑥ 毕苑：《建造常识：教科书与近代中国文化转型》，福建教育出版社 2010 年版，第 57—58 页。
⑦ 袁剑：《欧亚边疆：中国知识视野中的亚美尼亚形象变迁及其时代性》，《俄罗斯研究》2021 年第 5 期。

二、西方—日本—中国知识环流视野下的《最新中学教科书瀛寰全志》

知识环流①,是 20 世纪末出现在日本学术界的一个名词,在本文的研究视域下,是指西方—日本—中国之间的地理知识流动,呈三方相互影响的环流态势。例如某地理书籍承载的地理学概念,首先在欧美国家建构,继而传入日本,被日本的地理学家吸收内化后传入中国,部分内容在中国被内化发展后,再传至西方或日本,是为知识环流。

沈国威认为"没有比知识环流一词更能凸显 16 世纪以后的东亚印刷出版和知识传播的特点了。大航海时代以后,物质和人员的流动进一步加速了知识的移动。彼时,知识传播的主要媒体和手段是图书,故耶稣会士带来了大量的印刷精美的图书。这些舶来图书从某种意义上规定了西方新知识的范围,西士不仅带来了西方的图书,还将大量的中国典籍带回了西方"②。

随着西方—日本—中国三方之间的地理知识大交汇,地理教材的世界知识丰富程度极大提高,在教学实际中更易被学生吸收,承载着时人的"世界想象",是时人认知世界概况的重要窗口,起到了"昌明教育,开启民智"的作用。

有关"底本"的概念,《辞海》(第七版)解释为:"底本,又称蓝本,是古籍整理工作者专用的术语。影印古籍时,选定某个本子来影印,这个本子就叫影印所用的底本。"③亦作留作底子的稿本,如恽敬《与黄香石》:"谨将原稿送呈,希饬贵高足钞录后即见掷,并无底本也。"亦指校勘时作为依据的本子,如段玉裁《与诸同志书》:"校书之难,非照本改字不讹不漏之难也。"④ 本文所研究的是谢洪赉《最新中学教科书瀛寰全志》的地理知识底本方面。

在当时的世界地理教材出版机构中,商务印书馆有自己的教材编译所,因此在中外文化交流史领域,研究商务印书馆出版的世界地理教材独具意义。这些世界地理教材的底本来自西文教材或者日文教材,厘清其底本源流问题,

---

① "知识环流"目前所见最早出处是沈国威于 1994 年出版的《近代日中词汇交流史》,提及了中日词汇的知识环流与受容。本文借用了沈国威"知识环流"的研究概念。沈国威的知识环流,主要侧重于语词和译词的知识环流;本文所研究的"知识环流",主要侧重于西方—日本—中国地理知识的环流,在沈国威"知识环流"概念的基础上,笔者开拓视野,试图将西方—日本—中国地理知识的环流也纳入这一研究范式,以此来检验并完善"知识环流"的研究概念。
② 关西大学文化交涉学教育研究中心、出版博物馆编:《印刷出版与知识环流:十六世纪以后的东亚》,上海人民出版社 2011 年版,第 496—500 页。
③④ 《辞海》(第七版),上海辞书出版社 2020 年版。

有助于了解地理书籍及其中承载的世界知识在西方—日本—中国清晰的环流脉络。同时,通过对比不同的底本,分析日本、中国对西文地理知识吸收、内化的具体内容,有助于研究西方地理知识在东亚的本土化。不同的世界地理教材传入中国后,受翻译家的知识视野与翻译风格影响较大。通过商务印书馆编译和仿写有关教材,在教材的体系和内容方面,改变了原有的知识结构,拓宽了世界视野,从而为国人自编新式的世界地理教材打下了知识基础。因此,世界地理教材的底本,具有重要研究价值。

谢洪赉在《最新中学教科书瀛寰全志》的例言部分阐述了自己使用的底本:"兼采东西地志,多宗戴氏地理略说,其未备者兼采《瀛寰志略》《地理全志》诸书,不敢杜撰。"①由谢氏的叙述可知,其底本来源主要为戴氏地理略说,兼采《瀛寰志略》《地理全志》诸书。

三、《最新中学教科书瀛寰全志》与徐继畬《瀛寰志略》的底本比较

近代以来,西方地理学随着工业技术的不断进步而快速发展,向东方不断传播,随着日本幕末开国和明治维新,日本的本土地理学与西学地理学不断发展融合。这一时期,日本的地理学教育全面发展,在大、中、小学校全面普及,且西方地理学译介和内化水平已经明显高于中国。②

中国方面,随着西方势力的东来,中国与外国的接触逐渐频繁,出访、出游不断进行,许多人在实际考察中进一步扩大了对世界地理的认识视野。③ 且西学东渐、开眼看世界思潮不断流布,中国人在这一时期编译、创作了一定数量的反映西方地理的著作,例如《四洲志》《海国图志》《瀛寰志略》等。在这种交流的大时代背景下,西方—日本—中国的世界地理知识环流不断深化。

谢洪赉的地理书籍《最新中学教科书瀛寰全志》在了解西方、救亡图存的西学东渐大背景下,与早期的《四洲志》《海国图志》《瀛寰志略》等地理书籍,在思想上是一脉相承的,《最新中学教科书瀛寰全志》参考了部分徐继畬《瀛寰志略》中的内容。

---

① 谢洪赉:《最新中学教科书瀛寰全志》,商务印书馆1906年版,第4页。
② 赵荣、杨正泰:《中国地理学史(清代)》,第195—200页。
③ 同上书,第165页。

现笔者选取两部世界地理书籍,涉及四大洲①的政治制度、经济、风俗文化等内容,对比如下:

表1 两部著作内容对比

	谢洪赉《最新中学教科书瀛寰全志》	徐继畬《瀛寰志略》②
日本风俗部分	一屋为数室,屋后必留一地,栽培花竹,衣服宽大,足履木屐,有上古风者。 自维新以来,讲求实学,布行新政,改正朔,易服饰,一切仿泰西制度,日进文明。③	男女皆大领阔袖,衣服宽大,足履木屐,女多美发,日洗涤,熏以楠、沉。其男女眉目肌理,仿佛华土。④
比利时的铁矿和纺织业	比利时平原坦阔,南界仅见冈陵,气候温平,土壤肥沃,宜果宜烟叶,多草场,便牧畜,铁矿为比国第一财源,其出煤之矿,占全国二十分之一。⑤ 东发兰德斯,在南巴拉班的之西。织工布鲁舍拉之花边,英法争用。⑥	比利时平原坦阔,南界仅见冈陵,气候温平,土膏腴润,宜谷果烟叶,多草场,便牧畜,兼产煤铁。⑦东发兰德斯,在南巴拉班的之西。会城曰干的,织工所聚,呢布由此出运。⑧
努比亚的人口贩卖	言及人种,俱回回,多奉回教。每贩人为奴以为贸易,劫掠喀土穆子女卖于麦西。⑨	居民皆回回,别有野番,以劫掳为生,行旅时见剽剥,又诱略努比子女卖于麦西。⑩
美国的民主制度	顿既定国,谢兵权,归田而不传子孙。⑪ 华盛顿定宪法,分国政为行政、立法、司法三大权。 民主之国,不立君统,国民合力自治,执主权者亦为国民,或称曰共和国。民主政体或曰共和,公举总统,本宪法而行主权,大事进退,听命于议院,总统之位,以时更易,君主之苛虐,国民群起抗拒……不得已而为之。⑫	顿既定国,谢兵柄,欲归田,众不肯舍,坚推立为国主,顿乃与众议曰:"得国而传子孙,是私也。牧民之任,宜择有德者为之。"⑬

---

① 徐继畬《瀛寰志略》的章节编目,并未将大洋洲单列一章。
② 上海书店点校本底本为同治本《瀛寰志略》。
③ 谢洪赉:《最新中学教科书瀛寰全志》,第159页。
④ 徐继畬:《瀛寰志略》,上海书店出版社2001年版,第7、14页。
⑤⑥ 谢洪赉:《最新中学教科书瀛寰全志》,第119页。
⑦⑧ 徐继畬:《瀛寰志略》,第200页。
⑨ 谢洪赉:《最新中学教科书瀛寰全志》,第333页。
⑩ 徐继畬:《瀛寰志略》,第248页。
⑪⑫ 谢洪赉:《最新中学教科书瀛寰全志》,第34—35页。
⑬ 徐继畬:《瀛寰志略》,第276页。

由上可知,对比四大洲的国家记载,《最新中学教科书瀛寰全志》部分内容,底本来自《瀛寰志略》,但相比于《瀛寰志略》,又具有不同特点。

一是相比于徐继畬《瀛寰志略》,《最新中学教科书瀛寰全志》充分体现了"全志"的特点,徐氏之著作,对世界各国的描述体例,类似于传统史书的外国传,对该国历史描述细致,例如荷兰部分关于郑芝龙记载,西班牙、葡萄牙等国与中国开始交往的时间等;对日本、朝鲜的记载部分,依然沿用朝贡体系。而在谢氏的著作中,将这些内容均删去,以较为客观的态度,描写世界各国的自然地理、人文地理、社会地理、历史地理等,内容更为全面,充分体现了谢氏之书"全志"的特点,亦体现了谢氏在描写世界各国概况时,基本摒弃了传统的"天朝上国"的朝贡体系天下观,与徐氏相比,更具进步性,进一步体现了晚清时人在"西学东渐"思潮下的"开眼看世界"。

二是对世界知识的更新,徐氏的著作,对日本服饰的记载,依然保持在朝贡体系的固有认知范围,而谢氏记载了日本"自维新以来,讲求实学,布行新政,改正朔,易服饰,一切仿泰西制度,日进文明"[1]。在书中,谢氏还详细描述了日本明治维新后的文明开化、教育改革等,内容与时俱进。再如对美国记载部分,徐氏对华盛顿的描写,体现了其人对美国民主制度的理解,与中国传统的君主禅让制相似,而谢氏记载美国的"主权在民,三权分立"体现了对民主政体更为清晰与制度化的认知。

综上,《瀛寰志略》作为《最新中学教科书瀛寰全志》的底本来源,谢洪赍对其既有参考,亦有更新与增补,体现了"全志"之"全"。谢氏能够在徐氏的基础上,对这些知识进行增补,亦是西方—日本—中国之间地理知识环流的结果。

四、《最新中学教科书瀛寰全志》与戴集《地理略说》、慕维廉《地理全志》的底本比较

谢氏自述《最新中学教科书瀛寰全志》地理知识的重要来源,为戴集《地理略说》和慕维廉(William Muirhead)《地理全志》,其中戴集《地理略说》为

---

① 谢洪赍:《最新中学教科书瀛寰全志》,第159页。

美华书馆初版,慕维廉《地理全志》由美华书馆再版。①

美华书馆源自北美长老会在宁波创立的华花圣经书房。华花圣经书房是北美长老会在宁波创办的一个出版机构,1845 年 9 月 10 日,华花圣经书房在宁波开工不久,布道站召开了第一次年度会议,决议设立出版委员会,其主要任务是:(1)选择拟出版的书籍;(2)决定印量、版式与印刷费用;(3)校对排印中的书籍;(4)管理本站以外对象的赠书;(5)建议书房各相关事项。②

华花圣经书房出版的历史和地理书籍中最著名的是祎理哲的《地球说略》,是为布道站寄宿学校学生而编写的教科书,以大量的地图和插图配合文字,论述地球圆形和转动的道理、各大洲与各国的形势、物产与人文等。③

史地类图书还有丁韪良以罗马字母拼音的宁波方言编写的教材 2 种,一是 4 册本的西方地理教科书 *DI-LI Shü*④,第 1 册为地理导论,第 2 册为西方各国概述。二为 *Di gyiu du*,为各国地图。

谢洪赉的父亲谢元芳为基督教徒,在太平天国运动时期皈依基督教,毕业于美国北长老会在宁波兴办的最早的教会学校崇新书院,为浙东长老会最早的信徒之一,后为长老会牧师,宣教于余姚等地。谢洪赉或通过其父谢元芳,较早接触过北美长老会在宁波华花圣经书房发行的几种地理书籍。

1858 年,美国长老会派遣早年学习印刷的传教士姜别利(William Gamble)来华主持华花圣经书房,并将其易名为美华书馆。1860 年(清咸丰十年)12 月,美华书馆从宁波迁至上海小东门外。

谢洪赉与潘慎文一道翻译的自然科学书籍,例如 1898 年出版的《格物质学》([美]史砥尔原著,潘慎文、谢洪赉合译)、《八线备旨》([美]罗密士著,潘慎文、谢洪赉合译)均为美华书馆出版。

慕维廉,为英国传教士,1853—1854 年,墨海书馆出版了他的《地理全志》,分上下两编,共十五卷,上海图书馆收藏有出版的两册五卷本,另收藏有 1854 年版的《地理全志》下编十卷本。日本安政五年(1858 年)有六册十卷

---

① 慕氏的《地理全志》,1853 年由墨海书局初版,美华书馆 1899 年再版。
② 苏精:《铸以代刻:十九世纪中文印刷变局》,中华书局 2018 年版,第 331 页。
③④ 参见苏精:《铸以代刻:十九世纪中文印刷变局》。

本,1959 年有柳夏新刊的爽快楼版本。① 复旦大学古籍部收藏有美华书馆于 1899 年再版本。

戴集,即为美国著名地理学家威廉·莫里斯·戴维斯(William Morris Davis),美华书馆出版其著作《地理略说》(附《地理浅说》)。

谢洪赉参考慕维廉和戴集的著作,均侧重参考其中的自然地理部分,例如地圆学说、河口海岸、冰川、侵蚀、暗射、地震等。谢洪赉的《最新中学教科书瀛寰全志》参考部分,主要为自然地理学说,底本比较如下:

表 2　三书内容对比

	谢洪赉《最新中学教科书瀛寰全志》	戴集《地理略说》	慕维廉《地理全志》
总论部分	地理学乃关系一切事物,无论何人,皆为至要之学问。如医师,如商人,如航海者,尤不可不知地理。地理学者,研究大地一切之学问也。约分三类,一曰算术地理,论地之形体大小,二曰地文地理,论水路山川之位置。三曰政治地理,则详列郡国人民土地。②	地理讲何事,答地球地理讲明地面之形式,地由何来? 答是独一无二真神所造。③	**爽快楼本**:夫地理者,乃地之理也,察地理之士,分文、质、政三等。其文者,指地形广大,其昼夜四季之故。其质者,有内有外,则指地之内之形成。其政者,指地分为州、国、省、府、县、城。④ **复旦大学古籍部本**:夫地理者,乃地之理也,察地理之士,分文、质、政三等。其文者,指地形广大,其昼夜四季之故。其质者,有内有外,则指地之内之形成。其政者,指地分为州、国、省、府、县、城。⑤
地球的形状部分	谢氏教材插图一幅,言海上远望来船,先见船帆。⑥	地是圆形有何证据,答有三证,古有行船,遍历不回,岂知仍至原处。有船自远方来,先见桅顶,渐历渐高。后见船身,因此得知。⑦	/

---

① 邹振环:《慕维廉与中文版西方地理学百科全书〈地理全志〉》,《复旦学报(社会科学版)》2000 年第 3 期。

② 谢洪赉:《最新中学教科书瀛寰全志》,第 5 页。

③ 戴集:《地理略说》,美华书馆 1898 年版,第 1—2 页。

④ 慕维廉:《地理全志》,爽快楼本,第 4—5 页。

⑤ 慕维廉:《地理全志》,美华书馆 1899 年版,第 5—6 页。

⑥ 谢洪赉:《最新中学教科书瀛寰全志》,第 5 页。

⑦ 戴集:《地理略说》,第 1—2 页。

	谢洪赉《最新中学教科书瀛寰全志》	戴集《地理略说》	慕维廉《地理全志》
地球的运动部分	每小时约一千英里,上近二极渐灭。一似日月星辰东出而西没者。①	分为日夜,半边向日有光,而白昼。向日无光,则黑夜。一似日月星辰东出而西没者。②	/
地球的水陆分布	咸水之最大者曰洋,较小者曰海,海水湾入地内者,曰海股,曰海湾。陆地四周多环水者,其小曰岛屿。③	海岛如何?答,海洋中间有旱地,四周皆水,曰海岛。④	**爽快楼本**:地面以水土分之,水为洋,湖土分州,曰岛屿。咸水之最大者曰洋,较小者曰海。⑤ **复旦大学古籍部本**:地面以水土分之,水为洋,湖土分州,曰岛屿。咸水之最大者曰洋,较小者曰海。⑥
英国的气候部分	英国气候温和,考其纬度,虽五六十度之间,与西伯利亚南方同位,其天暖气和,五谷丰登。因西风自墨西哥温暖海流吹至,所受感化,较欧洲诸国为多。⑦	英国气候为何?答气候温和,天暖气和,五谷丰登。英国气候较诸国较暖为何?答因西风自墨西哥温暖海流吹至。人口如何,答四百万。⑧	/

综上,从底本比较的角度,通过谢洪赉在《最新中学教科书瀛寰全志》中的相关记述可以看出,谢洪赉世界地理教科书中的自然地理知识,底本来自戴氏与慕氏之书,谢洪赉在编纂时,并没有照搬照抄这两部西文译书,而是有所选择。例如地理学分类,戴氏之书不够详尽,而慕氏之书详尽,谢氏便参考慕氏之书的地理学分类方法;地圆学说部分,戴氏之书所举帆船桅杆的例子,便于向学生解说地圆学说,谢氏在编写教材时,即采纳了戴氏的著作。而且,谢洪赉在编写地理教材时,将戴氏著作的问答体,改为叙述体,使地理知识论证体

---

① 谢洪赉:《最新中学教科书瀛寰全志》,第7页。
② 戴集:《地理略说》,第3—4页。
③ 谢洪赉:《最新中学教科书瀛寰全志》,第14—16页。
④ 戴集:《地理略说》,第6—7页。
⑤ 慕维廉:《地理全志》,爽快楼本,第6—7页。
⑥ 慕维廉:《地理全志》,美华书馆1899年版,第7—8页。
⑦ 谢洪赉:《最新中学教科书瀛寰全志》,第87页。
⑧ 戴集:《地理略说》,第41—42页。

系更为系统,更容易为学生所理解。这体现了时人自编教材时的取舍与创新。

五、结论

  谢洪赉在清末民初时期,编写多种地理教材,其中一种为《最新中外地理教科书》,体裁为旅行体,经学部审定作为初等小学用书,学部认为,"日本小学地理多用游记体课本,是编即用此体裁,最易引人入胜"①。商务印书馆所亦认为"地理书每苦枯寂,欲唤起读者之兴会莫善于旅行体"②。

  中国学者编纂旅行体的地理教材,在 20 世纪初已经成为主流。

  谢洪赉《最新中学教科书瀛寰全志》说明世界人文、自然景观,擅于使用插图。1910 年学部第一次编纂高等小学地理教材,其外国地理部分,就借鉴了谢洪赉书中的插图。③ 徐继畬《瀛寰志略》主要采用中国传统地理志书的编写体例,而谢洪赉的系列世界地理教材主要为旅行体的编写体例。旅行体的地理书籍在西方先出现,再影响日本,继而传入中国,如孙毓修翻译有《谦本图旅行记地理读本》,该书的地理知识底本为弗兰克·乔治·卡朋特(Frank George Carpenter)的地理书籍,此人是一位美国作家、摄影师和相片搜集者。他是很多标准地理学教材的作者,有《卡朋特世界环游记》(*Carpenter's World Travels*)系列。在 20 世纪早期,这一系列书籍先传至日本,后传至中国。而后,日本又有旅行体的地理书籍《日本人生地理》等。谢洪赉系列地理教材旅行体的写法,体现了西方—日本—中国之间的地理知识环流。

  谢洪赉编写的地理学教科书《最新中学教科书瀛寰全志》,即西方—日本—中国三方地理知识环流下的产物,其知识底本主要来自西文地志,笔者通过对比其文字内容,厘清其知识底本源流,主要参考的知识底本源流有三:一为戴集《地理说略》,二为慕维廉《地理全志》,三为徐继畬《瀛寰志略》。其他参考内容亦有部分传教士西、中文报刊,例如《兴华报》等,以及部分中文地志。谢洪赉通过编译和仿写有关教材,在教材的体系和内容方面,改变了原有的知识结构,拓宽了世界视野,从而为国人自编新式的世界地理教材打下了一定的知识基础。

---

① 毕苑:《建造常识:教科书与近代中国文化转型》,第 58 页。
② 周振鹤辑:《晚清营业书目》,第 277—288 页。
③ 观点整理自毕苑:《建造常识:教科书与近代中国文化转型》。

禁书的诱惑：五四时期无政府主义出版物的流通与阅读

徐　添

（黑龙江大学）

报刊杂志出版与新思潮传播之间的关系是五四新文化运动研究的重点之一,近年来优秀成果更是层出不穷。① 这些研究大多侧重公开出版物与新文化运动之间的关系,而对当时的地下出版物(underground press)却鲜有讨论。所谓地下出版物通常指非法或秘密印刷品。它们往往未经官方批准,内容也常与政治、道德权威意志对抗,因而只得以"地下"形式秘密流通。在各国近代史上,地下出版物常与革命有着密不可分的联系。罗伯特·达恩顿(Robert Darnton)的研究发现,法国大革命前夕,革命思想正是透过下层文人与地下出版物的流通渗透到社会各层。②

五四时期是出版业的繁荣年代,与法国大革命前夜的出版文化相似,当时的出版物也有"明面"与"暗面"之分。以"暗面"存在的地下出版物中,有一些以无政府主义为宗旨的书籍、报刊与小册子尤受青年追捧。这些出版物宣传不要国家、不要政府,要求实现共产主义、社会革命,其出版一度引起青年浓

---

① 代表性成果有王奇生:《新文化是如何"运动"起来的——以〈新青年〉为视点》,《近代史研究》2007 年第 1 期;王中忱:《五四新文化运动时期的商务印书馆》,《中国现代文学研究丛刊》1999 年第 3 期;邱雪松:《"启蒙"与"生意"之间——"五四"新文化与出版业关系论》,《文艺研究》2018 年第 7 期;徐佳贵:《五四"与"新文化"如何地方化——以民初温州地方知识人及刊物为视角》,《近代史研究》2018 年第 6 期;章清:《五四思想界:中心与边缘——〈新青年〉及新文化运动的阅读个案》,《近代史研究》2010 年第 3 期;袁一丹:《杂志联盟与阅读共同体:以〈新青年〉的交换广告为线索》,《中国现代文学研究丛刊》2015 年第 7 期。

② 参见[美]罗伯特·达恩顿著,郑国强译:《法国大革命前的畅销禁书》,华东师范大学出版社 2012 年版。

烈的阅读兴趣，使人对社会革命产生憧憬。既往研究大多注意到这一时期无政府主义出版物自身的思想史意义，但未能从传播的角度进行更深入的解读。① 对此，本文希望讨论这些出版物的地下出版流通史，从更微观的角度考察五四时期书报阅读与青年思想受容之间的关系，以此深描五四青年接受无政府主义等激进思想的心路历程，丰富学界对五四时期无政府主义传播的认识。

一、五四时期无政府主义出版物的流通

无政府主义出版物的出现与无政府主义者的活动密切相关。早在清末民初，位于巴黎与东京的早期无政府主义者便创办《新世纪》等刊物，致力文字宣传。然而由于当时无政府主义者主要集中在海外，"满洲政府文纲綦密，邮禁殊严"，其出版物根本无法输入内地，影响仅及于留学生及流亡海外的革命者。② 民国以后，《新世纪》与《天义》派无政府主义者逐渐淡出，以师复为首的师复派无政府主义者继之而起，然而在北洋政府的舆论管制之下，其出版工作仍步履维艰。③ 1912 年至 1916 年间，北洋政府通过《治安警察条例》《报纸条例》《出版法》等法律法规，建立起近代中国最早的书报检查制度。根据法律规定，报刊出版物在出版之前必须呈报警察机关备案，租界内的报纸则禁止向国内售卖发行。④ 尽管袁氏去世之后，《报纸条例》废除，言论管制有所放松，但从 1917 年 5 月开始的书报电邮检查与《管理印刷业条例》，又从印刷与流通领域禁绝无政府主义出版物的传播。由于事前审查与事后查禁双管齐下，民国初年无政府主义出版物在国内生存艰难，加之随着师复派核心人物师复的英年早逝，无政府主义者的地下出版活动在"五四"之前的一段时间里十分消沉，直至五四运动前的两年，情况才逐渐有了新变化。

1917 年以后，无政府主义出版物开始大量涌现。据蒋俊、李兴芝的统计，

---

① 蒋俊、李兴芝：《中国近代的无政府主义思潮》，山东人民出版社 1991 年版，第 199 页；路哲：《中国无政府主义史稿》，福建人民出版社 1990 年版；[美] 阿里夫·德里克著，孙宜学译：《中国革命中的无政府主义》，广西师范大学出版社 2006 年版，第 145—147 页。

② 无政府共产主义同志社：《致无政府党万国大会书》，《民声》1914 年总第 16 号。

③ 《晦鸣学舍解散之令文》，《申报》1913 年 9 月 21 日；《查禁提倡无政府》，《申报》1913 年 11 月 12 日。

④ 参见刘家林：《中国新闻史》，武汉大学出版社 2012 年版，第 324 页。

从 1917 年至 1921 年全国各地的无政府主义出版物超过 80 余种。① 这些出版物广泛散播在京沪、两湖、四川等地的学生中间,其中以杂志与小册子数量最多。据匡互生回忆,"五四"以前北京有公开和秘密流行的两种新出版物,前者以《新青年》《每周评论》为代表;后者以《实社自由录》《民声》《进化》为代表。在他看来,那些地下出版物对青年的影响丝毫不亚于《新青年》,由于其内容"重在铲除一切人类的桎梏,目光较远",刺激性强,尤为受到青年们的欢迎。②

无政府主义出版物受到青年们的欢迎,原因大略有三。首先,当时的青年对政府极为不满,因此当这些出版物将现实中的国家与观念上的国家一起批判的时候,很容易引起青年共鸣。茅盾就指出,正是因为那时青年们连国家、政府都不要了,"大家所不注意也许竟不晓得的《进化》等杂志书籍,这时竟很有人好像觅宝似的去找彼等来看了",可谓相当准确的描述。③

其次,五四运动以后各种新文化虽然在中国广泛传播,但由于经济、地理等客观因素的限制,内地家境一般的青年想要购买书籍实际上并不容易。胡适曾说,他的三集《胡适文存》虽用报纸印刷,书价也已在七元以上。如此情况,"贫寒的中学生已无力全买了。而字数近百五十万,更非中学生能全读"④。由于书商要收回成本,出版物有时到了内地价格甚至会比口岸更贵。舒新城就提到"当时的书,上海定价一元的,长沙要买四五元,而外国书尤贵",诸如此类情况使得很多内地学生难以通过购买新书获得新知。⑤ 而与之相比,当时的无政府主义出版物定价相对低廉,如《新青年》定价二角二分,而《进化》与《民声》每册只要八分。⑥ 价格上的优势易使购买力不足的青年倾向后者,更何况这些出版物有时出于宣传需要会免费赠送,就更加容易让他们得到这些出版物,受到无政府主义的影响。

第三,五四运动以后多股社会主义思潮虽然在知识界广泛传播,但适于知识水平在中学生及以下的启蒙读物却相当稀少。这些著作有的因理论门槛难

① 蒋俊、李兴芝:《中国近代的无政府主义思潮》,第 204 页。
② 互生:《五四运动纪实》,《立达》1925 年第 1 卷第 1 期,第 3—4 页。
③ 沈雁冰:《五四运动与青年们底思想》,《民国日报·觉悟》1922 年 5 月 11 日。
④ 胡适:《介绍我自己的思想——〈胡适文选〉自序》,载《胡适全集》第 4 卷,合肥教育出版社 2003 年版,第 657 页。
⑤ 舒新城:《舒新城自述》,安徽文艺出版社 2013 年版,第 119 页。
⑥ 《简便广告》,《进化》1919 年第 3 号。

以被人理解，有的则因文体文风将青年拒之门外。昆明的杨青田回忆，当时传入云南的部分马克思主义出版物以文言写成，读者寥寥。① 理论门槛与文字上的晦涩易造成阅读障碍，因此对当时的青年而言，最需要的不是向其灌输知识，而是引起他们的兴趣，完成初步的启蒙。而从启蒙的角度而言，19 世纪以来的无政府主义者普遍注意文字宣传，弱于理论建构，包括克鲁泡特金、马拉特斯塔在内的无政府主义者常将其文章发表于报刊之上，由于他们普遍以底层民众为潜在读者，因此其文字往往通俗易懂，更容易被知识水平在中学以下的读者所接受。例如，印刷工出身的徐行之在回忆中说道："在那个时候，马克思主义的书译成中文的还很少。……我识字不多，很难读懂这些书。而无政府主义的书，简单浅近，这也是它容易被接受的原因。"②

　　一般来说，若有出版机构的推动，新文化深入地方的能力会有所增强。然而也正是因为在一些地方现代出版机构不甚发达，作为替代品的地下出版物才在"听闻"了新文化的青年群体中有了更大的市场空间。由于上述原因，无政府主义出版物在五四时期的青年中间有着不小的社会需求。而为了满足这些需要，出版者也在北洋政府的舆论管制之下发展出一套"逃避统治的艺术"。

　　首先在发行上，由于《管理印刷业条例》的规定，无政府主义出版物一般很难交付正规印刷所处理，大多数情况下出版物都由出版者自行印刷。不过，倘有利益可言，有的出版商对于代理发行也不会轻易拒绝。如陈延年主编的《进化》公开托书店代售，亚东、泰东两书局为特约代理。③ 倚靠书局现有的发行网络，"《进化》第一期印两千册，不及一个月便售完"④。不过这种情况并不多见。出版商多数情况下只肯出版一些风险较小的书籍，如克鲁泡特金的《互助论》《克鲁泡特金》（又名《克鲁泡特金思想》）等。⑤ 这些著作常以研究学说的

① 杨青田：《昆明的"五四运动"》，载中国人民政治协商会议云南省委员会文史资料研究委员会编：《云南文史资料选辑》第 14 辑，1981 年编印，第 27 页。
② 徐行之：《党成立时期浙江的工农运动》，载中国社会科学院现代史研究室、中国革命博物馆党史研究室选编：《"一大"前后——中国共产党第一次代表大会前后资料选编》（二），人民出版社 1980 年版，第 44—38 页。
③④ 郑佩刚：《无政府主义在中国的若干史实》，载葛懋春等编：《无政府主义思想资料选》下册，北京大学出版社 1984 年版，第 952 页。
⑤ ［俄］克鲁泡特金著，周佛海译：《互助论》，商务印书馆 1922 年版；东方杂志社编：《克鲁泡特金》，商务印书馆 1923 年版。

名义出版发行，煽动宣传色彩较淡。通过这些书籍，青年人同样也可以接触到无政府主义的相关理念。

为了对抗官方审查机制，无政府主义出版物的出版者往往寄身于北洋政府鞭长莫及的地带，如租界或南方非北洋系的地盘。上海租界无疑是从事地下出版的最佳去处，这里不仅言论环境宽松，而且出版机构众多，只要伪造出版商名称便有机会躲避审查。1920年，无政府主义者费哲民与郑佩刚成立"新文化图书馆"编印《夜未央》《告少年》，为防查禁，他们根本不设馆址，仅在华强印刷所设通讯处，因此其发行最初竟也相当顺利。① 而为了防止当局查抄，出版者有时还会标注错误的出版地，如《实社自由录》假托北京出版，实际却在上海印刷。由于出版地的误导，当地警方无法从源头阻断这些地下出版物的发行，只能以禁止邮寄的方式另寻办法。

为了能够出版无政府主义出版物，出版者有时也会寻求反政府力量的帮助，其中最重要的是国民党与共产国际。1918年冬，孙中山设立国民通讯社，面向华侨宣传动员，郑佩刚同时负责《国民通讯》与无政府主义杂志《进化》的编印工作，因此直接请"华强印刷所"负责《进化》的印刷。② 而在漳州一带，由于师复派无政府主义者梁冰弦等人是陈炯明在闽南推行新文化运动的重要幕僚，其出版活动也得到了陈炯明的支持。《闽星》在闽南护法区公开发行，不少无政府主义传单也在当地流传，影响颇广。③ 而到了1920年夏，随着共产国际代表维经斯基来沪，无政府主义者也借助共产国际的力量印刷自己的书刊。在共产国际经费的支持下，郑佩刚成立"又新印刷所"，既印刷《共产党宣言》《新青年》，又印刷无政府主义刊物《自由》《正报》。④ 为了发行无政府主义出版物，无政府主义者们可谓采取了相当灵活的策略，游走于各方势力之间。

无政府主义出版物以地下形式发行，那么如何能够让各地的读者"知道"和"得到"？报刊上的广告也许是一个有效途径。袁一丹指出，新文化报刊上

---

① 费哲民：《费哲民自传》，载海宁县政协文史资料工作委员会、海宁县文学艺术界联合会合编：《海宁人物资料》第1辑，1985年编印，第181—183页。
② 郑佩刚：《无政府主义在中国的若干史实》，载葛懋春等编：《无政府主义思想资料选》下册，第952页。
③ 海隅孤客：《解放别录》，载沈云龙主编：《近代中国史料丛刊》（189—190），文海出版社1968年版，第13—15页。
④ 郑佩刚：《无政府主义在中国的若干史实》，载葛懋春等编：《无政府主义思想资料选》下册，第959页。

的交换广告并不完全是遵循经济互惠原则,刊登的前提更在于新文化运动内部"主义"的对外一致性。① 由于无政府主义者同样批判旧伦理与旧道德,相关广告也得以凭借"主义"的一致性刊登在当时宣传新文化的报刊之上。例如《新青年》曾先后刊登过《进化》《新生命》《奋斗》等刊物的交换广告,到了第 8 卷第 1 号更直接为师复遗作《安那其讨论集》"广而告之"。② 此外,上海报刊也曾登过无政府主义出版物的广告,例如邵力子主持的上海《民国日报》就曾登载过《奋斗》《闽星》广告。③ 更有趣的例子来自研究系的《时事新报》,该报在 1917 年曾借《实社自由录》谣传北京大学提倡无政府主义,④而到了 1919 年,该报不仅连续多期发表《无政府主义领袖俄人科洛扑秃金自叙传》,更刊登广告介绍"扑灭强权,主张公理"的《进化》杂志,转载《进化》的文章。⑤《时事新报》的转变在某种程度上折射出新文化运动的影响力,尽管在五四运动以后这些报纸减少了无政府主义的讨论,但一些带有鲜明无政府主义色彩的文章仍时有见闻。顾颉刚发现,"现在《时事新报》《国民公报》上无政府、共产等字样常常看见,虽则由于研究过激派,但常看见了,便易得使人觉悟,使人希望到这条路上去,或者我们还看得见这事实的实现"⑥。尽管这些大报大刊自身不见得拥护无政府主义,但在客观上却为无政府主义出版物做了宣传。

除了在大报大刊上刊登广告,无政府主义者们也有自己的交流渠道。在这一点上,景梅九创办的《学汇》起到了相当重要的作用。景梅九既是无政府主义者,也是民国初年的著名报人。1922 年春,他回到北京重办《国风日报》,同时创办其副刊《学汇》。《学汇》表面介绍文艺,实则宣传无政府主义,来稿者有黄凌霜、区声白、巴金、卢剑波、陈小我、刘梦苇等人,几乎汇集了当时重要的无政府主义者。为促进交流,《学汇》开辟"小通信"栏目,刊载各地无政府主义

---

① 袁一丹:《杂志联盟与阅读共同体——以〈新青年〉交换广告为线索》,《中国现代文学研究丛刊》2015 年第 7 期。

② 《进化杂志》广告,《新青年》第 6 卷第 2 号;《新生命》广告,《新青年》第 7 卷第 1 号;《奋斗旬刊》广告,《新青年》第 7 卷第 5 号;《安那其讨论集》广告,《新青年》第 8 卷第 1 号。

③ 《闽星报出世了!》,上海《民国日报》1919 年 11 月 13 日;《奋斗》广告,上海《民国日报》1920 年 4 月 5 日。

④ 《北京大学之无政府主义》,《时事新报》1917 年 10 月 11 日。

⑤ 《无政府主义领袖俄人科洛扑秃金自叙传》,《时事新报》1919 年 1 月 15 日;《克鲁泡特金死耗之噩传》,《时事新报》1919 年 4 月 1 日;《进化》广告,《时事新报》1919 年 5 月 12 日。

⑥ 顾颉刚:《致罗家伦》(1919 年 5 月 6 日),载《顾颉刚全集·顾颉刚书信集》卷 1,中华书局 2011 年版,第 234 页。

者的通信。① 通过通信，青年们介绍、交换彼此的无政府主义出版物，从而推动了一些地方出版物在更大范围内流通。《学汇》第 159 期上的一则通信表明，上海互助社曾以邮寄方式将数百册《互助月刊》分发给四川、湖南等地的无政府主义者。② 通过人的活动，无政府主义出版物之间也渐渐形成了一个互联的网络，尽管存在电邮审查，一些出版物仍然能够实现远距离的流通。

在地方上，青年若要购买一些无政府主义出版物，可以通过私人渠道或本地的书报社购得。由于地下出版的刺激性与宣传新文化的愿望，不少青年对于贩卖地下出版物有着极大的热情。例如，苏州一师的华有文与张建初就在校内专门贩卖书店买不到的流行书刊，为了获得无政府主义书籍，他们特地联系上海世界语学校的苏爱南，请对方寄来《自由》《极乐地》《克鲁泡特金思想》等书籍杂志。据华有文说，这些禁书让"同学们越看越有劲"，"即使连续看一夜，也不会瞌睡"。③ 在长沙，安社"取数十期之《民声》选编之，去其失时效者"④，由于青年们的传播热情，无政府主义出版物由上海扩散到内陆，最后竟连偏远的云贵两省也有一定读者。⑤

面对无政府主义出版物广泛流通的局面，北洋政府未尝没有做过查禁的努力。⑥ 然而由于审查制度本身严而不密，查禁地下出版物的努力往往收效甚微，甚至越禁越多。一方面，国内军阀割据使得跨辖区的出版发行难以管辖，另一方面，事后查禁本身具有滞后性，地下出版物在查禁之前往往已先行流通。而在一些地方，由于当局怠惰，查禁流于形式。如范朴斋回忆，成都的《半月》《警群》等刊虽然被封，但政府只是不许以后出版，已出版的仍许其销售，直至售完为止。利用这一漏洞，范朴斋等人将《警群》翻印了三四次，最后

---

① 《小通信启事》，《学汇》1922 年第 22 期。

② 《小通信》，《学汇》1923 年第 159 期。

③ 《华有文关于苏州五四运动的回忆（节选）》，载苏州市地方志编纂委员会办公室、苏州市档案局编：《苏州史志资料选辑》第 1 辑，1984 年编印，第 24 页。

④ 《长沙安社翻译〈民声〉序言》，载《民声》长沙安社选编本，1922 年 10 月，转引自张允侯、殷叙彝等编：《五四时期的社团》（四），生活·读书·新知三联书店 1979 年版，第 284 页。

⑤ 赵镕：《"五四运动"在昆明》，载中国作协昆明分会编：《风展红旗如画》，云南人民出版社 1960 年版，第 5 页。

⑥ 如在五四时期即逮捕了出版《进化》等杂志的亚东、泰东两家出版商，禁止《实社自由录》《进化》等发行等。参见中国第二历史档案馆编：《中国无政府主义和中国社会党》，江苏人民出版社 1981 年版，第 19—33 页。

全部卖完。① 像这样的情况近乎等同于放任，自然无法起到遏制无政府主义传播的作用。而比放任更糟糕的是由于查禁，一些本不为人注意的无政府主义出版物反而激起了青年的好奇心。其机制正如一位读者所言："天下事越神秘，幻想也越多；越不公开，好奇心也就更大。所以禁书的结果，往往形成书不但没有绝迹，反而因为禁的缘故而看的人更多了。"②

二、禁书的诱惑：少年巴金的无政府主义阅读史

无政府主义出版物禁而不绝，原因不仅在于出版物本身和审查制度的严而不密，更有赖于五四时期新书刊读者趣味的变化与阅读共同体（reading community）的形成。民初出版业本已为新文化运动培养了一批潜在读者，而新文化运动则为这一共同体提供了新鲜内容。在新文化影响之下，新的人生观与各种社会改造方案成为阅读共同体的兴趣所在，尽管他们对于指导问题背后的主义未必有清晰认识，但这并不妨碍他们通过阅读转化为主义的信仰者。

关于无政府主义出版物的读者如何转化为主义的信仰者，少年巴金的阅读史提供了一个典型的个案。巴金自幼受童蒙教育，"五四"以前读的不是四书五经，就是古今中外的小说。③ "五四"之后，新文化涌入四川，成都华洋书报流通处老板陈岳安运进大量新文化书刊，将这些出版物以预售、零售等形式卖给本地青年，有时甚至还慷慨相送。④ 由于巴金大哥李尧枚每天下班都会在流通处买一些书报，巴金亦因此有机会读到这些书刊。据巴金回忆，他在五四运动前后接触到的杂志就有《新青年》《实社自由录》《每周评论》《新潮》《进化》《星期评论》《少年中国》《北京大学学生周刊》《少年世界》，此外还有本地的《星期日》《学生潮》与《威克烈》，其中属于或接近无政府主义出版物的就有《实社自由录》《进化》与《北京大学学生周刊》。⑤

巴金通过阅读这些无政府主义出版物，逐渐打开了视野，并在阅读中与无

① 范朴斋：《回忆三十年前安那其主义学会》，《中建（北平版）》1948 年第 1 卷第 8 期。
② 谿谷：《漫谈禁书》，《战斗》1939 年第 47 期。
③ 巴金：《附注：关于"安那其主义"的一条注文》，载《无政府主义思想资料选》下册，第 1007 页。
④ 四川省政协文史资料委员会编：《四川文史资料集粹 第 4 卷 文化教育科学编》，四川人民出版社 1996 年版，第 376 页。
⑤ 巴金：《信仰与活动》，载《巴金全集》第 12 卷，人民文学出版社 1989 年版，第 406 页。

政府主义者、女性主义者爱玛·高德曼(Emma Goldman)相遇。爱玛·高德曼之名传入中国甚早,不过其思想学说直至"五四"才得到更多译介。这一时期的无政府主义者们在《实社自由录》与《新青年》上翻译了《无政府主义》《爱国主义》《结姻与恋爱》《组织论》和《近代戏剧论》五篇文章,均取自高德曼 1910 年出版的文集《无政府主义及其它论文》(*Anarchism and other Essays*)。由于巴金在《我的幼年》中自述他所看到的《实社自由录》是第一集,因此他能看到的只有《无政府主义》《爱国主义》《结姻与恋爱》《近代戏剧论》四篇。四篇文章中,《近代戏剧论》属于剧评,主要强调近代戏剧对传播激进思想的影响;而《无政府主义》《爱国主义》则重在宣扬追求绝对自由,打破法律,建立新秩序的社会目标,批判国家以爱国名义奴役人民的行为;《结姻与恋爱》则拆解婚姻与爱情的关系,呼吁自由恋爱。与《近代戏剧论》相比,其他三篇更侧重社会革命与青年生活,充满了反权威色彩。这对于成长于一个被礼教束缚的大家族,父母早亡缺少亲情关爱的巴金来说,冲击可谓强烈。他仿佛找到了一种思想上的武器来反抗家族中的权威,日后当他回忆起阅读这些读物时仍不免激动地承认:"高德曼的文章以她那雄辩的论据,精密的论理,深透的眼光,丰富的学识,简明的文体,带煽动性的笔调,毫不费力地把我这一个十五岁的孩子征服了。"①

无政府主义出版物带给巴金心灵巨大的震撼,使得他在后来的写作过程中不断使用着他从这些书刊中学到的新知。据樋口进的研究,巴金在《平民之声》的文章与他之前的阅读有着明显关联。②《平民之声》第 4 期起发表的《托尔斯太的生平和学说》与黄凌霜发表在《实社自由录》上的文章几乎同题,而《心社社约解说》也与师复《心社趣意书》相关。自然,这些都是巴金阅读无政府主义出版物后的产物。值得注意的是,巴金对无政府主义的吸收不仅来自无政府主义出版物,还来自《新青年》上的相关文章。如《爱国主义与中国人到幸福的路》中,他曾引用过托尔斯泰与巴枯宁的话,其内容分别引自黄凌霜与尉克水在《实社自由录》与《新青年》上发表的两篇文章。③ 从思想史的角度看,这些摘抄转引当然可以说明巴金早期无政府主义思想的不成熟之处,但从

---

① 巴金:《信仰与活动》,载《巴金全集》第 12 卷,第 404—407 页。
② [日]樋口进著,近藤光雄译:《巴金与安那其主义》,复旦大学出版社 2016 年版,第 32—33 页。
③ 克水:《巴枯宁传略》,《新青年》1919 年第 6 卷第 5 号。

文化史的角度说，这一行为也反映出五四时期无政府主义的扩散一定程度上依赖于巴金这样的青年对新思想、新出版物风格与内容不自觉的模仿与引申。在几乎没有读过无政府主义理论性著作（如克鲁泡特金的《面包略取》《互助论》）的情况下，巴金正是借助托尔斯泰的文字引申出自己的无政府主义观点。他指出爱国主义是杀人的怪物，是国人备受痛苦的根源，因此应消灭政府、私产和宗教。① 通过摘抄、转引，巴金接受了无政府主义出版物的观点，成为一名无政府主义者。

对于自己的摘抄、转引，巴金谦称自己所知有限，"自然免不了大抄书"②。然而，抄书的过程同时也是读书的过程，精神上的激动与愉悦也让巴金乐在其中。他如此解释自己的抄书行为："我只想把自己所知道的一点东西，让别人也知道。我忘记了我的幼稚，我的低能……以后我继续写文章。自然还是在抄书。不过那时我仍然走着直线的路。我随处散发着我的热情，我没有矛盾，没有痛苦。"③通过阅读杂志，巴金不仅精神上感到愉悦，更领会到无政府主义的目标与原则，如在《怎样建设真正自由平等的社会》一文中，他便认为无政府主义就是废弃政府及附属于政府的机关，"人人各尽所能，各取所需，并依各人的能力去分配工作"，对于无政府主义显然有了信仰与相对成熟的认知。④

帮助巴金确立自己信仰的不仅有杂志，还有两本很有力量的小书《告少年》和《夜未央》。前者出自克鲁泡特金《一个反抗者的话》（*Words of a Rebel*），后者则为波兰人廖抗夫（Leopold Kampf）的剧本，1920年由费哲民在上海以地下出版的形式发行。⑤ 由于两本小册子体裁新颖，内容浅显，一时颇受青年欢迎。出版者为了促销，常在这些小册子卷头印有"天下第一乐事，雪夜闭门读禁书"字样，通过暗示它们的地下读物性质刺激青年的好奇心。在宣传语的暗示之下，不少青年以私密阅读（private reading）的方式展开知识之旅。例如巴金阅读《告少年》的方式就与"雪夜闭门读禁书"的意境不谋而合。据他自己回忆，自己得到《告少年》约略在十二月份，此后便将之放在床边，"每

---

① 蒂甘：《爱国主义与中国人到幸福的路》，载《巴金全集》第18卷，第14—17页。
② 巴金：《致树基（序跋）》，载《巴金全集》第18卷，第711页；巴金：《断片的记录》，载《巴金全集》第12卷，第439页。
③ 巴金：《断片的记录》，载《巴金全集》第12卷，第439页。
④ 蒂甘：《怎样建设真正自由平等的社会》，《半月》1921年第17号。
⑤ 费哲民：《费哲民自传》，第181—183页。

夜都拿出来,用一颗颤抖的心读完它"①。私密阅读具有排他性的特征,"雪夜闭门"的状态不仅隔绝了外界干扰,同时也让人的注意力更加集中,拉近了人与书之间的距离。阅读成为人与书之间的不断对话,在这样的对话中巴金内心产生了强烈的正义感。他写道:"这里面全是我想说而没法说得清楚的话,它们是多么明显,多么合理,多么雄辩。而且那种带煽动性的笔调简直要把一个十五岁孩子的心烧成灰了。"②

阅读有时不一定是私密行为,还可能是公共阅读(public reading)。它不只是个体行为,而是分享价值观的社交活动。"激流三部曲"是巴金的自传体小说,在小说《春》里,方继舜和觉慧分别从外州县和上海带来《一夕谈》《告少年》《夜未央》等无政府主义小册子,巴金写道,青年们"聚精会神一字一字地读着,他们的灵魂也被那些带煽动性的文句吸引去了。对于他们再没有一种理论是这么明显、这么合理、这么雄辩"。这些青年不久便不以"闭门读禁书为满足"。他们写信给本地出版《一夕谈》的群社并收到了对方的回信。回信"里面除了群社总书记署名的信函外,还附得有一本叫做《群社的旨趣和组织大纲》的小册。那意见和组织正是他们朝夕梦想的"。紧接着,他们依照群社的小册和杂志上刊载的宣言做蓝本,发表宣言,最终也形成自己的社团均社。③

巴金的小说与现实之间存在若干对应关系。小说中方继舜对应巴金同学袁诗荛;他所带来的《一夕谈》全称为《昧爽轩一夕谈》,在当时是重庆适社(对应《春》中"群社")的出版物。而小说中以群社出版物为蓝本撰写宣言也基本上对应着巴金的相关经历。在现实中,巴金因阅读《适社的意趣和大纲》感到激动不已加入了转载该文的《半月》社,而《半月》社同人在编辑之余成立均社,发表《均社宣言》。均社的形成受到适社的启发,比较两社宣言可以发现,它们都强调世界进化向前,要求消灭政府,废除私有制,建立"自由、平等、互相爱助的社会"④。此外在《半月》杂志上,巴金的朋友章戟初也曾写过《怎样做到"适应人类全体生存"的要求》,在这篇文章中,作者正是以适社"适人类生存"的主

---

① ② 巴金:《我的幼年》,《中流》1936 年第 1 卷第 1 期。
③ 巴金:《春》,载《巴金全集》第 3 卷,第 365—366 页。
④ 《均社宣言》,《无政府主义思想资料选》下册,第 534—537 页;《适社的意趣和大纲》,载《无政府主义思想资料选》下册,第 527 页。

张为出发点，进而要求消灭资本家和政府，实现共产主义。① 可以说，巴金等青年正是通过转述、引申其他社团出版物观点形成了自身对主义的理解。这不仅让不同阅读共同体逐渐趋近，也间接使得《半月》呈现出无政府主义色彩。事实上，巴金等人后来创办的《警群》《平民之声》也都是无政府主义报刊。

三、革命想象与情感启蒙：无政府主义出版物的读者印象

巴金的阅读史并非五四时期的个案，在他之外，也有许多青少年读过这些无政府主义出版物。相较于理论知识层面的影响，这些地下出版物给读者带来更多的是一些朦胧的革命想象与情感启蒙，它们推动起某种激情，带给读者新的自我认同与奋斗目标。

无政府共产主义是五四时期无政府主义出版物的主要基调，它既是无政府主义的分支，也是一种共产主义思想。因此，许多读者在读过这些无政府主义小册子后，会对这些出版物中所描述的共产主义社会充满向往，痛恨眼前的黑暗社会。这方面典型的例子是施存统。他在看过《进化》《民声》《自由录》等杂志之后，对无政府主义者描述的进化图景深信不疑。他认为，将来的社会一面是独立的个人，一面是团结的社会，"其余不正当的关系，一概都要打破"。在这样的信念支持下，他提出了"非孝"的主张。② 另一方面，他也坚定相信私有财产是万恶之源。因为未来的共产主义社会"有公共的医院，则吾母病起的时候，就可以入院医治，何致有临死还不明白什么病的事情？ 何致有小病变成大病的危险？ 何致有无人看护的苦痛"③。书刊的影响与亲身经历相互结合，让施存统对共产主义社会生出向往。

对理想社会的向往还更为集中地体现在《告少年》的读者身上。这本小册子让夏衍思想大受震动，"只觉得社会太不合理、太黑暗，非彻底革命不可"④。而安徽公学的许杰则发现由于政府、军阀和资本家的压迫，人民正处于"非人"的境地，他疾呼人民应当团结起来，"高唱社会革命之歌，向无政府共产主义底

---

① 戢初：《怎样做到"适应人类全体生存"的要求》，载《无政府主义思想资料选》下册，第 532 页。
② 施存统：《非孝》，《浙江新潮》1919 年第 2 期，转引自田丹：《施存统〈非孝〉释读》，《鲁迅研究月刊》2021 年第 8 期。
③ 施存统：《回头看二十二年来的我（续）》，《民国日报·觉悟》1920 年 9 月 23 日。
④ 萧三等：《青年运动回忆录——五四运动专集》（二），中国青年出版社 1979 年版，第 221 页。

路上走去"①。《告少年》之所以给夏衍和许杰强烈的刺激,原因在于克鲁泡特金从青年的角度出发对各行各业的职责进行了生动的描述。他指出唯有到民间去进行积极的社会改造,才能实现平等与自由的社会。一位名叫晨禾的读者指出,《告青年》其实并未用什么妖术来迷惑人们,只不过忠实地揭露了社会现实,"原来遍寻不得的社会纷扰的中心关键是在人与人的关系,换句话说就是在社会构造上。如果任这一部分人被那一部分人压制下去,那末不管怎样,都不会有圆满的解决"②。社会不公源于人对人的压制,要解决这一问题必须改变社会构造,进行社会革命。就这样,《告少年》以一种转喻的方式引导着青年走向社会革命,在革命中实现自我价值。

其次,是对无政府主义者理想人格的崇拜。这主要体现在当时青年对《夜未央》的阅读体验上。《夜未央》的流行与五四时期新戏剧有着极大的关联。当时,无论易卜生的《娜拉》还是萧伯纳的《华伦夫人之职业》,抑或《夜未央》,都具有强烈的无政府主义色彩。萧乾指出:"易卜生是青年心目中的无政府主义者。早期的中国现代文学具有强烈的无政府主义气质,表达出对这个丑陋世界的强烈愤慨和对个性自由的乐园的热切向往。"③新戏剧整合了无政府主义的政治观与新文化运动的文学观,它所带来的魅力以致演戏、观剧乃至阅读剧本的过程中,青年不自觉地成为剧中人物的模仿者与崇拜者。例如,蒋光慈就极度崇拜《夜未央》中的苏菲亚,甚至放言"此生不遇苏菲亚,死到黄泉也独身"④。而许杰在读过《夜未央》等作品后也觉得"一个人能成为无政府主义者,能反抗旧社会,反抗统治阶级的黑暗,是最光荣的"⑤。

《夜未央》不仅凭借主人公的人格魅力征服读者与观众,还因其内在的反抗旧社会的崇高理想与牺牲精神感染青年。如前文提到的巴金在读过《夜未央》后深受鼓舞,他不仅将其介绍给身边朋友,甚至还和他们"拿去抄了几份,作为排演的底本"⑥。对巴金来说,《夜未央》中虚无党青年正是他"梦景中的

---

① 许杰:《对人们说的话》,《互助月刊》1937年第1期。
② 晨禾:《克鲁泡特金的〈告青年〉》,《战时青年月刊》1939年第2卷第3期。
③ 萧乾:《易卜生在中国——中国人对萧伯纳的困扰》,载《萧乾文集·文论卷》,浙江文艺出版社1998年版,第226页。
④ 胡苏明:《"五四"时期芜湖反封建的斗争》,载《文史资料选辑》第2辑,安徽人民出版社1981年版,第22页。
⑤ 许杰:《坎坷道路上的足迹》,华东师大出版社1997年版,第50—51页。
⑥ 巴金:《谈〈春〉》,《收获》1958年第2期。

英雄"，"它像一位长兄一位教师，谆谆地对纯洁的年轻人说明了他所处的时代和他周围的一切"，帮助他找到了终身事业。① 他所谓的"终身事业"，指青年敢于反抗黑暗的社会，不计个人利益，为解放全人类的伟大事业作出牺牲。

自我牺牲是《夜未央》的主题，也是克鲁泡特金所构建的无政府主义伦理学三大原则之一。按照克鲁泡特金的解释，自我牺牲是生物道德进化的第三阶段，也是人类独有的道德。② 自我牺牲并非纯粹的利己或者利他，而是在为大众谋福祉的事业中寻求生命的最大价值。通过阅读《夜未央》，巴金见到了"在另一个国度里一代青年为人民争自由谋幸福的奋斗的大悲剧"，这使得他"第一次找到了他梦景中的英雄"，"找到了他的终身事业"。③ 而在当时也有很多青年和他一样以《夜未央》为榜样，愿意为同志和社会大众付出热情，不计个人利益。据毛一波回忆，当时卢剑波和张履谦"背了许多《告少年》之类的宣传品步行到泸，走了好几百里，一点不觉得为谁辛苦为谁忙。那曾使我感动，愿意和他们在一起"④。巴金回顾过去的生活也说："我觉得那时候我是没有矛盾的。我或者在大街上散传单，或者在商场楼上跟朋友们一道抬杂志社的铺板，或者做别的事情，那些日子里我觉得十分快活。我只有一个希望：谦逊地牺牲自己，不要人知道我的姓名，知道我的一切。我心中只抱着对朋友们的友情和对人类的空泛的爱。"⑤

像这种友情与"空泛的爱"今人已很难理解，但当时青年们的确是凭借着这些精神将那些小册子带到大都市以外的地方。他们相信在远方有许多人与他们一样，有着救世的愿望与无尽的热情。对此巴金写道："他们珍爱这思想，也珍爱着有这同样思想的人，这好像是一个精神上的家庭，他们和各地方的朋友都是同一个家庭里的兄弟姐妹。"⑥可以说，他们正是从这种强烈的共同体的意识中汲取力量，团结同志、传播主义，甚至投身于激烈的社会运动。

---

① 《夜未央》广告，载《巴金全集》第 18 卷，第 436 页。
② ［俄］克鲁泡特金著，巴金译：《伦理学的起源和发展》，载《巴金译文全集》第 10 卷，人民文学出版社 1997 年版，第 67 页。
③ 巴金：《夜未央》，"小引"，1930 年 2 月，转引自《巴金全集》第 17 卷，第 138—139 页。
④ 一波：《三十年代的川籍作家十：卢剑波》，载四川文献研究社编：《四川文献》1967 年第 55 期，第 17 页。
⑤ 巴金：《断片的记录》，载《巴金全集》第 12 卷，第 439 页。
⑥ 巴金：《秋》，载《巴金全集》第 3 卷，第 124 页。

结论

从《告少年》和《夜未央》等小册子的阅读中，青年所获得的不是具体的学说、理论，而是一种模糊的革命意识与牺牲精神。换言之，其作用在于革命的情感动员。通常而言这种情感动员会向两种方向发展。其一，是由情感动员走向思想启蒙，在这方面的典型案例依然是巴金，他 1920 年代中期以后与同伴译介了大量的克鲁泡特金著作，推动了无政府主义理论的系统传播；其二，是由情感动员直接走向革命行动，在这方面如卢剑波在川南读书期间，曾计划向当地军人、警察散发《无政府共产主义月刊》，抑或如许持平（爱真理）、李光宇（良心）、肖华清、陈唯友、曾奇等利用 1921 年 6 月上海远东运动会召开的机会，挟手枪进入会场，散发反帝传单，等等。① 不过，这些行动由于缺乏周密组织计划而近乎盲动，实际效果往往不佳。如上海远东运动会事件中，许持平、李光宇等人事后相继被捕入狱，许持平被判 10 年，李光宇最终死于狱中。② 此事正说明了若无坚固的革命组织、可靠的行动纲领，青年们的情感冲动只可能带来徒劳的牺牲。

1925 年，女无政府主义者黄素英因刺杀英殖民地华民总政被捕，不久牺牲。此事在中国无政府主义者中引起议论，甚至有人将黄素英誉为"中国的苏菲亚"③。然而在三年后，当曾信仰过无政府主义的许杰来到黄素英墓前吊唁时，却觉得黄素英的牺牲非但是"枉生"，而且是"枉死"。他写道："革命的力量，并不是一个具有英雄行为的刺客，却是整个的压迫阶级的觉醒与组织。""如果不把整个的压迫阶级唤醒，如果不把整个的制度推翻，光是刺死了个把帝国主义的爪牙，又有什么用处呢？"④许杰的思考在某种程度上反映出后五四时代青年关心革命方式的转变。随着国民革命的兴起，青年们日益将目光聚焦于群众运动，对无政府主义出版物所描述的内容产生质疑。曾经信仰过无政府主义的聂绀弩就批评克鲁泡特金说得好听，却从不告诉人们应当如何

---

① 蒋俊：《卢剑波先生早年的无政府主义宣传活动纪实》，载《无政府主义思想资料选》下册，第 1012—1013 页。
② 参见《讯结运动会中发现过激党案》，《申报》1921 年 6 月 21 日；《运动会中过激传单案将复讯》，《申报》1921 年 7 月 12 日；《张正国请求覆之结果》，《申报》1921 年 8 月 23 日；《许持平等案辩诉之预备》，《新闻报》1921 年 7 月 12 日。
③ 《中国的苏菲亚——黄素英的一生》，《学汇》1925 年第 489 期。
④ 许杰：《坎坷道路上的足迹》，第 198 页。

革命。他写道：

> 如何略取面包呢？自然是归到我前面所说,夺取政权与保持政权。则夺取政权与保持政权,必要先养成强厚的武力,但怎样养成强厚的武力呢？那就要有党,有组织有纪律有训练的党;有主义更不在话下,有严密的组织,严肃的纪律,严格的训练的党才会有力量;由这有力量的党去与民众结合,使民众成为党的民众,党成为民众的党,把党同民众打成一片,分不出革命是为民众或是为党,这党才会有力量;再由这有力量的党去培养武力,这武力就成为民众与党的武力,不用说就是极有力量的武力,当然能够夺得政权,保持政权,略取全人类的面包了。①

在革命行动的有效性面前,青年人早已将加入党、发动武装斗争视为实现革命理想的最佳选择,此时"苏菲亚式"的自我牺牲不再带有光环。对于五四时期无政府主义者及其出版物的作用,许杰的评价可谓一语中的:"无政府主义者,在社会运动当中,大不了只能做一回启蒙,或者说初步运动;至于进一步就做不到了。"②随着国民革命的兴起,国共两党的政治宣传因为党组织建设日渐有力,吸引大量青年,与之相对无政府主义者们的地下出版活动则逐渐萎缩。由于人员离散、社团瓦解,中国的无政府主义运动最终也在 1920 年代末完全式微。

"五四"是思想喷涌的年代,也是各种"主义"彼此竞争的时代。就思想的传播而言,无政府主义在当时能够广泛传播,除思想本身外,还与其具体传播形态相关。对深处广阔内地、缺乏系统的科学知识、生活又很贫穷的青年来说,越是容易获得、贴近生活的"主义",也越容易被接受,越有刺激性和感染力就越容易引起阅读的欲望。因此无政府主义出版物的浅显与地下传播反而成为它们的优势。正是凭借着这些特点,无政府主义出版物在渴求新文化的青年中间找到了自己的读者。不仅如此,它还为一些青年提供了表达不满与烦闷的空间。许纪霖认为,近代中国的公共领域"只是狭隘得多的士大夫或知识分子的公共领域"③。这种狭隘的公共领域实际使得不少受新文化影响的青年被排斥在外。当青年痛恨社会黑暗与人间不公但又不被公众理解时,那些无政府主义出版物便成为他们表达自身的场域。通过地下出版与流通,青年

---

① 聂绀弩:《面包,怎样略取呢?》,《聂绀弩全集》第二卷,武汉大学出版社 2004 年版,第 46—58 页。
② 许杰:《坎坷道路上的足迹》,第 197 页。
③ 许纪霖:《近代中国的公共领域:形态、功能与自我理解——以上海为例》,《史林》2003 年第 2 期。

们朦胧的革命意识聚沙成塔,呼唤着社会革命的真正来临。

不过,无政府主义出版物的流行归根到底只是五四时期的产物。国民革命兴起后,发动群众武装斗争的革命图景逐渐取代了"苏菲亚式"的革命,党的组织、系统而有效的革命宣传让无政府主义出版物的吸引力大打折扣。无政府主义逐渐被左翼青年舍弃,那些出版物的结局也如白日焰火一般,虽然美丽,却再也不合时宜。

路径与材源：民国时期中华书局出版"世界童话"丛书研究

梁 艳

（同济大学）

一、引言

1912 年中华书局成立以后，高举"教科书革命"的旗帜推进中小学课本和课外读物的出版。由徐傅霖编译的"世界童话"丛书便是中华书局瞄准民初的读者需求，精心策划的一套儿童读物。该丛书共计 50 种，从 1913 年 8 月第 1 种问世开始，至 1921 年 12 月第 50 种刊出结束，全部出版完成历时 8 年之久。由于读者众多，曾数次再版。据版权页信息显示，截至 1940 年 1 月，其中多种已出版至第 9 版，第 1 种《二王子》、第 2 种《魔博士》、第 3 种《法螺君》、第 4 种《驴公主》已发行至第 12 版。

作为 20 世纪 20 年代至 40 年代我国儿童读物中的畅销书，这套丛书承载了一代人的共同记忆。少年时代的张若谷（海派作家）、蒋锡金（鲁迅研究专家及儿童文学研究家）都曾是"世界童话"丛书的小读者。"五四"时期，赵景深对"世界童话"丛书进行了深入的研读，不仅在与周作人讨论"童话"问题时提及相关作品，而且在编写《童话评论》《童话 ABC》等著作时，也将其作为论述的材料。1944 年 6 月 10 日，郑振铎曾购买全套五十册"世界童话"，送给儿子作为生日礼物。[①] 此外，在 20 世纪 30 年代的"平民教育"运动中，该丛书也被列为置办乡村小学儿童图书馆时的指定书目。[②]

---

① 郑振铎著，陈福康整理：《郑振铎日记全编》，山西古籍出版社 2006 年版，第 199 页。
② 陶行知主编，唐文粹著：《乡村小学教师须知》，儿童书局 1937 年版，第 115 页。

由此可见,"世界童话"丛书在民国儿童图书市场上占有重要地位。然而,迄今为止,在关于中华书局出版物的研究中,该丛书并未受到足够的关注。相关的编辑、出版情况,尚有待从多角度进行深入考察。有鉴于此,本文将详细考证"世界童话"丛书的日文底本,厘清该丛书诞生的源头。在此基础上,结合民国初期的社会变革及教育发展状况,从内容、语言、插图等角度探析该丛书的编译策略和出版特色。

二、"世界童话"丛书的材源

中华书局致力于儿童读物的出版,源于创始人陆费逵自身对课外阅读重要性的深刻体会。他曾回忆,小时候母亲注重培养他和弟弟的阅读能力,不主张死读古书,作八股文章。每天天不亮,他们便坐在床上听母亲讲故事。下午,母亲还会把故事的原书翻给他们看。① 这样的较为新式的"家庭教育",使陆费逵认识到教科书以外的阅读极其重要。后来,他任小学教员时,同样提倡课外阅读。他曾根据学生的水平,将《十五小豪杰》《冶工轶事》《稽者传》《黑奴吁天录》《上下古今谈》等作为课外读物,分为中级(高小)、高级(初中)两个阶段指导学生阅读。学生因此成绩良好,知识丰富、文采斐然。这使陆费逵坚信,课外读物的价值有时甚至胜过教科书。②

然而,当时适合小学程度的课外读物非常少。面对这样的市场空白,陆费逵将日本的儿童读物出版模式移植到中国,推出了中华书局的一系列儿童图书。

> 民元,我游日本,买回来日文儿童读物数百种,并许多儿童杂志,于是刊行《中华童子界》,并请徐卓呆(即徐傅霖——笔者注)、杨喆……诸先生译《世界童话》一百种,编《中华童话》五十种;亡弟埕辑《小小说》一百种;另外再编了些小册子。小学中年级和高年级渐渐有书可看了。③

上述引文中,陆费逵说请徐傅霖翻译《世界童话》一百种,这其实是中华书局最初的出版计划。在"民六危机"发生之前,沪上三大报纸《申报》《时报》《新闻报》所刊登的广告均宣传"世界童话""中华童话"各出一百种,但实际上并未如愿。

---

① ② ③ 　陆费逵:《小朋友文库编印缘起》,《申报》1935年4月4日。

1912 年中华书局成立后，率先出版了第一套适合共和政体的"中华教科书"，在中小学教科书市场上独占鳌头。借此机遇，中华书局确立了在中国出版界的地位，并于 1913 年 4 月改为股份有限公司，公司资本由成立之初的 2.5 万元迅速增至 100 万元①。"世界童话"丛书的出版计划恰好诞生于陆费逵踌躇满志之时，因此规模比较庞大。据笔者统计，该丛书第 1—10 种初版发行于 1913 年 8 月—12 月，第 11—24 种发行于 1914 年 3 月—11 月。然而，1915 年—1916 年，该丛书的出版基本停滞。1916 年 12 月—1917 年 1 月，第 25—29 种发行后，出版计划暂停。毋庸赘言，这一时期恰好是中华书局资金周转不灵、陷入财务危机的阶段。1920 年以后，走出危机的中华书局重整旗鼓，出版业务进入稳定发展期。"世界童话"丛书的出版也因此得以延续。1921 年 6 月第 30—35 种出版后，又于同年 12 月发行了第 36—50 种。至此，整套丛书的出版工作宣告完成。可以说，"世界童话"丛书是中华书局曲折发展历程的重要见证。尽管没能实现出版一百种的宏愿，但是丛书没有在危机中流产，可见陆费逵对出版课外读物的执着坚守，以及对该丛书寄予的厚望。

关于"世界童话"丛书翻译自什么日本儿童读物，赵景深在 1928 年回复张若谷时指出："世界童话系译自日人岩谷小波的重述本，原书凡百册，世界童话的插图也都是从日文本复制出来的。"②岩谷小波（1870—1933）被誉为日本儿童文学的开山鼻祖。1891 年，他所创作的童话《小狗阿黄》（「こがね丸」）作为博文馆"少年文学丛书"的第一编出版后，立即成为畅销书，奠定了他在日本儿童文学史上的地位。此后，岩谷小波与博文馆密切合作，推出了明治时期风靡日本的多种童话系列作品。首先，他从流传甚广的日本民间故事中寻找题材，编写了日本第一套面向儿童的故事丛书——《日本民间故事》（「日本昔噺」共 24 编，1894 年 7 月—1896 年 8 月）。因为好评如潮，于是又将未能完全收录进去的素材改编为《日本童话故事》（「日本お伽噺」共 24 编，1896 年 10 月—1898 年 12 月）交由博文馆出版。此后，一发不可收拾。岩谷小波继而将眼光瞄准了世界各国的民间故事、神话、传说、童话等，改编出版了《世界童话

---

① 中华书局编辑部编：《中华书局百年大事记(1912—2011)》，中华书局 2012 年版，第 3—8 页。
② 赵景深：《关于浮士德》，《申报(本埠增刊)》1928 年 3 月 5 日。

故事》(「世界お伽噺」共 100 编,1899 年 1 月—1908 年 2 月)及其续编《世界童话文库》(「世界お伽文庫」共 50 编,1908 年 3 月—1915 年 12 月)。经笔者进一步考证,这些正是陆费逵从日本购入,交给徐傅霖用作"世界童话"底本的"岩谷小波的重述本"(详见附录)。不过,由于这几套丛书在日本出版后,曾数次改订、再版,因此徐傅霖参考的是哪一版本尚未能辨明。

中华书局策划的"世界童话""中华童话""小小说"等儿童课外读物,可以看出是借鉴了博文馆推出的岩谷小波童话系列的出版思路和模式。不过,并非机械地照搬,而是紧密结合中华民国成立后的教育改革目标和塑造"新国民"的需求,"去其糟粕、取其精华",因地制宜地打造成适合中国儿童读者阅读的图书。这一点从"世界童话"丛书的编译出版策略中可见一斑。

三、"世界童话"丛书的编译出版策略

中华民国临时政府成立以后,在教育总长蔡元培的领导下,新政府对旧式教育制度展开了一系列大刀阔斧的改革。1912 年 1 月 19 日,民国教育部颁发《普通教育暂行办法》和《普通教育暂行课程标准》;1912 年 9 月 2 日,公布了"注重道德教育,以实利教育、军国民教育辅之,更以美感教育完成其道德"的教育宗旨,意在培养德智体美全面发展的共和国民。在新形势下,中华书局成立之初就明确了四大出版纲领:一、养成中华共和国国民;二、并采人道主义、政治主义、军国民主义;三、注重实际教育;四、融和国粹欧化。[①] 无论创办杂志,还是出版教科书,均以教育改革目标为指针。"世界童话"丛书作为与教科书具有同等育人功效的课外读物,在编译过程中努力做到既符合教育部对道德教育和美感教育的要求,又能够"兼采欧化,以灌输国民之世界知识"[②]。

(1) 任用资质深厚的编译者,确保丛书质量

中华书局重视吸纳优秀人才。虽然"五四"之前的作者群体以鸳鸯蝴蝶派作家为主,但是其中的多数作者,不是当时沪上的出版界、文艺界名人,就是才华横溢、接受过良好教育的俊秀。例如,林纾、周瘦鹃、包天笑、刘半农、严独

---

① 《中华书局宣言书》,《中华教育界》1912 年第 1 期。
② 陈寅:《中华书局一年之回顾》,《中华教育界》1913 年第 1 期。

鹤、陈小蝶等。

陆费逵选定的"世界童话"丛书的编译者徐傅霖(1880—1961)也是民国时期著名的通俗作家。相较于"徐傅霖"这个原名,他的笔名"徐卓呆"更广为人知。除了文学创作,他在体育教育、文学翻译及演剧和电影领域也十分活跃,做出了不少拓荒性的贡献。1901 年前后,徐傅霖曾在苏州一所日本人创办的东文学堂学习了两年日语,取得了优异的成绩。1902 年,前往日本留学。1904 年 9 月至 1905 年 8 月进入日本体育会体操学校(日本体育大学的前身)就读,成为我国最早的体育专业留学生之一。徐傅霖留日期间十分节俭勤奋,为了赚取学费和生活费,他发挥日语优势,从事口译和笔译工作。回国后,徐傅霖于 1908 年创办了中国近代史上第一所体育专业学校——中国体操学校,并担任首任校长。1912 年—1913 年,"壬子癸丑学制"公布后,体操教育受到重视。徐傅霖编纂的多种体操教科书由商务印书馆和中华书局出版后,被各学校纷纷采用,为我国近代的体育教材建设做出了重要贡献。

徐傅霖热心教育,不仅仅表现在体育方面。他还编辑、翻译过音乐、手工、幼儿识数相关的教学用书及学校剧本集;在南通的伶工学校、通鉴学校和南京两江师范学堂等任过教员;曾创立"社会教育团",通过演剧来普及社会教育。此外,他还将德国教育家萨尔士曼(Christian Gotthilf Salzmann,1744—1811)的三部代表作翻译成了《儿童教育鉴》(上下册,文明书局,1905)和《老教育家底书信》(《教育杂志》1921 年第 13 卷第 2—12 期)。其中,《儿童教育鉴》获得了教育部通俗教育会奖。

在日本接受过新式教育,具备高水平的日语能力和文学写作能力,在创办学校、教育实践及教育理论和教材的翻译出版方面均具备深厚积淀的徐傅霖,可以说是编译"世界童话"丛书的不二人选。这些资质能够确保他精准地把握岩谷小波童话丛书的精髓,选编出符合国民教育宗旨的童话作品,同时也能够确保译文的准确性和忠实度。

(2) 对日文材源进行扬弃,重视教育意义

岩谷小波的《世界童话故事》系列收录了 5 大洲 30 多个国家和地区的民间故事及神话、传说等。其中,德国作品最多,有 10 种;其次是俄国(不含西伯利亚)作品,有 9 种。岩谷小波自幼学习德语,10 岁时收到了在德国留学的哥哥寄

给他的一本由弗兰茨·奥托(Franz Otto Spamer, 1820—1886)编写的德文童话集《少年少女最爱的童话宝藏》(*Der Jugend Lieblings-Märchenschatz*)。书中的各种欧洲童话故事深深地吸引了他,促使他走上了文学的道路,并产生了用日文改编世界童话的构想①。在《世界童话故事》系列里,有 5 种系出自他所喜爱的《少年少女最爱的童话宝藏》一书。《世界童话故事》系列出版期间,岩谷小波曾于 1900—1902 年,前往柏林大学附属东洋语学校担任日语教师。借此机会,他在当地搜集了众多童话素材,并定期把改编好的童话寄回日本,以确保《世界童话故事》的连续出版。② 这也使得该系列童话网罗了许多稀奇珍贵的西方民间故事。

徐傅霖在选择翻译篇目时,重点选取德国相关作品。可见,他对岩谷小波的童话系列做过一番功课。中华书局的"世界童话"丛书不仅囊括了岩谷小波喜爱的《少年少女最爱的童话宝藏》中的五种作品:《二王子》《驴公主》《铁王子》《梦三郎》《豆藤梯》,还收录了岩谷小波在柏林大学附属东洋语学校教书时的希腊人同事所编写的希腊童话《巨人塔》《小猎狮》,以及岩谷小波从德国返回日本时在轮船上完成的《梨伯爵》。

"世界童话"丛书的另外一个选篇标准,就是在岩谷小波的童话系列里择取各国非常著名的作品。比如,《魔博士》是德国民间流传甚广的"浮士德传说",歌德的《浮士德》便取材于此;《小人鼻》出自德国 19 世纪著名的小说家、诗人威廉·豪夫(Wilhelm Hauff, 1802—1827)之手,他的童话在欧洲家喻户晓,堪比格林童话和安徒生童话。再比如,《木马谈》是希腊神话中著名的特洛伊木马的故事;《怪洋灯》是《一千零一夜》中的阿拉丁神灯的故事,等等。

此外,尽量涵盖岩谷小波童话系列中所涉猎的各个国家和地区,也是选择篇目时的重要考量因素。不过,中华书局的"世界童话"丛书最终只纳入了大约 25 个国家和地区的故事,没有把中国、阿伊奴(日本)、南洋、南北美洲、澳洲、暹罗、荷兰等地的故事选编进来。这样做的主要原因如下:

第一,中华书局策划"世界童话"丛书的同时也策划了"中华童话"丛书,两个系列有清晰的界限,"世界童话"丛书仅收录非中国地域的童话。

---

① 木村小舟:《少年文学史 明治篇 上卷》,童話春秋社 1942 年版,第 127 页。
② 木村小舟等:《緒言》,载巖谷小波:《定本小波世界お伽噺 第一集》,生活社 1943 年版,第 5—6 页。

第二，阿伊奴是居住在日本北海道地区的原住民族，明治时期受到日本政府的管制和打压。这一少数民族的故事传说，恐怕难以代表整个日本。因此，徐傅霖将其舍去，在岩谷小波编写的《日本民间故事》(「日本昔噺」)系列里选择了在日本流传较广、提倡劝善惩恶、具有教育意义的《断舌雀》和《移瘤术》。

第三，明显有悖于德育和美育目标的作品被排斥在外。比如，内容暴力恐怖、有迷信色彩、主人公身体残疾的作品。具体说来，包括《酋长征伐》(「酋長征伐」澳洲)、《魔像退治》(「魔像退治」澳洲)、《角力的仇讨》(「角力の仇討」澳洲)、《骸骨岛》(「骸骨島」北美)、《死神之声》(「死神の聲」罗马尼亚)、《哑巴女王》(「唖の女王」丹麦)、《没有胳膊的少女》(「手無し姫」芬兰)、《地狱巡游》(「地獄巡り」希腊)、《食人婆》(「人食婆」非洲)、《鬼妻》(「鬼妻」丹麦)，等等。

要求入选篇目的内容追求真善美，重视道德教育，这一标准也体现在对罕见地区故事的选择上。比如，岩谷小波《世界童话故事》(「世界お伽噺」)系列中有一篇特兰西瓦尼亚(Transylvania)的童话，题为《九只乌鸦》(「九羽烏」)。讲述了一个贫苦烧炭工的儿子，受到国王的指引，在变成蛇的家臣和变成乌鸦的公主的协助下，制服了坏蟾蜍，帮助他们返回人形、重归宫殿，最终烧炭工的儿子受到国王嘉奖，与公主结婚的故事。整个过程中，烧炭工的儿子几乎没有经历多少磨难，凭运气不费吹灰之力便获得了荣华富贵。这样的故事，缺乏德育意义。徐傅霖没有选择这篇，而是从岩谷小波的《世界童话文库》(「世界お伽噺文库」)中，翻译了另外一篇特兰西瓦尼亚的童话《羊形男》。主要讲述了一个小女孩，不畏艰险，前往雾王处，求得妙法，将变成了羊的哥哥从神魔的诅咒中解救出来，使他重返人形的故事。《羊形男》弘扬了兄妹之间的友爱，突显了女童的勇敢机智，显然比《九只乌鸦》更符合育人宗旨。

(3) 抓住儿童读者心理，文学理念具有前瞻性

民国时期，商务印书馆和中华书局在图书选题、印刷出版及销售等各个环节都展开了激烈的竞争。在童话丛书出版方面，也是如此。1908年底，商务印书馆推出的孙毓修编"童话"丛书是我国第一套以"童话"命名的书籍，用浅近白话编写，辅以插画，开中国儿童文学之先河，深受小读者欢迎。面对强劲的竞争对手，中华书局策划"世界童话"丛书时，愈发深入地揣摩儿童读者心

理,在细节处采取了与"童话"丛书不同的编译策略。

　　首先,中华书局注重内容细分,在打造"世界童话"丛书的品牌方面下了一定的功夫。商务印书馆的"童话"丛书既包括取材于中国历史故事或神话传说的作品,也包括改编自西洋民间故事或名著的作品,标题以三字居多,也有四字、五字的题目。中华书局则将中国题材故事专门纳入"中华童话"丛书,"世界童话"丛书清一色收录外国童话或民间故事的翻译,标题保持高度统一,像三字经一样均取三个字。这样一来便形成了自己的特色,具备了较高的辨识度。中华书局还有意避开"童话"丛书已经编译出版的外国作品,如笛福的《鲁滨逊漂流记》、斯威夫特的《大人国》《小人国》等名篇,虽然岩谷小波童话系列中也有收录,但是徐傅霖却没有翻译。这恐怕是出于市场竞争的考虑,中华书局想通过保持"世界童话"丛书内容上的独特性和新鲜感,来赢得读者。

　　其次,"世界童话"丛书非常注重出版效率。陆费逵任主编的《教育杂志》上曾有文章写道:孙毓修主编的"童话""赓续之作,迟迟未出。记者拟代我少年同学要求孙氏,迅速从事。虽月出三五册,亦不嫌其多也"①。由此可以推测,脱离商务印书馆之前,陆费逵已经觉察到,儿童读者对童话作品有着大量的需求。因此,中华书局出版"世界童话"丛书时着力在速度方面增加优势。如前所述,从 1913 年 8 月—1914 年 11 月,在短短一年多的时间里,"世界童话"丛书已出至 24 种。而孙毓修所编"童话"丛书截至 1914 年 12 月也才刚刚出完第 32 种。"世界童话"丛书出版效率之高由此可见一斑。在中华书局的刺激下,商务印书馆后来也加快了"童话"丛书的出版速度。

　　再次,"世界童话"丛书体现了"儿童本位"的理念,追求"述事简明,恰合儿童之心理,符共和之真谛"②。岩谷小波的童话系列编纂理念先进,尊重儿童的阅读心理和兴趣,不含生硬的教训,重视童话的美育功能,文字简明易懂,具有一定的文学可读性。③ 徐傅霖的译文忠实于岩谷小波的日文底本,故事中不添加任何议论或评语。每种童话开篇的序言也基本依据岩谷小波

---

① 《绍介批评》,《教育杂志》1909 年第 1 期。
② 《世界童话广告》,《申报》1913 年 10 月 1 日。
③ 参见:① 林正子:《近代日本〈国民童话〉におけるドイツ文化受容の意義:巌谷小波〈お伽噺〉における〈メルヘン〉の反映》,《岐阜大学地域科学部研究報告》Vol. 50,2022 年,第 69—106 页;② 木村小舟等《緒言》,载巌谷小波:《定本小波世界お伽噺 第一集》,第 1—8 页。

的序言直接翻译，主要介绍作品的国家、原作出处等。对于不太熟悉的国家或地区，会介绍一些相关的地理知识，在一定程度上可以辅助儿童读者了解世界。

这种做法与孙毓修的编译策略有着明显的不同。"童话"丛书对原作的本地化改写较多，情节多有疏漏，开篇多是教训意义的文字，故事中间多插入按语，并大发议论。这体现的是一种传统的"成人本位"的儿童文学理念，与五四时期出现的新儿童文学观有着显著的不同。① 新文化运动以后，随着"儿童本位"的观念越来越深入人心，对儿童文学的文体、审美性和文学性都提出了进一步的要求。外国儿童文学的翻译也更加追求用白话文准确流畅地进行"直译"。得益于徐傅霖的忠实翻译策略，"世界童话"丛书再现了岩谷小波童话系列的突出特色，故事中没有对读者的直接说教，与五四时期的"儿童本位"观形成了一定的契合。如前所述，这套丛书曾受财政危机的影响，中断出版长达四年。不过，正因为编译理念具有一定的前瞻性，才没有被市场所淘汰，于1921年得以继续出版，并且在20世纪30—40年代仍不断再版，成为民国图书市场长期销售的儿童读物。

最后，"世界童话"丛书的插画保持"欧化"，重视美育功能。无论是"童话"丛书，还是"世界童话"丛书都以插画作为自己的特色。"童话"丛书的插画一般与文字混排，图画大约占据半页位置。由于其中的一些西洋故事已经中国化，因此像《无猫国》《大拇指》等，所配的插图也都是中国人物、中式建筑和场景。"世界童话"丛书的插画，大多独自占据一页，每种均从岩谷小波的日文底本中进行临摹。插画丰富是岩谷小波童话系列受到高度评价的重要因素之一。这些插画，大多出自中村不折等明治时期著名的日本画家之手，其精美程度在当时的儿童图书中首屈一指。"世界童话"丛书较为忠实地复刻了日文底本中与故事相匹配的西洋人物和景观，画质较为清晰，兼具一定的艺术性。不过，对于儿童不宜、有悖于美感教育宗旨的插图，则进行了部分过滤或删除。比如，在第3种《魔博士》中，就把日文底本中面目狰狞的恶魔掳走拳先生的恐怖画面换成了一幅拳先生几近摔倒的背影图。

总而言之，"世界童话"丛书在内容编排、文字表达、插图等方面，更加符合

---

① 朱嘉春：《为儿童而译：孙毓修编译"童话"系列丛书研究》，《外语与外语教学》2019年第6期。

儿童的阅读心理和民初的教育宗旨,进一步推动了我国近代儿童读物的发展。

四、结语

岩谷小波的童话系列诞生于明治时代后期。此时,日本的富国强兵政策取得了一定的成效,甲午战争和日俄战争的胜利,促进了民族国家意识的形成。如何培养能够在世界舞台上与西方列强竞争的"大国民",是当时日本社会热心讨论的话题。随着家庭观念的改变,家庭教育作为"国民教育"的重要场所,越来越受到重视。岩谷小波对家庭教育也十分关心,明治、大正时期发表了一系列相关论著,形成了自己的一套家庭教育理论。他认为,家庭教育具有学校教育无法替代的功能。童话作为家庭教育的一种手段,应该符合儿童的特性,不能仅仅包含教训,还应该具有纯粹的诗性色彩和空想性,像"点心"一样,在寓教于乐中发挥教育功效。他对日本古代民间传说及西方各国童话的改写,根本动机也在于培养能够肩负起日本未来的"新国民"。①

清末民初,内忧外患的局面与压力促使一批有识之士开眼看世界。民族主义从西方和日本传入中国。辛亥革命的爆发、中华民国共和政体的确立,促进了现代中华民族意识的萌芽和传播,也标志着近代中国民族国家认同的初步形成。此时,适应世界竞争之大势,培养强大的国民,成为抵御外辱、独立自强、使我国能够屹立于世界民族国家之林的迫切任务。可以说,民国时期的中国在民族国家的构建及国民教育方面,与明治后期的日本有着相似的追求。正是因为有了这样的土壤环境,才使得中华书局能够成功地将岩谷小波的童话系列引入中国。

透过"世界童话"丛书的编译与出版过程,可以清晰地看到以陆费逵为首的民国出版人,为实现国盛民强所付出的智慧和努力。今后,下沉至具体文本内部,从德育、美育等多角度展开分析,考察岩谷小波童话系列在中国的本土化过程与价值重塑机制,解明"世界童话"丛书在培养"新国民"方面发挥的作用,将是值得继续探讨的课题。

---

① 松山鲇子:《巌谷小波の「お伽噺」論にみる明治後期の家庭教育と〈お話〉》,《早稲田教育評論》2012年第26卷第1号。

附录　徐傅霖编译"世界童话"丛书及其底本

题　　目	发 行 年 月	底本 (岩谷小波「お伽嘘」 童话系列、博文馆）	国别
第 1 种 二王子	民国 2 年(1913)8 月发行 民国 29 年(1940)1 月 12 版	「世界お伽嘘」① 第 8 编 二人王子	俄国
第 2 种 魔博士	民国 2 年(1913)8 月发行 民国 29 年(1940)1 月 12 版	第 4 编 魔法博士	德国
第 3 种 法螺君	民国 2 年(1913)8 月发行 民国 29 年(1940)1 月 12 版	第 7 编 法螺先生	德国
第 4 种 驴公主	民国 2 年(1913)8 月发行 民国 29 年(1940)1 月 12 版	第 11 编 驢馬姫	法国
第 5 种 铁王子	民国 2 年(1913)12 月发行 民国 19 年(1930)7 月 8 版	第 35 编 鐵の王子	匈牙利
第 6 种 梦三郎	民国 2 年(1913)12 月发行 民国 29 年(1940)1 月 11 版	第 18 编 夢の三郎	匈牙利
第 7 种 指环魔	民国 2 年(1913)11 月发行 民国 19 年(1930)7 月 8 版	第 57 编 指環の魔力	俄国
第 8 种 卜人子	民国 2 年(1913)12 月发行 民国 29 年(1940)1 月 11 版	第 13 编 豫言書	印度
第 9 种 惊人谈	民国 2 年(1913)12 月发行 民国 29 年(1940)1 月 11 版	第 56 编 法螺くらべ	法国
第 10 种 大洪水	民国 2 年(1913)12 月发行 民国 29 年(1940)1 月 11 版	第 45 编 大洪水	(俄国) 西伯利亚
第 11 种 幸福花	民国 3 年(1914)4 月发行 民国 29 年(1940)1 月 11 版	第 44 编 幸福の花	(南非) 德兰士瓦
第 12 种 三大刀	民国 3 年(1914)3 月发行 民国 19 年(1930)7 月 8 版	第 46 编 刀三本	瑞典
第 13 种 黄金船	民国 3 年(1914)4 月发行 民国 19 年(1930)7 月 8 版	第 43 编 黄金の船	芬兰

①　本表中的底本，如未作特殊标注，均指「世界お伽嘘」中的作品。

续　表

题　　目	发 行 年 月	底本 (岩谷小波「お伽噺」 童话系列、博文馆)	国别
第 14 种 梨伯爵	民国 3 年(1914)4 月发行 民国 19 年(1930)7 月 8 版	第 41 编 梨の殿様	(地中海) 西西里岛
第 15 种 黑足童	民国 3 年(1914)5 月发行 民国 19 年(1930)7 月 8 版	第 42 编 黒足小僧	希腊
第 16 种 大食童	民国 3 年(1914)5 月发行 民国 19 年(1930)9 月 8 版	第 16 编 猿智慧小僧	非洲
第 17 种 三难题	民国 3 年(1914)5 月发行 民国 19 年(1930)7 月 8 版	第 39 编 三つの難題	冰岛
第 18 种 雪中牙	民国 3 年(1914)6 月发行 民国 19 年(1930)7 月 8 版	第 63 编 熊娘	(俄国) 西伯利亚
第 19 种 龙宫使	民国 3 年(1914)6 月发行 民国 29 年(1930)1 月 11 版	第 64 编 龍宮の使者	朝鲜
第 20 种 林中女	民国 3 年(1914)6 月发行 民国 19 年(1930)7 月 8 版	第 65 编 森の女	印度
第 21 种 巨人塔	民国 3 年(1914)11 月发行 民国 19 年(1930)7 月 8 版	第 62 编 金馬将軍	希腊
第 22 种 小人鼻	民国 3 年(1914)11 月发行 民国 29 年(1940)1 月 11 版	第 72 编 小人鼻助	德国
第 23 种 夜光剑	民国 3 年(1914)8 月发行 民国 19 年(1930)7 月 8 版	第 69 编 光の剣	爱尔兰
第 24 种 小猎师	民国 3 年(1914)8 月发行 民国 19 年(1930)7 月 8 版	第 30 编 猟師大臣	希腊
第 25 种 断舌雀 (附录：移瘤术)	民国 6 年(1917)4 月发行 民国 29 年(1940)1 月 11 版	「日本昔噺」 第 7 编 舌切雀 第 10 编 瘤取り	日本
第 26 种 摇动笛	民国 5 年(1916)12 月发行 民国 29 年(1940)1 月 11 版	第 67 编 うかれ笛	爱尔兰
第 27 种 金色鸟	民国 6 年(1917)1 月发行 民国 22 年(1933)10 月 10 版	第 68 编 活水死水	丹麦

题　　目	发 行 年 月	底本 (岩谷小波「お伽噺」 童话系列、博文馆)	国别
第 28 种 吃炭男	民国 5 年(1916)12 月发行 民国 29 年(1940)1 月 11 版	第 25 编 消炭太郎	(俄国) 哥萨克
第 29 种 怪洋灯	民国 6 年(1917)1 月发行 民国 29 年(1940)1 月 11 版	第 29 编 奇体の洋灯	阿拉伯
第 30 种 恶戏术	民国 10 年(1921)6 月发行 民国 29 年(1940)1 月 9 版	第 70 编 木兎太郎	德国
第 31 种 木马谈	民国 10 年(1921)6 月发行 民国 29 年(1940)1 月 9 版	第 82 编 木馬物語	希腊
第 32 种 极乐草	民国 10 年(1921)6 月发行 民国 22 年(1933)10 月 8 版	第 88 编 極楽草	(俄国) 西伯利亚
第 33 种 魔卵缘	民国 10 年(1921)6 月发行 民国 29 年(1940)1 月 9 版	第 33 编 魔法の卵	(俄国) 哥萨克
第 34 种 三驼背	民国 10 年(1921)6 月发行 民国 29 年(1940)1 月 9 版	第 23 编 三人片輪	(土耳其) 小亚细亚
第 35 种 硬壳王	民国 10 年(1921)6 月发行 民国 29 年(1940)1 月 9 版	第 86 编 甲良武者	德国
第 36 种 豆藤梯	民国 10 年(1921)12 月发行 民国 29 年(1940)1 月 9 版	第 76 编 豆の手蔓	英国
第 37 种 犬王子	民国 10 年(1921)12 月发行 民国 29 年(1940)1 月 9 版	第 89 编 犬の王子	埃及
第 38 种 少年国	民国 10 年(1921)12 月发行 民国 29 年(1940)1 月 9 版	第 71 编 少年國	瑞典
第 39 种 牧羊童	民国 10 年(1921)12 月发行 民国 29 年(1940)1 月 9 版	第 83 编 馬の首	拉普兰德
第 40 种 羊形男	民国 10 年(1921)12 月发行 民国 29 年(1940)1 月 9 版	「世界お伽文庫」 第 22 编 羊息子	特兰西 瓦尼亚
第 41 种 白马将	民国 10 年(1921)12 月发行 民国 29 年(1940)1 月 9 版	第 52 编 鬼大名	德国

题　　目	发 行 年 月	底本 (岩谷小波「お伽噺」 童话系列、博文馆)	国别
第 42 种 黑学校	民国 10 年(1921)12 月发行 民国 29 年(1940)1 月 9 版	第 53 编 魔法学校	丹麦
第 43 种 尸报恩	民国 10 年(1921)12 月发行 民国 29 年(1940)1 月 9 版	第 74 编 世わ情	挪威
第 44 种 蔷薇姬	民国 10 年(1921)12 月发行 民国 29 年(1940)1 月 9 版	第 77 编 薔薇姬	德国
第 45 种 九傀儡	民国 10 年(1921)12 月发行 民国 22 年(1933)10 月 8 版	第 79 编 九番人形	阿拉伯
第 46 种 金发姬	民国 10 年(1921)12 月发行 民国 29 年(1940)1 月 9 版	第 80 编 金髪王女	法国
第 47 种 三王冠	民国 10 年(1921)12 月发行 民国 29 年(1940)1 月 9 版	第 84 编 三の王冠	爱尔兰
第 48 种 马尾案	民国 10 年(1921)12 月发行 民国 19 年(1930)7 月 6 版	第 85 编 馬尾裁判	俄国
第 49 种 桶七儿	民国 10 年(1921)12 月发行 民国 29 年(1940)1 月 9 版	第 87 编 樽の七郎	罗马尼亚
第 50 种 金苹果	民国 10 年(1921)12 月发行 民国 19 年(1930)7 月 6 版	第 90 编 馬鹿利口	阿尔卑斯

徐宗泽翻译思想与实践研究

——基于《圣教杂志》的考察 *

莫　为

（上海海事大学/复旦大学）

　　近代徐家汇，不论是客观的历史现场，还是抽象的交往场域，都凝结了中外语言接触与文化交涉的诸多案例。讨论晚近翻译史中的徐家汇，当下已见比较成熟的研究成果，有关于明清之际耶稣会与中国学者酝酿庞大的译书计划，并由金尼阁赴欧游历各国募集并运回"西书七千卷"①，使得近代徐家汇成为西学汉译文献复兴的中心；也有以明清耶稣会生平记述为底本的翻译活动，如冯承钧转译费赖之《在华耶稣会士列传》过程中的改写与争议；还有涉及晚清翻译政策的研究，如马建忠《拟设翻译书院议》②与"善译论"学说等。上述成果以内部史与外部史的双重视角审视晚近翻译史中的徐家汇，每一则都可作为翻译史学史的深度个案加以完整还原。

　　珠玉在先，本文另辟他径，以徐宗泽的翻译主张与实践为中心，主要关注他的三重身份：作为长成并躬耕于徐家汇的中国耶稣会士、天主教望族徐氏之后裔，特别放大他《圣教杂志》执笔人的主体意识。通过还原晚近翻译思想

*　本文系国家社科基金青年项目"比较视野下的近代徐家汇汉学研究（1847—1952）"（项目号：21CZS048）阶段性成果。

① 1623 年，艾儒略（Giulio Aleni，1582—1649）以答述的形式，将七千卷西书划为六大科，即文科、理科、医科、法科、教科和道科，并集为提纲挈领式的介绍书《西学凡》，在其中声称："翻以华言，试假十数年之功，当可次第译出。"杨廷筠为之作序，亦表期许。杨廷筠：《刻西学凡序》，载四库全书存目丛书编纂委员会编：《四库全书存目丛书》，子部 93 册，齐鲁书社 1995 年版，第 627 页。转引自邹振环：《疏通知译史——中国近代的翻译出版》，上海人民出版社 2012 年版，第 94 页。

② 马建忠：《拟设翻译书院议》，载张岱年主编：《采西学议——冯桂芬、马建忠集》，辽宁人民出版社 1994 年版，第 224—229 页。关于这一动议的研究，参考梁复兴：《从〈拟设翻译书院议〉看马建忠对"翻译书院"的规划及其对晚清译书教育的影响》，辅仁大学跨文化研究所 2015 年硕士学位论文。

史中的徐宗泽,梳理他积极投身的翻译实践过程:利用主笔杂志开篇所设"论说"栏,发表《译书论》,追溯耶稣会来华获得的翻译成果,环顾晚近的数种翻译政策与译书教育倡议,主张从耶稣会翻译史中提取经验,在更新"体用之辩"的争鸣中偏重翻译的工具理性价值,倡导从交往理性面向审视译书活动;在翻译实践方面,徐宗泽除了编订经典翻译史著《明清间耶稣会士译著提要》,还积极利用《圣教杂志》"杂著"栏目,以连载形式发表《新名词》,据不同文体形式,实践差异化翻译策略,抵御语词侵略。通过徐宗泽这一典型人物的翻译理念与实践,将近代徐家汇纳入晚近中国翻译史学史的学术脉络中,从翻译思想史的角度重新审视徐家汇的西学观在时局变革中的应对策略。

一、徐宗泽:天主教报人翻译家

同时作为语言接触的前提与成果,徐家汇—土山湾出品的文理各类译著、文化教程、外语教材、双语辞典、方言读本、术语译词对照参考等书籍载体,既被视为近代中国知识转型与学科分类的"思想资源"①,又构筑起经由耶稣会文教理念过滤而形塑的学术景观。沿中国翻译思想史②这一脉络,对近代徐家汇的图书文化事业展开研究。该地所集之学术人力、器物保障和制度环境为明清之际西学东渐高潮的复现提供了重要支撑。

作为翻译史写作的重要路径,"作品—人物"的互构线索,可据不同学科门类进一步细化。以科学类作品为例,可上溯至明清季耶稣会主导的科技翻译高潮中的汉文西书③,文献久经累层,积聚了文化效应,并在学科理念的迭新与纠合中,延展至清末民初西学翻译;宗教类经书方面,以近代江南地区为中心呈现新旧、中西等权威与话语体系的更替与竞争,透过翻译呈现出中西精神

---

① "思想资源"(intellectual resources)的观点由王汎森在研究日本因素对于戊戌时期中国之影响时提出,见王汎森:《戊戌前后思想资源的变化:以日本因素为例》,《二十一世纪》第45期。
② "中国翻译史学史"作为一门专门的学科史研究,是指对中国翻译的这门学科史研究的进程加以资料的梳理和历史反思。邹振环在其著作《20世纪中国翻译史学史》认为"中国翻译史学史"是对中国翻译史研究的再研究,且必须建立在中国翻译史的学科基础上,对中国翻译史学科的起源与发展、历史与现状、动因与动向等问题,进行考察、梳理、排比和阐说,即中国翻译史的学术研究史和学科发展史。中国翻译思想史属于翻译史编纂学研究的重要支点。但相较于翻译史研究史料的整理、翻译史著的影响研究,翻译思想史作为疏通知译史不可或缺的一环,其研究仍然具有较大的突破空间。参考邹振环:《20世纪中国翻译史学史》(导言),中西书局2017年版,第5—7页。
③ 代表作如邹振环:《明末清初输入中国的海洋动物知识——以西方耶稣会士的地理学汉文西书为中心》,《安徽大学学报(哲学社会科学版)》2014年第5期。

文化交流的多声部之特性①;文学作品上,通过早期土山湾慈母堂的雕版书,复现明末耶稣会群体对经典文学的翻译,构成比较经学的文本基础,认可"首译之功"②。由此,来华耶稣会士的人物群像在翻译思想史的研究中不断得到深化。

在近代徐家汇的翻译实践过程中,天主教在地化也得以逐步实现。已有的不少研究成果,主要是围绕中国耶稣会士及教徒的《圣经》翻译③,并据此将天主教圣经翻译活动的主要方式分为三类:圣经史实的描述、圣经经句的摘引和诠释、教会礼仪和经文④。与之相应,徐家汇耶稣会所译《旧约》《新约》四福音书⑤和《宗徒大事录》的译作数量为最。其中数位中国耶稣会士的个体形象也伴随《圣经》诸多译本的出版,而逐步进入今人的研究视野⑥,如马相伯⑦、王多默⑧、许彬⑨、沈则宽⑩、李问

---

① 代表作如陈拓:《书籍重刊与权威之争——以 19 世纪 40 年代新耶稣会士重返江南为中心》,《史林》2019 年第 5 期;陈拓:《从〈七克〉看汉文西书在十七至十八世纪的出版与传播》,《道风:基督教文化评论》(香港)2018 年第 49A 期。

② 代表作如李奭学:《首译之功:明末耶稣会翻译文学论》(*Transwriting: Translated Literature and Late-Ming Jesuits*),浙江大学出版社 2019 年版。

③ 蔡锦图研究《圣经》翻译的过程中,按照天主教会、新教教会两大部分进行爬疏,其中天主教会中文《圣经》的近半数作品皆与徐家汇中国耶稣会士密切相关。参考蔡锦图:《圣经在中国》,(香港)汉语基督教文化研究所 2018 年版,第 21—88 页。另有从"语言接触"角度的研究,参见赵晓阳:《域外资源与晚清语言运动:以〈圣经〉中译本为中心》,北京师范大学出版社 2019 年版。

④ 蔡锦图:《圣经在中国》(天主教会导言),第 24—26 页。

⑤ 如另有据李强比照考证,许本以文言为主,语言文雅,并善于利用卷首加以提纲式介绍,每篇后附上释义。相较,王本则以通俗白话为主,更为适合普通信众加以阅读。

⑥ 参考李强:《中西之间:晚清江南地区的中国耶稣会士群体研究(1842—1912)》,上海大学 2019 年博士学位论文。

⑦ 马相伯(1840—1939),于 1862 年加入耶稣会,研习神学,1870 年获得神学博士学位,精通拉丁语、法语、数学、天文学等。1876 年,马相伯退出耶稣会,而后参与政治、外交、教育等工作。1905 年在上海创办复旦公学,1915 年协助英敛之创立"辅仁社"。1917 年,马相伯离开公职,退隐于徐家汇土山湾,全心译著天主教书籍。1919 年,马相伯出版《新史合编直讲》,系直接译自意大利佩萨罗主教安德烈埃·马斯泰—弗雷蒂(Andrea Mastai Ferretti,1751—1822)的著述,将四福音书按照时间为序,整理事件,以文言转译。注解则以白话撰写。1923 年又有文言择译的《福音书合参》。1930 年,出版文言翻译《救世福音》。对马相伯圣经翻译思想的研究,参见朱维铮主编:《马相伯集》,复旦大学出版社 1996 年版;另有方豪:《马相伯先生与圣经》,《东方杂志》复刊 1976 年第 9 卷第 7 期。

⑧ 王多默:《四圣史圣经》,上海图书馆馆藏登录号:91022—91025B。

⑨ 许彬(1840—1899),1862 年进入董家渡大修院,1868 年晋铎,1884 年退出耶稣会。后长期居住在土山湾,编著汉拉辞书、《柏应理神父传略》、《徐太夫人传略》等,经常在《益闻录》与地方文人唱和。据学者考证,许彬对"福音书"有比较系统的研究,他所译的《四史全编》文理版是同期圣经译本中最具有学理性的版本。见许彬译:《四史全编》,上海图书馆藏登录号:91030—91036B。

⑩ 沈则宽(Matthias Sen)以官话翻译和节录《旧约》和《新约》的经文,如《古史参箴》(1884)、《古史略》(1890)、《新史略·宗徒事略》(1890)。另有《新史合编》附上《耶稣受难纪略》一卷。他本人也积极为《圣教杂志》提供稿件,如《地狱信证》《高丽致命事略》等,先在《圣教杂志》连载,后结集出版。

渔①等。耶稣会士翻译《圣经》,既是一场延续了数百年的使命,也在不断滋长的近代文艺观中,逐步融入中国耶稣会士个体性的翻译理念。于是,近代徐家汇与晚近翻译思潮自然发生了汇集。马相伯在《统一经文刍议》中对《圣经》翻译提出了"雅驯"标准:一、贵简明,义理畅达;二、贵庄重,雅俗共赏;三、尤贵确当,无悖信德道理。② 在《新史合编直讲》和《福音经》中,马相伯典雅的译经风格足见一斑,他所预设的读者是能够欣赏古文"雅"与"美"的知识分子。③ 此外,马相伯善于从中国经典的语言资源中寻找匹配《圣经》的语词,从《易经》中遴选出不少词汇转用于《圣经》,这些实践或也将有助于比较经学路径的进一步开掘。目前,贮藏于徐家汇藏书楼的两份稀有书目表④,即 1876 年《经书总目》与 1934 年拉丁文《土山湾慈母堂印书馆图书价目表》,所集《圣经》翻译文献在近一甲子期间,从最初的 2 种⑤扩展至 31 种"圣经文本"(Scriptura Sacra)。徐家汇《圣经》中译活动所调用的"本土资源",特别是吴语方言,构成晚清语言运动的重要面向,是以舶来秩序整理江南数据的可贵尝试。

同样资于耶稣会拟定的"江南科学计划"⑥,徐家汇诞生了一批报人翻译

---

① 李问渔(Laurent Li Wen-yu)是晚清著名的天主教学者,入耶稣会学习法文、拉丁文、科学、神哲学等。后续投身于出版事业,1879 年创刊上海天主教第一份中文报刊《益闻录》,为适应观众读报需求,《益闻录》设一定篇幅介绍西方科学。1898 年,《益闻录》与《格致新报》合刊为《格致益闻汇报》,首重科学,次论政事。顺此,再分列为《科学杂志》和《时事汇录》。参考房芸芳:《亦写亦祷:晚清西学东渐中的李问渔》,学林出版社 2020 年版,第 101—112 页。另于 1887 年创办天主教教内刊物《圣心报》,1906 年任震旦学院院长。现存晚清最早的天主《圣经》译本包括四卷《福音书》和《宗徒大事录》都是由李问渔译出,皆采文言。参考 Joachim Kurtz, Messenger of the Sacred Heart: Li Wenyu (1840 – 1911), and the Jesuit Periodical Press in Late Qing Shanghai, Cynthia Brokaw and Christopher A. Reed eds. *From Woodblocks to the Internet: Chinese Publishing and Print Culture in Transition*, *circa 1800 to 2008*, Leiden: Brill, 2010, pp.79-109.
② 朱维铮主编:《马相伯集》,第 504 页。
③ 马相伯认为《圣经》必须有通俗和古雅两种译本,马氏希望一本为崇尚古典语文的版本供晚近知识分子阅读。参考马相伯答复缅甸华侨的书信,见朱维铮主编:《马相伯集》,第 1006 页。
④ 感谢徐家汇藏书楼徐锦华老师告知史料信息,两份书目表最早的 1876 年《经书总目》与 1934 年拉丁文《土山湾慈母堂印书馆图书价目表》。关于后者的研究,可参见拙文《近代徐家汇"适应性"教材研究》,《史林》2023 年第 2 期。
⑤ 仅有《圣经广益》《圣经直解》,见李强:《中西之间:晚清江南地区的中国耶稣会士群体研究(1842—1912)》,第 223—224 页。
⑥ 1872 年,法国耶稣会士在其牧辖的徐家汇堂区召开了"徐家汇会议"。巴黎会省的耶稣会士兼科学家们成立"江南科学委员会"(Comité Scientique de Kiang-nan),标志"江南科学计划"拉开帷幕。该计划将先期来华的耶稣会士星罗零散的个人研究兴趣与实践,逐渐拢归为四个着重的方面:天文地理与气象服务、自然历史与博物收藏、汉学研究(侧重晚近中国史地、国情、民俗等方面系统研究为主)和期刊报章编撰与学术专著出版,互为交叉,文理并重。[法]高龙鞶(Aug. M. Colombel)著,周士良译:《江南传教史(第五册上册)》,辅仁大学出版社 2018 年版,第 288—330 页。

家。徐宗泽就是其中较有代表性的人物。他在耶稣会精英教育模式下陶成，也是近代中国重要的哲学家、宗教学家。对于他早年的生平，已有信实记载：1886 年，明代相国徐文定公光启之十二世孙徐宗泽出生于青浦蟠龙，取字润农，受洗名若瑟。19 岁时，应童子试，举秀才，崭露头角。20 岁时，进耶稣会修道，献身为圣教服务。之后赴欧美攻读文学哲学及神学，留学期间先后获得哲学、神学博士，并晋升司铎，后回国任徐汇公学教授数年。1921 年回国在南汇实习传教工作，成绩斐然。1923 年开始接任已故的潘谷声神父，主编《圣教杂志》。其间为不同栏目提供了连载文章，后集结成单行本，在土山湾印书馆单独印制发行。同时他也兼任徐家汇藏书楼负责人，励精图治，丰富西学馆藏。在主持《圣教杂志》期间，他便利用杂志发行的网络，开始广泛征集地方志书，前后近 20 年时间为徐家汇藏书楼增添方志馆藏，使其成为国内地方史志资料最为丰富的贮藏机构。1937 年"八一三"战事爆发，战火纷扰致使纸价上涨，《圣教杂志》不得已停办。徐宗泽潜心于藏书楼西学馆藏的整理工作，基于丰富的文献资料，笔耕不辍。

作为一名报人翻译家，他以《圣教杂志》为阵地，编译了大量拉丁文与法文作品，偏重文科与社科类，先以连载形式发布于"论说""杂著"等栏目，再整理并集为书稿。其中比较著名的有《宗教研究概论》①，由原先发表于《圣教杂志》"论说"栏上的十篇文章集纂而成，计有《人类之宗教信仰》《世界上宗教之主要观念》《宗教之定义》《宗教之起源》《宗教为人类所必要论》《真教之寻索》《耶稣所立罗马公教为真教》《罗马公教道理之研究》《罗马公教伦理之研究》《皈依罗马公教之程序》。除却宗教研究，徐宗泽对勃兴的西方经济学说也颇有兴趣，他集文成书的《社会经济学概论》②，分设生产论、交易论、分配论、消费论、中国经济状况五章。重点着笔介绍天然论、资本论、劳力论，虽然花费较大篇幅介绍马克思的剩余价值学说，但对劳资论持否定看法。该作定义"社会经济学之研究品，乃在物质利益界上之人之动作"，后在序中明确限定"社会经济学所研究者为财富。然财富不能离人之动作，及其行谊而独占一地位；财富与人之动作，及其行谊，有密切之关系。财富与人之行谊合论之，社会经济方

---

① 徐宗泽：《宗教学概论》，圣教杂志出版社 1939 年版。
② 徐宗泽：《社会经济学概论》，圣教杂志出版社 1934 年版。

成一社会学问"。书后另附上短篇《经济学说概论》，也以雅致精美的文笔写就。

淞沪战事后，《圣教杂志》停刊，徐宗泽将自己曾经出版在该杂志上的三百余篇短文，整理为《随思随笔》①，内容丰富，笔触生动，延请陆徵祥题写书名。原先在《圣教杂志》出版时，他的不少文章假托其他笔名。经由《随笔》整理，徐宗泽回顾了悉心实录的时事话题。一位关心世界、学识广博的报人形象得到肯认。随笔主题丰富多样，既有游历所见，如《法京图书馆中之中国书》《牛津图书馆所藏圣教书》《论澳门之三巴寺》，又有上海的街头巷议，如《上海的棚户》《沪战之损失》《蟹的销数》等，也讨论财富观（《陆伯鸿先生之理财法》《论积财产之愚》）、文学观（《中国青年之忘记文学》《科举时之考试》），还有后期徐家汇藏书楼工作的整理稿，如《徐家汇藏书楼之方志》《徐家汇藏书楼与传教》《徐文定公留心社会学》《方志与家谱》等。其中令人耳目一新的是，数篇论及翻译观的文章，如《九五叟译圣经》《译名宜统一》《汉字拉丁化》《西儒耳目资之拼音》《四书西译》等。

作为天主教报人，徐宗泽主持的《圣教杂志》口碑与发行量俱佳，成为天主教报刊出版之标杆。作为徐氏后裔，徐宗泽在奉教之路上脱颖而出，晋升铎品②。当下研究者更多地关注到徐宗泽所著的大部作品，如《中国天主教史》《徐文定公年谱》《明清间耶稣会译著提要》《中国天主教传教史概论》等，本文则将从天主教报人、翻译思想家的身份视角重新回顾徐宗泽的报章著述。

二、《译书论》之主张

作为《圣教杂志》的主笔人，徐宗泽对于每一期的出版都悉心设计主题，编译、选篇、集文皆有纲领，服务预设主旨。特别重视利用《圣教杂志》按月刊布的出版方式，将许多拉丁文和法文作品转译，并据读者互动与反馈，洞悉舆论热点，再行连载更新。自 1923 年接棒潘谷声初任主编以来，至 1930 年，徐宗泽已具备了丰富的翻译实践经验，并形成相对完整的理论体系。是年 3 月，他

---

① 徐宗泽：《随思随笔》，圣教杂志出版社 1940 年版。
② 据宣统二年（1910 年）计，徐光启之后仅有四位徐氏后裔晋铎，他们是徐允希、徐宗泽、徐宗海、徐德禄。参见王成义：《徐光启家世》，上海大学出版社 2009 年版。

于《圣教杂志》栏首的"论说"发表《译书论》，全文近七千余字，旁征时人大家的翻译观点，并提出数项主张，大致归为：第一，翻译人才观，翻译乃一专门学问，译者当是通才，要求译才除却语言素养之外，应另有专门学问；第二，宗教文本之所以广布，得益于精深学问之士的精美翻译，有如晋唐佛典与明清天主教文献；第三，译书当有审定公认之明确范例，特别是名词翻译；第四，开设翻译院作为文化灌输的机构。

首先，就翻译人才的选择来看，徐宗泽明确"翻译乃一学问。翻译者须是通才，而此等人才须有特别教育以养成之"①。为论证这一观点，他先举反例"人有以灌输欧美文化，莫善于译书者，以为只要择一本西书，有一管笔、一个砚、一张纸，即能从事翻译矣！殊不知大谬不然者，译书乃一门专门学问，翻译者乃一专门人才，非任何人可以胜任而愉快，谓余不信"②。并举证马建忠的论述③，论证"翻译岂易人任；必也精通中西文字"、梁启超"以通学为上，而通文乃其次"④和严复"一名之立，旬月踟蹰"⑤的观点。至于翻译人才的培养，受益于马建忠早年《拟设翻译书院议》，徐宗泽对于马氏的观点加以强调："欲求译才必自设翻译学堂始，翻译书院之学生，选分二班，一选已晓英文或法文，年近二十，而资质在众人以上者十余名入院，校其所造英法文之浅深，酌量补读，而日译新事数篇，以为功课，家督汉文，由唐宋八家，上溯周秦诸子，日课论说，

---

① 徐宗泽：《译书论》，载《圣教杂志》1930年全卷本，第100页。
② 同上，第98页。
③ 精通中西古今文学之马眉叔（马建忠）其言曰："今之译者，大抵于外国之语言，或稍涉其藩篱，而其文字之微辞奥旨与夫各国之所谓古文词者，率茫然而未识其名称；或仅通外国文字语言，而汉文则粗陋鄙俚，未窥门径；使之从事译书，阅者展卷未终，恶俗之气，触人欲呕。又或转述西人之稍通华语者而为人口述，而旁听者乃为仿佛摹写其词中所欲达之意，其未能达者，则又参以己意，而武断其间。盖通洋文者，不达汉文；通汉文者，又不达洋文，亦可怪乎所译之书，皆驳难迁谄，为天下识者鄙夷而讪笑也。"摘引自马建忠：《适可斋记言记行·记言四》，载张岱年主编：《采西学议——冯桂芬、马建忠集》，第225页。
④ "凡译书者，于华文西文及其所译书中所言颛门之学，三者具通，斯为上才，通二者次之，仅通一则不能以才称矣，近译西书之才，算学最佳，而几何原本尤为之魁；盖利徐、伟李皆遂行之算，而文辞足以达之也。故三者之中，又以通学为上，而通文乃其次也。"（饮冰文集类编上·论译书）
⑤ 《天演论》（例言）中彼论译书之难曰："译事三难：信、达、雅。求其信，已大难矣。顾信矣，不达，虽译犹不译也。则达尚焉。……今是书所言，本五十年来西人新得之学，又为作者晚出之书，译文取明深义，故词句之间时有所颠倒附益，不斤斤于字比句次，而意义则不倍本文。题曰达旨，不云笔译：取便发挥，实非正法。……凡此经营，皆以为达，为达即所以为信也。……信达而外，求其尔雅。此不仅期以行远已耳，实则精理微言，用汉以前字法句法，则为达易；用近世利俗文字，则求达难；往往抑义就词，毫厘千里。审择于斯二者之间，夫固有所不得已也"。严复：《天演论·译例言》，载《严复全集》（卷一），福建教育出版社2014年版，第7—8页。相关研究成果，可参见沈国威：《一名之立 旬月踟蹰：严复译词研究》，社会科学文献出版社2019年版。

使辞达理举,如是一年,即可从事翻译。一选长于汉文,年近二十,而天资绝人者,亦十余名,每日限时课读英法文字,上及辣丁、希腊语言;果能工课不辍,不过二年,洋文即可通晓。"①因此,在《译书论》文首便是证明"翻译人才,必须陶成,然后所译,方可惬心"②。

《译书论》强调中外知识接触是伴随翻译活动一并展开的,其中历经两次交汇高潮:晋唐间的佛学与明末的历算学。先以佛典为例,徐氏借用梁启超之语"翻佛典者,不特精梵文,且娴汉学,故其所译,方堪寓目。对于佛理,又复精通,唐玄奘精读梵文经典十七载;宜其所译,胜于一般翻译家也"③。佛家翻译颇见成效,所译书籍文清理顺。再论明清天主教士精究汉文之功,"编译书籍之中西士,皆为博学通才,或精西文,或善华语;而又长于学问。其译书也,不计时数月,匆匆将事,然切磋琢磨,下一番研究之功。故所译之书,至今脍炙人口,声闻学界"④,明季耶稣会士所编译之书籍字字精美堪称中国文化史上之"一大公案"⑤。因此,徐宗泽断言"翻译乃一学问,翻译又须通才,非可冒昧从事也"⑥。

再论如何翻译,为"传他国之语言文字,而达其意"有两种常见的方式,即直译与意译。两者各有优劣:"直译则随原书之文字、序次、意义,悉心译出。其长:则对原文忠信、确切,无浮泛之弊。其失:则语多诘屈,句近欧化。""意

---

① 摘引自马建忠:《适可斋记言记行·记言四》,载张岱年主编:《采西学议——冯桂芬、马建忠集》,第225页。
② 徐宗泽:《译书论》,载《圣教杂志》1930年全卷本,第100页。
③ 梁启超:《翻译文学与佛典》,载沈鹏编:《梁启超全集》(第十三卷),北京出版社1999年版,第3840页。
④ 徐宗泽:《译书论》,载《圣教杂志》1930年全卷本,第102页。
⑤ 梁启超在《中国近三百年学术史》一文中提及:"明末有一场大公案,为中国学术史上应该大笔特书者,曰欧洲历算学之输入……利玛窦、庞迪我、熊三拔、龙华民、邓玉函、阳玛诺、罗雅谷、艾儒略、汤若望等,自万历末年至天启、崇祯间先后入中国。中国学者如徐文定(名光启,号元扈,上海人,崇祯六年——一六三三年卒,今上海徐家汇即其故宅)、李凉庵(名之藻,仁和人)等,都和他们来往,对于各种学问有精深的研究。先是所行'大统历',循元郭守敬'授时历'之旧,错谬很多。万历末年,朱世堉、邢云路先后上疏指出他的错处,请重为厘正……经屡次论争的结果,卒以徐文定、李凉庵领其事,而请利、庞、熊诸客卿共同参预,卒完成历法改革之业。此外中外学者合译或分撰的书籍,不下百数十种。最著名者,如利、徐合译之《几何原本》,字字精金美玉,为千古不朽之作,无庸我再为赞叹了。其余《天学初函》《崇祯历书》中几十部书,都是我国历算学界很丰厚的遗产。又《辨学》一编,为西洋论理学输入之鼻祖。又徐文定之《农政全书》六十卷,熊三拔之《秦西水法》六卷,实农学界空前之著作。我们只要肯把当时那班人的著译目一翻,便可以想见他们对于新知识之传播如何的努力。只要肯把那个时代的代表作品——如《几何原本》之类择一两部细读一过,便可以知道他们对于学问如何的忠实。"梁启超:《中国近三百年学术史》,《史地学报》第三卷第一二合期。
⑥ 徐宗泽:《译书论》,载《圣教杂志》1930年全卷本,第103页。

译则照原书之意义,笔而出之,不为文字所桎梏,语言所奴隶。其长:则文从字顺,读者能懂。其弊:有时失之浮泛,终少切实。"①同时徐宗泽还关注到"文言文"与"语体文"(即白话文)的差别,两者各从其重,不可偏废,他也指出争辩的双方"文言文,语简意深,往往有不能一言以尽者;用一语而义理豁显;且文情文思,无不跃然纸上。然其弊:太古奥,不切实,只为文艺家之玩品,而非输灌学术之工具也。而有主张用语体文者,反对严复、反对林纾之译本。但是严林之汉文,确能自由发表思想,而涩繁粗陋之白话文,反生出咬牙吃齿,非文非俗之语句;不特未识西文者,不能卒读,即精究西文者,亦不愿观阅。骨气咎不在文言文也。"②平视各方争议,客观看待"文白之争"。《译书论》主张"译书不必一定要直译或意译;不必一定要文言文或语文体,当视书之性质而定。如圣经、教典、法律等,则当直译;历史、传记、记事等等,允宜意译。文言文该用于译庄严郑重之书籍;语文体则对于宣传品、通俗本更为合宜,此其大较也。总之:文言文与语文体,直译与意译,与译书无重大之关系;只求所译之书,令人读之能懂,为第一要件"③。

对于译名之意见,虽然前有不同看法,严复主张学术用语言采用意译④,章士钊主张音译学士之说⑤,但在《译书论》中徐宗泽综合各类名词术语,明确分为四项,按例讨论:

第一,已通用之名仍用其旧,不必妄事更张;虽于义有未尽允洽,然人人共晓,学术界上已有适应性矣。人名如:华盛顿、拿破仑、亚里斯多德等,地名如:巴黎、罗马、伦敦、纽约等,术语如:哲学、经济学、抽象、具体等。此等名词,以仍旧惯为上乘。如有新事、新名,或译名参差不一,未曾统一者,则名词下兼书西文为要。

第二,音译义译,不必执一不化。人名地名惟能音译,但所用文字亦当一律,否则所写不同,则淆惑矣。即如以吾圣教会之译名论,当今教宗 Pius XI 之名,有译庇护者,有译比约者,有译比阿者;一名而各异其字,窃谓当归一致,不可任意也。

---

①②③　徐宗泽:《译书论》,载《圣教杂志》1930 年全卷本,第 104 页。
④　严复:《天演论·译例言》,《严复全集》(卷一),福建教育出版社 2014 年版,第 7 页。
⑤　章士钊《论译名》一文,最初在 1910 年(清宣统二年)11 月 21 日以笔名"民质"发表在梁启超主编《国风报》第 29 期上,又在《甲寅周刊》(Tiger)重载。

第三,术语以义译为上。缘术语所言之事,既不易晓,而所译之音,又难酷肖。如Logique名词,前音译曰逻辑,今译论理学,一则识其字,而不知其义;一则见其字而能悟其意,优劣之分,判然矣。

第四,术语义译,不当用古字古意,以眩耀人目,但当取通俗之名,易晓之语。例如严译之内籀induction外籀deduction,名固义译,词又古奥,其如常人之不解何?①

《译书论》强调人名、地名术语应当有通用的标准,并且亟须统一,兼顾迫切性与权威性。倡议由政府组织"翻译名统一委员会",互相讨论,议决法定译名,由政府公布;庶全国一致,而有所遵从。② 至于翻译批评的标准,《译书论》虽讨论严复之"信达雅"说,但却提出了自己的排序"达信雅"——吾谓译书,信达雅,三长能兼者,实不多见,分别其轻重:则达为第一,次为信,雅犹在达信后焉。盖有一般书籍,翻译者先当求达,如小说等等,其余经典等则信达并重,其不可偏于一隅。③

最后,为应对20世纪30年代愈发密集的国际交涉,以及中外知识的深度交错,开设翻译院作为文化灌输的机构已成为共识。《译书论》结尾道:"今夫国际事业,交涉日益纷繁,而人类之知识,亦日形国际化矣。中国为文明古国,其文化斐然可观,然欧美之形上形下知识,未尝见逊于吾国之学问也。立国于二十世纪,欲适应于国际性,灌输欧美文化,诚亟亟不可缓矣。灌输之道,莫若翻译。翻译当有大规模之组织,最妙之法,莫若仿前佛教之译场,开设翻译书院,此意为马建忠、梁启超已先吾而言。为今之计,诚能实践此策,百折不回,则十年之后,必有一番事业之可观矣,不禁拭目俟之。"④

上述四则主张贯穿《译书论》全文,在征引马建忠、梁启超、严复等学人的说法时,徐宗泽亦有所侧重,特别重视马建忠于甲午战败后疏奏的《拟设翻译书院议》,从翻译角度检讨自强运动失败的原因,并提出"善译"之说的具体标准,这对徐宗泽"译书观"产生重大影响。

---

① 徐宗泽:《译书论》,载《圣教杂志》1930年全卷本,第104—105页。
② 同上,第105页。
③ 同上,第109页。
④ 同上,第112页。

三、徐宗泽翻译思想之先序

徐光启言"欲求超胜,必须会通;会通之前,先须翻译"①,自此这一脉重视翻译的西学东渐之传统便扎根下来,延续至近代徐家汇。甲午战败后,马建忠强调译书质量的重要性,并将"翻译"作为变法革新能否成功的主要因素,提出了基于现代语言学学养的"善译论"和创设译书教育的制度化构想。作为徐宗泽"译书观"的重要思想资源,马建忠《拟设翻译书院议》的影响必须首列。同为徐家汇人、耶稣会士的马建忠与徐宗泽在晚近翻译思想史脉络中的关联,或可据此展开。

马建忠所构想的"翻译书院"是将语言学习与科学知识教授合于一体,这在此后也投射于震旦大学的创立过程。在《拟设翻译书院议》中,他提出了学科与课程设计、教员与教材筹备、硬件设施和管理模式等诸多方面的详备构想。同时又与制度环境勾连,特别是耶稣会教育体制和晚清法国教育思潮东渐之间的影响。集中近代徐家汇的各式学校,使之升格为一处名副其实的"教育空间"②。其中震旦被希冀为具有古希腊雅典学院之风,承接古典主义理想:希望建立欧洲文艺复兴时期意图恢复的学者自由问学的团体形式(Akademie)③,不同于新教各会广泛设立的教学机构(College)④。19 世纪上半叶,刚刚得到恢复的耶稣会也修正其《教育计划》(*Ratio Studiorum*,也译为《学则》)。1832 年修会针对 1599 年的旧版做出重大修正,订立"新学则"⑤,旧版结合 16 世纪情况提倡建立古典学的教育模式(照伊拉斯谟的构想力图建立跨越国家边界的共同课程,尤其强调文学、修辞学、语法和诗学)和大学传统(关注学生的理论能力,侧重逻辑学、哲学、神学并延展至自然科学),促使道德和理智的并进。特别在课程设置与教学方法上,尤其关注耶稣会的传教地

---

① 徐光启:《历书总目表》,载李天纲编:《徐光启诗文集》(卷五),上海古籍出版社 2011 年版,第 198 页。
② 经过数十年的筹备与营建,徐家汇陆续建成全方位的教育机构:性质上、兼顾宗教与世俗教育,专司神职人员培养的大小备修院及为耶稣会士设立的神学院,更是远东教务中心;程度上,覆盖高等教育及其下全学段,科学家兼耶稣会士担任教授的震旦大学,需求口径最大的中等教育徐汇公学;中大规模的女性学校,如崇德女中、启明女校,为教内外不同家庭出身的女孩提供教育机会;职业教育如汇师师范学校、土山湾工艺院、刺绣坊等;另有特殊教育(附设于圣母院的聋哑学校)试点新兴的社会抚养模式。
③ 李天纲:《从震旦到复旦:清末的外语教学与民族主义》,《历史教学问题》2021 年第 4 期。
④ 邹振环:《晚清同文馆外语教学与外语教科书的编纂》,《学术研究》2004 年第 12 期。
⑤ 该"计划"历经耶稣会解散、欧洲世俗教育兴起等环境变化,也重新进入漫长的修订调整阶段。参见 Pavur, Claude Nicholas, ed., *The Ratio Studiorum: The Official Plan for Jesuit Education*, St. Louis, MO: The Institute of Jesuit Resources, 2005, pp. 145 – 170.

区已扩大到更为广远的区域。1832年版《教育计划》在尊重前序理念的基础上，加入多语种学习，强调数学、历史和物理等。于是，在该《教育计划》的框架下，震旦学院的办学章程明确"广延通儒，培养译才为宗旨"①，最终成为集合教学、翻译、研究、出版理念于一体的"震旦模式"②。马建忠有意识地比较同期的数所译书机构，认为"重复割裂"，时常各自选译专科书籍，无助于中国近代化：

> 近今上海制造局、福州船政局，与京师译署，虽设有同文书馆，罗致学生，以读诸国语言文字。第始事之意，止求通好，不专译书。即有译成数种，或仅为一事一艺之用，未将其政令治教之本原条贯，译为成书，使人人得以观其会通者。其律例公法之类，间有摘译，或文辞艰涩，于原书之面目尽失其本来，或挂一漏万，割裂复重，未足资为考订之助。③

而"震旦模式"则通常由授课教师选编教材，鉴于他们通常是法式的学术背景，因此有倾向性地选择契合法式学科传统的科学作品。如高等数学研究直接引入法式数学体系，据近代著名法国数学家卡罗·布尔莱（Carlo Bourlet）作品译出震旦大学专用的《几何学·平面》《代数学》。震旦大学教授陆翔④编译《代数学》的同期，李善兰与伟烈亚力（Alexander Wylie）合作的《代数学》已通行于上海，陆译底本择法国年轻一辈的数学家，力图在震旦大学明确法式高等教育的理念。⑤ 符合法国数学观念中"理论性"占据核心价值的学科理念。正如《拟设翻译书院议》中对于"应译之事"的划分：

> 应译之事，拟分三类：其一为各国之时政。外洋诸国内治之政，如上下议院之立言，各国交涉之件，如各国外部往来信札、新议条款、信使公会之议，其原文皆有专报。
>
> 其二为居官者考订之书，如行政、治军、生财、交邻诸大端，所必需者也。
>
> 其三为外洋学馆应读之书，应次第译成，于彼国之事方有根柢。如万国史乘，

---

① 朱维铮主编：《马相伯集》，第41页。
② 梁复兴：《从〈拟设翻译书院议〉看马建忠对"翻译书院"的规划及其对晚清译书教育的影响》，第76—81页。
③ 马建忠：《拟设翻译书院议》，载张岱年主编：《采西学议——冯桂芬、马建忠集》，第226页。
④ 陆翔家学不凡，是近代海派书画大家陆廉夫（1851—1920）之子，于徐汇公学完成学业后，在1929年进入震旦大学学习工科，后留任于该校，曾为文史学家周退密（1914—2020）业师。
⑤ 法国"庚款"退还时被划定投入在华高等教育事业中，其中以徐家汇的震旦大学为主要接收对象。参见"关于庚子赔款往来照会·法使馆至外交部照会"（1923年），载王铁崖编：《中外旧约章编》第三册，生活·读书·新知三联书店1962年版，第377页。

历代兴废,政教相涉之源,又算法几何,八线重学,热光声电,与夫飞潜动植,金、石之学,性理格致之书,皆择其尤要而可资讨论者,列为逐日课程。①

综上,震旦与马建忠所构想的"翻译书院"可属同源。通过他的翻译理念,震旦大学的学者除了是自然科学的研究者,也具有人文学科的素养,特别是比较语言学。翻译家在震旦的教译研工作中,自然涉及中外语言的语法、语音、修辞、文体、词源等多目。由此,震旦实践的诸多翻译工作,有机延展至"善译"论,一改中国古典传统译论经验主义式的语文学模式②,强调以比较的视野、勃兴的语言学方法切入翻译研究,对于中国译论近代化具有重大贡献。这与徐宗泽日后在《圣教杂志》的实践具有互文效应。

四、《圣教杂志》的翻译实践

"名"是人观察世界的尺度,名词是准确地理解和表述事物不可或缺的工具,因此历史上的译名问题,也是翻译与研究的重要方面。译名统一的呼吁与"因俗定契"的原则始终贯穿着中国翻译史的发展。③ 上文述及徐家汇的《圣经》翻译,其高产期几乎同步于汉语言文字剧烈变革的时代,在实录中外不同语系的语言接触过程中,耶稣会士将经典作为"域外语言资源",或借用或转化"他者"语言,调整并扩大了自我认知的图景,吐故纳新:一定程度上借助语际翻译,促发汉语语言表达方式之迭新、语法结构之变化、汉字拉丁化之肇始,并新制语词,大量经由翻译新创的名词一定程度上缓冲了和制汉语的袭入。

自 1923 年徐宗泽接棒任《圣教杂志》主编,同年 11 月"杂著"专栏首设《新名词》,连载数年。他以"抱真"为笔名,每期介绍宗教、哲学类名词数个。徐宗泽认识到译名问题关乎语言与世界的关系,开篇明确"惟以在各种杂志、及报纸上所屡见者,先解释,故无系统之可言,文又欠雅"④。关于徐宗泽的翻译主张,以往关注专论和专著,特别是作为目录性文献的《明清间耶稣会

---

① 马建忠:《拟设翻译书院议》,载张岱年主编:《采西学议——冯桂芬、马建忠集》,第 228—229 页。
② 王洪涛:《中国传统译论基本理念的嬗变与衍化——马建忠"善译"理论之现代诠释》,《外语学刊》2005 年第 1 期。
③ 参见邹振环:《20 世纪中国翻译史学史》,中西书局 2017 年版,第 224—225 页。
④ 抱真:《新名词》,《圣教杂志》1923 年 11 月。

译著提要》》①。本节仅以《新名词》栏目的部分词条为探讨对象,比较徐宗泽就相近题材、不同体裁的翻译观之呈现,以及徐宗泽利用主笔的不同文本空间调整编译之策略。

以哲学为例,徐宗泽是知名的哲学家,著述等身。其代表作之一的《伦理学》,总题下论及 78 个学题,分有论题、证理、释难、推理、备览等,以析学题,其内容多来自教会伦理,却以社会科学方法加以分析。而在《新名词》中,"伦理学,以理为准则,与教理不相混"并未侧重强调天主教会的伦理观:

> 伦理学 Ethique,又曰原行学,为哲学之一份。导人行为合于正序之学也。人之行为有二种,一在人而不能自主之者。如食物之消化,血脉之流通等。一在人而人能自主之者,且知其善恶而为之。如言语、思想、动作之类。第一种人兽皆有之,第二种惟明知事之善恶。随人之意志而发生。故第二种行为,称曰人行 actehumain。此处所谓行为——乃合心思言行而言,不特著于外之行为——正序谓一切行止从违,合于灵明之性遵守之,始无愧怍。谓哲学之一份,因伦理学,以理为准则,与教理不相混,其所讲系高远之原因。与法政经济诸学,划然分界。②

徐宗泽利用《圣教杂志》连载《哲学史纲》,并在起首明确"哲学史分期",符合学术史的写作规范:

> 哲学史之分期,一如历史,分为上古时期、中古时期、近世时期。然每时期之中,又分为多时代。上古时期之哲学,其最注重之点,为超形学,及伦理学。中古时期之哲学,其最讨论之学,为伦理学及原神学。近世时期之哲学,其最研究之题,为科学哲学及社会哲学。哲学每一时期中,往往有数种问题视为最紧要。而有关系者,故此时有此时最专究之问题,彼时有彼时最专究之问题。此每时期,所以又分以时代,新时代之来,大抵由于哲学士,厌古喜新,不惬意于已不得之效果。思另寻新道,以探精索微。

---

① 确认徐宗泽翻译观念的实践,通常首认明清西学的重要目录《明清间耶稣会译著提要》(中华书局,1949)为代表作。作为一部极具代表性的综合目录提要,其出版时间适逢纪念耶稣会创立四百周年,《提要》对于来华耶稣会传教士的翻译工作做出完整的梳理和公允的评价。《提要》据耶稣会新修订的《学则》对学科进行分类,划为圣书、真教辩护、神哲学、教会史、历算、科学、格言七类。且作为深耕徐家汇藏书楼数年的馆藏负责人,徐宗泽爬梳众多稀有藏本。因此《提要》的出版将徐宗泽作为翻译家、目录学家的贡献确认下来。参见邹振环:《20 世纪中国翻译史学史》,第 56 页。
② 徐宗泽:《新名词》,《圣教杂志》1924 年 2 月。

而对于哲学学科的定义,在《新名词》中得到凝练:

哲学 Philosophie 之本义,曰慕智。故习哲学者,学即爱智学也。《尔雅》云:"哲,智也。"《扬子方言》亦曰:"哲,智也。"智,学问成全之谓也。学问,乃事物原因之知识。故哲学,为研究事物终理之学也。谓为终理,用以别于他种科学。他种科学,只考物之近理。哲学则探微达妙,直抵渊源。哲学之对象,为宇宙间一切形上形下之事理。①

两者互为补充,将哲学研究的"内部理路"与"外部土壤"条分缕析。作为一名天主教徒学者,徐宗泽的哲学观汇入自身的宗教经验,但不完全依附于宗教哲学逻辑。

徐宗泽另著《探原课本》,开篇以笛卡尔"我思故我在"为研究起点,后续论证分为四个部分"原人学""原神学""宗教学""圣教会",可见其虽曰"我有思想,故知我为实有;缘思想,当有所以思想者之我;从主观思想者之我,推理而至客观所思想之物,以研究万有",但其法实为"探万有之原,即从人为出发点,以至于神,以至于敬神之组织——宗教,令人得获其报本归原之道也"。② 通过观念联缀演绎思想史:

观念 Idée 质言之,即意思也。以哲学语释之,乃事物之简纯表象,谓为表象。因吾人思想事物,在悟司中。有事物之象,用以代表事物。事物不能依物质有形之具体,入我心中。故在我心中者,不过事物之表象,犹其代表也。譬如壁上所绘之山水,非真山水,山水之表象也,谓为简表象。用以别于判断之观念。因表象只呈悟司一物,不加是否也,谓为纯表象,用以别于觉象。觉象,亦表象一物。然其表象,为有觉表象,乃觉司之工夫耳。③

观念联缀 Association des idée 即一切观念,兴起别观念之谓也。盖人之悟司,往往感触一意时,与此意相关之观念。自然联袂并起,如暮见虹而即生天晴意,此类是也。心理学家彭纳 Bain、柴末斯·儒黎 James Sully 谓观念之联缀,有三律:

一、相接律 Loi de Contiguité,即二观念或多数观念,彼此有互相联缀,互相

---

① 徐宗泽:《新名词》,《圣教杂志》1923 年 11 月。
② 徐宗泽著:《探原课本》"序",土山湾印书馆 1929 年版,第 1 页。
③ 徐宗泽:《新名词》,《圣教杂志》1923 年 11 月。

兴起之能力。因此观念,在悟司中,已有相接之功夫,有如邻居之家。

二、相似律 Loi de Ressemblance,即多数观念吾人随前未思过者。然因此意与彼意,有相似之情景。故一时意起时,他意与之来也。如建议一未像是之人之面,而思及己友之面。因友人之面,与此人之面相似也。

三、相反律 Loi de Contraste,即因一观念之来,而思及相反之观念,如见战争,而思平和是也。①

其后徐宗泽用此三律,解释时兴于世的诸言论,并指明一些观念学说并非纯正正确,如一元论、二元论、现象论、现实主义、概念论、实体论、厌世主义、乐天主义、进化论、神秘论②等都是观念之演绎。

作为徐宗泽接手《圣教杂志》的首次尝试,《新名词》一栏虽列为"杂著",但汇集多方思想,是多种外部学科制度舶来的前序摸索。通过一场场语词接触,外来的概念得到词汇化,构词方法与翻译理论不断争鸣。可以说,徐宗泽《新名词》的实践,在一定程度上,抵御了19世纪末年以来"日本途径"下和制汉语对中国语言生活的强烈冲击,通过法语、拉丁文原典尝试提供一重不同向度的文化视角。

毋庸置疑,徐宗泽在中国翻译思想史的发展脉络中占据一席之地。他立体的身份属性使得其翻译观念的形成具有天然的惯性:在明清汉译资源的滋长中,徐宗泽接受古典语言教育,促发语际翻译的自然发生,利用长期主笔的阵地发布并实践翻译理念,抵御单一向度的语言侵蚀。若能将徐宗泽的翻译观念,进行整体地爬梳,并置于翻译史与思想史交错的近代中国学术史领域中,可通过对其具体文论与词解的考察,审视历史进程肌理中中外异质文化的多次接触与交涉,呈现政治、经济、思想、社会、语言、文学等理念的变化与博弈,并探究它们在思想文化发展上的进步意义。

对徐宗泽翻译观念的衡量,应以他所译介的观念在文化交流上发生的作用与影响为判断依据。以《新名词》来看,徐宗泽所选译的辞书底本,并无唯一,是词与物、权力与知识的逻辑重构,具有法国哲学的思辨导向。译本

---

① 徐宗泽:《新名词》,《圣教杂志》1923年12月。
② 上述名词观念之解释,参见徐宗泽:《新名词》,《圣教杂志》1924年5—6月。

的忠实程度与其在文化沟通作用之间,也没有绝对的正比例关系。而作为编译者,他主观的摄取,则成为关键的能动因素。在翻译过程中,文化信息的增损与变容,将是继续研究晚近翻译思想史上徐宗泽地位与贡献的生动切入点。

从"朝代书画史"到"国民艺术史"

——《中国美术小史》与近代中国
艺术通史研究的范式转型 *

韦昊昱

（首都师范大学）

在近代中国天下崩解、西潮冲击的时代变局之下，中国传统学术开启了向现代学术形态转型的历史进程。近代中国艺术同样也在本土与域外、政治与学术的内在张力中，寻求着新学术范式与研究方法的转变之路。这不仅是中国艺术在时代命题、文化语境、图像叙事与表现手法等"知识系统"内部的一次自我演进，也与近代中国学术史发展转型的学科面貌及整体图景紧密关联，成为较能体现 20 世纪初期新文化与新思潮色彩的史学革命之一。

值得注意的是，作为"文化专史"一部分的艺术史学在近代中国的范式转型，深受新史学运动的影响，并为 20 世纪的中国史学研究提供了许多新颖的讨论空间与书写议题。其中，上海宝山月浦人滕固（1901—1941，图 1）是亲身得到新史学首倡者梁启超教示提点的中国现代艺术史学与艺术考古学重要奠基人。1932 年 7 月，他以博士论文 *Chinesische Malkunsttheorie in der Tang und Sungzeit*（《中国唐代和宋代的绘画艺术理论》，图 2）通过德国柏林大学（今柏林洪堡大学前身）哲学学院答辩，成为第一位在西方大学获得艺术史博士学位的中国人。滕固的学术工作致力于借鉴引入德国艺术史学思想资源，并进行方法论上的本土化探索，力图将中国艺术史学由古代主要按朝代分

* 本文系北京市教育委员会科研计划一般项目"滕固与中国现代艺术史学研究"（SM202410028001）与首都师范大学哲学社会科学青年科研扶持项目"中国现代美术史学术体系建构研究——以滕固为中心的考察"阶段性成果。

期、多依赖文字材料为人物作传的旧有"画史""书史",建设成为一门以视觉形象为中心,重视文本与物质文化遗存材料两相结合,具有科学化与专业化建制的现代人文学科,标志着现代形态艺术史本土传统的理论自觉开始出现,对我们理解20世纪中国艺术史的学科独立具有重要意义。

图1　上海宝山月浦人滕固(1901—1941)

图2　滕固德文博士论文《中国唐代和宋代的绘画艺术理论》单行本(*Chinesische Malkunsttheorie in der Tang und Sungzeit*),柏林瓦尔特·德·古伊特出版公司1935年版

　　然而,目前学界针对滕固在中国古代艺术通史写作中开创的新叙事观念与分期模式,尤其是其与文化史新书写范式之间的勾连关系,尚停留在笼统粗略的研究层面,仍有可待深入探讨的空间。① 本文将从中西对话与学术争鸣的跨文

---

① 相关研究参见李伟铭:《梁启超的美术变革观——兼议中国美术历史研究的梁氏说法》,《传统与变革:中国近代美术史事考论》,商务印书馆2015年版;乔志强:《论梁启超"新史学"对民国时期美术史研究的影响》,《美术观察》2004年第7期;孔令伟:《"新史学"与近代中国美术史研究的兴起》,《新美术》2008年第4期;曹铁娃、曹铁铮、王一建:《民国时期史学革命对美术史研究的影响》,《天津大学学报(社会科学版)》2009年第4期;黄厚明:《新史学与中国美术考古学学科品质的形成——以梁启超、王国维为中心的考察》,《南京艺术学院学报(美术与设计版)》2004年第4期;王洪伟:《民国美术史家滕固与梁启超会面时间考及所涉问题讨论》,《解放军艺术学院学报》2013年第3期;王洪伟:《滕固美术史研究受梁启超"进化"史观影响辨论》,《文艺研究》2014年第2期;唐卫萍:《重论滕固〈中国美术小史〉的历史价值——从滕固与梁启超的思想交集谈起》,《文化与诗学》2019年第1期。

化视角出发,重返 20 世纪初期新史学思潮形成与传播的时代背景与思想氛围之中,以滕固的《中国美术小史》为中心,对其成书背景、著史特色、思想资源、叙述机制、分期模式与现实指向等方面,加以细致钩稽与解读,揭示其将文化史观与风格分析混融交汇,注重中外文明交流互鉴的新艺术史研究范式转型。

一、"文化混交":滕固与中国古代艺术发展线索的重新清理

早在留学德国之前,滕固就已从前辈梁启超那里深刻接受、体认与承继了来自欧洲的新史学资源。1901 年 29 岁的梁启超在《清议报》发表《中国史叙论》,次年又在《新民丛报》连载《新史学》长文,开始了对于传统史学"四弊""二病"书写方式的猛烈批判,以对抗传统的政治史叙事。梁启超提出新史学要记录国民历史的时代需要,为国民生活和民族精神作史,而非为帝王将相作家谱,"皆以叙述一国国民系统之所由来,及其发达进步盛衰兴亡之原因结果为主,诚以民有统而君无统也"①,这成为"史界革命"的重要标志,是当时任何一个中国新派史家都要面临的全新"史学命题",体现出 20 世纪中国史学的大众化与庶民化倾向,也成为新文化史与新艺术史得以出现的深层动力②,而恰于新史学口号发出之际出生的滕固,毕生同样深受影响。

1922 年梁启超在上海商务印书馆修订出版了 1921 年下半年于南开大学讲授《中国文化史》课程的讲稿《中国历史研究法》,滕固在第一时间便细致研读了此书③。从同年 4 月 1 日开始,梁启超又在北京和上海等地的美术院校进行了一系列关于艺术问题的讲演。其中 8 月 15 日至 17 日,梁启超作为上海美术专科学校首届校董事会成员,到校作了《美术与生活》等讲演④,此时恰逢正在日本东洋大学留学的滕固利用暑期回国,为上海美专的美学课程代课,这便有了滕固亲身聆听梁启超讲演,并向其求教问学的机会。梁启超提示在作

---

① 梁启超:《新史学》,载梁启超著,汤志钧、汤仁泽编:《梁启超全集》(第 2 集),中国人民大学出版社 2018 年版,第 506 页。

② 如 1902 年学者汪荣宝就已将"美术史"作为"文化史"中的一个专门史分支来看待:"研究各社会之起原、发达、变迁、进化者,是名'文明史'……'文明'之意味稍为复杂,此所谓'文明'则狭义之文明耳。故与谓'文明史',宁谓为'文化史'耳。凡今日所谓商业史、工艺史、学术史、美术史、宗教史、教育史、文学史之属,并隶此部",见汪荣宝(衮父):《史学概论》,《译书汇编》1902 年第 10 期。

③ 滕固曾感叹《中国历史研究法》对他的深刻影响称:"二年前在《新潮》上读蔡元培先生的《美术之起源》,引有吾国古民族的身体装饰等。近来梁任公先生在所著《中国历史研究法》,也频频说吾国历史的艺术。所给予我的印象这二文最深刻",见滕固:《艺术学上所见的文化之起源》,《学艺》1923 年第 4 卷第 10 号。

④ 丁文江、赵丰田:《梁启超年谱长编》,上海人民出版社 2009 年版,第 618 页。

为“文化专史”的中国艺术史研究中，所谓“治兹业最艰窘者，在资料之缺乏；以现有资料最多能推论沿革，立为假说极矣”①，这种极大的研究挑战性与开放性，使得青年滕固决心投身艺术史研究事业。梁启超不啻成为滕固在学术起步阶段，始终可以依傍和追随的一位学术巨人②，他此后的中国古代艺术通史撰写与研究，也深受梁启超新史学观念的影响。

1924 年后，留日回国任教上海美专的滕固，为回应学生对于中国古代艺术史的疑问而整理出版了授课讲义《中国美术小史》，这是其登上学术舞台后所撰写的第一部艺术史著述，也是 20 世纪初期出现的第一批现代意义上有别于古代诸如《历代名画记》《图画见闻志》等传统书画史的新艺术通史文类③，被纳入王云五主编的上海商务印书馆《百科小丛书》系列第 90 种(图 3)④。1929 年 10 月，该书又作为《万有文库》的“第一集一千种”系列之一再版(图 4)⑤。

《中国美术小史》最初的撰写出版与《百科小丛书》的体例要求密切相关。参与撰写《百科小丛书》系列的作者以民国初年的新派学者为主，多为介绍西方自然科学常识、中外人文社会科学新知与学科发展史，面向当时具有新式高中文化教育程度以上的读者群体，“依高级中学普通科课程而扩充之，凡中等学生及小学教员应具之普通智识，无不具备”，共收入“(一) 总类(二) 哲学(三) 宗教(四) 社会科学(五) 语言学(六) 自然科学(七) 应用科学(八) 艺术(九) 文学(十) 历史地理”总计 10 大类 64 小类的通识性书目。同时，《百科小丛书》系列中以“小史”命名的学科通史著作数量颇多，如冯友兰的《中国哲学小史》、全增嘏的《西洋哲学小史》、侯厚培的《中国国际贸易小史》、刘秉麟的《中国财政小史》、黄炎培的《中国教育小史》、李俨的《中国算学小史》、李四光的《中国地势变迁小史》、马君武的《中国工业小史》、王孝通的《中国商业小

① 滕固：《中国美术小史》，商务印书馆 1926 年版，“弁言”，第 1 页。

② 1925 年滕固自称：“曩年得梁任公先生之教示，欲稍事中国美术史之研究。”可见梁启超及新史学观念对其影响之大，见滕固：《中国美术小史》，第 1 页。

③ 滕固自称 1924 年回国后在上海美专教授中国美术史期间，学生屡屡有美术史问题向他“质难”，因而他“辄摭拾札记以示之”，这才促成了《中国美术小史》的最终整理和出版，见滕固：《中国美术小史》，第 1 页。

④ 该书英文题目为 *Currents in Chinese Art Tendencies*，新书出版广告另载《东方杂志》1928 年第 25 卷第 18 期“图书广告”栏目。

⑤ 《万有文库》系列再版时该书英文题目又变更为 *A Short History of Chinese Arts*，见商务印书馆 1929 年 10 月版。

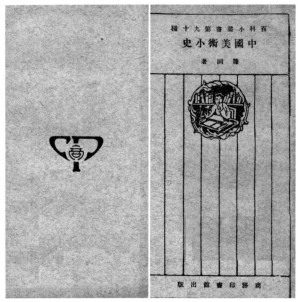

图 3　滕固《中国美术小史》,商务印书馆《百科小丛书》系列第 90 种,1926 年 1 月初版

图 4　滕固《中国美术小史》,商务印书馆《万有文库》"第一集一千种"系列,1929年 10 月初版,1934 年 7 月再版

史》、许之衡的《中国音乐小史》、俞寄凡的《西洋音乐小史》等,这亦从另一侧面体现出《中国美术小史》兼具学术与科普性质的新文化与新艺术史色彩。①

　　然而,在此之前的 20 世纪前 20 余年中,中国艺术界的状况"仍然十分地传统,依旧保持清代文人画的观点。当时美术史全然不被注重,各美术学校中亦无授课。至于当时出版的美术书籍,则差不多全以传统文人画的观点写成"②,这更凸显出滕固作为新一代艺术史学奠基人的前沿性与开拓性。《中国美术小史》的叙述着眼点始终侧重于关注外来文化因素在中国古代各时期艺术风格形成过程中所发挥的影响、刺激、混交与塑造作用,这就是滕固所提出的"混交艺术"(或被他称为"混血艺术")观点,也是他得以在全书中开创性

---

① 《百科小丛书说明》第 1 页、《百科小丛书目录》第 1—16 页,《万有文库第一集一千种目录》,商务印书馆 1930 年版。

② 李铸晋:《民国以来对中国现代美术史的研究》,《艺术家》(台北)1989 年第 173 号。

地对中国古代艺术通史作"生长、混交、昌盛、沉滞"四阶段论概括的划分标准与理论前提,对此前人研究多未注意。实际上,跨文化性质的"混交艺术"与四阶段论分期互为勾连,应当成为后人理解《中国美术小史》学术价值的一把钥匙。滕固极为强调自发内生的文明往往趋于单调的观点,始终认为中国文化和艺术是不能仅仅依靠封闭内生的系统延续下去的,必须不断接受外来文化因素的刺激和交融,形成"新的素养",这才会促成中国民族艺术"特异的精神"出现,成为艺术作品风格演进的不竭动力,从古代至 20 世纪的艺术皆是如此。①

滕固对"混交艺术"的理解,最初是以优生学上混血儿的素质更为优秀来加以阐述的。1925 年 4 月,就在上海美专教授中国艺术史的同一时期,滕固在为"上海洋画家联合展览会"开幕所作的祝贺文章《洋画家与国民艺术复兴》一文中开篇就说:"甲国人与乙国人结婚,诞生的儿女,有独特的智慧和优美的面容;这就是混血儿,世人所不惜赞叹的……这种状态,我们在历史中也可以求到。甲国文化与乙国文化接触后,所产生的新文化,发出异样的色彩。"②并接连列举了中世纪晚期东罗马帝国受东方文化和北欧文化影响、19 世纪中晚期欧洲印象派受日本版画影响、魏晋时期中国中原文化受佛教输入影响这 3 个中外文化交融的例子。在《中国美术小史》中,他也同样肯定地说:"在优生学上,甲国人与乙国人结婚,所生的混血儿女,最为优秀",因为"有了外来的营养与刺激,文化生命的成长,毫不迟滞地向上了",进而出现"在作品上发生的变态",由此形成了一个时代中艺术的"素养",让他得出了"历史上最光荣的时代,就是混交时代"的结论。③

滕固这种大力赞同中外文化汇融,认定艺术只有混交了才好的观念,显然带有近代中国思想界"中西调和派"的色彩,并且明显继承了梁启超的主张,早在 1902 年,梁启超就提出了"文化混交"与"20 世纪中西文化结婚说"的观点,且同样是以生物学意义上的混血儿来作比的,他在当年所作的《论中国学术思想变迁之大势》一书的"总论"中,对中西文明的混交历史已经有了相当宏阔精

---

① 滕固对艺术作品要有"特异的精神"这一方面极为看重,在《中国美术小史》中,他以唐代道观建筑数量虽多,但式样大多因袭佛教寺院为例,认为如果道观建筑"没有一种特异的精神,那末历史的意义也很微薄了",见滕固:《中国美术小史》,第 29 页。
② 滕固:《洋画家与国民艺术复兴》,《时事新报》"艺术"副刊,1925 年 4 月 12 日。
③ 滕固:《中国美术小史》,第 15 页。

当的梳理:"生理学之公例,凡两异性相合者,其所得结果必加良。种植家常以梨接杏,以李接桃,牧畜家常以亚美利加之牡马,交欧亚之牝狗,皆利用此例也。男女同姓,其生不蕃;两纬度不同之男女相配,所生子必较聪慧,皆缘此理。此例殆推诸各种事物而皆同者也。大地文明祖国凡五,各辽远隔绝,不相沟通。惟埃及、安息,藉地中海之力,两文明相遇,遂产出欧洲之文明,光耀大地焉;其后阿剌伯人西渐,十字军东征,欧、亚文明,再交媾一度,乃成近世震天铄地之现象,皆此公例之明验也。我中华当战国之时,南、北两文明初相接触,而古代之学术思想达于全盛;及隋、唐间与印度文明相接触,而中世之学术思想放大光明。今则全球若比邻矣,埃及、安息、印度、墨西哥四祖国,其文明皆已灭,故虽与欧人交,而不能生新现象。"基于这种观察,梁启超设想在 20 世纪的世界上,"盖大地今日只有两文明:一泰西文明,欧美是也;二泰东文明,中华是也。二十世纪,则两文明结婚之时代也。吾欲我同胞张灯置酒,迓轮俟门,三揖三让,以行亲迎之大典。彼西方美人,必能为我家育宁馨儿以亢我宗也"①。梁启超希望西方文化在引入中国后,能为中国文明培植出兼取东西文化优长的"宁馨儿"②,其目的在于会通中西,以求超越,促成中国文化的新生再造,这也符合梁启超期望"淬厉其所本有而新之""采补其所本无而新之"③,从而培植塑造近代国民人格道德的"新民"之义。

1921 年秋,梁启超在南开大学讲演《中国历史研究法》时,再次提示新派中国史家应注重对中外文化与民族思想交融层面的关注,并就此发出了一系列的追问,其间蕴含着他的强烈期待:"世界他部分之文化民族——例如印度、欧洲等,其与我接触交通之迹何如? 其影响于我文化者何如? 我文化之影响于彼者又何如? ……民族之根本思想何在? 其各时代思潮蜕变之迹何如? 宗教信仰之情状及其变迁何如? 文化之继承及传播,其所用教育方式何如? 其变迁及得失何如? 哲学、文学、美术、音乐、工艺、科学等,各时代进展之迹何如? 其价值何如? 各时代所受外国文化之影响何如? 我文化之曾贡献或将贡献于世界者何如?"④在梁启超看来,这些都是可以在中国历史研究上,从"文

---

① 梁启超:《论中国学术思想变迁之大势》,上海古籍出版社 2006 年版,第 4 页。
② "宁馨儿"一语典出《晋书·王衍传》:"何物老妪,生宁馨儿!"这是晋朝人的口语,后引申为对健康、漂亮孩子的赞美之词。
③ 梁启超:《新民说》,商务印书馆 2016 年版,第 9 页。
④ 梁启超:《中国历史研究法》,吉林出版集团有限责任公司 2016 年版,第 6—7 页。

化混交"角度入手的研究方向,它们也恰恰是传统史学用力较弱,或未曾涉及过的书写领域,可以说,"文化混交"的切入眼光,为新史学研究开拓了许多全新的讨论空间与书写议题,是较能体现 20 世纪中国史学范式转型的特点之一,随后滕固在中国古代艺术研究领域对"混交艺术"理论的实践,也无一不是对梁任公这一新史学期待的一种服膺和效仿,这正是滕固站在以文化史为根基的比较艺术研究视角上才能得以承继的。

而秉持这种艺术是否得以混交的标准来重新反观中国古代艺术,其目的在于寻找中国艺术演变的动力与线索,以为当世之用,从而回答元明清以来中国艺术何以走向衰败沉滞的原因,并以此为 20 世纪的中国艺术发展找寻出路,回答中国艺术是什么,以及它将何去何从的问题,这亦是滕固在《中国美术小史》结尾所高呼要"旋转历史的机运,开拓中国艺术的新局势"的现实关怀①。可见,滕固撰述艺术通史的目的绝不仅仅是为了研究古代,以向学界提供一份关于中国艺术史的"知识清单"那样简单,他的眼光是直指当下的,并最终提出了"国民艺术复兴运动"的解决之道。而滕固理想中要复兴的"国民艺术",即凭借中西文化的"混血""变态",使 20 世纪的中国艺术得到一种如佛教传入中土后魏晋南北朝艺术那般"极健全、极充实的进展力",他希望中国艺术能不断地"混血"而不是日渐"贫血",最终使得"混血艺术的运命,渐渐转变了而成独特的国民艺术"②,体现出 20 世纪上半叶中国文艺界"中西艺术融合"与"艺术大众化"的思潮倾向。

与此同时,滕固对于中国艺术发展过程中外来文化刺激作用的看重,却并不是一种全盘西化的眼光,他对于理性坚持民族文化艺术风格的本位立场是有着清醒认识的,既反对中国艺术必须完全一味受到西方影响,也反对两者之间的牵强比附,而是认定东西方艺术的混交至少要在平等的地位上才能展开,主张"一作家有一作家的个性,一国文化有一国文化的特质,这是我们都知道的"③。1935 年滕固翻译了德国学者关于中国汉代艺术风格西传中亚与欧洲的考证文章 *From Northern China to the Danube*(《从北方中国到多瑙河》),希望能够反向梳理中国艺术影响西方的例证,可见他已然意识到在中外文化

---

① 滕固:《中国美术小史》,第 51 页。
② 同上书,第 26 页。
③ 滕固:《艺术与科学》,《创造周报》1924 年第 40 号。

的混交过程中,中国艺术不仅仅被动接受外来文化的刺激,成为一种被凝视的"他者",其自有的本土传统同样也会对外输出迁播,这是一个双向互动的交流过程。①

这种对中西文化艺术平等混融交汇的倾向,在当时是颇有市场的,并和 20 年代中国文化界开始反思一战结束后西方文明衰落,东方文化得以重新复兴回潮的思想有关,推动了这一时期直至 40 年代中期中国史学界对于"文化史"书写的关注风潮。1918 年 12 月至 1920 年 3 月,梁启超偕蒋方震、张君劢、丁文江等人在欧洲诸国的考察,以及随后出版的《欧游心影录》一书,向五四后的中国文化界宣告了"科学万能论"的破产,开始客观评价东西方文明的优劣,呼吁"拿西洋的文明来扩充我的文明,又拿我的文明去补助西洋的文明,叫他化合起来成一种新文明"②,这掀起了 20 年代中国文化界的科玄论战。1922 年梁漱溟出版《东西文化及其哲学》一书,通过对西方、印度和中国三大文明传统的特点比较,批驳了五四后的西化思潮,主张发扬"东方固有文化",提出西洋、中国、印度三种文化将依次轮流统治世界的文化发展史观。同年,吴宓、梅光迪、胡先骕等人创办《学衡》杂志,主张在引入西方文化时,应先科学、客观地研究和评判本国文化,其目的是以"昌明国粹,融化新知。以中正之眼光,行批评之职事"为前提,从而使"吾国文化,有可与日月争光之价值"③。

这种倾向在艺术领域同样有所波及,1928 年林风眠建立国立杭州艺专之初,便定下了"介绍西洋艺术,整理中国艺术,调和东西艺术,创造时代艺术"的办学宗旨。1929 年上海美专创办了名为《葱岭》的学报,时任校长刘穗九在发刊辞中,认为位于亚洲腹地帕米尔高原的葱岭才是世界艺术的发源地,"兼握

① [德] Zoltien de Takaes 著,滕固译:《汉代北方艺术西渐的小考察》,《学艺》1935 年第 14 卷第 4 号。该文系翻译 Zoltien de Takaes 所作的 From Northern China to the Danube(《从北方中国到多瑙河》)一文,原文载德国《东亚杂志》(Ostasiatischen Zeitschrift)1930 年第 6 期。
② 梁启超:《欧游心影录》,载梁启超著,汤志钧、汤仁泽编:《梁启超全集》(第 10 集),第 83 页。需要注意的是,梁启超自身对于中西文化地位的看法与态度,也是不断在变化演进之中的,这一阶段梁启超进一步认为东方文化要在东西对比中才能彰显其独特价值,甚至呼吁中国青年要以东方文明去拯救西方文明:"我希望我们可爱的青年,第一步,要人人存一个尊重爱护本国文化的诚意;第二步,要用西洋人研究学问的方法去研究他,得他的真相;第三步,把自己的文化综合起来,还拿别人的补助他,叫他起一种化合作用,成了一个新文化系统;第四步,把这新系统往外扩充,叫人类全体都得着他好处。"梁启超:《欧游心影录》,载梁启超著,汤志钧、汤仁泽编:《梁启超全集》(第 10 集),第 85 页。
③ 《学衡杂志简章》,《学衡》1922 年第 1 期。

世界艺术泉源之中枢",古代东西艺术皆以葱岭为界各自发展,而进入 20 世纪后,东西艺术则应当不断交融,"应为东西艺术远游复返一统之期,或亦即亚洲文化复兴之期也"。因此刘穗九希望上海美专能够带领中国艺术界同仁,"讨探艺术之结果,得汇东西二大文化,以为亚洲文艺复兴之前驱耳"①,从而在新时期发扬光大中国艺术传统,重现中国作为古代东方艺术中心的荣光。

二、"四阶段论":《中国美术小史》的分期划分与叙述机制

立足于"混交艺术"理论与历史进化论,滕固在《中国美术小史》中得以开创性地提出了"生长、混交、昌盛、沉滞"的四阶段论艺术通史分期方式,其中生长时代对应的是上古至汉代一段,混交时代对应的是东汉末年至魏晋南北朝一段,昌盛时代对应的是隋唐宋三代,沉滞时代对应的是元明清三代(图 5)。选择用类似生物生长的盛衰周期来概括中国古代艺术通史,而不是按照朝代更替易姓的传统书画史叙述,背后自然隐伏着滕固在看待中国古代艺术发展脉络上的新思路,可说是"颇有可观""可谓扼要"②。在这样的主干框架系统与"混交艺术"思想主线的主导之下,滕固在各分期时段内都产生了许多与既往画史画论观点迥异的艺术史论述看法,做到了"自抒所得,不甚剿袭陈言"③,彰显出新艺术史学的鲜明色彩,这构成了《中国美术小史》的一大写作亮点。

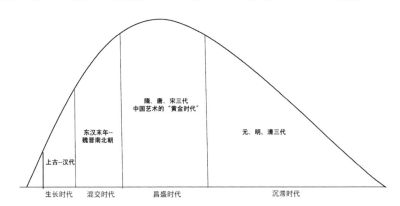

图5　滕固在《中国美术小史》写作中的"四阶段论"通史分期划分

---

① 刘穗九:《发刊辞》,《葱岭》1929 年第 1 期。
② 朱杰勤:《中国美术史研究方法》,《新中华》1943 年复刊第 1 卷第 10 期。
③ 余绍宋:《书画书录解题》,北京图书馆出版社 2003 年版,第 165 页。

　　首先,《中国美术小史》扩大了中国艺术通史的书写时段与讨论范围,在每一个时代之内都尝试有限度地打通各朝代间的时间界限。滕固这种把握中国古代艺术史大转折节点的宏阔眼光,在 1925 年所写的《洋画家与国民艺术复兴》一文中就已经基本形成,他在这篇短文中简明扼要地写道:"中国绘画在历史上考察,国民艺术在这时(汉代)发轫;到了两晋六朝与佛教艺术混交,成了过渡时代的状态,隋唐以后,混交的成果发现,即面目一新的国民艺术,顺流的进展过去;一直到明初,渐渐陷入沉滞的状态,至今一蹶不振。十数年来,西学东渐的潮流日涨一日;那末绘画上容纳外来情调,Exotic Mood(笔者注:即"异国情调"),在历史的观点上说,当是一种国民艺术复兴的征候。"①这一段精炼的史实概括,同样涵盖了他的四阶段论分期主线,可以说就是这一时期滕固进入和看待中国艺术通史的核心思想与现实关切,晚一年出版的《中国美术小史》与此文相比,只是填充进了必要的史实支撑而已。

　　值得注意的是,滕固在艺术领域所提出的这种新颖的通史分期模式,仍然带有鲜明的梁启超色彩,是他"曩年得梁任公先生之教示,欲稍事中国美术史之研究"②的一次体现。1902 年 29 岁的梁启超在戊戌变法失败避难日本期间,完成了《论中国学术思想变迁之大势》一书的前六章内容,他在"总论"中以自先秦以来中国"学术思想变迁之大势"为依据,将中国学术思想史划分为八个时期:"一、胚胎时代,春秋以前是也;二、全盛时代,春秋末及战国是也;三、儒学统一时代,两汉是也;四、老学时代,魏、晋是也;五、佛学时代,南北朝、唐是也;六、儒佛混合时代,宋、元、明是也;七、衰落时代,近二百五十年是也;八、复兴时代,今日是也。"③这种崭新的中国学术史写作分期范式,深受两年前刚刚出版的日本学者白河次郎与国府种德合著《支那学术史纲》对中国"学术变迁之大略"叙述方式的影响④,梁启超显然在日本读到了此书,但是《支那学术

① 滕固:《洋画家与国民艺术复兴》,《时事新报》"艺术"副刊,1925 年 4 月 12 日。
② 滕固:《中国美术小史》,第 1 页。
③ 梁启超:《论中国学术思想变迁之大势》,第 3 页。同年夏曾佑在所著《中国历史教科书》中,也将中国古代史分为三大时期:自草昧至周末为上古之世,自秦至唐为中古之世,自宋至清为近古之世,各时期又细分为传疑期、化成期、极盛期、中衰期、复盛期、退化期、更化期等七个小时期,这和梁启超对中国学术史的分期方式是有类似之处的。
④ 〔日〕白河次郎、国府种德:《支那学术史纲》,东京博文馆明治三十三年(1900 年)版。该书共分六编,分别是:"一、总论;二、太古学术之发源;三、夏殷周三代学术之变迁;四、秦汉三国两晋南北朝学术之变迁;五、隋唐五代宋辽金学术之变迁;六、元明清学术之变迁。"

史纲》的内容只截至清代之前,而在日本人的基础之上,梁启超又进一步将叙述下限写到了他所生活的 20 世纪初期,他将 20 世纪东西文明的"结婚混交"时代,看作是即将到来的中国学术复兴的标志,饱含着一种身处学术衰落时代的不甘与争胜心情,并用他那"笔锋常带情感"的恣意激情说道:"故合世界史通观之,上世史时代之学术思想,我中华第一也;泰西虽有希腊梭格拉底、亚里士多德诸贤,然安能及我先秦诸子? 中世史时代之学术思想,我中华第一也;(中世史时代,我国之学术思想虽稍衰,然欧洲更甚。欧洲所得者,惟基督教及罗马法耳,自余则暗无天日。欧洲以外,更不必论。)惟近世史时代,则相形之下,吾汗颜矣。虽然,近世史之前途,未有艾也,又安见此伟大国民,不能恢复乃祖乃宗所处最高尚最荣誉之位置,而更执牛耳于全世界之学术思想界者!"①20 多年后滕固在《中国美术小史》结尾也将 20 世纪作为国民艺术的复兴时代,立志"旋转历史的机运,开拓中国艺术的新局势"的呼唤与关怀与其是一脉相承的。

1926 年 10 月梁启超在清华学校继续接续讲演他的《中国历史研究法补编》(又称《广历史研究法》),此时他进一步将专门史细分为"人、事、文物、地方、断代"五类,其中文物专史类别之下的"文化专史"便囊括了"语言史、文字史、神话史、宗教史、学术思想史(包括道术史、史学史、自然科学史、社会科学史)、文学史、美术史"七科。在梁启超专列的"文物专史做法总说"一章中,他着重强调了"文物专史的时代不能随政治史的时代以画分时代""文物专史更不能以朝代为分野"的观点,已然认识到专门史的发展盛衰并不依朝代的更替而变化,而是自有其一套风格演变规律的。在这里梁启超便以中国古代绘画史举例说明,认为若是单纯机械地以朝代为界来对应划分各时期绘画,"真是笑话",理由是"中国绘画,大体卜中唐以前是一个时代,开元、天宝以后另是一个新时代,分野在开元初年。底下宋元混合为一时代,至明中叶以后另为一时代",通过这样的论证说明,梁启超得出了"有时这个时代文物盛而政治衰,那个时代文物衰而政治盛,绝对不能画一,一定做不好……文物专史的时代应以实际情形去画分"的结论②。因此,一直在关注阅读梁启超著述言论的滕固,

---

① 梁启超:《论中国学术思想变迁之大势》,第 2 页。
② 梁启超:《中国历史研究法》,上海古籍出版社 2006 年版,第 280—281 页。

实际上在留德之前,就已经接触到这种在文化史研究上提倡以风格划史,而并非以朝代划史的思想。同理来看,历史上所出现的那些"文化混交""艺术混交"现象,自然也并不是按照朝代更替来进行,而是依靠艺术作品自身的本体风格规律,在推动这一历史趋势的。

1926年滕固在写作唐宋艺术断代史著作《唐宋绘画史》时(图6),又对这种文化史的新认识作了明确体认与阐释。此时他刚刚读到1922年日本艺术史家伊势专一郎所著《支那の绘画》一书中对中国绘画史"古代、中世、近世"的三期划分①,深感自己在《中国美术小史》中的分期方式,与"伊势氏颇相接近",这更加坚定了他不以朝代分期的信心,指出伊势专一郎的分期方法"把朝代观念全然打破,自较上述诸家为优越;且时代和风格的发展,了如指掌",故而他欣喜地说:"我虽然声明过那沉滞时期的'沉滞'二字,不是衰退的

图6　滕固《唐宋绘画史》,神州国光社1933年版

意义,可尚不如他那么决定地把朝代观念打破。得到伊势氏的启示,我对于自己向日的假想,有了一种坚信和欣幸了。"②因而基于这一角度,《唐宋绘画史》也就随之成为一部滕固力图"勉力指出中世时代绘画风格的发生转换而不被朝代所囿"的著作,他在全书"引论"中明确强调了"绘画的——不是只绘画——以至艺术的历史,在乎着眼作品本身之'风格发展'(Stilentwicklung)。某一风格的发生、滋长、完成以至开拓出另一风格,自有横在它下面的根源的动力来决定。一朝一代的帝皇易姓实不足以界限它,分门别类又割裂了它。断代分门,都不是我们现在要采用的方法。我们应该采用的,至少是大体上

---

① ［日］伊势专一郎:《支那の绘画》,东京内外出版株式会社大正十一年(1922年)版。需要注意的是,伊势专一郎划分出的"古代、中世、近世"指的并不是朝代的更替,而是指中国绘画自身本体发展脉络的三大阶段。

② 滕固:《唐宋绘画史》,上海神州国光社1933年版,载《滕固艺术文集》,上海人民美术出版社2003年版,第116页。

根据风格而划分出时期的一种方法"①。

其次,在写作手法上,《中国美术小史》从一开始就注意打破传统书画史叙述随类品藻的封闭状态,接受过新史学思潮熏陶的滕固,在切入视角与书写方式上,比古代画史画论作者更为宏阔新颖,解读艺术作品背后的风格意义时也更加多元深邃,注重揭示其文化史价值,尤其是全书各处在叙述上始终强调要尽可能利用现存实物作品佐证画史,以作"考献之资"。在滕固看来,只有文献留存,却无法看到实物的艺术史,会导致其"只可征文考献,在艺术的技巧变迁,无从索究",无疑是"一件遗憾的事"②,多次感叹"可惜文献不足,遗物无存,徒令后代好古的君子,废然长叹;刻苦的史家,不得要领。这真是学术界上不幸的事呢"③。

这样的认识同样受到 20 世纪初期新史学运动中对于专门史门类下文化史叙述机制的倡导影响,如梁启超早在《中国历史研究法》第四章"说史料"中,便阐明了"现存之实迹""传述之口碑""遗下之古物"三类非文字性史料的重要性。在梁启超看来,通过研究云冈石窟和龙门石窟这般"种类繁多,雕镂精绝"的造像,"可以知五世纪时中国雕刻美术之成绩及其与印度、希腊艺术之关系",而梳理画像石刻、陵墓雕塑、罗汉造像、建筑构件等古代物质文化遗存的风格脉络,又"不啻一部美术变迁史矣"。④ 在《中国历史研究法补编》"文物专史做法总说"一章中,他又强调了对文化史"主潮""主系"的书写重视,认为"无论甚么事情的活动、何种文物,都有一二最紧要的时代,波澜壮阔,以后或整理或弥缝,大都不能不有个主系,闰系的分别",因此梁启超提示新派史家对中国各专门史的书写,实际上没有必要在各时段、各领域去平均用力着墨,而是要秉持"某时代发达到最高潮、某时代变化得最利害,便用全副精神去叙述。闰系的篇幅少些也没有关系,说得简单也没有关系。主系的内容及派别却非弄

---

① 滕固:《唐宋绘画史》,第 114 页。40 年代末期宗白华在评述《历代名画记》的书画史理论贡献时,同样也强调不以"朝代划史"的看法,他指出:"艺术史上之时代区分,是有美学意义的,和一般历史上之时代划分是不同的,有时即完全不符也没有关系,中国人谈唐诗,常说的初、盛、中、晚,这就是一种艺术史上之时代划分,我们对于这每一时代也便都有一种美学的、批评的意味……从审美的、评价的立场而划分时代,这是张彦远在中国美学上的大贡献之又一端……这也是研究艺术之必不可缺的一种方法。"参见宗白华:《张彦远及其〈历代名画记〉》,《学术月刊》1994 年第 1 期。

② 滕固:《中国美术小史》,第 7 页。

③ 同上书,第 14 页。

④ 梁启超:《中国历史研究法》,第 42 页、第 45—46 页。

清楚不可……所以做文物专史须用高大的眼光,看那时代最主要,搜集、鉴别、叙述、抑扬,用全力做去"①。梁启超还认为专门史的研究要尤其关注其中代表性人物的历史语境、生命活动与时代境遇,理由是"历史是人造出来的",因此"无论那一方面,关于文物专史,除因社会自然状态发达以外,有三分之二都因特别人才产生而社会随他变化。所以做文物专史,不可把人的关系忽略了",他特别强调这一点"对于学术大师如此,对于文学家、美术家也要如此"。②

这样带有浓厚新史学特征的专门史写作风格,在滕固身上得到了继承和体现,他秉持中外文化混交的视角眼光来撰写中国艺术通史,着重叙述分析那些体现着混交风格的作品,而对其余不符合自己标准的部分一笔带过(即使它在传统书画史中被认为是重要的部分),并尤其强调"混交时代"与"昌盛时代"在中国古代艺术史上的重要性,显然都有着自己对于中国古代艺术通史"主系""闰系"的个人见解与选择把握。

在关注画家的生平经历与时代境遇方面,由于滕固新艺术史写作的反传统特点,他在《中国美术小史》中并未过多着力于介绍有生平事迹流传的帝王贵族与文人精英群体,而那些他所感兴趣的建筑、雕刻、石窟造像与工艺美术作品,又恰恰并没有艺术家的名目故事留存。但在随后数年他相继撰写的《唐宋绘画史》《关于院体画和文人画之史的考察》等专论绘画史、尤其是卷轴画史的著作论文中,还是注意到了这一点,也利用画史传记文献的记载,着重介绍了各时代代表性画家的生平背景与创作轶事,以利于对其艺术风格的解说与分析。

三、生命成长:《中国美术小史》的内容安排与叙事史观

在《中国美术小史》的内容编排与叙述结构上,全书在每一个章节部分中都是大致按照"建筑—雕刻(包括装饰纹样)—绘画"的先后次序展开的,这显然一改古代画史画论的体例结构,把不受传统书画史重视的建筑、雕刻和石窟造像部分提到了绘画的前面,尤其重视那些在中国境内与外来风格(包括印度

---

① 梁启超:《中国历史研究法》,第 282 页。
② 同上书,第 283—284 页。

式、藏传佛教风格、欧洲式)混交的个案作品,对它们艺术价值的评价相当高。例如,在论述"生长时代"的中国建筑时,滕固就强调了从已知建筑的鸟兽纹样装饰上"可以推想古代人的艺术思想很是复杂的,鸟兽是最活泼而生动的东西,也是最自由而灵快的东西;古代人的生活、信仰自由灵快,在建筑上象征出来"①,而此时的雕刻则更是"在技巧上看来,虽不免粗陋,而那种图形的结构,已暗示后代国民艺术发展的征象……论者谓印度、波斯、希腊的艺术思想,在这时已稍稍混入的了,那末外来思想的容纳,在作品上当然发生变态的"②。

　　滕固采用的这种叙述次序与材料组织方式,首先当是受到欧洲艺术史著作书写体例的影响,这也是新史学思潮东渐的结果。自古希腊以来,欧洲人就长期认为建筑和雕塑是永恒的艺术,是所有艺术形式的集合,更是写在石头上的历史,建筑师和雕塑家的社会地位也要高于画家(如米开朗基罗就认为自己是一个雕塑家,而非画家)。基于这样的认识,自"西方艺术史之父"瓦萨里(Giorgio Vasari)开始,欧洲艺术史著作始终是将建筑、雕塑和绘画放在一起加以叙述的,将它们誉为"三种最卓越的艺术",并且遵循了"建筑—雕塑—绘画"的先后次序来介绍,这显然和中国古代画史画论的著述方式不同③。而自清末民初开始,伴随着西学东渐的历史进程,"美术"这一语词才由德文翻译至日文,再由日文转译为中文,并涵盖了文学、音乐、戏剧、绘画等多重内容,尤其与文学关系密切。直到 20 世纪 20 年代以后,中国人所理解的"美术"概念才逐渐集中在绘画、雕塑、建筑等造型艺术范围之内。因此"美术"这样一个带有广义学科范畴的外来概念,已然影响到了滕固一代新派艺术史先驱者们对于传统书画金石之学的重新看待与理解。可以说,在 20 世纪初期,无论创作者还是史论家,有意识地关注、"发现"、欣赏和利用建筑、雕刻、工艺美术、民间

---

① 滕固:《中国美术小史》,第 6 页。
② 同上书,第 10 页。
③ 例如瓦萨里在《艺苑名人传》前言中就交代了他将按照"建筑—雕塑—绘画—装饰艺术"的叙述先后顺序:"首先,我将从建筑谈起,因为建筑是人类最普遍、最必要、最实用的东西,也是对其他两门艺术的补充和改进。我将要简要阐述一下石头的类别、营造的方式或方法,以及它们各自的属性,如何鉴别设计精妙和设计拙劣的建筑。其次,我要论述雕塑艺术。我要阐明它是如何制作的,它所要求的形式和比例,何为美好的雕塑作品,以及雕塑艺术的奥秘和最基本原则。最后,我要论述绘画。我要探讨绘图技巧、着色的方法、创作过程中应遵循的准则、绘画本身的性质以及一切与绘画相关的东西;另外,我还要探讨各种镶嵌画、乌银镶嵌术、彩釉术和金银镶花术;接下来,我还要讨论如何印刷绘画作品的问题。"见[意]乔尔乔·瓦萨里著,刘耀春译:《意大利艺苑名人传》卷一《中世纪的反叛》,湖北美术出版社、长江文艺出版社 2003 年版,第 16 页。

美术等门类所蕴含的艺术价值,成为在艺术界区别新派属性的一个重要标志,亦是 20 世纪中国艺术"雅俗融合"倾向的一种体现。新派艺术名家们在这方面的论述是不胜枚举的,这也正可以解释滕固为何是以"美术"小史,而非以"绘画"小史定名此书,题目已然透露出他的视角取向了。而他毕生也的确一直在强调艺术史料范围扩大之于新艺术史写作的重要意义,以此作为对传统中国书画史书写体例弊端的一种矫正努力,1937 年滕固在南京发起成立中国艺术史学会时就已说得明白:"吾国前代艺术产品,夙称丰富,虽丧乱之际,屡遭毁失,而所遗留于今日者,各国尚无与伦比。自来学者欣赏钻研,非不勤劬,顾其著作流传,品藻书画,率偏趣味,考订金石,徒重文字,而雕塑建筑且不入论域,求其为艺术史之学问探讨,不可得也。"①

第二,滕固对于建筑、雕刻、绘画、音乐、文学等艺术形式同等看待的"整体艺术史"意识,还存在一种艺术内在节奏上的美学考虑。1926 年他在发表的《艺术之节奏》一文中,从中西方的音乐理论出发,分析了诗歌、音乐、舞蹈三种艺术作品所表现出的韵律美。滕固借用 19 世纪末英国唯美主义批评家瓦尔特·佩特(Walter Pater)的说法,提出"一切艺术都要保持音乐的状态",再次点明"中国人最先发见绘画中有诗的音乐的素质——节奏,谢赫所提出的最高目标是'气韵生动'"。在滕固眼中,他不再将各门类艺术视作彼此孤立的个体,而是以"节奏"(Rhythm)概念作为一个贯通的主线,力图打通文学、音乐、建筑、造型艺术等各门类之间的联系界限,将它们视作一个可以互为依托的整体,他在文中强调:"由纯艺术诗歌音乐舞蹈分化出去,有所谓造型艺术绘画雕刻建筑,各自成一独立的境界,而又归向到混同的境界……音乐借助绘画,建筑借助绘画雕刻,诗歌雕刻借助色彩,其所互相依借的助力就是节奏之力。"②可见,"节奏之力"正是吸引观者得以沉醉在艺术作品所创造意境中的关键,这或也成为促使他在《中国美术小史》各章节开篇,从美学原理角度去优先叙述建筑、雕刻和佛道造像等古代物质文化遗存的原因之一了。

滕固在全书中的写作亮点还有对于"混交时代"与"昌盛时代"的重视与强调,这是他心目中最为理想的中国艺术黄金时期。在滕固的认知中,东汉末至

---

① 滕固:《中国艺术史学会缘起》,《民族诗坛》1939 年第 3 卷第 3 辑。
② 滕固:《艺术之节奏》,《新纪元》1926 年第 1 期。

魏晋一段的"混交时代"是一个在佛教思想主导之下的时代,甚至被梁启超称作"我们国学的第二源泉"①,但滕固也强调这并不是一个狭义的宗教艺术时代,"而应该理解为一个佛教传入改变中国艺术的时代"②。在佛教的全面输入下,中国人从信仰、思维到文学艺术、生活方式,都发生了彻底的改变,"汉明帝时,佛教输入了后,文化的生命之渴热,像得了一剂清凉散;文化变态的迹象,已可追寻。到了魏晋南北朝时,佛教文化与中国文化,便公然的混交了——所谓历史的机运转了一新方向,文化的生命拓了一新局面",可谓是"得外来思潮与民族固有精神的调护、滋养,充分地发育"③,因此混交时代可以说就是艺术的"青年时代"。1924 年滕固在《中世纪的时代思潮与艺术》中曾以西欧中世纪艺术为例,对文化史上的"青年时代"作过拟人化的解释:"一二独特之史家,称中世时代犹夫人之青年时代,其言然矣,所谓青年时代,乃野心全盛时代;体力发达,富于冒险行为;情感亦最充分,其间若武士好战,若宗教之圣母信仰,于不知不觉间流露妇人崇拜等;皆是示青年时代之心理状态也。于兹时代,横行无忌,高视阔步,其为理想时代,与贵族的时代之形迹无疑矣。"此时他已经注意到中世纪晚期法兰克王国艺术逐渐摆脱宗教束缚,受到外来异族文化思潮侵入混交后所产生的变化,形容这一古代和近代的过渡转折时代是"宗教万能,百凡束缚。如文学不能脱拉丁语之束缚,艺术学问不能脱教理之束缚。中世人之忧郁,谁复知之耶?于此沉沉暮气中,自由天地之梦想,绝非无有。基督教经典中,闯入日耳曼,塞尔德 Celtic(笔者注:即今译的凯尔特)的传说,以及东方思想;妖魔龙蛇之类,与纯洁之圣徒,并为说教之材。异教思想早潜存其间,此种思想当时盛于南伊大利,盖地在地中海中央,东西交通之要冲;多以接受异族文化。一见 Bggantine(东罗马)帝国之美术,辉煌灿烂,可知矣"④。滕固的这种论说应当对他反向看待中国古代艺术通史上的"混交时代"产生过影响和启发。

而对隋、唐、宋三朝的"昌盛时代"来说,这一时期"禀承南北朝强有力的素质,达到了优异的自己完成之域",是已经由魏晋南北朝时代中西艺术的混交

---

① 梁启超:《治国学的两条大路》,《梁任公学术讲演集》(第 3 辑),商务印书馆 1923 年版,第 250 页。
② 滕固著、翟梓宏译:《中国绘画史概论》,《墨戏》,商务印书馆 2017 年版,第 12 页。
③ 滕固:《中国美术小史》,第 15、39 页。
④ 滕固:《中世纪的时代思潮与艺术》,《时事新报》"艺术"副刊 1924 年第 56 期。

碰撞,逐步交融荟萃成为"独特的国民艺术",被滕固评价为"中国美术史上的黄金时代"。因此,滕固眼中所认可的"国民艺术史",其实就是唐宋艺术史,尤其是盛唐开元天宝年间的艺术①,他渴望"复兴"的也正是他最为欣赏的自魏晋至唐宋一段的"混血艺术",这一时段的艺术是"外来影响与中国民族精神联结而后产生"的作品,是外来文化因子与中国独有民族精神"互相作微妙的结合"②,这种观点在他评点云冈石窟、龙门石窟的造像风格时,有着多次体现,反之也是缺少这一特点的元明清时代中国艺术之所以会走向衰败沉滞的原因之所在了。

滕固在《中国美术小史》中所秉持的一种叙事史观,在他最终撰写"沉滞时代"一章时,得到了较为完整的展现。在这一章开篇,滕固就已特意强调:"在这里我们要明白沉滞时代,决不是退化时代。"③在他的下一部专著《唐宋绘画史》"引论"中,他又再次说明"那沉滞时期的'沉滞'二字,不是衰退的意义"④。滕固所谓中国艺术的"沉滞"状态,意指在文化史发展中没有"新的素养",即"智识道德艺术的素养"的丰富和融入,以致独特的民族艺术精神无法延续,继而"湮没不彰"了。⑤ 而他反复强调自己不认为沉滞即退化的原因,则强烈地表现出对于历史演进性的一种认可与信服,这一点多被先前的研究者们所忽视。

通观来看,前述"生长、混交、昌盛、沉滞"的四阶段论艺术通史划分,是一种以生物生长的盛衰周期所作的拟物化类比,而"沉滞"时代之所以被着重提出的原因,除去 20 世纪初在美术革命思潮影响之下,艺术界对于明清中国绘画的普遍贬斥之外,还应当注意到此时一战结束后西方文化的衰落局势,以及欧洲学者随之出现的诸种反思对于中国知识界的冲击影响,这使得新一代读书人意识到要"预防文化的灭绝,保证永久的和平,开示新生命的路的"⑥。实际上,早在 1922 年 4 月滕固写作《威尔士的〈文化救济论〉》一文时,就已经接触到了这种生命成长的理论,他引述德国学者斯宾格勒(Srengler)在一战后的观点,认为文化史的发展有类似植物生长的盛衰周期,而当时的欧洲文化正处

---

① 此后滕固对盛唐艺术始终抱有一种强烈的研究热情,这在他的《唐宋绘画史》和德文博士论文 *Chinesische Malkunsttheorie in der Tang und Sungzeit*(《中国唐代和宋代的绘画艺术理论》)等著述中有更进一步的深入分析。
② 滕固:《中国美术小史》,第 15 页、第 19 页。
③ 同上书,第 39 页。
④ 滕固:《唐宋绘画史》,第 116 页。
⑤ 滕固:《中国美术小史》,第 39 页、第 51 页。
⑥ 滕固:《威尔士的〈文化救济〉论》,《东方杂志》1923 年第 20 卷第 11 号。

于"花落"时代："最近德国学者师莱格拉，以为世界是一个文化的花园，开了许多的文化之花；花有时盛有时衰，现在欧洲的文化，正在衰落的时候。"滕固还介绍了其他西方学者关于文化发展与人体生命的运转方式类似，文化的衰落有如人体患有"热病"的理论："又有人以为文化是与人体差不多的，人体有热病，文化也有热病。热病发生的现象，由于内脏的不调，血液的暴变，或外邪的侵入；文化的热病，则由烂熟起于内部，又与异种国民文化接触而成。现在欧洲的文化，因这两方面的原因，起了大烦闷大争斗，因为文化要衰落，才有人顾虑及防遏的方法；因为文化的热病要临到危险，才有人顾虑到救济与治疗的方法。文化的转机，全在这一举手一投足之间，无怪世界学者都聚室而谋，当作一个极大的问题了。"可见，促使滕固去关注思考文化混交现象重要性的时代语境，是一战后欧洲文化衰落的现实情势，他总结道："战后所呈人类颓废的状态，就是文化退步与逆转的状态；我们对于这样的状态，想选出唯一的道路来避免，便是意识的和有组织的人类社会改造"，以此找寻"救济现代文化衰落的方法"。①

因此，滕固自青年时代开始，就在看待中国艺术通史时形成了一套将生命成长与历史演进论相结合的叙事史观，从他的文字中可以看到，文化史、艺术史的发展应当是一种从波谷到波峰呈现波浪形态，并通过不断接受外来文化新因素的加入，实现螺旋式演进的历史进程（这并不是一种历史循环论）。同时，这种波动的速度在每一个时段是不完全相同的，而是"正像流水一般，急湍回流，有迟有速，凡经过了一时期的急进，而后此一时期，便稍迟缓"，这取决于不同时代人们"智识道德艺术的素养之丰富"②。按照这种解释模式，明清艺术的沉滞衰落意味着中国艺术将触底反弹，等待它的将是随之到来的 20 世纪中国国民艺术的复兴与昌盛，这将迎来一个"民众艺术"蓬勃发展的"艺术大众化"时代。所以看似艺术衰落的背后，实则暗含着下一次昌盛的新机与希望，沉滞与复兴构成了一对转折关系，沉滞是复兴的前夜，沉滞孕育着复兴，两者可以互为转化，并不绝对③，这才是他得以多次强调明清艺术是沉滞，但绝不

---

① 滕固：《威尔士的文化救济论》，第 70—72 页。
② 滕固：《中国美术小史》，第 39 页。
③ 如滕固观察到明清艺术虽然总的发展趋向于因循守旧、摹仿古人，但仍然还是出现了一些符合他艺术混交标准的"独特的作家与作品"，"未可一概抹杀的"，如皇家的佛寺建筑、圆明园和颐和园中的西洋建筑园林等，因此文化的混交在中国古代是时刻都在发生的，它不会也不可能在某一时段之内就彻底中止，见滕固：《中国美术小史》，第 39 页。

是退化观点的原因。

实际上,这种带有描述性的生物机体成长与历史演进的解释模式,带有西方历史学自文艺复兴以来,历经启蒙运动、浪漫主义进步观念的思想氛围洗礼,在一战后斯宾格勒的《西方的没落》(*The Decline of the West*)中,更是出现了利用"生物有机体"观点比较世界不同文化形态,以预言西方文化终将走向没落衰亡的观点。而在艺术领域,将艺术发展的进程比作人体生长的自然规律,有着盛衰周期,是文艺复兴时期意大利人文主义者一种普遍的新历史观念,基于证明艺术将要在当时迎来"再生""复活"(Renaissance)的现实关怀,比如瓦萨里在《艺苑名人传》(*Le vite de' più eccellenti pittori*,*scultori e architettori*,图7)第一部分序言中就有着明确强调:"我想让他们知道:艺术是如何从毫不起眼的开端达到了辉煌的顶峰,又如何从辉煌的顶峰走向彻底的毁灭。明白这一点,艺术家就会懂得艺术的性质,如同人的身体和其他事

图 7 瓦萨里(Giorgio Vasari)《艺苑名人传》(*Le vite de' più eccellenti pittori,scultori e architettori*)1550 年首版封面

物,艺术也有一个诞生、成长、衰老和死亡的过程。我希望以此途径使他们更好地认识到艺术复兴(rinascita of arts)以来的进步以及它在我们时代所达到的完美。"①1550 年瓦萨里在该书第一版出版时写给赞助人、佛罗伦萨公爵科西莫·德·美迪奇(Cosimo di Giovanni de' Medici)的献词开篇又说得更为明白:"我正在写作一部关于艺术家的生平、作品、风格和生活环境的著作,我这里所说的艺术家是这样一些人:他们意识到美好的艺术已经死亡,于是努力将它们复活,并使它们逐步完善、提高,最终达到今日辉煌和崇高的成就。"②瓦萨里的艺术史观被德国艺术史家汉斯·贝尔廷(Hans Belting)称作是一种"循环往复"的"生物学模式"③。此外值得一提的

---

① [意]乔尔乔·瓦萨里著,刘耀春译:《意大利艺苑名人传》卷一《中世纪的反叛》,第 36—37 页。
② 同上书,"1550 年第一版献词"第 1 页。
③ Hans Belting:*L'histoire de l'art est—elle finie*? Paris:Éditions Jacqeline Chambon,1989,p.91.

是,1931 年 4 月滕固入读柏林大学哲学学院攻读博士,在副专业历史学一科上的导师库尔特·布莱西格(Kurt Breysig)教授,正是以提出人类文化史发展的"阶梯说"(Der Stufenbau der Weltgeschichte)而闻名于德国史坛,曾著有《阶梯说与世界史的定律》(*Der Stufenbau und die Gesetze der Weltgeschichte*)一书。布莱西格提出的历史阶梯演进的模式也是以生物的生命成长来作类比说明的,1936 年曾在柏林大学留学并任教的史学家、滕固好友姚从吾就曾向国内学界撰文介绍过这一"阶梯说"的内容①。可见滕固自身历史观念与叙事结构的形成和确立,的确受益于 18 世纪以来西方文化史界思想资源的熏习与启发。

晚清时期,这种螺旋式的进步上升史观被引介至中国,并首先对新史学运动中重新书写中国学术史产生了影响。如前文所述,1902 年梁启超在写作《论中国学术思想变迁之大势》一书时,便将中国学术思想史划分为"胚胎时代、全盛时代、儒学统一时代、老学时代、佛学时代、儒佛混合时代、衰落时代、复兴时代"八个时期,希望找寻历史的"公例"和规律。梁启超在最初的写作大纲中已提出,计划以"衰落时代"为题来概括自明末以迄晚清"近二百五十年"的学术史,而他执笔写作的 20 世纪初则正是其眼中的学术"复兴时代",这和瓦萨里的分期思路极其相似。其后滕固提出的中国艺术通史四阶段论分期模式,显然深深印刻着瓦萨里与梁启超的影子,滕固只不过是因《中国美术小史》篇幅较短所限,而并没有在"沉滞时代"后再单独专列一节"复兴时代"而已,他仅仅是在全书结尾以一小段话展望了自己对于 20 世纪中国国民艺术复兴运动的期待后,就匆匆收尾了②。实际上,通过这样的溯源分析可以看到,滕固

---

① 1936 年姚从吾撰文介绍道:"布莱济喜在柏林大学任近代史,历史哲学教授。主张'阶梯说'用以解释人类的历史,著作甚多,不属普鲁士历史派,而属于文化史派。远祖维考(Vico, 1668—1774)、孔德(Aug Comte, 1798—1857),近接布克哈得(Jakob Burckhardt, 1818—1897)与蓝浦瑞喜提(K. Lamprecht, 1856—1915)。我在 1925 到 1928 年曾参加他的研究所工作及家庭聚会,常聆听他对海格耳诸家历史哲学的批评。他的名著《阶梯说与世界史的定律》(*Der Stufenbau und die Gesetzeder Weltgeschichte*),他日当另文介绍。简单说,布莱济喜观察历史,以人类历史演进的时代,也是受生理原则支配的,由是而形成种种不同的阶梯。好像一种花草,由发芽而吐蕾含苞,由吐蕾含苞而开花,由开花而结实。世界各民族文化的演进,都有这类样的种种阶梯。有孩提时期,即太古期;有童稚时期,即上古期;有少年时期,即中世纪;有壮年时期,即近世纪;有老壮时期,即最近代。惟因种种关系,各民族文化演进所历阶梯的时期,彼此不尽相同。长者千年,短者可以缩至数世。照布莱济喜的意见,中国的历史尚在童稚时期。不过在所有各民族的童稚时期中,中国的童稚时期发展的最为光辉璀璨灿烂,贡献也最为伟大。"参见姚从吾:《德国弗郎克教授对于中国历史研究的贡献》,《新中华》1936 年第 4 卷第 1 期。

② 他自己也在全书开篇的"弁言"中承认过此书因是为回应上海美专学生疑问而整理出的讲义"札记",而有些"乱杂失序"的。

的四阶段分期解释模式,其实应当推广至五阶段分期,即"生长、混交、昌盛、沉滞、复兴(即'再生'之义)",这或许能够使我们更加完整清晰地领悟滕固对于中国艺术风格演进机制的理解与思考。

滕固的这种新颖的分期观念也在其后深刻影响了郑午昌、刘思训、傅抱石等民国学者编写中国艺术通史的体例方式。1935 年"署名"郑午昌著的《中国美术史》基本上就是滕固《中国美术小史》的翻版(图 8),该书的四阶段论分期只不过将名字换成了"滋长时代、混交时代、繁荣时代、沉滞时代",而绪论中对这四个时代的解说,也几乎只字不差地完全照搬了滕固的原文,但全书仅在结尾参考书目中的第 10 项列上了《中国美术小史》,证明此书的确有滕固观点的影响因素。① 1937 年刘思训撰写的《中国美术发达史》(图 9)又将中国艺术通史分为"自太古至秦汉、魏晋南北朝、自隋唐至宋、元明清"四编,力图"每编所论,在整个中国美术发展的程序上,自成一个段落"。虽然从章节目录上看,刘思训采用了朝代分期的体例,似乎并未有风格划史的痕迹,但其实他在各章节都是以"艺术混交"的理论主线串联起叙述的,在中外文化因子交融汇合的观点上和滕固一致,并且许多用词、语句都继续照抄了滕固在《中国美术小史》中的原文(但他在全书结尾的写作参考书目中却并没有列出滕固的著作)②。1940 年傅抱石在《中国古代绘画之研究》一文中专列有"美术史上的分期问题"一节,他将《中国美术小史》的分期与德国人夏德(Hirth)、法国人巴辽洛(Peleologue)、英国人波西尔(Bushell)、日本人伊势专一郎对中国艺术通史的分期方式,进行了比对与区别,最终还是更同意滕固的分期,称赞说:"我以为还是滕固氏在他的《中国美术小史》这一薄薄的册子中,所作的区分,倒是弥补了上述大部分的缺憾。他分中国美术史为四个时期:一、生长时期,佛教输入以前。二、混交时期,佛教输入以后。三、昌盛时期,唐到宋。四、沉滞时期,

① 郑午昌:《中国美术史》,中华书局 1935 年版,"绪论"第 7—10 页、"参考书"第 165 页。此书属于中华书局"中华百科丛书"中的一种,王洪伟推测分析中华书局最初是将该书的写作任务通过留德音乐史家王光祈的关系,转给了正在德国留学的好友滕固,滕固或许撰写了该书的绪论部分,而随后由于时间精力与客观研究条件所限,他放弃了后续部分的写作任务,中华书局便又转请该局编辑、美术部主任郑午昌写作了剩余的主干部分,但最终出版时却是将滕固和郑午昌所写的两部分直接拼合在了一起,只署名"郑昶编",而并未署上滕固的名字,这就导致了后人阅读和引证时的误会,参见王洪伟:《民国时期山水画南北宗问题学术史》,清华大学出版社 2014 年版,第 131—139 页。
② 详见该书各编第一章的开篇第一段总说论述,可以发现很多用词、语句都是滕固在《中国美术小史》中的原话,参见刘思训:《中国美术发达史》,商务印书馆 1946 年版。

元以后至现代。就中国美术的全部看,滕氏这种分法,究竟不失为是出自中国学者之手。若缩小一点范围,即把美术缩为绘画,它的重要性就更见其增大了。"①而滕固看待艺术史发展的生命成长与历史进步论史观,也继续得到了傅抱石的强调,他也同样认为这是一种波浪形态:"艺术的迁变之迹,好似一条弯曲而无角的曲线……一种艺术的生长、成熟、衰老、消灭,是作弧线的升降的。"②

图 8　郑午昌《中国美术史》,中华书局 1935 年版　　图 9　刘思训《中国美术发达史》,商务印书馆 1946 年版

直到 20 世纪 60 年代,钱穆也还在坚持这种文化史发展应呈波浪式演进的观点,他在讲演中说道:"文化演进,总是如波浪式的,有起有落。正如一个身体健康的人,他也会有病时。一个身体孱弱的,也会有康强时。所以衡量一人之体况,该看其前后进程。看文化亦然。近几十年来,国人对自己传统文化的看法,似乎都犯了一个短视病。都只从一横切面来说。若我说中国文化有价值,便会有人问,既有价值,如何会成今天般光景?但我也要问,西方文化进程中,难道从没有过衰乱与黑暗的日子吗?以前历史有变,难道以后历史便再不会有变,老该停在今天当前的这般情形之下吗?……故知我们对一个民族

① 傅抱石:《中国古代绘画之研究》,载《傅抱石美术文集》,上海古籍出版社 2003 年版,第 212—213 页。
② 同上,第 214 页。

文化传统之评价，不能单就眼前所见作评判的定律。我们应懂得会通历史全部过程，回头从远处看，向前亦往远处看，才能有所见。"①

四、余论："国民艺术史"与《中国美术小史》写作的现实指向

从 20 世纪初期中国艺术界的发展状况来看，滕固回溯历史，通过《中国美术小史》的写作去重新梳理中国古代艺术发展源流，进而找寻中国艺术"混交"与"昌盛"奥秘的必要性，正在于努力地介入和引导现世，其书中具体的史实论说皆有明确的关切指向，阐论并不单薄，绝非可以被后人简单视作一部普及性质的讲义教科书就轻易放过，而应当是如克罗齐(Benedetto Croce)所说的那样："只有现在生活中的兴趣方能使人去研究过去的事实。因此，这种过去的事实只要和现在生活的一种兴趣打成一片，它就不是针对一种过去的兴趣而是针对一种现在的兴趣的。"②滕固的目的在于从学理层面解决明清以来中国艺术何以沉滞的成因，以寻求中国画坛衰颓的解决之道，这是 20 年代初他从英国政治家乔治·威尔斯(H. G. Wells)一战后的著述那里，所学到的一种文化上的"救济之道"③，也是在中国艺术史领域，对新史学运动要"专述中国先民之活动，供现代中国国民之资鉴者"的一次有益实践。④

而为了寻找如何保持中国艺术不断焕发生机的答案，滕固选择了打破朝代划分界限，重构中国艺术通史的分期方式。显然，"生长、混交、昌盛、沉滞"的四阶段论，甚或前文所述的五阶段论概括方式，都更有利于直观展现和证明中国艺术"逐步变态的情形"，以及它在历次拓进"转机"后的"特异的精神"，这是 1922 年梁启超在上海美专讲演时，希望滕固能利用当时现有的美术史料，以最大程度

---

① 钱穆：《中国历史研究法》，生活·读书·新知三联书店 2001 年版，第 138 页。
② ［意］贝奈戴托·克罗齐著，傅任敢译：《历史学的理论和实际》，商务印书馆 2017 年版，第 2 页。
③ 1921 年乔治·威尔斯出版了论文集《文化救济论》(*The Salvaging of Civilization*)，提出"世界国"的理想主义主张，滕固在阅读此书后撰写了介绍文章，见滕固：《威尔士的文化救济论》，《东方杂志》1923 年第 20 卷第 11 号。1925 年 8 月滕固为在上海学艺大学举办的"第七届天马会美术展览会"所作庆祝文章《天马会之信条》中，也阐述了以艺术复兴救济中国现代国民文化的必要性："方今国人昌言新文化，容纳外来思想，未定目标，未加扶摘，以致偏产业偏理智之潮流，日益泛滥，国人受机架所束缚，物质所压迫，失其人性本有之自由，职是故也，社会上不安之现象如昨，混乱之状态如斯，良可慨已！教济之策，舍倡导艺术，其道末由。"《时事新报》"艺术"副刊 1925 年 8 月 10 日"第七届天马会美术展览会特刊"。
④ 梁启超：《中国历史研究法》，第 3 页。

的"推论沿革,立为假说"的研究嘱托。① 可见滕固的着眼点从一开始就放在了考察中国古代艺术发展的沿革脉络之上,意欲开拓性地勾勒出中国艺术通史的分期"假说"与历史图景,将中国艺术遗存放置在更大范围内的中外艺术风格演变史的框架之中予以重新审视,从而为 20 世纪中国艺术通史书写与断代史的专题研究,构建出一套崭新的时空框架与表达维度,实现从"朝代史(dynastic history)"到"国族史(national history)的新艺术史史著体裁与研究范式转移。这是在新史学思潮推动下艺术界所掀起的一场"史界革命",也是对于梁启超等新史家眼光向下,力求以"民史"对抗"君史"的一种有力呼应与升华超越,使得中国的"艺术史学"得以在文化史的框架之内明确了学科身份,以及其与其他专门史之间的紧密关联,并由此进入了普通历史学的学科谱系与研究范畴之内。

因此,滕固在中国艺术通史研究中的现实关怀,可以说正是要从艺术角度理解民族国家,重建一个关于何谓"中国艺术"、何谓中国艺术延续性与文化同一性的历史叙事。所谓"观水有术,必观其澜",倒并不拘泥于史实细节(甚至如今随着我们对于中国古代艺术史研究的不断深入,可以发现滕固在书中的许多史实叙述已有过时和错误之处)②,而是带有了一种如冯友兰所言"小史者,非徒巨著之节略,姓名、学派之清单也。譬犹画图,小景之中,形神自足。非全史在胸,曷克臻此。惟其如是,读其书者,乃觉择焉虽精而语焉犹详也"③的高妙意味。这种立足中国艺术通史各转折节点的通贯把握与精炼观察,在他自 20 年代中期后的文字中还多次出现④。从五阶段论的逻辑体系与长程眼光来看,滕固所身处的 20 世纪上半叶中国艺坛,就和过往的中国艺术史在本质上无法分割,贯穿统一,那些早已深埋于"生长"和"混交"时代的文化因子,将可以启发和影响到 20 世纪中国艺术的发展转捩。而其间滕固对于艺术

---

① 滕固:《中国美术小史》,"弁言"第 1 页。

② 值得注意的是,1926 年 1 月《中国美术小史》首次出版时的英文译名即为 *Currents in Chinese Art Tendencies*,这里的 Tendencies 指"趋势、倾向"之义,正体现出滕固着眼于中国古代艺术通史沿革转折大势的把握与强调,而这也是蒙文通提倡考察中国通史的一种高明路数:"孟子说:'观水有术,必观其澜。'观史亦然,须从波澜壮阔处着眼。浩浩长江,波涛万里,须能把握住它的几个大转折处,就能把长江说个大概,读史也须能把握历史的变化处,才能把历史发展说个大概。"参见蒙默编:《蒙文通学记》,生活·读书·新知三联书店 1993 年版,第 1 页。

③ 冯友兰:《自序》,《冯友兰文集》第 7 卷(修订版)《中国哲学简史》,长春出版社 2017 年版,第 1 页。

④ 如 1927 年滕固在《海粟小传》一文中,就已将中国古代艺术史的通贯性发展历程提炼得更为简明扼要:"论曰:中国艺术,唐宋二代,已臻盛境。元明而后,虽有作者,沿袭窠臼,不出古人绳墨,夫斯道之不昌也久矣",《上海画报》1927 年 12 月 15 日第 303 期"海粟画展特刊"。

"混交汇融"现象的强调,甚至对当下方兴未艾的跨文化视野中的"全球艺术史"(Global Art History)与"世界艺术史"(World Art History)学科转向,都有着导夫先路的启示意义。

最终,滕固为20世纪中国艺术所开出的"药方",即发动国民艺术复兴运动,他需要的是一个稳步找寻中国艺术何去何从的良策,从而与近代中国民族国家的概念建构、民族文化的转型传播与民族艺术精神复兴理想的时代主题紧密合拍,可以说"不是为了说明历史而研究历史,反之,是为了改变历史而研究历史"①,滕固反对民族精神与外来思想的本末倒置,对两者的先后次序有着明确的认知。1925年7月,滕固在《国民艺术运动》一文结尾激动地写下:"民族精神,是艺术的血肉;外来思潮,是艺术的滋养品。血肉干枯,虽有滋养品,人没用处;实肉健旺,不在滋养品,而在自己锻炼。我们是欲造成中国文艺复兴了吗?请先从事国民艺术运动!"②在他看来,外来思想因子只能作为刺激本国文化机体更新的滋补品,而坚守与重塑民族艺术精神才是发展和复兴20世纪中国国民艺术的血肉与根基。对待本国艺术传统既要认同,又需变革,以此达到一种"发扬固有文化,且吸收世界之文化而光大之"的调和③,显示出对于"艺术本土化"和"学术本土化"的呼唤,展现出20年代初期滕固在新文化运动热潮刚刚结束之际,对中国文艺界反传统的西化风气一次极为清醒的抵制与回击④,这是理解其为何始终坚持民族文化立场,认为它是"国民艺

---

① 翦伯赞:《历史哲学教程》,生活书店1938年版,第4页。

② 滕固:《国民艺术运动》,《时事新报》"艺术"副刊1925年7月19日。推动"中国文艺复兴运动"的宏大理想,是这一时期上海美专出身的一干上海艺坛新派人物的共同愿景,身处这个圈子中的滕固自不例外。1924年12月,刘海粟在纪念上海美专建校十三周年时就明确谈到了上海美专在推动中国文艺复兴运动中的社会责任:"吾国宣传新文化之始,无美术之地位;吾国创行新教育之始,亦无艺术教育之地位。新美术在文化上占一有力之地位,自上海美专始;艺术教育在学制上占一重要之地位,亦自上海美专始。故上海美专为中国新兴艺术之中心,此国人所公认,非余之私言也。上海美专创立之纪念日,亦即中国新兴美术之诞日也……故余以为欲救今日之中国,当为中国之文艺复兴运动……上海美专既具有奋斗之勇力,既得有社会之信仰,吾望其为中国之文艺复兴运动之启发而救中国也,汝其不以余望为奢乎?"见刘海粟:《上海美专十三周年纪念感言》,载朱金楼、袁志煌编:《刘海粟艺术文选》,上海人民美术出版社1987年版,第100—101页。

③ 孙中山:《中国革命史》,《孙中山全集》第7卷,中华书局1985年版,第60页。

④ 自清末以来欧洲学者还掀起过盛极一时的"中国文化西来说",并曾在中国知识界得到强烈回响,包括梁启超在内的中国学者就普遍信以为真,参见杨思信:《拉克伯里的"中国文化西来说"及其在近代中国的反响》,《中华文化论坛》2003年第2期。在艺术史领域则有德国汉学家夏德(F. Hirth)在1896年出版的《论中国艺术的外来影响》(*Über Fremde Einflüsse in der Chinesischen Kunst*)一书,滕固也曾阅读并征引。因此如果从这一更为长远的背景来看,则更能显示出这一时期滕固坚守民族文化本位立场的清醒意识。

术"筋骨血肉的原因之所在,也是中国人民族性格中重视艺术延续性的一种鲜明体现。

实际上,滕固生前也一直都有撰写一部完整系统的《中国美术史》的通史计划,并已经开始动笔,但终因生活颠沛、英年早逝等客观原因而未能完成,只留下了《中国美术小史》讲义和1933年应邀为"柏林中国现代绘画展览会"撰写的德文导论著作《中国绘画史概论》(*Einführung in die Geschichte der Malerei Chinas*,图10)。1942年滕固逝世一年后,在由好友朱家骅署名、顾颉刚代笔的《悼滕若渠同志》一文中,两人便颇为遗憾地回忆起滕固的这一撰述计划:"若渠有用世之才,也有用世之志,如果他不死,我相信他的前途一定是非常远大的。而且他对于文学和艺术的欣赏力极高,搜集材料作研究的本领也极大,我相信他在学术上的造诣也会很高超的。他平时脱稿的著作,才不过一鳞片爪,在他多年的计划中有一部伟大的系统著作,而且已在开始编写,即是《中国美术史》,可惜这部书是再不让我们看见的了!这真是本党的大损失,同时是我国艺术界的大损失,也是历史界的大损失",因此他们希望"后起的学者必有闻风兴起而完成他的壮志的"①。可见,如果这部通史性的《中国美术史》专著能够被滕固在生前完成,他一定会更加系统地阐述自己作为一位新派史家,对于中国"国民艺术史"体系建构的新认识与新见解,为后人留下一笔宝贵的学术遗产。

图10 1933年滕固为"柏林中国现代绘画展览会"撰写的德文导论著作《中国绘画史概论》(*Einführung in die Geschichte der Malerei Chinas*),德国法兰克福约翰·沃尔夫冈·歌德大学中国学院1936年版

---

① 朱家骅署名、顾颉刚代笔:《悼滕若渠同志》,《文史杂志》1942年第2卷第5、6期合刊。

舒新城与中华书局"中华百科丛书"的出版

陆秀清

（台州学院）

　　舒新城(1893—1960)，原名玉山，学名维周，字心怡，号畅吾庐，出生于湖南溆浦东乡刘家渡村一个农民家庭，1898—1907 年间先后入私塾、学塾、郿梁书院，在典型的农耕文明和儒家文化氛围中完成了 9 年的"旧学"教育。从 1908 年开始他进入属于现代工业文明体系的新式学校接受"新学"教育，先后就读于溆浦县立高等小学堂、常德第二师范附设单级教员养成所、长沙游学预备科、武昌文华大学中学部。1913 年，他得知湖南高等师范学校(利用岳麓书院原址办学——笔者注)招生，便回长沙报考，被英文科录取，于 1917 年毕业，结束了长达 9 年的"新学"教育。其后，舒新城开始了 8 年的教师生涯，致力于教学实践和教育研究工作。从 1917 年夏至 1925 年 6 月，他先后任教于长沙兑泽中学、福湘女学、湖南省立第一师范学校、上海吴淞中学、东南大学附中及成都高等师范学校，在教学过程中积累了大量的理论知识和实践经验，为其日后的著述和教育出版工作奠定了重要基础。1925 年 6 月，他自成都返回南京后决心不再担任学校教师，而专门从事教育著述。至此，结束了 8 年的教师生涯，转而对新教育运动进行反思，并以研究近代中国教育史为主，开始了专门的教育著述生涯。1928 年，舒新城接受陆费逵的邀请，以局外编辑身份接手《辞海》编纂任务，开始接触教育出版行业。1930 年，他正式进入中华书局担任编辑所所长，主持中华书局的教育出版工作，开始了自己的教育出版生涯。

　　早在全面抗战爆发前，舒新城已经预知教科书国定的时代即将到来，他在 1936 年 6 月 12 日的日记中写道："照现在情形，教科书将逐渐趋于国定，竟争渐少。此后之出路当在教科以外之书籍。最要者为工具书之字典辞典地图及中小学生之课外读物。此事说了多年，但因事非急迫，每不急进。现在已迫在眉睫势非改弦更张不可，旧事不只重提而已，应切实做下去也。好在教科部之同人训练较严，改作他种稿件尚易收效。即日起，取稿方面，即注意上列数项……不过就现在趋势看见，要逐渐转移，早当准备耳。"①从中不难推测，日后他必将把精力和重点放在课外读物的编辑与出版上，而课外读物也为他提供了较为宽松和自由的舞台及难得的机遇，可以任其将多年在教育界关注和研究青年学生的收获，借助教育出版物展现，最后回馈并反哺教育界。在中学任职期间，他开设专门课程、作为导师亲自指导学生、为学生讲演等，在与中学生多样化的朝夕相处方式中得来切身经验，加之多年来反思批判新教育并从教育史研究中创获了许多有益的学术成果，舒新城达到了对中等教育较为熟悉的程度。他非常清楚中学生最急需什么，中等教育的问题何在，以及如何有效解决。在他服务中等教育的 8 年时光中，舒新城花费大量的精力逐渐形成了自己的认知和看法，最终以教育思想的形式呈现，并通过此后主持中华书局的教育出版活动来实现其教育理想。

中华书局的"中华百科丛书"，于 1934 年 1 月开始出版，舒新城是发起人并担任主编。作为接受中等教育的学生之课外读物，丛书分总类、哲理科学、教育科学、社会科学、自然科学、应用科学、艺术、语文学、文学、史地等 10 类。每书约 5 万字。1934 年出版 20 种。②

一、"中华百科丛书"计划的提出

在"中华百科丛书"总序中，舒新城指出主持出版该丛书的真正缘由与动机：一是中等学校服务 8 年后，他深切感受到在校青年学生陷入无适当课外读物的困境，失学青年也面临无书可供自修的境地；二是当时的一般出版物不够完备，未能满足中等学生日益增长的求知欲，迫切呼唤专门的课外读物的出版；三是当时国内缺乏适合他们阅读的书籍，特别是有系统的丛书；四是在中等学校任职期间，学生经常咨询课外读何种书，他却难以提供满意答案。甚至

---

① 舒新城：《舒新城日记(第 7 册)》，上海辞书出版社 2013 年版，第 111 页。
② 中华书局编辑部：《中华书局百年大事记(1912—2011)》，中华书局 2012 年版，第 77 页。

遇到过未能给他们开一张适当的书单的尴尬局面。① 于是,1921 舒新城便与十余名教师一起较早开始了为学生搜集制定课外读物书目的尝试性工作——"我们以经费的限制,不能遍购国内的出版品,为节省学生的时间计,亦不愿遍购国内的出版品,可是我们将全国出版家的目录搜集齐全,并且亲去各书店选择,结果费去我们十余人数日的精力,竟得不到几种真正适合他们阅读的书籍。"②可以看出,主编舒新城与其他编者一样,秉持认真负责的精神为学生们搜罗质量上乘的课外书目。此番搜集工作未能达到预期的效果,遂而激发了他们想要编辑一部青年丛书的冲动,但当时编写工作持续开展不到一年就由于学校发生人事变动、编辑人员四散而中止,最后只是无系统地出版了数种书籍。

由此可见,舒新城策划编辑百科丛书与亲身经历有关。尽管编辑丛书的工作搁置了整整 10 年,舒新城却一直没有放弃,其间他不断收到各地青年学生来函:请示自修方法并索要相关书目。这使得他更为重视百科丛书的出版。1925－1926 年,他便与时任中华书局总经理的陆费逵商讨编辑出版百科丛书的诸项事宜,得到对方的积极反馈及鼎力支持,但他当时忙于教育著述,丛书编写工作并未实质性开展,可谓长期被搁置。1930 年 1 月,舒新城进入中华书局担任编辑所所长时又重提此事,这一次他以崭新的姿态与身份从事编辑丛书的工作,"由计划而征稿,而排校"。当然初次接触丛书编辑出版工作难免遇到困境:"至 1930 年冬,已有数种排出,当付印时,因估量青年需要与平衡科目比率,忽然发现有不甚适合的地方,便又重新支配,已排就者一概拆版改排,遂致迁延至今。"③从另一个侧面也可看出舒新城引领策划丛书出版时一丝不苟,精益求精。

二、"中华百科丛书"的征稿及出版

舒新城向专家征稿前拟定了"中华百科丛书"三大编辑要旨:"(一)日常习见现象之学理的说明,(二)取材不与教科书雷同而又能与之相发明,(三)行文生动,易于了解,务期能启发读者自动研究之兴趣。"并制定了具体的编写规范:"第一我们不翻译外籍,以免直接采用不适国情的材料,致虚耗青

---

① 舒新城:《总序》,载范寿康:《哲学通论》,中华书局 1935 年版。
② 舒新城:《总序》,载罗廷光:《教育科学纲要》,中华书局 1935 年版。
③ 舒新城:《总序》,载钱亦石:《现代教育原理》,中华书局 1934 年版。

年精力,第二约请中等学校教师及从事社会事业的人担任编辑,期得各本其经验,针对中等学生及一般青年的需要,以为取材的标准,指导他们进修的方法。在整理排校方面,我们更知非一人之力所能胜任,乃由本所同人就个人之所长,分别担任。为谋读者便利计,全部百册,组成一大单元,同时可分为八类,每类有书八册至廿四册,而自成为一小单元,以便读者依个人之需要及经济能力,合购或分购。"①

经过舒新城与编辑所同人 4 年的不懈努力,该丛书 1934 年 1 月开始陆续出版,1934—1937 年,每年都有几十种书籍出版,丛书中的大部分也较为集中于这 4 年间初版发行,1939、1940 年也各有几种问世(参见表 1)。

表 1　中华书局出版"中华百科丛书"一览表

书　　名	编　　者	初版时间
(1) 哲学通论	范寿康	1935
(2—4) 中国哲学史纲要(全 3 册)	蒋维乔、杨大膺	1934
(5) 近世西洋哲学史纲要	张东荪、姚璋	1935
(6) 现代哲学思潮纲要	瞿菊农	1934
(7) 论理学纲要	林仲达	1936
(8) 伦理学纲要	张东荪	1936
(9) 心理学纲要	吴绍熙	1939
(10) 佛学纲要	蒋维乔	1935
(11) 社会学纲要	刘天予	1934
(12) 社会科学通论	常乃惪	1935
(13) 社会进化史	刘炳藜	1935
(14) 农村社会学导言	言心哲	1937
(15) 社会问题与社会政策	周宪文	1934
(16) 世界弱小民族问题	郑昶	1936

① 　舒新城:《总序》,载钱亦石:《现代教育原理》,中华书局 1934 年版。

书　　名	编　　者	初版时间
（17）政治学纲要	杨幼炯	1935
（18）社会主义史纲	刘炳藜	1934
（19）战后之巴尔干	赵镜元	1936
（20）华侨概观	刘士木、徐之圭	1935
（21）中国外交史纲要	任启珊	1934
（22）近代中日关系史纲要	左舜生	1935
（23）法学纲要	吴学义	1935
（24）国际法纲要	王惠中	1935
（25）经济学纲要	周伯棣	1937
（26）经营经济学纲要	何孝怡	1935
（27）现代中国经济思想	李权时	1934
（28）国际经济概论	周伯棣	1936
（29）经济政策	王渔村	1936
（30）世界产业革命史	周伯棣、鲁君明	1935
（31）农村经济概论	陈醉云	1936
（32）新闻学概要	黄天鹏	1934
（33）图书馆学要旨	刘国钧	1934
（34）现代教育原理	钱亦石	1934
（35）教育科学纲要	罗廷光	1935
（36）初等教育概论	吴研因、吴增芥	1934
（37）乡村教育纲要	杨效春	1934
（38）民众教育纲要	赵步霞	1935

书　　名	编　者	初版时间
(39) 语言学概论	张世禄	1934
(40) 演说学概要	余楠秋	1934
(41) 文艺批评论	梁实秋	1934
(42) 词曲研究	卢冀野	1934
(43) 近代艺术纲要	丰子恺	1934
(44) 中国美术史	郑昶	1935
(45—46) 中国音乐史(全 2 册)	王光祈	1934
(47—48) 西洋音乐史纲要(全 2 册)	王光祈	1937
(49) 史学概论	胡哲敷	1935
(50) 中西交通史	向达	1934
(51) 太平天国史	吴绳海	1935
(52) 辛亥革命史	左舜生	1934
(53) 日本史	卢文迪	1935
(54) 土耳其史	赵镜元	1935
(55) 希腊史	卢文迪	1936
(56) 罗马史	吴绳海	1937
(57) 英国史	余子渊	1935
(58) 法兰西史	冯品兰	1936
(59) 德国史	常乃惪	1934
(60) 意大利史	吴绳海	1935
(61) 俄国史	娄壮行	1935
(62) 美国史	姚绍华	1936

书　　名	编　者	初版时间
(63—64) 世界人生地理(全 2 册)	葛绥成	1935
(65) 朝鲜和台湾	葛绥成	1935
(66—67) 中国人生地理(全 2 册)	盛叙功	1936
(68—69) 物理学纲要(全 2 册)	陈润泉	1935
(70) 化学纲要	陈润泉	1935
(71) 天文学纲要	陈遵妫	1939
(72) 海洋学纲要	费鸿年	1935
(73) 气象学纲要	杨钟健	1934
(74) 应用气象学	杨国藩	1936
(75) 生理学纲要	费鸿年	1934
(76) 进化论初步	陈兼善	1935
(77—78) 微生物学纲要(全 2 册)	华阜熙	1935
(79) 植物学纲要	华汝成	1935
(80) 动物学纲要	费鸿年	1934
(81—82) 公共卫生概要(全 2 册)	赖斗岩	1937
(83) 性的知识	李宝梁	1937
(84) 农学要义	陆费执	1937
(85) 近代科学发明概观	华汝成	1935
(86) 普通测量术	卢鑫之	1940
(87) 机械学浅说	王济仁	1939
(88—89) 应用电器概论(全 2 册)	钱仲超	1936
(90) 无线电初步	俞子夷	1934

书　　名	编　者	初版时间
（91）日用化学浅说	郁树锟	1936
（92）染织工业	陶平叔	1936
（93）发酵工业	陈騊声	1935
（94）航空概要	陶叔渊	1935
（95）纤维素化学工业	余飒声	1936
（96）统计学纲要	刘鸿万	1935
（97）群众心理学	高觉敷	1934
（98）财政学纲要	钱亦石	1935
（99）音乐概论	朱稣典	1934
（100）怎样做教师	俞子夷	1934

资料来源：中华书局编辑部：《中华书局图书目录》，中华书局 1939 年版；中华书局编辑部：中华书局百年总书目（1912—2012）》，中华书局 2012 年版；上海图书馆：《中国近代现代丛书目录》，1979 年编印。

从上表明显可以看出，"中华百科丛书"共出版 90 种 100 册书籍，而舒新城原计划出版 200 册，数量明显减少了一半。直接原因是总经理陆费逵的干预，舒新城在 1937 年 2 月 17 日的日记中写道："伯鸿（陆费逵——笔者注）来函谓世界文学名著教育书及百科丛书已停止而专门于教科及考试用书，且谓新中华有关对时事之文章太少，……且不曾完全看过新中华一二册而信口雌黄。阅后颇为不快。除于电话中告以百科丛书由二百册减至一百册，世界文学名著由百册减至三十册，教育书出得极少……"①第 2—4、5、13、18、21、22、30、44—62 种皆为史学方面的著作，共 24 种 28 册，其中 8 种涉及世界史，特别是介绍日本、土耳其、希腊、罗马、英国、法兰西、德国、意大利、俄国、美国，每册皆包含舒新城撰写的总序，可见他对该丛书的重视和用心。

而该丛书从 1934 年第一本开始出版到 1940 年最终出齐，时间跨度尤大，

---

① 舒新城：《舒新城日记（第 9 册）》，上海辞书出版社 2013 年版，第 330 页。

最重要的原因在于抗日战争的影响。尽管如此,该套丛书的质量却从不打折扣。

三、"中华百科丛书"编作者群体

该套丛书虽由中华书局负责印刷出版发行,但完全由舒新城个人发起,在其精心计划及细心组织的领导下,丛书的编辑出版井然有序。他不仅与书局同人齐心协力,也与丛书的编作者保持沟通,保证作品质量。考察这些作者在编各自负责的作品过程中所付出的辛勤汗水,梳理主编舒新城与他们之间的稿件接洽经过和互动关系,对于研究舒新城教育出版生活史,以及中华书局丛书的出版与影响,具有十分重要的意义。

"中华百科丛书"编作者群体都是在某些领域具有专长的杰出人物,其中编写作品数量最多的是周伯棣、费鸿年和吴绳海,各 3 种;其次是蒋维乔、张东荪、王光祈、常乃惪、俞子夷、刘炳藜、郑昶、赵镜元、左舜生、钱亦石、卢文迪、葛绥成、陈润泉、华汝成,各 2 种;其余作者各 1 种。为了便于说明"中华百科丛书"编作者群体,接续表 1,制作"'中华百科丛书'主要编作者简况表",通过教育学术背景和学术活动来分析编作者的贡献。

表 2 "中华百科丛书"主要编作者简况表

姓 名	生卒年代	籍 贯	教 育 背 景	学 术 活 动
范寿康	1896—1983	浙江上虞	日本东京帝国大学	春晖中学校长,安徽大学文学院院长,武汉大学教育系教授
蒋维乔	1873—1958	江苏武进	江苏高等学堂	商务印书馆编辑,上海光华大学哲学教授
张东荪	1886—1973	浙江杭州	日本东京帝国大学	政治大学、光华大学、燕京大学、清华大学教授
瞿菊农	1900—1976	江苏武进	燕京大学,美国哈佛大学哲学博士	清华大学、北京大学、北京师范大学、湖南大学
常乃惪	1898—1947	山西榆次	北京高等师范学校	燕京大学、山西大学、四川大学、齐鲁大学

姓　名	生卒年代	籍　贯	教育背景	学术活动
刘炳藜	1900—1958	湖南岳阳	北京师范大学,美国哥伦比亚大学	中华书局编辑
言心哲	1898—1984	湖南湘潭	美国南加州大学	燕京大学、中央大学、中山大学、复旦大学社会学系教授
周宪文	1907—1989	浙江台州	上海同文书院,日本京都帝国大学	中华书局编辑,暨南大学经济学教授,台湾大学法学院院长
郑昶	1894—1952	浙江嵊州	北京师范大学	中华书局美术部主任
杨幼炯	1902—1973	湖南常德	上海复旦大学	中央大学、上海法政大学、中国公学、暨南大学
刘士木	1889—1952	广东兴宁	留学日本	暨南大学南洋文化事业部主任
左舜生	1893—1969	湖南长沙	上海震旦大学	中华书局编辑,中央政治学校
周伯棣	1900—1982	浙江余姚	留学日本	中华书局编辑
李权时	1895—1982	浙江镇海	清华学堂,美国芝加哥大学、哥伦比亚大学	大夏大学、复旦大学、暨南大学、交通大学
黄天鹏	1905—1982	广东普宁	早稻田大学新闻系	上海《申报》编辑
刘国钧	1899—1980	江苏南京	金陵大学,美国威斯康辛大学哲学博士	金陵大学、北京大学教授兼图书馆主任
钱亦石	1889—1938	湖北咸宁	武昌高等师范学校	上海法政学院、暨南大学教授
罗廷光	1896—1993	江西吉安	南京高等师范,美国斯坦福大学、哥伦比亚大学	中央大学、河南大学、南京师范大学教授
吴研因	1886—1975	江苏江阴	上海龙门师范学校	中华书局、商务印书馆编辑

续　表

姓　名	生卒年代	籍　贯	教 育 背 景	学 术 活 动
吴增芥	1906—2005	江苏江阴	中央大学教育系	浙江大学、苏州社会教育学院
杨效春	1895—1938	浙江义乌	南京高等师范	晓庄师范、成都大学
张世禄	1902—1992	浙江浦江	东南大学	商务印书馆编辑,暨南大学、复旦大学、光华大学、云南大学、中山大学、重庆大学、南京大学
梁实秋	1903—1987	浙江杭州	清华学校,哈佛大学	东南大学、青岛大学、北京大学、台湾师范大学
卢冀野	1905—1951	江苏南京	东南大学	金陵大学、河南大学、成都大学、光华大学、暨南大学、复旦大学、中央大学
丰子恺	1898—1975	浙江嘉兴	浙江第一师范学校	上海大学、复旦大学、浙江大学美术教授
王光祈	1892—1936	四川成都	中国大学,德国柏林大学、波恩大学	
胡哲敷	1898—？	安徽合肥	中央大学	浙江大学中文系教授
向达	1900—1966	湖南溆浦	南京高等师范,留学英国	浙江大学、西南联合大学、北京大学历史系教授
卢文迪	1910—1982	浙江临海	中国公学	中华书局编辑
姚绍华		浙江金华	大夏大学	中华书局编辑
葛绥成	1897—1978	浙江东阳	浙江第七师范学校	中华书局编辑,震旦大学、大夏大学、暨南大学
陈遵妫	1901—1991	福建福州	东京高等师范学校	北京师范大学、中央研究院天文研究所
费鸿年	1900—1993	浙江海宁	日本东京帝国大学	北京大学、中山大学、武昌大学、广西大学

续　表

姓　　名	生卒年代	籍　贯	教 育 背 景	学 术 活 动
杨钟健	1897—1979	陕西渭南	北京大学,德国慕尼黑大学	中央地质调查所、北京大学地质系教授
陈兼善	1898—1988	浙江诸暨	浙江第一师范学校,巴黎自然博物馆鱼类研究所	暨南大学、勷勤大学、台湾博物馆馆长
俞子夷	1886—1970	江苏苏州	上海南洋公学	南京高等师范、浙江大学
陈骝声	1899—1992	福建福州	北京工业大学,美国路易斯安那大学	北京大学、中央大学、中央工业实验所
陶叔渊	1900—1967	浙江绍兴		中央航空学校
高觉敷	1896—1993	浙江温州	北京高等师范学校,香港大学	四川大学、中山大学、复旦大学
朱鲦典	1896—1947	浙江杭州	浙江第一师范学校	中华书局编辑

上表中编作者可分为以下四种类型:第一种,拥有海外留学经历。这一群体编者人数总计19位。留学日本的包括《哲学通论》作者范寿康、《社会问题与社会政策》编者周宪文、《华侨概观》编者刘士木、《经济学纲要》《国际经济概论》《世界产业革命史》编者周伯棣等。在这一群体中,留学日本时间最早的要算张东荪,1911年便已经学成归国,从事文化政治活动。《近代西洋哲学史纲要》和《伦理学纲要》的作者张东荪与舒新城的交谊较为深厚。值得一提的是张东荪曾在五四时期提拔舒新城,正因为其伸出的橄榄枝,舒新城才得以从五四运动的边缘城市长沙步入中心城市上海,加之张东荪在哲学研究方面的造诣得到了舒新城的充分认可,约稿除了包含报答之意外,自然成了实至名归之事。而范寿康1913年去日本留学,先后就读于东京第一高等学校、东京帝国大学文学部,1923年获教育与哲学硕士学位。同年回国,任商务印书馆编译所编辑,主编《教育大词典》。他在武汉大学人文学院担任教授,主讲"哲学概论""中国哲学史"等课程时,编写了《哲学通论》。全书分两编:第一编为知识哲学(认识论),分总论、认识的起源、认识的效力、认识的本质和结论等五

章。第二编为自然哲学或形而上学，分为总论、本体论、宇宙论和结论等四章。该书采用西洋哲学体例编写，正如其所言"真正的哲学乃是一种要求彻底的论理思索的积极的学问，没有这种精神，就不能走进哲学的大门"①。他使用的是外国哲学的那一套话语体系，以上留学日本的作者群体与舒新城一样都是"新学"的拥护者。

费鸿年于 1916 年便赴日留学，1921—1923 年入东京帝国大学深造，回国后，创建了广东大学和广西大学的生物系，1929 年创立广东省水产试验场，并办水产讲习所，为教课及参考便利编辑了《海洋学纲要》。为了改变此前生理学书籍偏于人体生理抽象概念阐释、不合一般学生阅读水平的状况，费鸿年编写《生理学纲要》，论述一般生物生理的普通原理。《动物学纲要》旨在打破将动物分门别类论述的旧套路，而新开让学生窥视动物学全貌的编写风格，以上三种书籍均为国内水产学、海洋学及生物学诸学科的早期著作。《天文学纲要》的作者陈遵妫 1926 年留学日本东京高等师范数学系回国后，在南京中央研究院天文研究所任专职研究员，30 年代先后参加过南京紫金山天文台和昆明凤凰山天文台的筹建工作，该书为其从事天文学研究的阶段成果，他从事天文工作五十年，为中国现代天文学研究工作积累了宝贵的资料。《新闻学概要》是中国早期一本关于新闻学的著作，原是黄天鹏在上海复旦大学新闻系主讲新闻学讲座的讲义，还作为沪江大学新闻学专修科的课本使用，共计七章，介绍报馆的实际情形，如新闻社内部组织机构、新闻制作的过程、新闻记者及新闻事业，文笔流畅，通俗易懂，1941 年 2 月出至第 4 版。

留学欧美的有《现代哲学思潮纲要》作者瞿菊农、《现代中国经济思想》作者李权时、《文艺批评论》作者梁实秋等。《发酵工业》的作者陈騊声是中国最早从事近代生物工程发酵工业的公费留美学生之一。1932 年，他赴美国路易斯安那大学糖业学院从事发酵工业研究，取得硕士学位后，又转往威斯康星大学继续深造。1934 年回国应聘到上海中国酒精厂工作，1940 年转任中国第一家从事酵母生产的工厂——新亚酵素厂的技术总监。②《发酵工业》1935 年 2 月初版，1947 年 8 月 4 版。全书分十二章，第一章为发酵菌类通论，第二章介

① 范寿康：《哲学通论》，中华书局 1935 年版，自序。
② 青宁生：《我国最早的发酵工业专家——陈騊声》，《微生物学报》2006 年第 5 期。

绍发酵菌类研究法,第三至七章分别述及酒精、麦酒、葡萄酒、绍兴酒、高粱酒的酿造方法,第八至十章叙述酱油、豆腐乳、醋的酿造方法,第十一章讲压榨酵母,最后一章介绍特殊发酵工业。对于普通中学生群体读者而言,该书论述逻辑清晰易懂,具有指导生活实践的书写实用特色。

有些编作者既有留学美国的学术背景,又有赴欧深造的经历。如《教育科学纲要》的作者罗廷光 1928 年 8 月入美国斯坦福大学教育研究院,一年后转入哥伦比亚大学师范学院研究教育行政、比较教育和教育科学方法,1931 年获硕士学位,同年回国。1934 年又赴英国伦敦大学继续从事教育研究,并经常外出考察英国学校教育。提及此书的编写缘由,他称:"中华书局筹编'中华百科丛书'要我写一本教育科学纲要,当时个人因琐务羁身,且参考书亦不易得到,无形地搁延下去很久了。直到客岁年杪,该局编辑所主任舒新城先生再函相催,期限缴稿,乃不得不百般设法完成这项小工作。"①1935 年中华书局在介绍该书时写道:"本书着眼点在本客观的态度,将教育学之能否成为科学的理由,一一剖释,而加以确切的论断,指出教育学之科学的特征及其限制,使阅者了然于教育科学的根本意义,内容纲要及与教育哲学的关系。取材详尽,持论精当。另附教育学之辅助科学,尤便阅者参考。"②

杨钟健既留学过欧洲,也赴美考察,1923 年他赴德留学,在德期间,他用半年时间补习德文,最终学会了德语,次年 4 月入慕尼黑大学地质系古生物学专业,1927 年获得博士学位。1928 年应翁文灏之邀回国至中央地质调查所,主持周口店发掘工作。次年与法国地质学家合作,在山西、陕西开展广泛调查。1931 年还参加了一个国际合作项目,前往内蒙古、宁夏、新疆等地科考,涉及气象学、地层学和考古学等学科。1944 年他又赴美考察和讲学,历时两年多。杨钟健一生重要的三部著作《古生物学通论》《地震浅说》《古生物学研究法》全部由中华书局出版,前两种分别编入"少年中国学会丛书"和"常识丛书·第一种"。《气象学纲要》将气象上的重要现象原理,如大气的成分、温度、气压、水分等叙述于读者,该书虽取材菲利普所著《地文学原理》中的部分内容,但所作增删亦不少。最后他还特别提道:"上海中华书局舒新城先生,对作

---

① 罗廷光:《教育科学纲要》,中华书局 1935 年版,自序。
② 《中华百科丛书续出五种》,《中华教育界》1935 年第 22 卷第 12 期。

者作成此书,予以种种督促与便利,并志于此,以表谢意。"①

　　留学欧美的编作者群体中还有舒新城的湖南同乡。留学美国的言心哲是《农村社会学导言》的作者,亦是舒新城的湖南老乡,他写道:"篇幅题材等都依中华百科丛书编辑通则为准。"还特别提道:"很感谢舒新城先生,倘使没有舒先生的敦促,也许此书至今还不能写成。"②另一位留学美国的刘炳藜,曾是舒新城任教湖南第一师范时的学生,1925 年舒新城在南京专门从事教育著述生活时,曾招他来南京亲自指导,1930 年邀其入中华书局与他共同从事教育出版事业,他最终不辱师命,编成了《社会进化史》和《社会主义史纲》,前书是作者任教国立暨南大学高中师范科时的讲义,注重于社会下层建筑的经济过程的叙述,后书着重叙述当时或后世有重要影响的思想,两书略古详今,较为详细地叙述了近代社会,颇得舒新城真传,且条理清晰、一气呵成,至今仍有参考价值,可见舒新城的培育之功已见成效。为此,刘炳藜还特别提道"感谢师友的催促,鼓励与帮助"③,两人亦师亦友。《中西交通史》的作者向达与舒新城的同乡情谊更深,他们均为湖南溆浦人,就读溆浦县立高等小学堂时为同学,此书也正是应舒新城之邀而编成的。1930 年向达任北平图书馆编纂委员会委员,致力于敦煌学和中西文化交流研究,1935 年赴欧洲研究流失海外的中文典籍,回国后继续从事该领域研究。他还著有《唐代长安与西域文明》《印度现代史》,翻译了《鞑靼千年史》《匈奴史》《亚里士多德伦理学》《甘地自传》《斯坦因西域考古记》等,最后两部皆受舒新城之邀而翻译完成的,他也成了著名的历史学家、敦煌学家和中外交通史专家。其所编《中西交通史》是中国早期一本关于中西文化交流史的著作,原本是向达研究该课题的作品,他提出中国自汉朝开始就与欧洲的罗马帝国略有文化交流,到了元朝交流更盛,但因突厥人兴起,灭了东罗马,中西交流中断一时,④颇有见地。该书最近还被收入岳麓书社的"民国学术文化名著"丛书。向达与舒新城、武堉干并称为"溆浦三贤"。由此可见,凭借乡谊所发挥的微妙作用,舒新城成功邀请到了以上三位优秀的学者,从而为完成"中华百科丛书"的编写贡献一己之力。

① 　杨钟健:《气象学纲要》,中华书局 1934 年版,自序。
② 　言心哲:《农村社会学导言》,中华书局 1937 年版,第 1 页。
③ 　刘炳藜:《社会进化史》,中华书局 1935 年版,例言。
④ 　向达:《中西交通史》,中华书局 1934 年版,第 3—5 页。

第二种,具有就读国内知名高校的教育背景。《史学概论》的作者胡哲敷毕业于中央大学国文系,他遵照舒新城制定的编纂原则,将字数严格控制在五万以内。此书作为介绍新旧史学的代表作之一,作者秉持的新史观为"史家以纯客观的眼光,做大众化的历史,柔亦不茹,刚亦不吐,而壹以事实为衡。要拿现在的,理想的人生标准,社会标准,去指导史家;更以理想的史家,去指导人生,指导社会"①。值得一提的是,舒新城就是研究近代教育史的学者之一。

俞子夷虽然没有留学背景,但作为南洋公学的优秀毕业生,执教于南京高等师范并主持附属小学教研工作,进行各种新教学法的实验研究,1933年以后转入浙江大学教育系,长期从事小学教育方面的研究,学术成果丰硕,著有《一个乡村小学教员的日记》《小学算术教学之研究》《小学算学科教学法》《小学实际问题》《测验统计法概要》《测验统计术》《小学教学漫谈》《教授法概要》等。其名下两部作品入选"中华百科丛书",绝非偶然,《无线电初步》是最早介绍收音和广播等无线电常识的作品之一,配有一百多张图,据笔者所查,至1947年5月已有5版之多。《怎样做教师》"对于做教师时,事前应如何准备教材,临时应如何活动指导,以及如何方能使学生得益,如何方谓之好教师,均详述靡遗。引喻既富兴趣,行文亦极流畅。可作教授法看,亦可作故事书读。凡有志从事教育事业者,不可不用以参考"②。该书1934年2月初版,发行量很大,至1941年2月发行第8版。由此可见,舒新城寻觅到了合适的编者。

《中国哲学史纲要》的编者蒋维乔,虽然最高学历仅在江苏高等学堂取得,但他进入文化界较早,担任商务印书馆编辑已久。他在序中提道:"曩年中华书局总编辑舒君新城来说及,要编一部中国哲学史纲要,字数限定十余万,内容简单明了。且告我云'你们编这大部哲学史,既然一时不得成功,何妨替中华先编一部分量较小的,及早印行,那是彼此都有益的。我听他的话,也极赞成。"③事实上,蒋维乔和舒新城的结识与交往甚早,前者担任东南大学代理校长(1925年7月—1927年)期间曾经常前往舒新城南京的寓所访问,共同探讨舒新城的近代中国教育史研究。1927年4月6—26日,舒新城作为"政治难

① 胡哲敷:《史学概论》,中华书局1935年版,自序3。
② 《中华百科丛书》广告,《中华教育界》1934年第21卷第10期。
③ 蒋维乔、杨大膺:《中国哲学史纲要》,中华书局1934年版,序2。

民"赴上海避难。得知舒新城孤居及饮食不便,蒋维乔曾主动约其寄居家中。由此可见,两人交谊颇深。

第三种,即使不是留美留日或国内知名高校及研究机构的科班生,也是各个行业的杰出人物,这类编作者群体人数极少。《航空概要》的作者陶叔渊就是其中一个,他不但在上海创建了"中国第一本航空类杂志《飞报》",还担任中央航空学校的教官,"培养了一大批中国空军战士",且长期从事航空研究,名下专著有《航空与国防》《航空与建设》。① 19世纪30年代初,陶叔渊执教于中央航空学校,所编《航空概要》是中国早期一本关于航空史的著作,共计九章,旨在普及飞机种类、性能、构造、发动机、螺旋桨、设备、飞行原理、驾驶及航空母舰等航空常识。他曾作为代表参加过1929年的西湖博览会,很可能在那时与舒新城结识。另一位是《进化论初步》的作者陈兼善,仅在浙江第一师范获得最高学历,但毕业后从未停止学术上的奋斗,长期从事生物学调查,曾亲自前往西沙群岛研究鱼类,1931年,又到法国巴黎自然博物馆的鱼类研究所继续深造,1934年9月回国后任广东勷勤大学动物学教授兼生物系主任,1945年担任台湾省博物馆馆长兼台湾大学动物系教授,多年的辛勤付出终有回报。《进化论初步》就是其阶段性的研究成果,他编写的初衷是想将青年们的思想引导到正当的路上去,最大的特色在于实事求是地介绍和考察进化理论的适用范围。他写道:"谢谢舒新城先生,他答应把这本书赶早出版。"②1935年,在舒新城的敦促和领导下,中华书局编辑完成了此书初版的发行工作。此外,这类编作者中还有《近代艺术纲要》作者丰子恺,他是李叔同的及门弟子,成为著名画家,亦是舒新城的好友。《世界人生地理》和《朝鲜和台湾》编者葛绥成长期从事地理教科书的编纂。《音乐概论》编者朱稣典,尤其擅长中小学音乐教科书的编写。《初等教育概论》作者之一的吴研因,亦是研究初等教育的专家。以上三位作者皆为中华书局的资深编辑,编辑经验丰富,主编舒新城非常器重他们。另外,作为他们的直属领导,所长舒新城分配的编写任务与其擅长的学科领域密切相关,故而他们皆能尽心竭力并按质按量完成,这与舒新城知人善任的出版统筹与管理能力密不可分。

---

① 《陶叔渊》,《绍兴日报》2015年4月22日。
② 陈兼善:《进化论初步》,中华书局1935年版,自序7。

第四种,拥有"少年中国学会"会员身份的编作者。《近代中日关系史纲要》和《辛亥革命史》的作者左舜生,在上海担任《中华教育界》主编时与舒新城就有互动,两人除了存在同乡关系外,还都是"少年中国学会"会员,舒新城能成为该组织一名正式会员,与湖南老乡左舜生有一定关系,他们较早结识并共同活跃于教育界,之后舒新城在左舜生家里偶遇恽代英,并最终由后者推荐加入该组织。当然舒新城加入"少年中国学会",亦是受了《中国音乐史》和《西洋音乐史纲要》的作者王光祈的影响,后者作为学会早期的会员之一,留学德国十数载。舒新城与他在精神上的交谊尤为值得一提,两人从未谋面,但却较早拜读了对方在《少年中国》杂志上发表的诸多文章,遂而产生了强烈共鸣,极为赞同对方的观点。两人首次通信始于 1923 年,那时舒新城刚加入"少年中国学会",负责分发调查表予各会员,王光祈收到后立即回信答复之,自此两人可谓在文字上真正结识,随着舒新城担任编辑所所长,两人的通信更为频繁,探讨的大多是稿件接洽事宜。① 《中国音乐史》和《西洋音乐史纲要》的出版就是其中的代表,前书可谓系统介绍中国自古至今音乐的开山之作,旨在将国乐和民族音乐发扬光大,后书亦将西方音乐发展的过程介绍给国人。此外,中华书局"国防丛书"的问世,舒新城和王光祈在其中的功劳最大。一方以鼓励并收印稿件的方式给予大力支持,另一方直接参与书籍编译工作,双方的默契配合最终化为一本又一本的作品产出,最终填补了国防书籍在近代出版中的空白。《图书馆学要旨》的作者刘国钧作为"少年中国学会"成员曾留学美国并获博士学位,专攻图书馆学。该书依次介绍了图书馆学的意义范围、参考部与参考书、图书的阅览与推广、图书分类、图书编目、图书的选购与登录、图书馆的建筑与设备、图书馆的行政管理,中华书局编辑所还专门为该书编索引附于正文之后。② 正是出于"少年中国学会"的情谊,舒新城向以上同为会员的作者约稿才能如此顺利并终获成功。

透过以上主要的编作者群体,我们不但看到了海外留学生仍是该丛书的主力,他们学成归国后,成为新学的支持者和新知的推广者,还可看出有远见卓识的教育出版家舒新城与有思想的学者文人之间良性的互动关系,他们的

① 舒新城:《哭王光祈兄》,载王光祈先生纪念委员会编:《王光祈先生纪念册》,(台北)文海出版社 1968 年版,第 40—51 页。
② 刘国钧:《图书馆学要旨》,中华书局 1934 年版,第 2 页。

通力协作促成了 30 年代以"中华百科丛书"为代表的一种教育出版风格的形成。编辑该丛书的初衷虽然只是为了给中学生普及各科常识,但其学术价值丝毫不低于当代的许多本科教材。

1934 年中华书局推介"中华百科丛书"时写道:"中华书局新出版《中华百科丛书》谨以包罗各科知识的宝库献给中等学生及失学青年。"①更有学者总结道,其"为中等学生课外读物,将日常习见现象作学理的说明,以启发思想,引起研究之兴趣"②。

该丛书在社会上也产生了广泛的影响,如当年南昌的一位地方青年读者回忆称:"《中华百科丛书》适合中等文化水平阅读,中小学图书馆备购者甚多,其中有些我翻阅过。"③这一言论足见"中华百科丛书"当时在青年读者中具有不小的影响力。这一影响广泛、灌输青年现代科学技术知识和西方学科分类新知的丛书之问世,自然是发起者舒新城、广大编作者及书局同人的功劳,出版过程无不凝聚着舒新城的心血,更反映出作为一个拥护新文学和新文化的教育家,舒新城身上所具有的那种独具慧眼的出版理念和关爱青年学生的博大胸襟。时至今日,这套丛书还有许多值得借鉴之处,正如出版界学者所言:"每种书后附有名词索引和重要参考书目。这种索引有助于读者阅读,重要参考书目有助于为读者进一步的深化研究提供线索。这种做法是目前我们出书工作中极薄弱的一环。"④

四、"中华百科丛书"的影响

与舒新城同时代的读者群体,对其主编的"中华百科丛书"给予较好的评价。如时人称赞"在目前所已出之关于土国各书中",赵镜元的《土耳其史》"最堪诵矣"。⑤ 而相关学者对郑昶所编《中国美术史》的总体评价还算不错,认为"取材博泛,所述亦属扼要",唯独对书中某些细节略有微言,指出"编者目元明清为沉滞时代,而于清代之建筑及书法等,竭力颂扬,亦至相矛盾之一也"。还

① 中华书局"中华百科丛书"广告,《中华教育界》1934 年第 21 卷第 11 期。
② 李瑞良:《中国出版编年史(增订版)下册》,福建人民出版社 2006 年版,第 999 页。
③ 喻建章:《我的七十年出版生涯》,江西教育出版社 2008 年版,第 41 页。
④ 汪家熔:《近代出版人的文化追求——张元济、陆费逵、王云五的文化贡献》,广西教育出版社 2003 年版,第 324 页。
⑤ 《新书提要》,《图书展望》1935 年第 2 期。

建议"若欲溯其源,尽可依地质上之分期,据考古学者所论为信而有证,否则宁从缺可也"。① 某一经济学杂志推介周伯棣所编《经济学纲要》,宣称"本书以现阶段的社会为对象,而从经济学的见地,说明其整个的经济机构;故凡本书所论,都是我们现实生活上所能体验得到的","读了此书,不但对于经济学上的重要名词及原理,都可有一个具体的系统的概念,且可明了所处的社会而为改善社会之一助"。② 含光称赞《乡村教育纲要》作者"杨效春先生是一位乡村教育实行家,对乡村教育颇有深刻之研究",点评该书"内容极其丰富,从事乡村教育者,读之当可获益不少",还细致梳理每个章节的大概内容。③

特别令人注目的是,"中华百科丛书"之一的《现代教育原理》受到教育界人士的广泛关注,各界读者好评如潮。某一地方刊物宣称"中华书局,新出版的中华百科丛书,其中有一种叫做《现代教育原理》,颇值得从事教育者的一读。据著者钱亦石的例言,该书注意于变动性、具体性与联系性,可知其有意矫正过去教育学者种种见解。""虽然不免有点空洞简略的毛病,究竟给予非常有力的启示。我们读了,是不会怎样失望的。"④文博评论称:这部小册子"从过去谈到未来","是非常系统化的一本教育理论书,不过所说的都是一些原则,非对于教育有经验,或者对于教育科学有相当研究的,读起来恐怕不容易感到深切的兴味。而对于教育有研究的,这书,虽然也不免有点空洞简略之感,究竟能够给予非常有力的启示"。⑤ 署名为房一化的读者首先指出"钱亦石先生的《现代教育原理》就是应着"如何使新教育中国化问题"写成的一本好书",其次详细介绍了各章的主要内容,最后用"理论正确,立论客观,研究精细,见解独到"形容该书的优点。⑥ 另一位教育人士丁华,一开始简略叙述了书的内容,紧接着用"著者运用了正确的方法论——辩证法""处处联系到中国的现实问题"描述其优点的同时,又指出存在没有提及教学法、"似乎嫌简略"等缺点,还是推荐谓"一直到目前为止,中国出版的教育原理书籍,钱氏这本现代教育原理确是持论正确的适合于初学之用的书"。⑦ 宗珏认为"这部崭新的

---

① 殷珣:《新书介绍》,《中国博物馆协会会报》1936年第1卷第3期。
② 《图书介绍》,《银行实务月报》1937年第1卷第1期。
③ 含光:《书报介绍——乡村教育纲要》,《教育辅导》1935年第1卷第7期。
④ 《介绍新书:现代教育原理》,《蔚南月刊》1935年第1卷第1期。
⑤ 文博:《读过的书:现代教育原理》,《读书生活》1935年第2卷第12期。
⑥ 房一化:《书籍介绍:现代教育原理》,《小学与社会》1936年第2卷第48期。
⑦ 丁华:《书评:现代教育原理》,《大众教育》1936年第1卷第1期。

教育基础理论的书,是很值得我们注意的",因为它"没有把教育孤立起来,反之,却特别注意到其联系性",指出作者"对于作为'民族独立的政治教育''机器工业的生产教育''大家享受的文化教育'的说明,也是别的教育家所没有做到的尖锐的解释,而且认定这三种教育并'不是彼此孤立,而是三位一体的'",进而道明其观点"与一般盲人瞎马的教育学说、教育原理,自然没有共通之点了"。[①] 教育史学家沈灌群写道:"作者的观点,系根据'当前动荡的时代与我国特殊的环境'进而为动的教育原理之叙述……由此可见其立论的一般了","以辩证法的观点,谈中国教育,这本书允为启蒙之作","全书的讨论,也许因为篇幅关系,未能作广度深度两具丰富的叙述,可是得此一本书,已可提示吾人一个有意义的观点"。[②]

结语

舒新城"精挑细选"相关领域优秀人才参与"中华百科丛书"的编写,其组织管理中华书局出版工作的能力可见一斑。值得一提的是,舒新城的学缘(湖南高师同学)、地缘(湖南同乡)、师生缘(任教中学及师范学校时期的学生)在"丛书"约稿及组稿过程中发挥了微妙且不可忽视的作用。如此一来,这套丛书的整体质量自然得到有效保障,发行后引发读者热烈反响,舒新城及编作者的共同努力居功至伟。可以说,舒新城主编的"中华百科丛书"对中国近代教育产生难以磨灭的深刻影响。正如吴永贵指出,"复将目光聚焦于某一类具体的书籍、某一个具体的机构、某一些具体身份的人物、某一种具体的出版活动,或许可以获得更为开阔的视野"[③]。遍及人文科学(历史及哲学)、社会科学(教育学科)、自然科学(理科及工科)及艺术的"中华百科丛书"类别与舒新城多学科广博知识积淀的特色相得益彰。

舒新城组织编写、出版"中华百科丛书"是其推进科学大众化、普及化的重要尝试之一。负责"中华百科丛书"出版的中华书局,在编辑所所长舒新城的策划和领导下,局内编辑及局外相关领域专家人才通力合作,最终将90种100册的"百科"书籍献给青年读者。舒新城及"丛书"编者们共同致力于满足青年

---

① 宗珏:《书报介绍:现代教育原理》,《生活教育》1936 年第 3 卷第 6 期。
② 沈灌群:《书报介绍:现代教育原理》,《国立中央大学教育心理两系学友通讯》1936 年第 1 期。
③ 吴永贵、褚欣桐:《民国时期日用百科书籍的常识建构与现代启蒙》,《现代出版》2023 年第 5 期。

读者主动学习课外科普常识的求知欲望及需求的同时,让"科学精神"(运用科普知识解决现实问题的能力)走进学校,深入大众(青年和民众)生活实际,切实改善生活质量。舒新城曾指出,中学生的年龄是在青年期,"他们的经验是限于他们所处的家庭和小社会,他们的学习能力在青年期虽然富于想象力,但是推理力是不及成人"①。他强烈呼吁学术界及出版界密切合作,为中学生及民众编写、出版浅显易懂而蕴含百科知识的科普读物。他提醒学者及科学家使用最通俗易懂的科普文字书写,而少用专门的科学术语。他还倡议"请中学生作审查员,先将书稿交给他们看看,而令其将不懂的地方,指出来再行修改,必使他们看得懂然后定稿"②。他积极倡导书写及出版的科普读物须与人生、生活实际紧密关联,才能将"科学的精神"真正"灌注青年的脑子里"③,引导其达成"科学生活化、行为化":利用所学科普知识解决现实问题。紧接着,让青年学生到乡镇及农村引领民众,实现"全国人民的生活和行为均科学化"夙愿,最终使"国家社会均蒙其福利"④。

---

①　舒新城:《新教育之展望》,《新教育》(新加坡)1947 年第 1 期。
②　舒新城:《中国科学教育的问题》,《新中华》(复刊)1946 年第 4 卷第 1 期。
③　舒新城:《新教育之展望》,《新教育》(新加坡)1947 年第 1 期。
④　舒新城:《中国科学教育的问题》,《新中华》(复刊)1946 年第 4 卷第 1 期。

"幽默"如何"教育"

——《论语(半月刊)》中精英与
大众的教育探讨 *

张睿睿

（成都大学）

　　中国教育的近现代化,本是一个耐人寻味的严肃话题。国际联盟教育考察团 1931 年 9 月到 12 月来华进行考察,在 1932 年发表了《中国教育之改进》的报告,警示中国教育过于模仿美国经验将导致文化分裂的危险。[①] 此报告及其给出的改革建议随即引起中国社会连续几年的热议,其中在《中华教育界》《独立评论》《师大月刊》《东方杂志》《大公报》等为代表的杂志上,教育学家和大学教授们纷纷发表了严肃评论文章。[②] 而 1932 年创刊的幽默杂志《论语》半月刊却不同,往往以夸张诙谐的漫画和轻松调侃的小品文来达成精英阶层与大众阶层的共同探讨。

　　《论语》最初由林语堂主编,后陶亢德、郁达夫等人先后担任主编;虽然在 1937 年 8 月到 1946 年 12 月因战争被迫停刊,但在 1949 年 5 月正式停刊前,《论语》总共出版 177 期,可以说是中国近代办刊比较长寿的杂志。该杂志以幽默小品为主要特色,贴近生活又能做到雅俗共赏。其内容涉猎广泛,正如第三期《我们的态度》文中所述,"人生是这样的舞台,中国社会,政治,教育,时俗,尤其是一场的把戏,不过扮演的人,正正经经,不觉其滑稽而已。只须旁观

---

*　此研究系国家社科基金项目一般项目《中国现代幽默文学源流考辨中的史蒂芬·李科克与林语堂比较研究》(项目编号：21BWW019)阶段性成果。
①　有关国际联盟的官方文献,可参见《中国教育之改进》,国立编译馆 1932 年版,第 14 页。
②　详可参见孙邦华:《中国教育现代化运动中的中国化与美国化、欧洲化之争——1932 年国联教育考察团报告书〈中国教育之改进〉的文化价值观及其反响》,《教育研究》2013 年第 7 期。

者对自己肯忠实,就会见出其矛盾。说来肯坦白,自会成幽默。"①正是幽默家用超然的眼光,客观、写实地观察人生这个包罗万象的大舞台,在教育维度上既有精英的反思,也有用幽默手法对大众进行的教育启发,使得大众能够从幽默的阅读中汲取营养,深入浅出地和精英的思想发生碰撞,并产生思考。

观点的提出经由"幽默化",委婉地向大众们指出教育问题的同时,也顺带阐释了一些先进的教育理念;说到底,其传播效果比严肃刊物、甚至专业教育刊物还要好。教育作为《论语》杂志关注的一个重点话题,其实贯穿了其整个刊物的发行时段,在 1935 年 3—4 月,《论语》还专门出了两期《现代教育专号》,可见其分量。当"幽默"遇上"教育",用"幽默"来进行并引发更深的"教育",这在当时的中国文坛,要算是非常新鲜的事了。

让我们来看一看《论语》杂志上登载的有关教育方面的幽默作品(包括漫画和小品文),瞧瞧当时国内幽默作家对教育的关注点有哪些,以及他们心目中理想教育又是怎样的。

一、"冒烟"熏出的"教育"——林语堂主编时期提倡的形象化启发

《论语》第 1—26 期(1932 年 9 月 16 日—1933 年 10 月 1 日)为林语堂担任主编时期。这时期《论语》杂志的内容涉及了林语堂本人关于中国教育的很多思考;其中却基本上看不到正儿八经的理论或说教,而都是融在了"润物细无声"的各种幽默形式里。

林语堂是《论语》半月刊的创办者之一,在举家赴美之前的 1932—1936 年间,一共为《论语》发表过 191 篇文章,并积极向社会名流约稿。可以说,林语堂是《论语》草创到成功办刊时期最为重要的贡献者。他长期任教大学,并曾担任中央研究院代表于 1931 年赴瑞士日内瓦参加当时的国际联盟文化合作委员会联会积极为中国教育的发展发声。他把自己专程赴国际联盟教育会议为中国教育争取权益的种种深思写成的若干篇文章,连续发表在《论语》上。

林语堂特别重视学校的学风问题。他作为中国的国联教育会议主要发言人完成英文演讲后访问了英国的牛津大学。回国之后,他在《论语》上发表了

---

① 《我们的态度》,《论语》1932 年第 3 期。

一篇著名的幽默文章《有不为斋随笔：谈牛津》①，深深受到当时在英文世界影响巨大、既是教育家又是幽默家的学者——加拿大的史蒂芬·李科克的《我所见到的牛津大学》(Stephen Leacock, *Oxford as I See It*)②观点之影响。后者在英文世界最被称道的，是形象化地讲出牛津大学成功的秘诀在于导师对着学生"抽烟"。③ 林语堂特别欣赏李科克用"抽烟"的方式幽默夸张地表达出牛津教育的精髓所在——注重师生朝夕的熏陶。这简直和林语堂以前提倡的"空气教育"如出一辙。④ 如果说之前的"空气教育"比较抽象，不容易落到实处，那么转变为"冒烟教育"，一下子就变得既形象又幽默了。

林语堂在《谈牛津》中将李科克译为"李格"，并且他用幽默的语调俏皮地重译了李科克著名的"冒烟教育"中的两段话。

李格说："据说这层神秘之关键在于导师作用。学生所有的学识是从导师学来的，或者更好说，是同他学来的：关于这点，大家无异论。但是导师的教学方法，却有点特别。有一个学生说：'我们到他的房间去，他只点起烟斗，与我们攀谈。'另一个学生说：'我们同他坐在一起，他只抽烟同我们看卷子。'从这种及别种的证据，我了悟牛津导师的工作，就是召集少数的学生，向他们冒烟。凡人这样有系统地被人冒烟，四年之后，自然成为学者。谁不相信这句话，尽管可以到牛津去亲眼领略。抽烟抽得好的人，谈吐作文的风雅，绝非他种方法所可学得来的。"

"如果他有超凡的才调，他的导师对他特别注意，就向他一直冒烟，冒到他的天才出火。"

从上面的林氏译文里，我们不难看出林语堂用心、有意营造的"幽默劲儿"。他更加幽默的译文，不但对当时中国大学教育的弊端进行了反思，还故意把"smoked at"翻成"冒烟"。如此大胆夸张的画面感创造，可谓《论语》派的壮举！此外，他还通过与中国古代书院的教学相比较，发现中国古代书院的教育就非常"注重师生朝夕的熏陶"，而非课堂上的那点讲授。传统教育的"成绩

---

① 语堂：《有不为斋随笔：谈牛津》，《论语》1933 年第 9 期。下文引用皆出自此，不另注释。
② Leacock, Stephen. "Oxford as I See It", *My Discovery of England*, London: John Lane, 1922. 下文引用英文原文皆出自此，不另注释。
③ 张睿睿、毛迅：《从〈我所见到的牛津〉的译介看李科克对中国现代文化的潜在影响》，载《现代中国文化与文学》第 32 辑，巴蜀书社 2020 年版，第 136—151 页。
④ 林玉堂：《谈理想教育》，《现代评论》1925 年第 1 卷第 5 期。早年林语堂发表文章，常常署名玉堂、林玉堂等。

之远胜于现代",是因为"熏陶""陶冶"正如牛津的"冒烟"一样比日日考试做题更有效,毕竟"学问思想是在燕居闲谈中切磋出来的"。基于此认知之上,林语堂大力赞赏导师对着学生的"冒烟",因为"冒烟"代表一种"自由谈学的风味",经过这样的风味系统地"陶冶薰化"四年,学生不是"自然成为学者"了吗?①

到了《论语》第 19 期,林语堂又进一步形象地总结出国外名校的"气味"(即风气):"牛津之口腔(Oxford drawl)、剑桥之蓝衣、耶鲁之拍肩、哈佛之白眼。"不过这些形象都是名校学风形成之后的皮毛形态而已。不同大学"味各不同,皆由历史沿习之风气所造成,浸润薰陶其中者,遂染其中气味",其生动形象的说法不过仍是继承了李科克式的幽默。所谓"冒烟",强调师生之间耳濡目染、熏陶渐染的学习氛围,即"大学之味,应系书香而已"。②

图 1 《论语》所提倡之中津式烟教育,《论语》1933 年 12 期

① 语:《吸烟与教育》,《论语》1933 年第 10 期。
② 语:《哈佛味》,《论语》1933 年第 19 期。

除了上述出彩而形象的语言描述,《论语》杂志还不惜使用珍贵的版面来登载有趣的幽默漫画以辅助、加强"冒烟教育"的可视化与感染力。比如第12期登载的漫画《论语所提倡之中津式烟教育》。不仅老师对着学生"冒烟",学生也对老师"冒烟",老师、学生手上拿着烟,教室的地面上也遍布还在冒烟的烟头。学生西装革履,兜里揣着《论语》杂志,脸上表情无不自在享受。该漫画无疑将"冒烟教育"自由探讨、相互熏陶的形式大大夸张地形象化了,同时也囊括了"幽默、自由、闲适"等代表林语堂文艺风格的特点。后来的第25期和第39期上也有类似的漫画反复展示或着西服或着长衫,点着烟气袅袅的烟卷儿,十分享受阅读和思考过程的文人雅士形象。

图 2　尖头慢,《论语》1933 年第 25 期　　　　图 3　无题,《论语》1934 年第 39 期

以上或文字或漫画的诸多作品,让"冒烟"的教育思想成为林语堂主编《论语》时期提倡的现代教育基调,其影响可以说扩展、覆盖到了《论语》办刊的各个时段。而且幽默化的"冒烟"与"教育"、形象与主题,似乎成为《论语》拉近和读者距离的一种标签,产生了"招牌性"的市场亲和力。如《论语》每期必登的《论语社同人戒条》中,第九条"不戒癖好,并不劝人戒烟"也似乎在帮助强化这种标签。而创刊的第一期中谈到办刊缘起①,林语堂也用"冒烟"的意象戏拟

①　《缘起》,《论语》1932 年第 1 期。

孔门弟子,幽默又形象地展示了《论语》派同人的性格和办刊缘由:同好们因"烟性相投"走到一起,同在闲适状态下有灵气地做事。因烟而结、因烟而动,"神游意会"遂决定办报作《论语》。此外,《论语》第六期《我的戒烟》①一文后的附识中,林语堂甚至还明确表示了"本刊要尽量登载吸烟之文字及广告",故意把"冒烟"当作行为艺术一样的标签,传达了他希望大众读者们能和他一起"熏",支持践行互相讨论、互相砥砺的全新的教育模式。

二、"征文"促成的"群言"——陶亢德编刊时期的《现代教育专号》

从 1933 年 10 月出版的《论语》第 26 期起,林语堂不再担任主编,陶亢德继任。在主持《论语》的编辑工作后,陶亢德并未对其办刊方针作大的改动,依然延续了《论语》开放办刊的原则,以至于许多读者误认为陶亢德是林语堂的化名。② 不过陶亢德曾在《生活》杂志担任编辑,办刊经验丰富,比林语堂更会在娱乐性和商业化的维度拓展业务、吸引读者参与互动。他规范了《论语》杂志向社会征文的方式,还时不时在期刊中插入正式规范的征文启事。其中那些涉及教育话题的大型征文活动,真可谓把《论语》的受众度进一步大范围扩展,效果甚至超过了之前林语堂的生动、形象化的幽默手法——极大增强了大众的参与热情,并让《论语》杂志更受欢迎。

在《论语》创刊两周年之际,陶亢德策划并出版了第 49 期《两周纪念特大号》,③并且在该期目录页鲜明地登载出一篇征文启事:

> 兹乘二周纪念悬赏征文之便,即以提倡含蓄思想的笑为主旨,以"现代教育"为题,请大家正正经经老老实实将现代教育的骗局揭穿,以教育现实的本色幽默为幽默,不以掉文弄墨为幽默。应征者务将"征文"字样注明信封。收文以十一月初一为截止日期。

该启事明示,在《论语》随后的某期中将会集中出一期专门讨论"现代教育"的专刊,主旨还是《论语》一贯提倡的"含蓄思想的笑",即幽默;同时指出这样的幽默应以揭露教育现实中的自身问题,而不是通过"掉文弄墨"等文字游戏的方式去刻意捏造。这样充满仪式感、奖金和奖品诱惑的"征文",不仅从思

---

① 语堂:《我的戒烟》,《论语》1932 年第 6 期。
② 胡飑适:《群言堂:借花献佛》,《论语》1934 年第 33 期。
③ 《论语两周年悬赏征文启事》,《论语》1934 年第 49 期。

想指归上引导大众读者向《论语》派同人欣赏的"独立思考""自我批评"的精神上靠近,更是从写作方式上督促大众读者务必做到"文尽其意"、言之有物。这恐怕不啻林语堂执掌时代留给人深刻印象的"冒烟"比喻,或还更有操作性的提升!

之所以选择"现代教育"为题,一方面是因为陶亢德延续了林语堂办刊时期对于"教育"的关注,另一方面缘于他对恐怕当时社会上有诸多暴力压制学潮的情况之担忧:"而今而后,教书先生大概将全身戒装,一手执枪,一手执讲义了罢。也许这样了犹以为未足,那末军警本来无所事事,使其放哨课堂,布防校门可矣。"①基于这样的动机,陶亢德刊发了上面引领互动参与的征文启事。

不过最初的《征文启事》中"现代教育"题目似乎出得太大太空,马上有读者来信反映无从下笔;于是,在第 52 期里陶亢德又发了一个补充启事:

> 原来现代教育一题,并不一定希望应征者把整个现代教育写述出来,只要各自就系身受,写述其一方面。写"大学教育"可,写"中学教育""小学教育"亦可,就是再分而写官立学校的教育,私立学校、函授学校、教会学校的教育也好。总求各就所知所感,老老实实正正经经把现代教育的内幕实写。或能谈到现代教育之根本方式制度及原理上之刺谬矛盾不合实际者,尤为上乘。收文截止,本为十一月一日,现特展为十一月底,以便作者可以从容思索,然后写作,或提出怀疑,加以研究,勿率尔下笔千言自快为幸。②

这篇答读者疑的补充,一方面体现了《论语》杂志对于受众意见的及时反馈意识,另一方面也确实把要大张旗鼓兴办的征文要求落到实处——本着读者的亲身体验、具体而细致落实到某个教育层面,用实事求是的态度把其中的问题在思考和研究的基础上表达出来。

这样一来,两期启事彻底把读者的参与意识引燃了。《论语》杂志的编辑部也没想到——竟然陆续收到了 312 篇征文投稿! 如此一来,编辑部不得不考虑用两期专刊来消化这些极为热情的投稿作品。不过陶亢德的活动组织能

---

① 亢德:《教育前途之展望》,《人间世》1934 年第 5 期。
② 《论语》社:《为悬赏征文启事》,《论语》1934 年第 52 期。

力甚强,在出版专刊之前,《论语》的第 54 期上竟然还率先发表了一篇黎庵的《谈"书院教育"》,来专程拉开现代教育大讨论的序幕。

在此文中,作者对比其 15 岁之前跟随姨母接受的老式书院教育,与后来到上海接受的新式教育,发现书院教育是和牛津方式十分相似的教育。作者从乡下来到上海时,首先跟他的姨母进行松散的旧式书院制学习,而姨母当时是一家图书馆的馆长。"她每天没有规定的课程,只教我择欢喜的读去,倘使有所心得,一星期得缴两篇作文上去,题目是任意的,不缴也不妨。"①高兴起来,姨母还要给他讲书中精义。由于图书馆藏书丰富,很多学识渊博的读者也与姨母熟识了。他们常常到馆长办公室与之闲聊,"大都是抽着烟,谈着没有中心的问题",不过文学的话题居多。作者就是在这样类似"冒烟"的教育下学到了很多知识。后来接受正式的新式学校教育后,发现写的文章还没有少时好,"颇有些今不如昔之感"。这位落款为黎庵的读者,在读了林语堂的《谈牛津》和其推崇的李科克《我所见到的牛津大学》以后,发现他与这些学者经历并感慨的东西有着"雷同的奇迹"。于是他大胆提出心目中的理想教育模式:"管理不妨略撷取现代式的,而课程方面,要采取我国固有的'书院制度'。"其文末附林语堂的点评:"现代教育,一塌糊涂,但改良固未易,推翻亦不可能。治此病唯有二法。一治标,二治本。治标系为目前学生着想。处于此种制度之下,只好极力偷看书,即使被罚,亦决不悔。……治本谈书院制度是不行的,因为此是国货,谈之即是落伍,是风雅,是布尔乔亚。但换一名目,名之为牛津式教育,却不妨事,没人敢骂。"可见,林语堂也赞同黎庵将书院教育同牛津式教育等同的观点,只不过需要用现代的方式将传统教育模式进行包装,即换上个时髦的说法。这个点评简洁精到,遵循"冒烟"的主张扛起了教育讨论的大旗。

《论语》的第 61 期,隆重推出了《现代教育专号》,完全用来公布和刊登评奖的优秀投稿。在扉页上登载了《论语两周年悬赏征文揭晓》,明说题目《现代教育》共收到文稿 312 件,评阅人是林语堂和陶亢德。此次征文评选出一二三等奖,另外"应征稿件文义可取者尚有十二篇,以篇幅有限,本期先登九篇,其余也且,静观,荧心三君之稿,在后陆续发表"②。可以看到,读者反馈的积极

---

① 黎庵:《谈"书面教育"》,《论语》1934 年第 54 期。下文引用皆出自此,不加注释。
② 《论语两周年悬赏征文揭晓》,《论语》1935 年第 61 期"现代教育专号"。下文所选三篇得奖文章,皆出自此期,不另注释。

程度,远远超出了陶亢德等人最早的征文预期。

得奖的三篇论文,均是对现代教育问题的总述,既切题又幽默,扎实敢说。征文第一名是赵良的《议现代中国教育》,他开篇不失悲观地指出"目下国内之智识阶级,率多系曾受现代教育者","运用其过人之智与过人之力,支配中国之社会;而中国亦适在彼辈的支配下,追逐时潮,蠕进不已",因此"混乱与穷困,已深陷中国于衰颓之境地。……而所谓百年大计之教育,亦沉坠深渊"。在随后的行文中,总结造成这种状况有四种原因,精彩直言。一是教育工作者本身"国事非我事,人子非我子",不愿担当责任,只管混到工资而不负责任的错误态度——持此态度者,总觉得"我不误人子弟,终有误人子弟者;即便误尽天下子弟,究不至论我杀人父兄之罪也";另外天下愚钝的学生本来就多得是,没人会说是老师教得不好,只管拿了薪金了事。二是"靠山吃山,靠水吃水",只着靠教育本身来营生的错误思想。"盖教育一途,虽无万斛金珠,尚有小利存焉",所以教育者"不以教育为责任,而依为利源;不以教育为职业,而视为政治舞台之阶梯或休息室"。这样的教育,本不以教人育人为目的,当然教不出好学生。三是"二心私学,教育革命"的错误思潮。不管是官立还是私立学校,均想培养学生势力最终去"造党造系","今日打倒××,明日拥护□□,读书不读书,固无老大关系",哪里真心要办学,分明就是培养自己的势力团体而已。最后一个原因,则是"上欺下愚,将相有种"的错误理念。"教育机会,偏惠于少数人;结果造成两个悬殊阶级。……惟在于悬殊,才有支配与被支配;惟在于多数无能,才有欺骗,贪污,'社会停滞','国家落伍'。"教育成了搞特殊、加大社会阶层板结的工具。赵良用韵文、讲故事,还掺杂了一些下里巴人痞子气的幽默口吻,例数了造成当时中国现代教育沉疴的四大原因,让人深思教育的"怪态"形态如何破——"教育在前进,亦在改革。二十余年,历经各种实验,实验至今,尚未获得成果"。整个行文不太激进、处处笑点,让人对造成当时教育问题的原因清楚明了,难怪被林语堂和陶亢德评为第一名。

征文第二名是风可的《现代教育之总暴露》,从题目上看,直指教育的症结所在。文中揭露了当时学校教育的以下问题。一是私立学校商业化:过度的广告宣传、校长教员想方设法赚钱;二是公立学校官僚化:任何大小事项都需公文呈报,"学校行政的重要部分是忙于开会填表格";三是人才培养太过中庸:"教育家要造就的是一批十全十美的文人学者政客官僚,那些喜欢捣乱的科学家,体格衰弱的政治家,只有偏长的文学家都不需要";四是从招生到毕业的整个培养机制都有问题,比如招生资格限制太奇怪,头部生疮就不录取;教授上课下课只骂人,不教书;学生课余生活不自律;考试作弊情况严重;毕业不以培养天才精英为目标,只要考试及格,"读满学分和读足年限,不欠学校一切费用,不骂学校不好",就能毕业。最后还涉及了毕业之后的就业出路:"想做官的最多,其次是教师;一部分人投身于现在所谓反动;一部分人丢了本业做别行;可怜的是没落的人;可悲的是失业的人。"行文完全用口语化的生动夸张的句子,是头三名得奖征文中的最长文;大笑之余,不禁让人反省当时教育界的真实状况和问题,其中细细指出的私立和公立教育分别具有的问题、大学培养目标出现的偏差等,非作者用心观察、费心总结、倾心思考后不能说出。

征文第三名是王小山的《现代大学教育》,他以一个即将"毕业即失业"的大学生第一人称口吻,发表了他认为的大学教育的几个问题,想请有心人好好研究研究。第一个问题是,大学教育造就什么人才?以他接受的闭门造车的教育,只能教出国文不通、英文也不识的"不三不四"的学生来,没有任何用处。第二个问题是,教授讲演,到底讲的是什么?一般的大学里没有"李科克所说的冒烟教学法",因为抽烟的教授还是少数。但是授课时教授留声机式地讲,学生速记员一般地记;教授一讲完就夹着皮包、挺着肚子去吃茶,学生也是记好了,就伸着懒腰、忙去小便;一学期下来效率低极了,教授整门课的速记笔记,只相当于学生自己读一个钟头书获得的内容,岂不浪费生命?第三个问题是,奖学金的内容,究竟如何?作者揭露:所谓考试,实际就是考些笔记上的东西,学生在考试时总有作弊的办法,而教授改卷时打分也很随意,仅凭印象而已。因此有人就总结道:"什么奖学金,只要在考的时候抄得仔细一些,字写得端正一些,平日常常和教授谈谈,那么一学期几十块钱的奖学金是不成问题的。"这样奖学金的设置,是"鼓励学生读死书,死读书的,同时是鼓励学生作弊和抄袭的"。这些问题,虽不能代表整个大学的内幕,但"骨鲠在喉,不吐不快,也顾不得那么多了"。此文与得了第二名的征文一样,均是发自肺腑的总结,不过语言文字确实如"流着泪的笑"一般,给人很多思考。

以上三篇获奖征文,均按照征文启事中"老老实实正正经经把现代教育的内幕实写"的要求来提出些问题,但是并没有给出解决方案和建议。本期的其他文章也是从作者熟悉的角度通过幽默故事指出问题,引人思考。如《劣等学生之自述》《切实有效的监督和指导》《补习受骗》《广西的教育》《教会女子教育的写真》是从学生的角度来幽默地叙述现代教育中出现的问题;《王先生自传摘录》《校长与手枪》《风波两场》又涉及对办学者批评的幽默描写;《教育四征》则通过提出四个幽默的话题来引起人们对于"现代教育"的思考。总体上看,此次征文大获成功。当时那些看了早几期林语堂牛津式"冒烟"文章的读者们,真的坐下来认真思索总结并"付诸笔墨",亲自操刀上阵参与了《论语》派知识精英们关心的社会大问题——有关教育的讨论。虽然《论语》杂志的征文活动做法逃不出哈贝马斯的批评,属于文化商品想办法去迎合消费群体某种娱乐或休闲的要求,不过,不也同时促进了大众读者探寻社会问题,担当一定社会责任,参与到某种批判与否定之中了吗?①

读者的热情和过多的投稿,实在让一期专号装不下。陶亢德索性把另三篇也很不错的文章放在接下来的三期刊发,荧心的《现代教育》刊载于《论语》第 62 期、也且的《四川教育小史》刊载于《论语》第 63 期、静观的《香港的华侨教育》刊载于《论语》第 64 期。如此,既鼓励回馈了热情的投稿人,也把林语堂和《论语》派关注的教育话题的热度延续下来。

三、"大咖"被激起的"反馈"——陶亢德编刊时期的《现代教育专号下》

"现代教育悬赏征文"在社会上引起了如此大的反响,让平时为《论语》撰稿的"大咖"文人们如林语堂、老舍、老向、丰子恺等人也跃跃欲试、感觉不吐不快了。他们决定亲自出马,以"豪华的阵容"和"加倍的热情"投入到陶亢德前面策划的现代教育征文活动中。于是紧接着第 61 期《现代教育专号》,《论语》第 62 期推出了《现代教育专号下》。本期杂志把上期暂停的专栏也全部恢复,但几乎全部专注于教育主题,特点是"大咖"一出手,虽然都是看待同样的问题,却眼光独到、体裁多样,幽默表达手法也更为复杂有趣。

本期以林语堂的《我的话:教育罪言》②作为开篇,他认为当时中国教育的症结在于没有从学生本身的需求出发。以"学生"为本位的立足点,异常欠缺。

---

① 关于哈贝马斯的大众文化批判理论,可参见[德]哈贝马斯著,曹卫东等译:《公共领域的结构转型》,学林出版社 1999 年版,第 192 页。

② 语堂:《我的话:教育罪言》,《论语》1934 年第 62 期"现代教育专号下"。下引不再注。

比如"考试是机械的,注重记忆,不注重思想的"。小学课程繁多,因为各科都有专家,每个专家都认为自己的学科重要,于是"你也要加钟点,他也要加钟点,至于小孩自身,却无人过问"。课堂讲授占的时间过多,而读书的时间过少,所以造成了好多大学毕业生信仍写不通。"此而可谓理想经济的教育,无人想改革,必是其中另有一个制度,拿青年的精神光阴糟蹋,从中取利。"林语堂的这些反思印证了他创刊《论语》、提倡幽默的鲜明宗旨,要办"以人为本"、有人文关怀的杂志。①

罗念生的《我闻如是》②别开生面地创作了一幕幽默剧本。通过甲、乙、丙三人对教育的讨论,揭示出当时教师薪资低、"上台是官员,下台是教授"、小学生盲目读经等问题,最后还一针见血地总结出"人之患在好为人师,师之患在好食民脂"。

姚颖则另辟蹊径,选题是《扫墓与教育》③。把扫墓和教育拉在一起,看似风马牛不相及,但作者认为清明扫墓有"重要"的社会教育意义:是一种合理化的佳节消遣法——因为,扫墓痛哭,可以使胸中抑郁完全消灭,实大有裨益于人生。他把西洋有关情绪净化的理论用匪夷所思的"扫墓"题材表现出来,带来了一股新鲜活泼的幽默气儿。

不过,本期最幽默又最有特色的文章,当属丰子恺和老舍的两篇。丰子恺甚至还发挥了自己作为美育家的特长,不仅在本期中专门撰文《俭德学校》参与讨论,④还贡献了五幅漫画插图。该文注意到当时全国乡村各处的学校,有一种共通的"美德",就是崇尚节俭。作者深入一个学校,发现首先该校硬件特别"省",校舍是"会馆里的三间祠堂",房租就不必出了,只是每次进出都得通过"会馆里的停枢所"——"数十具大大,小小,新新,旧旧的棺材,分列两行,中间留一条路。好像两排卫队,天天站在那里迎送"学生和老师的来与去。如此校舍硬件上的"节省"真是让人不寒而栗。这个"反话正说"的首个精彩笑点,丰子恺忍不住配上了插图。伛偻者、背如老虾米般的"全职先生",每日和学生

---

① 观点参见署名"林玉堂"最早发表在 1924 年 6 月 9 日《晨报副刊》上的《幽默杂话》,后来和《征译散文并提倡"幽默"》这篇发表于 1924 年 5 月 23 日《晨报副刊》的文章合并在一起,署名"林玉堂"重新登在 1935 年《论语》上,取名为《最早提倡幽默的两篇文章》。
② 罗念生:《我闻如是》,《论语》1934 年第 62 期"现代教育专号下"。
③ 姚颖:《扫墓与教育》,《论语》1934 年第 62 期"现代教育专号下"。
④ 丰子恺:《俭德学校》,《论语》1934 年第 62 期"现代教育专号下"。下引不再注。

**图4 《俭德学校》，《论语》
1935 年第 62 期**

们踱步穿梭于挂着"到处青山可埋骨，劝君白发早还乡"的对联门间去上课教学，实在不敢恭维。

其次是学校的教师队伍"超省"，除去一个每天早晨拿着长烟管和铜茶壶进出，真可谓"鞠躬尽瘁"的"驼背"老先生，就只有校长兼老师的"我的朋友"，和另一位"十五岁的青年"。这个"小先生"，因为"新从本地高小毕业出来"，家里父亲祖父皆为文盲，倒是愿意倒贴孩子出来当先生。因此，该校的开支"除了每天限定的几个粉笔头之外，全无别的什用，其消耗节俭之至"，致使差不多"全部的收入"都可以成为"薪水"。比如草纸，原先由学校供给，后来学生"故意约伴登坑，浪费草纸"，都改为学生自备了，则"每月两三坑粪的外快收入仍然可以不减"。又比如取消茶水白开水，因为"校长说这不仅为节俭，也是注重卫生"，学生可以自己在家喝了再来，"都是省得有益"。其他，还限定粉笔用几只，在纸店买纸时规定赠送洋红洋蓝各一包、用于批改书法和算术作业等。

在教师个人角度上看，校长家有地有田，"并不专靠做校长吃饭"，"做校长的收入可谓外快，况且名利双收"；小先生家"开豆腐店"，因为可以让"向来一字不识"的父亲和祖父"十分光荣而满足"，所以"为他每月倒贴几元，豆腐老板也是高兴的"；就拿"老驼背先生"说吧，他特别会用好学生资源。仅有的抽烟喝茶的嗜好，也让自己的两个特殊学生："老烟店里的儿子"和"小茶店里的儿子"去帮办来省钱。另外，自己压缩仅有的这两项开支，一管烟做两管吸的"俭德吸烟法"，一碗茶做两次吃的"俭德饮茶法"……如此一来，从学生身上压榨出其他日常的必要消费，养得家里"一妻一子二女"，"除了一家五个吃饱穿暖以外，余年来他家里还颇有点儿积蓄"。当然与此对应，学生也有"俭德法"，"一半以上人因崇尚节俭而不交学费"，小茶店里的儿子堪称模范——不仅从不交学费，还兼任家里的工人、店里的学徒，经常帮父亲管茶，抱小弟一起来上学，收上年级的旧书和札记簿再出卖，甚至连墨也管同学"借"。纸，更是分 4 次用："第一次是用铅笔写，第二次用淡蓝水的钢笔写，第三次用毛笔写，最后拿回店里去包铜板。"这样惊人的美德"俭德",到底是贪便宜、耍小聪明,还是层层压榨?作者没有下结论,让读者在看图与阅文中自己体会思考。

同样,老舍的《谈教育》①紧接着丰子恺的妙文刊出,亦由丰子恺为其文配图,同样运用了"反话正说"。他开篇也道"谈到教育,应该是高兴的",教育使得教师有收入,只不过收入再提高一点就好了,"对教员应使之'清',而不宜使之'苦'"。说到学生,"现在的学生实在可羡慕:念许多书……拿到一张文凭,去做官,去发财,去恋爱,本是分所应得,近情近理"。不过,"穷人不大容易享受这些利益,未免是个缺点"。谈到办教育本该用心培养学生而不是教师混饭赚钱、学习应当公平而不是让阶级差距巨大等问题,一律是用幽默反语。最后总结道,"至于学校,那太好了",一个个"衙门似的":各种课长、教员、训育主任、体育专员等不同分工;中国教育显然有了极大的"进步"。统而言之,"我觉得现在中国的教育够甲等"。粗粗一看,以为老舍诚心在称赞当时的教育,但仔细一琢磨,发现作者深得"含蓄思考的笑"的精髓——陶亢德征文启事的关键词,表面赞美的语言下隐藏的却是辛辣的讽刺,这不正是幽默更高深的境界?

此外,还有几篇名家文章,和大众读者、特别是头三等奖获得者的写作思路特别相似。《论语》开创者之一老向撰写的《现代教育八弊》、何容的《教育界的问题》等,依然使用了比较直白的方式,用幽默的话语揭露教育的弊病,发一顿牢骚而没有什么更多的解决方案供参考。整期《现代教育专号下》,为《论语》撰文的大家们参与的教育讨论,在体裁、视角、幽默手法的多样性上,确实比社会征文"技高一筹"。不过也得感谢上期大众的热忱,若非如此,大家们也难得有机会同时出来畅所欲言、做最为盛大的展演。通过热闹非凡的两期《现代教育专号》,《论语》上的幽默和思想,在全国范围内得以更有影响力地传播开来。

小结

由"冒烟"引起的现代教育大讨论,从最早第 49 期陶亢德的"征文启事"和第 52 期的"征文补充启事"算起,到第 54 期黎庵的《谈书院教育》作引子热身、

---

① 老舍:《谈教育》,《论语》1934 年第 62 期"现代教育专号下"。

造势,再隆重地推出完整的第 61 期,做成《现代教育专号》公布获奖名单并登载优秀投稿作品,仍觉得不过瘾。接着,编者又把整个第 62 期打造成《现代教育专号下》,几乎所有《论语》派的同人都轮番上场,接续了大众的热情,来认真撰文、把讨论推向新高度。最后,还意犹未尽,把征文评出的好文稿又分散安排刊登在后面的第 62、63、64 期中,让讨论的热度继续传递,让关于"教育"的讨论和在这个过程中悄然进行的"教育"涟漪荡漾得更远。

早期有海外经历的高级知识分子,把他们最关心也最想革新的中国现代教育议题摆到大众面前,希望引导读者们也来关心、关注,没想到收到了来自民间如许热烈的回应,如"振臂一呼,应者云集"之盛况。于是,这也给了他们巨大的信心和力量,鼓励他们反向努力、积极地再次回应——几乎是全体成员上阵、亲自撰文、画插图,对大众读者展示他们思考同样问题的深度和广度,展示他们已吸纳并希望读者接受的更高级、现代的幽默语言表达方式,以及他们期望的未来教育改革可能的方向。借由"幽默",精英编刊层和大众读者层形成对现代教育的一次讨论,很好地实现了双向互动,不仅让以幽默为宗旨的杂志成为精英引导、启发大众参与批评性思考的文化阵地,还成功地以大众参与、反馈的结果为正向刺激,再次诱导了精英的投入,进一步在"无声胜有声"的写作付出中,以对话形态作出了回应;从而让大众读者有机会深层次阅读、了解、领悟文化精英惯用的、认可的并希望大众接受的思维和表达样态。近现代上海包容万象的发达的出版空间,让跳脱出一本正经的庙堂话语、启蒙话语、革命话语、甚至是市井话语的幽默小品文风格,不仅能在市场化、商品化的环境里游刃有余,①还能在充分调动市民参与的趣味表象下,推进林语堂骨子里追求高雅、引导大众一起评判反思的现代文化实践。这种看似游戏的热闹文化大观中,写作者的某种不平与怒气,幻化为机智幽默的表达;读者对嘲笑对象的荒谬可笑之处,则或早已心知肚明,或一点即通,在阅读中可以心领神会,更可能就此投入再思考甚至写作;再多重反复循环,进而或真有行动能付诸实践。

---

① 由于主推幽默大受欢迎,《论语》销量一直很好。当时由邵洵美开设的时代图书公司经理印刷发行事务,张光宇、张振宇(后改名正宇)不善经营,摊子又铺得太大:有《时代漫画》或《时代画报》、《人言周刊》、《十日谈》等,每月亏本,全靠《论语》的盈余作周转。《论语》虽然每本只卖一角钱(后涨到一角五),能销数保持两三万份,除去编辑费稿费,还能赚几百元。详可参见陶亢德:《陶庵回想录》,中华书局 2022 年版,第 79—93 页。

不过,在这场熙熙攘攘的教育讨论中,无论使用了怎样的幽默手法去表现,精英层和大众读者关注最多的,还是当时教育并没有真正关心如何去培养人才,而以教育作为沽名钓誉、赚钱谋生的手段;大家期望的理想教育,则公推老师和学生一起互动砥砺,又能发挥双方个性特长的牛津大学式"导师制"教育模式。而这场宏大的、用幽默进行的教育探讨,也形成了民国文化史上难得的景观,值得再细细玩味和思考。

"食者化其身":"时代派"与
中国近现代的设计师出版

张馥玫

(北京印刷学院)

1926 年,《良友》画报在上海创刊,初版的 3 000 册创刊号迅速脱销,经过再版和三版印刷后销量竟达 7 000 份①。受《良友》风靡赢利之激发,《时代画报》于 1929 年应运而生,扬言引领时代的文化潮流。事实上,这本画报确实成为表征 20 世纪上半叶上海视觉现代性的典型样本,得益于其背后的编辑与撰稿团队,即活跃于上海文艺界的非正式团体——"时代派"。"时代派"因合作出版《时代画报》、创办时代图书公司而得名,活跃于上海工商业美术、画报出版、漫画与摄影创作等诸多领域,在 20 世纪上半叶纷繁动荡的工商业环境中开辟出设计师参与文化出版的特色道路,成为探究中国现代设计原初生态的生动案例。

一、时代的锐嗅者:《时代画报》的横空出世

《时代画报》的创刊生动地反映了 20 世纪上半叶上海工商业繁荣发展的文化消费环境。上海是西方文化登陆中国的桥头堡,也是华洋杂处之大熔炉与新世界,中国传统文化与西方现代文化的遭遇与碰撞不断催生新的艺术形态与出版形式。据叶浅予回忆,《时代画报》创刊缘起于《良友》的商业成功与南洋书商的提议。当时新加坡一家中国书店的书商由于失去《良友》的包销

---

① 许敏:《〈良友画报〉与二三十年代的上海社会生活》,张仲礼主编:《中国近代城市企业·社会·空间》,上海社会科学院出版社 1998 年版,第 296 页。

权,适逢国内掀起新一轮画报热潮,便多次鼓动张光宇、张振宇兄弟创办一份可与之竞争的画报。以摄影图像为主要新闻内容的摄影画报已成为中国在 1920 年代最时兴的大众媒介形式,摄影画报凭借照相制版印刷技术使摄影图像得以批量复制与广泛传播,能够快速捕捉、记录和表现瞬息变化的现代世界与社会生活,成为民众喜闻乐见的报刊形式。

更关键的是,张光宇等人在上海商业美术与文化出版领域积累的丰富经验为《时代画报》创刊奠定了基础。张光宇是张家三兄弟的老大,老二曹涵美、老三张振宇都受其影响而走上艺术道路。张光宇早先在上海新派京剧戏院"新舞台"师从张聿光学习绘制舞台布景,后又至孙雪泥所创办的《世界画报》担任漫画家丁悚的助理编辑。在这本主旨为"增进人民世界意识,灌输世界文明"的画报上,张光宇发表大量线描与钢笔素描,掌握杂志编排方法,进一步接触上海文艺界人士,迅速跻身上海知名画家之列;后又在南洋兄弟烟草公司、英美烟草公司绘图室工作,同时兼职担任多本杂志编辑与画稿创作。1925年 8 月,张光宇独立创办《三日画报》,身兼主编、记者、漫画供稿人、撰稿人等多重身份,而他早年结识的漫画家、摄影家与商业美术家便为画报提供图文稿件,并于 1926 年底在上海成立中国美术界首个漫画家组织——漫画会。张光宇被公推为漫画会领袖,会员有丁悚、王敦庆、胡旭光、张振宇、黄文农、叶浅予、鲁少飞等人。漫画会成员,以及郎静山、胡伯翔、张珍侯等摄影师与商业美术家构成了"时代派"的雏形。1928 年春,张光宇、张振宇、叶浅予等人创办中国美术刊行社,同期创刊《上海漫画》。1929 年 10 月,《时代画报》正式创刊。

《时代画报》的横空出世得益于"时代派"同仁的出版编创经验及对社会文化发展状况的敏锐嗅觉。画报的命名既强调时代性,又强调视觉性,以全大写英文词组"THE MODERN MISCELLANY"与中文"时代画报"互译,以"时代"来对应"Modern",体现了编辑者对于时代之"现代性"的感知。英文刊名采用无装饰线的图案化排布,中文刊名也大胆创制以粗直线段为特征的美术字体,则更加生动地体现了"时代派"在艺术层面的"现代"追求。

发刊词以《时代的使命》为题,其中写道:"诗人悲悼的好梦不长,委纳斯感叹人间的青春易逝。我们要从宇宙的残忍的手中,挽回这将被摧残的一切,使时代的菁华,永远活跃在光明美丽的园林中,不再受到转变的侵蚀。"

这群杂志画家栖身于上海都市高速运转的商业环境,渴望捕捉、保存并传

**图1 《时代画报》创刊号
封面,1929 年 10 月**

播时代之美与"菁华"瞬间,生动展现了 20 世纪初艺术家群体与社会环境的紧密关系。文化学者王鲁湘将他们称为"杂家",以"短、平、快"的漫画、插图、招贴与装饰画为主要创作类型,将"杂家"们的集合称为"吉普赛画家群落",这些团体具有非正统性、民间性与亲和力、摩登(现代)等特征,是中国化的现代派。① "时代派"正是文艺"杂家"聚集之群落,他们在文化出版的框架之内从事着庞杂多样的美术设计,称之为"设计师"可能更为贴切。"时代派"在 20 世纪上半叶文化出版与工商业美术紧密链接的社会情境中,参与并满足了产业发展与商业竞争中的设计需求,因地制宜地从社会环境中吸附能量与资源,生动呈现了将现代设计的自觉意识融入出版潮流的有效探索。文化出版的商业利润与新兴媒介的社会效益对从业者形成了双重刺激,有待开发的大众传媒市场既让设计师们嗅到商机,也让他们感受到新兴传播媒介对于文化传播与艺术表达的无穷魅力。

二、灵活的合作者:"时代派"的联合与拆分

20 世纪初,上海出版界除了申报馆、商务印书馆、中华书局等大型综合性印刷出版机构之外,还涌现出许多满足不同出版需求的小型独立出版社,"时代派"及其所依托的出版机构便是其中的佼佼者。从漫画会的同人团体到中国美术刊行社的创立,再到《上海漫画》创刊,这一过程并非一蹴而就,反映出小规模文化出版机构的艰难摸索。初具雏形的"时代派"以漫画家与摄影家为核心,带有社团性质,在人才资源上各有擅长的专业领域与业务能力,邀请和吸引志同道合者投稿参编以壮大团队,并通过个人投资和扩展广告业务来筹措资金。

---

① 王鲁湘:《"吉普赛画家群落"与张光宇:一个早熟而超前的自由画家》,《装饰》1992 年第 4 期。

《时代画报》创刊与时代图书公司的筹建体现了"时代派"的发展壮大。《时代画报》创刊号由张振宇与叶灵凤主编,在上海文艺界的风评直逼《良友》,前四期编创人员与《上海漫画》编辑部几乎重合,上述漫画家、摄影家均为画报供稿,画报以漫画和摄影图像作为主要内容参与社会舆论与文化观念的构建。《时代画报》的漫画稿源充足,摄影图片由多渠道提供,创刊号上便有光艺、好莱坞、卡尔生三家上海摄影馆提供的名人肖像,合作报馆提供的新闻摄影,以及摄影家的个人作品选登。组建出版机构创办刊物的灵活性,以及编创团队在艺术设计领域的号召力与创造力,既是"时代派"的优势与特色,也是支撑其在竞争激烈的上海出版环境中存活的底气。

与此同时,小型机构在运营规模上的弱点也展露无遗,吸收新成员、提升业务能力与解决资金周转问题一直是悬于头顶的达摩克利斯之剑。早期的《时代画报》脱期严重①,《上海漫画》与第四期《时代画报》合并②,便与中国美术刊行社的编辑团队人手不足、无法同时兼顾两份刊物的编排出版有关。1930年底,张氏兄弟邀请新月派诗人邵洵美加盟中国美术刊行社,为《时代画报》带来了新的转机③,邵洵美关闭自办的以文学出版为主旨的金屋书店,投入到"时代派"的文化出版事业中。据叶浅予回忆,邵洵美、曹涵美各注入资金2 000元,共4 000元(为调动合伙人积极性,股金均分于邵、曹、二张一叶五人名下,每人各800股)④,资金保障与人力资源的增援使《时代画报》的编办步入正轨。《时代》画报第2卷第2期的编辑寄语《编完以后》在文字版面搭配张振宇绘制的时代编辑部人物群像插图,生动地将邵洵美、张光宇、叶浅予、郑光汉、张振宇(自左至右)五人的漫画脑袋安在五个联动运转的车轮之上,寓意编辑部同仁的齐心协力(图3)。

邵洵美通过泰来洋行从德国购买印刷机器与油墨,于1932年9月成立时代印刷有限公司并正式营业。1933年11月,时代图书公司正式成立,不再使用"中国美术刊行社"称号。1934年前后的时代图书公司正处于全盛时期,同时出版5份杂志:《论语》(林语堂主编)、《时代画报》(叶浅予主编)、《时代漫

---

① 早期的《时代画报》由于编印人手不足、印刷质量问题、资金周转不灵等原因而导致严重脱期,1929年10月创刊至1930年6月,《时代画报》仅出版4期。
② 1930年6月,《时代画报》出版至第1卷第4期时与《上海漫画》合并,画报封面名称更改为《时代》。
③ 1930年11月,《时代画报》出版了第2卷第1期,编辑者为邵洵美、张光宇、张振宇、叶浅予、郑光汉。
④ 叶浅予著,山风编:《叶浅予自叙》,团结出版社1997年版,第87页。

图2　时代派部分成员合影,前排:张光宇(左二)、张振宇(左四),后排:邵洵美(左一)、盛佩玉(左二)、叶浅予(右一)。笔者通过比对老照片推测前排左一为章克标,右一为叶灵凤,图片由张光宇艺术文献中心提供。

图3　时代编辑部漫画群像,张振宇绘,《时代》画报第2卷第2期,1931年

画》(鲁少飞主编)、《时代电影》(宗惟赓主编)、《万象》(张光宇主编),此外还出版了《王先生》画册、《文农讽刺画集》、《小姐须知》、《民间情歌》等图书,从编辑、印刷直到出版发行的整个流程均由公司内部独立完成。① 1935年"时代"旗下杂志已有读者近十万②,每本刊物均配备编辑团队,"时代派"已俨然成形。张光宇辞去英美烟草公司的职务,担任时代图书公司经理,全力投入文化

---

① 叶浅予著,山风编:《叶浅予自叙》,第88—89页。
② 邵绪红:《邵洵美的出版实践》,《出版科学》2007年第2期。

出版事业。此时的时代图书公司已有完整建制,由邵洵美任董事长,叶浅予任编辑主任,张振宇任营业主任。① 在 1930 年代上海出版的黄金时期之中,出版社及报刊的旋起旋灭是文化领域的常态,在上海活跃而动荡的出版文化生态中,以"时代派"为代表的社团式小型设计机构的优点是灵活吸纳各方资源,及时调整人员构成和出版方向,充分展现在视觉资源上的优势与特色。

社团式的小型出版设计机构也存在问题。一是抗风险能力不足,资金周转、政治审查、社会动乱等因素直接决定刊物与机构的兴废。邵、曹的投资直接促进"时代派"的出版事业,为规避政治言论引起的风险问题,邵洵美在与张光宇等人合资的时代图书公司之外,于 1933 年 12 月 30 日独资成立第一出版社,出版《十日谈》《人言》周刊等时政评论期刊及文学类书籍。② 二是对大众文化消费能力的市场预判直接影响刊物的存亡。时代图书公司出版的期刊杂志大多能实现赢利③,如林语堂主编的幽默杂志《论语》畅销多年且在文化界有重要影响,鲁少飞主编的《时代漫画》则销量逾万。然而,"时代派"的刊物在出版前大多未做切实的市场调研,出版后亏损的情形也屡见不鲜。张伟在《满纸烟岚》一书中称邵洵美的出版事业为"书生事业",认为时代图书公司的出版多从文化旨趣上着眼,出版刊物品质精优,但却并不善于计算经济成本,导致出版成本难以回收的情况多有发生。④ 一些叫好不叫座的刊物使时代图书公司亏损严重,如张光宇、叶灵凤主编《万象》时曾立志打造当时最具艺术品味的文艺刊物,该杂志因编印成本高而定价 5 角,然而这本印制精美的高价杂志所期望的"对艺术、对文艺有精审的鉴别力"的读者群体并未出现,当时的上海民众并不买账。《万象》出版第 3 期时降价至 3 角仍未能打开销路,它的高投入却滞销甚至导致了时代图书公司的亏损与拆伙。三是人员组织相对松散,稳

① 张光宇:《张光宇自述》,载唐薇编:《中国现代艺术与设计学术思想丛书 张光宇文集》,山东美术出版社 2011 年版,第 4 页。
② 王京芳:《邵洵美 出版界的堂吉诃德》,广东教育出版社 2012 年版,第 102 页。
③ 关于时代图书公司的刊物出版与经营状况现有不同说法,如邵绍红曾提及《论语》是洵美办的所有刊物中唯一有盈利的"(邵绍红:《邵洵美的出版实践》,《出版科学》2007 第 2 期),而在《天生的诗人——我的爸爸邵洵美》中则引用胡考的回忆,认为《万象》赔钱,时代图书公司别的刊物都赚钱,却因编《万象》垮掉了"(邵绍红:《天生的诗人——我的爸爸邵洵美》,上海书店出版社 2015 年版,转引自胡考:《"艺术家"是他唯一的头衔》,《装饰》1992 年第 4 期),但这两处论述在具体数据上均未有确切资料。
④ 张伟:《满纸烟岚》,上海教育出版社 2007 年版,第 167—182 页。

定性较差,存在容易拆伙的问题。例如创办《上海漫画》前,王敦庆曾因与张振宇的言语冲突而脱离团队①,创办《时代画报》之前,郎、胡、张三个摄影合伙人提出拆伙抗议等②。"时代派"在成员上的联合与拆分也成为这段历史的生动注脚,密切影响了刊物的出版活动。1935 年,时代图书公司宣布经营亏损,首批资金几乎蚀光,二张一叶各自负债 800 元③。随后,张氏兄弟脱离时代图书公司后,为了在漫画出版上争取更大创作空间,另外于 1935 年 9 月创办独立出版社,出版《独立漫画》月刊,但仍与时代图书公司有合作;叶浅予因家庭变故于 1936 年离开上海。1937 年,上海"八一三"事变后,设于平凉路杨树浦路口的时代印刷厂便在日寇侵沪的火线上,邵洵美只好转移机器,遣散全厂员工,时代印刷厂与时代图书公司的经营也被迫停止。

三、兼容的创新者:博采东西文化的先锋视觉

"时代派"这艘小船飘摇于战乱逼紧的上海都市环境之中,却在历史动荡的大风急浪中驶出了文化出版与设计实践的独特航向。20 世纪上半叶的上海是一座世界主义的城市,作为中国对外贸易的首要商埠,时新的外国报刊杂志、艺术家画册、画片等新型印刷品连同其他西洋货品最早从上海登埠上岸,再进一步扩散流通至国内各地,上海的艺术家成为最早接触西洋现代艺术的一批人。在叶浅予、施蛰存、鲲西等人的回忆中,当时欧美流行的通俗画报与期刊杂志已经在上海的外文书店与二手洋书摊上广泛流通,可通过外文书店订阅购得最新的艺术刊物与书籍,如《名利场》(Vanity Fair)、《纽约客》(The New Yorker)、英国漫画杂志《泼克》(Punch)④、《工作室杂志》(The Studio Magazine)都可以通过伊文思、别发、中美图书公司等外文书店直接订阅,跨洋轮船往返的航期即为上海与西方最新资讯的时间差。与国外几近同步的艺术资讯使当时的上海艺术家们具备了全球化的艺术眼光与文化视野。同时,中国传统的文化艺术也在上海华洋杂处的都会环境中呈现出极其丰富的形态与层次。"时代派"的核心人物张光宇便是在东西方文化碰撞与交融的上海城

---

① 叶浅予著,山风编:《叶浅予自叙》,第 79 页。
② 同上书,第 86 页。
③ 同上书,第 87 页。
④ 也有文献将 Punch 翻译为《笨拙》,如上海市历史博物馆编:《都会遗踪》第 6 辑,学林出版社 2012 年版,第 70 页。

市环境中浸染而形成自身独特的艺术设计风格。阿城在介绍张光宇的艺术设计成就时,曾以"食者化其身"①为主题展开文化讲座,指出 20 世纪初以张光宇为代表的中国艺术家们在吸收东西方多渠道的艺术文化养分之后,巧妙化入自身的艺术设计创作之中。

张光宇一生虽未出国留学,但他有意识地在实际工作中补充学习自己所缺的知识与技法,毫不吝惜花费资金购进图书画册。丁聪谈及张光宇购书如痴,曾花高价求购珂佛罗皮斯(Miguel Covarrubias)所编的刊物。② 上述欧美各国的流行杂志,《世界美术全集》,达·芬奇、高更、塞尚、列宾的画册,日本学者关于西方艺术与装饰艺术的研究均在他的搜罗之中。③ 纵观张光宇的漫画创作,他在人物形象、字体设计等方面均受当时西方流行的现代艺术流派与装饰艺术风格的影响;同时,自小成长环境中的中国传统艺术与文化元素也深刻地影响了张光宇对艺术的理解与领会。叶浅予认为张光宇在创作中吸收了当时其他艺术家并不重视的中国传统内容,如绣像、插图、版画、年画④,还包括中国传统戏剧、民间文学等,古今中西的艺术资讯经由艺术家的吸收与整合后启发其创作灵感,正所谓"食者化其身",最终形成独树一帜的创作风格。

墨西哥艺术家珂弗罗皮斯与"时代派"艺术家之间的艺术交流与相互影响在《时代》画报中有着生动记录。珂弗罗皮斯于 1933 年 4 月为《名利场》设计的封面,以恐龙与建设中的洛克菲勒中心高楼构成对于美国经济萧条的压抑表现(图 4),而张光宇 1934 年设计的《万象》封面便以恐龙与机器人战斗的场面来象征科技与理想的紧张关系(图 5)。奥姆博的摄影拼贴作品《高动力记者》以摄影拼贴的方式来呈现新闻记者在知觉器官上的机械化场景(图 6),而张光宇所创作的《时代漫画》创刊号封面则通过墨水瓶、三角尺、铅笔、钢笔等元素组装出一个拟人化的漫画骑士(图 7)。

叶浅予与张振宇等"时代派"干将也在上海的十里洋场中摸爬滚打,在吸附多方艺术资源的基础上形成自身创作特色。叶浅予在创作连载漫画《王先

---

① 阿城:《光宇之光——食者化其身》(文化沙龙演讲),嘉德艺术中心微信公众号 2021 年 3 月 19 日。
② 丁聪:《创业不止的张光宇》,《装饰》1992 年第 4 期。
③ 笔者拜访北京张光宇文献中心,了解到张光宇在 20 世纪上半叶购买的外文书籍包括《世界美术全集》的多卷分册,毕加索、塞尚、伦勃朗、列宾、肯特等艺术家画册,宫下孝成的《装饰构成之研究》,迪士尼的画报等。
④ 叶浅予:《宣传张光宇刻不容缓》,《装饰》1992 年第 4 期。

图 4 《名利场》封面,珂弗
罗皮斯,1933 年 4 月

图 5 《科学与理想》(《万象》第二期
封面),张光宇,1934 年 6 月

图 6 《高动力记者》,奥姆博,
摄影拼贴作品,1926 年

图 7 《时代漫画》创刊号封面,
张光宇,1934 年 1 月

生》时,灵感便来源于上海的英文报纸《大陆报》(*China Daily*)上的连载漫画
Blow Up Father,借鉴其形式来创作上海城市文化背景下的漫画人物与主题
故事。《王先生》成为时代派刊物上的名牌专栏,主角王先生成为上海家喻户

晓的一个虚拟人物(图8)。后来,《王先生》连环画还改编成电影,最早于1934
年由天一公司老板邵醉翁投资改编成同名电影《王先生》,影片成本约四五千
元,票房超过 10 万元①,1930 年代至 1940 年代之间,天一等电影公司在上海
一共拍摄了《王先生的秘密》《王先生过年》《王先生到农村去》等 11 部以王先
生为题材的电影②。同时,张振宇的政治人物漫画在风格上借鉴了同一时期
美国杂志《名利场》《纽约客》上刊载的知名漫画家的作品。

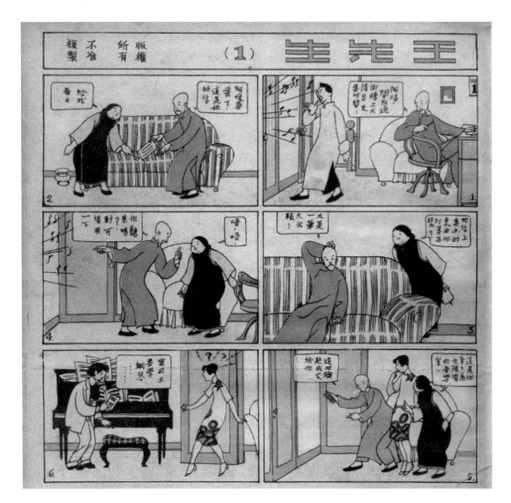

图 8 《王先生(1)》,叶浅予,《上海漫画》第 1 期,1928 年 4 月 21 日

① 李亦中:《中国电影评价系统研究》,上海交通大学出版社 2015 年版,第 219 页。
② 叶浅予著,山风编:《叶浅予自叙》,第 102 页。

　　"时代派"倾力打造的《时代画报》在摄影图像剪辑、漫画、版式、字体等方面展现具有先锋意味的设计探索,也得益于上海国际化的城市特性所带给设计师的全球化视野。以张光宇为首的杂志画家与郎静山为首的摄影家组成编撰团队,使《时代画报》在某种意义上作为摄影家与漫画家的同人杂志,成为中国最早出现摄影蒙太奇创作的刊物之一,封面和内页中出现了摄影与文字、漫画等元素结合的蒙太奇拼贴,文学、摄影、漫画、设计等不同艺术形态在摄影画报中有机融合,形成一种交叉映照、互为阐发的视觉效果。

　　第一卷第四期《时代画报》选用了杭穉英的月份牌美人画作为封面,隐去穉英落款①,封面上部搭配张光宇设计的具有装饰艺术风格的刊名("时代"中英文字体),红蓝线条的字体与黄绿色调的画面形成对比关系。有趣的是,杭穉英的封面人物又与该期画报内页的《郎静山之新夫人雷佩芝女士》的肖像摄影形成一种视觉关联(图9、图10)。这一情况在《时代画报》中颇为常见,月份牌艺术家既为报刊绘制封面,又从摄影和画报等新媒介中借鉴图像资源。

图 9 《时代》画报第 1 卷第 4 期
封面,1930 年 6 月

图 10 《郎静山之新夫人雷佩芝女士》,载于
《时代》画报第 1 卷第 4 期,1930 年 6 月

---

① 据笔者检索,1930 年代青岛祥瑞行印务馆以该封面相同图像印制的月份牌广告画《静坐遐思》上有穉英署名,结合该月份牌画的风格,可确定为杭穉英作品。

1933 年第 4 卷第 1 期《时代》画报封面是摄影家黄仲长创作的题为《如此天堂》的摄影蒙太奇(图 11),这幅以女性与都市建筑为表现主体的摄影蒙太奇作品,呼应了 20 世纪 20 年代欧洲卡兹米尔兹·波德萨德奇(Kazimierz Podsa-decki)、保罗·雪铁龙(Paul Citroën)等先锋摄影家的作品(图 12),同时展现中国摄影师剪辑运用中国社会现实图像的视觉创造性。封面主角是笑容可掬的摩登女郎,这与当时流行画报上的题材并无二致,不过,精彩的是女郎身后由多张都市高楼摄影图像拼贴形成的城市背景。我们可从建筑背景拼贴中大致分辨出几个上海知名建筑,其中包括上海江海关钟楼、上海都城饭店、汉弥尔登大厦、上海有利大楼、惠罗公司新楼等。黄仲长用于制作拼贴背景的素材很可能取材于自摄的上海建筑。现代建筑与摩登女郎的图像叠加,与《如此天堂》的标题紧相贴合,点出现代都市给人带来的感官刺激、生活便利与物质享受。结合封面左上角张光宇设计的装饰艺术(Art Deco)风格的"时代"美术字,封面从形式到内容上都鲜明呈现出特定社会情境中的视觉摩登。

图 11　《如此天堂》,《时代》画报封面
　　　　(第 4 卷第 1 期),1933 年 3 月

图 12　卡兹米尔兹·波德萨德奇《城市,
　　　　生活的磨坊》,1929 年,波兰斯
　　　　图基现代艺术博物馆

张光宇兄弟离开时代图书公司另立门户之后,仍为时代图书公司出版的刊物设计封面,如 1936 年张光宇为《新诗刊》系列诗集所绘制的封面画,便是

巧妙结合每位诗人诗歌中的视觉意象创作完成,此时现代主义艺术精神早已化入其创作的自觉之中,这些带有木版画风范的"现代主义风格的小画"早已经超越了"装饰性"与"现代主义"的惯性思维①,体现"时代派"对于文化出版与艺术设计实践的融合与超拔,呈现出具有中国现实元素与文化特色的现代视觉景观。

结语

"时代派"在某种意义上代表了 20 世纪上半叶中国现代设计的先锋探索。这一由张光宇、郎静山、邵洵美等人为核心组成的上海文艺团体,有其在艺术设计与文化出版实践上的独特性与典型性。这种先锋性既体现在视觉风格的创新上,也体现在团体组织形式的革新上。设计师出版以文化出版为平台,参与书籍报刊出版与美术设计、广告、漫画、摄影创作等多项活动,体现了在上海 20 世纪初国际化都市文化环境中,现代设计博采东西文化之长的兼容性创新实践。

虽然,从理想与现实之关系的权衡上看,"时代派"与广告公司、月份牌画家等更务实的商业创作机构不同,其出版事业最终并未赢利,在社会动乱中惨淡收场。然而,从艺术设计的价值上看,"时代派"出版的杂志有着极高成就,代表 20 世纪上半叶中国现代设计的先锋面貌。随着上海黄金时代的寂然落幕,"时代派"过往也尘封于历史。然而,其在艺术设计与文化出版领域所创造的视觉文化景观经受住了时代的考验,闯出一条区别于其他大众出版的实验性路径,呈现出特定历史语境下设计师出版的中国式创新。

---

① 唐薇、黄大刚:《张光宇艺术研究(上篇):追寻张光宇》,生活·读书·新知三联书店 2015 年版,第 228 页。

三四十年代连环图画的
流行与接受[*]

乔世华

（辽宁师范大学）

一、引言

通常认为，"连环图画"这一名称是在 1925 年出现的，始自 1925 年上海世界书局出版《三国志》《水浒》《西游记》《岳传》《封神榜》等五部图画书。起初用有光纸印刷,后改为报纸印刷。① 那以后不过数年时间,连环图画就快速地跻身大众文学阅读的宠儿行列,"魔力遍达全国"②。国家图书馆至今保存着约 40 000 余册、7 000 余种民国时期出版的连环图画。③ 不消说,民国时期连环图画的实际出版种类远不止这个数字。这是连环图画在三四十年代发行量巨大的一个旁证。连环图画在大众读者中掀起的阅读热潮和影响力一度高涨,成为 20 世纪数代中国人的集体成长记忆和文化记忆。

二、连环图画的风靡与影响

20 世纪三四十年代,在北京、天津、上海、南京、武汉、成都、香港等诸多城市星罗棋布的租书摊及书摊边埋首观览连环图画的读者可谓当时至为重要而常见的街头文化景观了。这些书摊上的连环图画少则数十册,多则数百乃至

---

* 本文为国家社会科学一般项目《晚清以来中国儿童文学理论资料的收集整理与研究》(项目编号:18BZW143)阶段性成果。

① 李树:《旧连环图画小谈》,《美术》1960 年第 4 期。

② 《发源于北平的小人书魔力遍达全国——目前已出版者约计五百余种》,《四川晨报》1934 年 3 月 15 日。

③ 路国林:《画中有话:连环图画在民国时期文化普及与传播中的地位和作用》,《图书馆建设》2014 年第 5 期。

上千册。租法有二：一是拿回家去看的，租金较贵，还要押金；二是就地在摊旁看的，便宜一点。这些小书摊无形中成为"大众最欢迎的活动图书馆，并且也是最厉害最普遍的'民众教育'的工具！"①有这样几件事情可资证明：1936年1月30日至2月5日，在南京举行的全国儿童读物展览会上，所陈列的连环图画最为儿童所注意，业界观察人士为此感慨："可见是项读物效力之大，今后应注意改良。"②1947年4月4日儿童节全天及翌日上半天，中国儿童读物作者联谊会在新闸路小学举行"儿童读物展览"，共设定连环图画室、教科书室、一般读物室和报纸及儿童自编读物室四个教室，结果连环图画室在一天半时间里吸引了无数小读者"川流不息的进来，全神贯注的阅览"③，其热闹拥挤的情形，刚好跟其他三个教室的冷落寂静形成鲜明对照。有学校当局是绝对禁止儿童们阅读这类连环图画小说的，"可是禁尽管禁，儿童们还是有不少暗地里偷着读的，虽然学校当局也设有一个小小的图书馆，也有一些供儿童们阅读的儿童刊物，但他们对于图书馆里的刊物都不像连环图画小说能引起他们兴趣"④。

连环图画在形塑读者尤其是模仿性特别强的儿童读者精神世界方面所产生的影响不容小觑。当时各地报章上经常刊有一些青少年儿童因阅读连环图画而走火入魔的社会新闻："仅就江都一县而言，如震旦附中学生鄢豫生，随从道士远游，县中学生高陟之弃家学侠，城东小学学生邹国栋入山修炼，此外男女同学发生暧昧辍读失踪而终无下落者，亦间有所闻，皆深中上说不良读物与画片之余毒。"⑤40年代初，南京千佛庵32岁和尚寿松因为时常看到小人书上有旁门左道的关于"采补"的图画字句，脑中深深印上了这种理想，遂诱引并吸吮男童性器官而希望自己长生不老，最后被以妨碍幼童发育罪交由法院依法惩办。⑥ 1948年，上海一个十五六岁的中学生从小喜欢看武侠影片及连环图画，而组织了45人的"行动总队"收取保证金诈财，被判有期徒刑4个月；⑦宁

---

① 茅盾：《"连环图画小说"》，《文学月报》1932年第5/6期。
② 胡叔异：《全国儿童读物展观感》，载《全国儿童年实施委员会总报告》，全国儿童年实施委员会1936年版，第241页。
③ 何公超：《连环图画在蜕变中（上）》，《大公报（上海）》1947年5月18日。
④ 志勤：《小学生爱读连环图画小说》，《南报》1937年6月8日。
⑤ 《取缔西洋镜连环画等不良宣传文字及图画》，《江苏教育》1936年第11期。
⑥ 《采补！吸髓！》，《京报》1942年8月4日。
⑦ 《连环图画之害：小孩子学做领袖，被判徒刑四个月》，《南侨日报》1948年1月15日。

波 3 个十五六岁的女生因喜阅连环图画,醉心神怪之说,而相约离家出走,意欲访仙求道。① 同是在这一年,厦门两位十四五岁的初中学生突然离家,"留书谓有远行,待三年后返家",被推测"可能系被连环图画所惑入山求仙练道"②。1948 年前 5 个月时间南京有 150 名儿童失踪,受神怪连环图画影响而"寻仙学道"被列为三个重要原因之一(另两个原因是家庭虐待、被诱拐骗)。③

围绕连环图画所出现的诸多负面案例层出不穷,因而引起记者、教师、家长等的警惕:"儿童读物之必须审慎编印,为一般教育家所公认,良以儿童脑筋简单,如一张白纸,染苍则苍,染黄则黄。"连环图画"绘画非常粗陋,取材都为旧小说,且为陈腐之弹词居多,如《珍珠塔》《白蛇传》等。有时亦写时事,如《蒋介石北伐记》,其中形容过分、记载失当之处,不胜枚举"。④ 连环图画因之被认为"替吃人的旧礼教张目;它迷信、怪诞、色情。几乎一切属于落后的詈词,都可以加上去"⑤。而"从速设法禁绝市上贩卖或租借这类书籍的摊子"⑥,取缔小人书"这一桩工作,早就该办"⑦,就成为三四十年代各地方人们的共同声音。"连环图画戕害学童,沪小学校劝诫禁阅。"⑧连环图画的内容被认为十之六七流入神怪武侠、海盗海淫,因此有教育家主张关注和重视电影和小人书给青年所带来的影响。⑨ 评书、西洋镜、电影、戏剧等不良宣传品也在被呼吁取缔的行列中。⑩ 不但连环图画"率为迷信神仙及海盗海淫之事",就是西洋镜内容也同样不堪:"皆里巷相传滑稽而涉淫秽之故事,甚至叔嫂私通,姊妹争风之类,口讲指画,无所不尽。"因此也和连环画一样在被建议取缔的行列中。还有地方政府严禁小朋友听评书,"是恐怕产生不幸的事件"⑪。总之,因为"儿童理解力缺乏,不能辨判是非,往往因爱看其神出鬼没之图画,荒诞无稽之照片,不特淆惑历史上正确观念,甚或见神仙则思腾云驾雾,见盗贼则效走

---

① 《看连环图画入迷,三女生竟欲求道》,《中央日报(昆明)》1948 年 6 月 26 日。
② 《连环图画贻祸,厦二学生失踪》,《中央日报(永安)》1948 年 11 月 12 日。
③ 《南京五个月内百五十儿童失踪》,《中央日报(昆明)》1948 年 6 月 5 日。
④ 星鹩:《儿童读物之毒品》,《小日报》1928 年 8 月 24 日。
⑤ 何公超:《连环图画在蜕变中(上)》,《大公报(上海)》1947 年 5 月 18 日。
⑥ 志勤:《小学生爱读连环图画小说》,《南报》1937 年 6 月 8 日。
⑦ 《取缔小人书》,《大公报(天津)》1936 年 10 月 19 日。
⑧ 《连环图画戕害学童,沪小学校劝诫禁阅》,《东亚晨报》1942 年 4 月 25 日。
⑨ 寒:《欲求未来青年的健全,莫忽略电影和小人书》,《大公报(天津)》1932 年 5 月 18 日。
⑩ 《取缔西洋镜连环等不良宣传文字及图画》,《江苏教育》1936 年第 11 期。
⑪ 夏瑜华:《禁止看连环图画》,《儿童日报》1947 年 6 月 30 日。

壁飞墙,见男女相悦则有'愿作鸳鸯不羡仙'之概,寝至壮志销沉,日趋堕落,推其流毒所播,足以亡国灭种,使整个民族陷于万劫不复之境"①。

三四十年代,各地方教育、公安部门纷纷出台措施对连环图画予以审查、干预乃至查禁。譬如 1948 年 6 月 1 日起实行的《南京市连环图画审查及取缔暂行办法》就有类似规定:

> 其准予发售或出租者,内容凡合于左列标准之一:(甲)激励爱国精神培养民族意识。(乙)发扬固有美德培养良好习惯。(丙)灌输史地及科学常识。(丁)锻炼健康体格提高艺术欣赏。内容凡有左列各项情形之一者禁止其发行:(甲)有迷信怪诞之叙述者。(乙)有近于猥亵之描绘者。(丙)有残忍恶毒之图面者。(丁)有详述作恶犯罪之方法者。(戊)有不合情理或歪曲史实之记载者。②

从当时的报刊报道可知,大众读者对连环图画的狂热及因之出现的种种后果不独在中国发生,在美国也同样严重。《南侨日报》1948 年 8 月 10 日报道了一则发生在连环画迷身上的社会新闻:芝加哥一妇女因劝丈夫阅读古典文学作品而不要看连环图画,遭遇丈夫家暴,遂引发离婚诉求。③ 1948 年《大公晚报》的"纽约航讯"介绍美国在校学生不读历史或文学课本而看历史或文艺连环图画来备考,结果学的都是小人书中粗俗不通的字句,甚者有美国少年如法炮制而走上杀人放火的道路。芝加哥一个 13 岁的男孩子就是看多了小人书上杀人、上刑、逼供的故事而杀死了一个 7 岁小朋友,被判处有期徒刑 22 年,法官也指责恶劣的连环图画是使这个孩子犯罪的真凶。所以教育学家、社会学家、心理学家及负责治安者一致主张取缔小人书,小人书出版商们为此拟定公约实行"净化小人书"运动。④ 老舍 1950 年 1 月 10 日在参加北京大众文艺创作研究会的小组讨论会时,由连环图画(新小人书)的编作问题而介绍起他所了解的国外情况:

> 小人书在美国最流行、最有势力的一种大众刊物叫"康密士"的笑话书,和我们中国的小人书相仿佛,由七八岁到二十岁的小孩和青年们都欢迎它,在社会刊物之中,有着一种深入和广大的力量,一本之中少的有十页,多的有三四十页,都

---

① 《取缔西洋镜连环画等不良宣传文字及图画》,《江苏教育》1936 年第 11 期。
② 《南京五个月内百五十儿童失踪》,《中央日报(昆明)》1948 年 6 月 5 日。
③ 《连环画画迷》,《南侨日报》1948 年 8 月 10 日。
④ 昌志:《净化小人书运动》,《大公晚报》1948 年 9 月 21 日。

印着彩色封面,里边也有配合色印的,每一本不一定是一个故事,内容是以画面为主。至于题材的来源,一是由报纸上漫画扩大起来。二是广播或报纸上的商标广告——因为美国商业电台最多。三是电影上的卡通资料,如白雪公主和米老鼠之类的。四是创作出来的侠客、盗贼、侦探、武侠力士等等。只因为配合画面,新奇古怪,忽略了内容,什么叫文化、教育、社会、风俗,一概不管,完全是生意眼。他们虽也审查,可不是对内容主干的思想问题,完全是形式决定内容。他们这一错,直错到有的小孩偷出他爸爸的手枪,做英雄,做侠客,结果打死了人,或是学盗贼,偷了自家物品。这种害处,有甚于中国小说或小人书。①

在纸媒印刷时代,连环图画风靡世界,带来许多棘手的社会问题,在当时成为一道难以破解的世界性难题。

三、连环图画流行原因探寻

连环图画的流行是由多重因素促成的。

首先,从连环图画本身来说,图文并茂,文字通俗易读,画面有冲击力,内容富有魅力。"凡八九岁以上,在学之儿童及相当程度者,皆能领略","识字的人呢,看了说明,又看图画,不大识字的呢,看了图画,也能够懂得"。② 连环图画通常内容本身就是一部旧小说的缩本,文字为旧小说的白话文。程度浅的读者,看不懂这"说明",就可以看那些连环图画,反正图画上也有更简略的说明。所以这种"连环图画小说"主要的是图画,而文字部分不过是辅助,可满足那些识字较多的读者。③ 胡一秉《武侠小说与儿童》亦如是认为:"何况这些书籍的文字浅显,很容易了解,还有些粗俗的图画,使儿童一见即可明白书中的意义。"连环图画中的武侠小说多写"'飞檐走壁'的侠客、'腾云驾雾'的剑仙,许多惊人的打斗,法宝的施用,飞剑……等类的许许多多在现实生活里不曾出现过的事和物,写得活动出现,正可以满足读者的好奇心理"。④ 连环图画"里面的词句,既是精怪,情节更有特别之处,再加插图新奇,无疑义的是要吸引人

---

① 谢:《老舍谈页:美国小人书》,《大刚报(汉口)》1950年1月22日。

② 寒:《欲求未来青年的健全,莫忽略电影和小人书》,《大公报(天津)》1932年5月18日。

③ 茅盾:《"连环图画小说"》,《文学月报》1932年第5/6期。

④ 胡一秉:《武侠小说与儿童》,《江汉思潮月刊》1936年第5/6期。

们的了"①。有人注意到,30年代,西方的木刻画、版画等也被引进到国内,但是"它还没有像表现封建文化的连环故事画那样深入群众,原因之一,是那些东西太'洋气'了"②。有人为考察儿童阅读的倾向,到小人书摊去调查儿童读物,注意到成人喜欢谈情说爱内容,儿童对此并不喜好,十之八九喜好武侠和侦探一类口味。③

在向培良看来,连环图画使读者"得到欲望满足的发泄"亦即满足了读者的好奇心和想象力:"连环故事画,是美术为农民(士兵)服务的最有效的表现形式。""单幅的图画,只能表现一个概念,有时寓意过深,农民难于接受。连环画的长处则能表现一个完整的故事。"④连环图画内容取材广泛浅俗,符合大众猎奇口味。有批评者说:"摘取新旧小说,衍粗陋之文字,加以绘画,率为迷信神仙及诲盗诲淫之事,以挑爱看之兴趣。"⑤1949年,黄茅撰文《连环图画小论》,表示:"旧连环画的特点是有浓厚的故事性,情节复杂,高潮起伏富吸引力,故事和人物有始有终,交代清楚,结尾又是大团圆的。"⑥同时期,麦格在《连环画与普及教育》中也提到连环图画的这一长处:他们图画的表现方法是丰富的,对故事性的解释,不惜用种种方法来重复说明,对人物、对动作都考虑周详,即使一个文盲也能看得懂,而且可以因"看图"而收得"识字"的效果,不论在乡村在市街都受人欢迎。有人说:"看这种图画,简直像看无声电影那样使人明白!"⑦

连环图画取材旧小说,故袭用旧小说故事情节性强、"卖关子"的叙事策略,最大限度地调动读者的阅读胃口:

> "小人书"的特色,就是他那引人入胜的地方每篇必定的条件,是有英雄,有妖匪,有配角,照例配角首先开战,然后正角才出来,这就是全书最精彩的地方,两正角如有各人的师傅,一方要败的时候,他的师傅忽然心血来潮,捏指一算,知道徒弟有难,遂急忙下山,驾云前去征服,用出法宝,大大的打一番,胜了的回营,败了

---

① 《发源于北平的小人书魔力遍达全国——目前已出版者约计五百余种》,《四川晨报》1934年3月15日。
② 唐平铸:《提倡连环画》,《北方杂志》1946年第6期。
③ 冯江:《取缔小人书以后用什么可代替?儿童读物的指导》,《大公报(天津)》1936年11月8日。
④ 向培良:《论连环图画》,《小学教育》1937年第6期。
⑤ 《取缔西洋镜连环画等不良宣传文字及图画》,《江苏教育》1936年第11期。
⑥ 黄茅:《连环图画小论》,《大公报(香港)》1949年3月20日。
⑦ 麦格:《连环画与普及教育》,《大公报(香港)》1949年3月27日。

的借地遁或水遁,入山再练,数年之后,再见高低,"后事如何,且听下回分解"是他们"未完"的表示,或用一段特殊的文字,如"下集黑驴告状,人狗性交,争夺美妇,大变活人。真是闻所未闻也"。①

30 年代末进入连环图画业界的钱笑呆提到连环图画的作风:"只需情节离奇,引人入胜,甚么神怪、荒唐、诲淫、诲盗、武侠、机关等无不采用。"②而且,当时有一些连环图画在内容上凭空捏造,"如淫秽的一种是,写女子腿如何白嫩,密处如何美妙,床工如何高奥,男子如何耐久,春药如何服用,较之张竞生的性史,尤为绘声绘色,惟贩售者极端秘密,价目亦特别提高"③。所以,连环图画在当时名声不佳,被认为"实在是社会整个恶劣势力的一环,一方面与古代的迷信和文化里面遗留的种种病菌相联结,一方面也与低级趣味的新流行物如恶劣电影之类相联结"④。这种批评并非没有道理。

其次,从读者这一方面来说,通常光顾连环图画书摊者都是小贩、厨子、劳工、旅馆茶房、理发师、妇女与小孩,其中小孩一般 10 岁左右,自资本家的儿女,以至于小学生、工厂学徒、伙计、擦皮鞋的,无不是热烈地欢迎着它。⑤ 茅盾在《连环图画小说》中就有这样的描述:"大部分是十岁左右的小学生,其中固然有小商贩的子女,却也有体力劳动者的在学的儿子,也有家里自备汽车的资本家的儿女们。但坐在那书摊旁边的木凳上化两个铜子租看的,却大都是十五六岁的学徒,间或也有成年的劳工。"⑥这些读者的共同特点便是文化水平不高,识字不多,而连环图画恰好阅读门槛不高。清末民初,"中国识字之人十一,读书之人百一,阅报之人千一"⑦。到了三四十年代,这种境况也并没有好到哪里去。民众普遍文化教育水平还不够高,这造成了连环图画的接受热潮:"文盲的数目是何等巨大,这些文盲的思想又是何等落伍,便可了然的,要使文学和大众结合,除去文学的大众化外,还须使大众有初步文学修养。"⑧胡水萍在《论连环图画作者》中也表示:"而我国教育落后,文盲占绝对的多数,偏

---

① 《发源于北平的小人书魔力遍达全国——目前已出版者约计五百余种》,《四川晨报》1934 年 3 月 15 日。
② 钱笑呆:《一个连环图作者的供词》,《大公报(上海)》1947 年 6 月 15 日。
③ 《发源于北平的小人书魔力遍达全国——目前已出版者约计五百余种》,《四川晨报》1934 年 3 月 15 日。
④ 向培良:《论连环图画》,《小学教育》1937 年第 6 期。
⑤ 《南京五个月内百五十儿童失踪》,《中央日报(昆明)》1948 年 6 月 5 日。
⑥ 茅盾:《"连环图画小说"》,《文学月报》1932 年第 5/6 期。
⑦ 张仲民:《种瓜得豆:清末民初的阅读文化与接受政治》,社会科学文献出版社 2016 年,第 35 页。
⑧ 石宾:《不能迁就》,《华北日报》1935 年 11 月 8 日。

重文字宣传,其宣传效果只能在智识阶层中兜圈子,普及是绝对谈不到的。文字是间接的工具,图画是直接的工具。以中国目前文化水平而论,连环图画适应大众的低级口胃,吸引落后群众传阅,已成为家传户诵人手一篇的读物,形成了图画宣传最有力的工具。"①

读者识字不多,又好追求新奇刺激,"连环图画小说"要投其所好,在内容上就要以神怪、武侠、冒险、情爱等来吸引读者:"因为十岁以至十五六的孩子,无阶级的分别,都喜欢看一些神怪的,武侠的,冒险的'罗曼司'——至少在我们这社会里如此。"②同时儿童娱乐的生活方式单一,可供阅读的"进步"儿童读物也匮乏:"孩子们在现在简直无书可读"③,"旷观今日内地都市,其为儿童娱乐游戏之设备绝鲜,即有之亦不足统贫富之家而一一供其要求"④。1946年8月19日,谢先治在《大刚报》上刊文《连环图画的社会背景》总结连环图画盛行的几个原因是:教育不普及;图书馆太少;报章杂志内容贫乏不够刺激;儿童读物匮乏。⑤ 其实,当时普通成人的精神娱乐方式也同样匮乏,阅读连环图画在其时乃至以后很长时间里都是国民重要的娱乐方式:"因为中国的社会层本来就有与图画接近的广大的读者,这些人一向是缺乏精神上食粮,一旦看到了连环图画,便饥不择食的而传诵不息了,这是连环图画在中国能特殊存在的原因。"⑥

还要看到,对图画、图像这种直观符号的追求和亲近、对好看故事的向往与好奇,其实是普天之下人们的共同审美需求。在同时期的美国,小人书同样风头正健:美国绝大多数报纸每天都有连环图画,往往一版专门是连环图画,到了星期日则可能有十几版以上的彩色连环图画,全家大大小小都抢着看,星期日广播的儿童节目中也有"开讲连环图画"类的节目。专门从事这种小人画出版书业者有34家之多,每月出270种,共销约6 000万册。平均每一个学龄儿童每月要看四五册之多。小人书给美国社会带来不少负面的困扰,因而美国会有"净化小人书运动"。⑦

---

① 胡水萍:《论连环图画作者》,《大公报(上海)》1947年7月2日。
② 茅盾:《"连环图画小说"》,《文学月报》1932年第5/6期。
③ 茅盾:《"给他们看什么好呢?"》,《茅盾全集 第19卷》,黄山书社2014年版,第475页。
④ 《取缔西洋镜连环画等不良宣传文字及图画》,《江苏教育》1936年第11期。
⑤ 谢先治:《连环图画的社会背景》,《大刚报》1946年8月19日。
⑥ 胡水萍:《论连环图画作者》,《大公报(上海)》1947年7月2日。
⑦ 昌志:《净化小人书运动》,《大公晚报》1948年9月21日。

而且,20 世纪 20 年代开始走向繁荣的电影业又对连环图画的流行提供了重要支持,电影和连环图画之间产生了良好的互动关系,据说连环图画上"开口"对话的方法,也是受了有声电影的影响才普遍使用起来的。到 1927年,上海已经开设了 140 家中小型电影制片公司,如国光、明星、上海、长城、民新、神州、大中华百合、天一、朗华、大中国、开心、友联、大亚、东方第一、爱美电影社、华剧、非非、快活林、联合、沪江、新人、三友等,像其中天一公司拍摄的一批古装片一时出尽风头,稍后 1928 年明星公司拍摄的《火烧红莲寺》更掀动了武侠片制作和观影热潮。古装、神怪、武侠、暴力等内容的风行也都同步影响到连环图画的内容制作,当时风行的很多电影诸如《阎瑞生》《红粉骷髅》《火烧红莲寺》等不论好歹,都成为连环图画制作改编的重要对象,"差不多全已有了'连环图画'的本子";《火烧红莲寺》《江湖奇侠传》等都是同一种书有两三个不同的连环图画本,上海制造"连环图画小说"的书店老板还在尽取神怪的武侠的中国旧小说加以"连环图画化"而外,又胡诌了许多新的,甚至于把外国影片《月宫宝盒》《侠盗查禄》之类也改制成了"连环图画小说"。[1] "看过《火烧红莲寺》影片的小市民青年依然喜欢从那简陋的'连环图画小说'上温习他们梦想中的英雄好汉。……在没有影戏院的内地乡镇,此种'连环图画小说'的《火烧红莲寺》就代替了影片。"[2]

第三,连环图画出版、印刷、发行、销售、租赁已经成长为一个热门的文化行业,发展迅猛,极大地引导和刺激了市场对连环图画的消费。晚清民初,出版印刷业就开始发达起来,传统高成本、费时费力的木刻、雕版印刷,逐渐为石印技术所取代,"石印书籍,用西国石板,磨平如镜,以电镜映像之法,摄字迹于石上,然后傅以胶水,刷以油墨,千百万页之书,不难竟日而就,细如牛毛,明如犀角"[3]。俗称"小人书"的连环图画发源地被认为在北平,[4]但也有将上海视为策源地的,因为"民国六年上海有相当出版自由"[5],在后来当之无愧地成为连环图画印刷、批发中心,"连环图画为最普遍之民间读物,尤以上海一埠发行

① 茅盾:《"连环图画小说"》,《文学月报》1932 年第 5/6 期。
② 茅盾:《封建的小市民文艺》,《东方杂志》1933 年第 3 期。
③ 宛少军:《20 世纪中国连环画研究》,广西美术出版社 2012 年版,第 40—41 页。
④ 《发源于北平的小人书魔力遍达全国——目前已出版者约计五百余种》,《四川晨报》1934 年 3 月 15 日。
⑤ 谢先治:《连环图画的社会背景》,《大刚报》1946 年 8 月 19 日。

者最多"①。上海的书商将连环图画通常以 7 折价格半现半赊或完全赊账的方式批发给本埠书摊，以现款交易方式批发给外埠书商，小书摊摊主再采用租售的方式，将连环图画产品直接提供给读者。连环图画租售价钱便宜，这是其非常得人心之处。用向培良《论连环图画》中的话来说，就是"在于以最廉价的手段，供给儿童以各色各样的世界"②。30 年代，"在价钱上，《王先生》《安得生》《毛三爷》一类的读物印刷较好，每册至少要三五角钱，而'小人书'仅用数枚或数十枚铜元便可买一套，且租赁的小商人很多，租阅仅需一二枚；在多寡上前三者至多不过两三册，'小人书'则截至现在已有数百册之多"③。胡一秉《武侠小说与儿童》也提到："这些书租价及售价均极低廉，不要花多钱就可有书看，像流通社只需五角钱可看书一月，至于小摊贩就更便宜了，儿童们只要略省糖果费就可以看许多奇怪的故事。"④读者"化了两个铜子，就可以坐在那条凳上租看那摊上的小书二十本或三十本"，熟客甚至"可以租看到四十本五十本"。⑤ 到 40 年代后期，物价飞涨，租一本书价格也只是一千元。而且，连环图画的发行网络非常发达，可延伸至各个角落，销售点遍设于全国各地大小市、乡、镇，销行且远及海外："北至东九省，西至西康，南至南洋群岛，有华人即有连环图。"⑥即使到了经济不景气的 40 年代后期，上海还有 40 家出版连环图画的书局，合起来平均每天出一本新书，一本新书初版普通印 1 000 到 2 500本，大概要四五个月销完。⑦

1937 年 7 月有数字显示，当时上海"出租连环图画书摊一业，全市不下数千余户"，有业主在征得党政机关许可后发起组织出租连环图画书摊联益会，拟革新该项书籍之内容以辅助教育并改善同业之生活。⑧ 40 年代后期上海的连环图画书摊有 3 000 家左右，每天租阅的人总数可达 24 万人。⑨ 上海"著名之画师有沈曼云、陈光益、赵宏本、钱笑呆等数十人，印刷者有联益等二十二

① 《教界逐渐改善连环图画》，《大公报（上海）》1936 年 11 月 4 日。
② 向培良：《论连环图画》，《小学教育》1937 年第 6 期。
③ 融毅：《关于连环图画》，《大公报（天津）》1934 年 7 月 19 日。
④ 胡一秉：《武侠小说与儿童》，《江汉思潮月刊》1936 年第 5/6 期。
⑤ 茅盾："连环图画小说"，《文学月报》1932 年第 5/6 期。
⑥ 谢先治：《连环图画的社会背景》，《大刚报》1946 年 8 月 19 日。
⑦ 何公超：《走一步退两步的连环图画》，《大公报（上海）》1948 年 4 月 1 日。
⑧ 《出租连环图画书摊组联益会》，《大公报（上海）》1937 年 7 月 11 日。
⑨ 何公超：《新连环画的研究与介绍》，《中华教育界》1947 年第 8 期。

家,发行者有一〇三家。上海之摊户有三千多,直接间接靠此生活者上海一地不下十万人"①。1949 年 10 月,廖寿昌《向连环图画工作者的建议》中也提到这样的事实:"只上海一地就有三千处左右租书摊,若连外埠统计在内,至少在万处以上。在上海每一书摊,每天平均有五六十个读者,则每天与连环图画发生关系的,至少有几十万人。"②经营连环图画书摊在三四十年代是一个重要的营生手段,有人失业在家,因缺乏资本,且不能胜任劳力工作,而欲往购连环图画出租以维持生活,因存在顾虑而投书报社询问该项经营是否合法、"连环图画是否属于违禁文物"、如何应对不肖分子前来没收的企图等问题。③

所以说,大众读者既是为连环图画所塑造者,可同时也是连环图画内容和形态的创造者,他们的阅读口味和权利得到了出版商和创作者们的尊重,后者为大众读者制作其愿意付费阅读的作品。"正如印刷术成就了宗教改革,书籍培育了市民阶层,视觉新技术的发挥,不仅流水线作业的批量复制具备可能,且造就无数潜在的'视觉观众',径直推动大众文化的跟进和图像社会的成型。此外,对更先进技术的采纳,是人的理性选择。"④

四、连环图画的改造

连环图画的确带来了很多社会问题,但就像有业者为连环图画鸣不平所说的那样:连环图画"确有其不可磨灭之缺点存在",但其本身,乃是一种文化工具,譬之河水,"功过固不在水,在乎用之得法耳"。消极的厌恶与盲目取缔是不能把握到问题的本质的。⑤ 所以,运用好连环图画这一有效力的艺术工具,在三四十年代一直都是人们普遍关注的话题。

1932 年 10 月,鲁迅在《"连环图画"辩护》一文中举出诸多事实证明了"连环图画不但可以成为艺术,并且已经坐在'艺术之宫'的里面了"⑥。茅盾在稍后也明确表示"这一种形式,如果很巧妙地应用起来,一定将成为大众文艺的

---

① 谢先治:《连环图画的社会背景》,《大刚报》1946 年 8 月 19 日。
② 廖寿昌:《向连环图画工作者的建议》,《大公报(上海)》1949 年 10 月 12 日。
③ 《连环图画经核准者非属违禁文》,《中央日报(永安)》1946 年 12 月 30 日。
④ 谢宏声:《图像与观看:现代性视觉制度的诞生》,广西师范大学出版社 2012 年版,第 221 页。
⑤ 胡水萍:《论连环图画作者》,《大公报(上海)》1947 年 7 月 2 日。
⑥ 鲁迅:《"连环图画"辩护》,《文学月报》1932 年第 4 期。

最有力的作品"①。不只文坛大家为连环图画辩护并看好其在文艺大众化运动中所扮演的良好角色,就是普通作者也都对连环图画的改良抱有期待:"连环图画的改良,使他离开神怪侠义的旧套,换上一副新的内容。"②向培良在《论连环图画》中主张举行一次彻底的检查,特别注意到旧有故事的存废,在改编旧故事上"要改得又少又慎重",再如"冒险谈,侦探故事,瀛谈等,这是年龄稍大一点儿童所最喜爱的",再就是科学故事和教育故事;至于形式,"仍然采取原来连环图画的形式,以图为主,以文为副,要不看文字也可以明了全部的故事。文字须浅显明白,多叙述而少用描写。图画要注重事底说明,而不全重构图底趣味,并须注意到线条底简单,以便制图"。③

1936 年全国儿童年之际,在全国儿童读物展览会会场出口处的批评簿上,有参观者留下这样的评论,很好地分析了连环图画能吸引儿童读者、风行社会的诸种内部和外部原因:

> 连环图画等不良读物,风行社会,毒害儿童,自不待言。但所以能有这种势力,决不是偶然的事实,却自有强有力的因素存在:(一)印制虽然粗劣,但售价极廉,能吸引一般小本经纪者替他推行;(二)内容虽一览无余,但租阅所费无几,自为贫乏或节俭的儿童妇女所乐就;(三)取材适合儿童的时期阶段,(想象力最高的时期)为儿童所喜悦;(四)文字类多浅显,适合儿童程度,容易了解;(五)种类繁多,适应儿童好奇喜变的心理。我们要想消灭这类不良读物,应该根据以上五点,编刊多量的正当读物,代替供给儿童阅读。如果不这样积极地做去,单用消极的禁止发行的手段,恐怕偷售、密阅等事实是必然会得发生的。④

到了抗战胜利之后的几年时间里,对待连环图画的各种声音较之以往要更加理性。何公超《走一步退两步的连环图画》认为:"连环图画是民间自己产生的读物,若善于应用,一定能够成为收效宏大的民众教育的工具。"⑤黄茅《连环图画小论》表示连环图画是将来美术工作的一个重要部门,"过去的事实证明,旧连环画在民间所起的作用之大,如果好好的运用这种绘画形式,它将

---

① 茅盾:《"连环图画小说"》,《文学月报》1932 年第 5/6 期。
② 群桥:《连环图画的改良》,《大公报(上海)》1936 年 11 月 5 日。
③ 向培良:《论连环图画》,《小学教育》1937 年第 6 期。
④ 《参观人评论一斑》,载《全国儿童年实施委员会总报告》,第 242 页。
⑤ 何公超:《走一步退两步的连环图画》,《大公报(上海)》1948 年 4 月 1 日。

是革命过程中教育效果最好的工具"①。

对于如何利用连环图画这一问题,包括连环图画从业者在内的很多人士都有认真的思考。洪树春《连环图画的改革》主张连环图画的作者们响应鲁迅连环图画改革的号召,"应该因此多潜心研究儿童心理,社会生活,多多的画些抗战故事及实地生活故事供给孩子们"②。洪毅在《由小人书谈到儿童读物》中反对一味禁止小人书,"而要将小人书能抓住儿童心理的要点寻出,放在我们编撰的儿童刊物上面",用连环图画进行科学知识普及:"如果我们将一些科学的机械,每个零件都化成人物,而像故事般的演出,那不是不只无碍而且有利了吗?"③

有主张学习连环图画的强大发行网络的。何公超《连环图画在蜕变中》指出:"连环图画已有数十年的历史,它有那末多的读者,它有遍及全国的发行网。要取缔它,消灭它,事实上不可能,倒是应该由我们跟原有的出版机构合作,利用它的形式,装进新的内容,利用它的发行路线,吸收它的原有读者……"④胡水萍《论连环图画作者》也认为:"在现在,国内各大商埠以及穷乡僻壤都有经营连环图画的小卖商与出租户。至于国外华侨杂处之地,亦均为连环图画行销之范围。此种发行网之广大,是几十年来旧连环图画侵蚀发展之结果","而这一成果,若有人加以利用,可以无条件的继承下来。我们具备了旧连环图画十几年的经验,来出版'新连环图画',一方面保持旧连环图画传统的形式,内容上却予以更换,即所谓用旧瓶装新酒的方法,来承乏旧发行网的便利,他方面再向学校、图书馆、家长,开辟成一条新的发行路线,想来这并不是难事。"⑤

有主张借用连环图画的形式,而融入更多的时代内容。何公超《连环图画在蜕变中》表示连环图画编绘者有必要接受代表人民大众的进步思想,"组织读书会,共同研读足以使自己进步的书籍","研究国际及国内政治,经济,文化等等的趋势,关心人民大众的生活"。⑥ 胡水萍《论连环图画》希望连环图画分为时

---

① 黄茅:《连环图画小论》,《大公报(香港)》1949 年 3 月 20 日。
② 洪树春:《连环图画的改革》,《大公报(香港)》1939 年 9 月 5 日。
③ 洪毅:《由小人书谈到儿童读物》,《华文北电》1944 年第 8 期。
④ 何公超:《连环图画在蜕变中(上)》,《大公报(上海)》1947 年 5 月 18 日。
⑤ 胡水萍:《论连环图画作者》,《大公报(上海)》1947 年 7 月 2 日。
⑥ 何公超:《连环图画在蜕变中(下)》,《大公报(上海)》1947 年 6 月 1 日。

事、社会、修养、自然与应用和历史地理五科,在绘制时事新闻、介绍各国民风各地生活、绘制古今中外伟人传记和编印科学发明故事等方面大有作为。①

　　事实上,当30年代连环图画遭到诸多人士声讨之时,教育界、出版界已经开始有意识地对连环图画进行改良了。像上海社会教育社及儿童书局等,均有多种改良的连环图画出版,"图画为推行社教之利器"②,这是为人所公认的。东北抗战初起,就出有连环图画《马占山》,画日本人如何蛮横,马将军如何抗战,一幕一幕,每篇都注有"国家兴亡,匹夫有责",或"宁做枪下鬼,不当亡国奴"等警句。③ 抗战胜利后,何公超在110种连环图画中注意到其中以抗战为题材者有37种,但时过境迁,到1947年夏天,有关抗战的连环图画就很少出版了。不过,令人欣慰的是,在这110种连环图画中,以旧材料为内容者44种,以新材料为内容者66种,"光拿取材而论,连画是在蜕变中,是在向新的路上走;尤其是拿新文艺作品来改编,是值得赞美的事"④。何公超提到这当中好几部以新文艺作品改编的连环图画,如《阿Q正传》《表》《雷雨》《万世师表》《塞上风云》等。当然,抗战胜利以后,连环图画再度出现复古风,"武侠与滑稽便占了出版品之大部份,尤其是前者","一律古装,从形式到内容都复古了",有从事于连环图画业的老板感慨:"有意义的东西不好销,瞎三话四的好销。"⑤不过,新时代的春风会吹散迷雾并摧枯拉朽的,1949年上海解放后不数月,上海中艺出版社就有系统地出版了诸如《桃李满天下》《列宁在一九一八》等连环图画丛书,"用生动的故事照片,通过连环图画的方式,把健康、进步的精神食粮,带给工人和学生读者"⑥。这似乎说明着新时代的审美趣味正在崛起,而改造利用连环图画这一富有生机的艺术形式和艺术工具,已经是众心所趋了。

五、结语

　　20世纪八九十年代之交,连环图画渐次被电影、电视(剧)等更强大的艺

---

① 胡水萍:《论连环图画》,《大公报(上海)》1947年7月2日。
② 《教界逐渐改善连环图画》,《大公报(上海)》1936年11月4日。
③ 《发源于北平的小人书魔力遍达全国——目前已出版者约计五百余种》,《四川晨报》1934年3月15日。
④ 何公超:《走一步退两步的连环图画》,《大公报(上海)》1948年4月1日。
⑤ 何公超:《连环图画在蜕变中(下)》,《大公报(上海)》1947年6月1日。
⑥ 《连环图画的革新》,《大公报(上海)》1949年7月22日。

术形式取而代之,彼时城市街头林立的各种连环图画书摊也都渐次销声匿迹。到今天,连环图画这一曾具有极强魅惑力的艺术品种已经风光不再,成为遥远的文化记忆。当然,它的一些艺术变身或者说"姊妹艺术",诸如"图画故事""绘本"等还存在着并继续对儿童读者(也只能是儿童读者)发挥影响力。单纯就连环图画这一文艺形式来说,它的生长、繁兴、衰落及退场,都对我们理解文学艺术的发展规律、理解大众文化的兴衰带来积极启示。联系到新时期之后港台图书、武侠电影、电视(剧)录像厅、电子游戏厅、网吧、网络游戏等在内地先后流行的各种文化事物,以及这些事物给社会和大众尤其是给儿童所带来的巨大冲击及由此引起的种种争议,则回眸 20 世纪三四十年代连环图画的风生水起、它所带来的巨大冲击波及相关人士对它的口诛笔伐,或许会对我们今天如何看待"后浪"的流行文化有所启发。事实上,研究连环图画,不仅仅是在研究文学文化、研究历史,也是在认识现实、认识未来,这不仅仅关系到我们对"他者"、对"儿童"的认知,还牵引着我们对成人、对社会乃至对自身进行深刻省思。

超越书信知识：民国儿童白话尺牍指南之知识变奏

万益君

（复旦大学）

引入

　　书信，是民国时期人们传递信息和建立人际关系的重要渠道，也是日常生活中不可或缺的一种沟通工具。光绪二十九年，清政府颁行的《奏定学堂章程》中，便专门提到学习中国文字以掌握"日用简短书信"，进而"谋生应世"的要求：

　　　　中国文字：其要义在使识日用常见之字，解日用浅近之文理，以为听讲能领悟、读书能自解之助，并当使之以俗语叙事，及日用简短书信，以开他日自己作文之先路，供谋生应世之要需。①

　　随着该学制规章的施行，以及书信本身所具有的交际功能，"书信写作"成为一项重要的生活本领，而书信，则在人们日常生活中发挥着越来越重要的社会交往作用。在如此背景下，关于指导和学习"日用简短书信"的书籍相继在图书市场出现，这些把书信知识整合起来的实用性工具书，统称为"尺牍指南"，目的在于帮助民众解决实际的"写信"困难。这种"教人写信"的工具书，在20世纪二三十年代大量发行，书籍市场甚至一度出现尺牍指南出版热。尺牍指南作为书信知识的"中转站"，在旧学与新知交迭的社会氛围下，通过不断地自我调适，迎合着各类读者的需求，成为图书市场中的畅销读物。儿童白话尺牍指南(后文简称"儿童尺牍")便是其中一类。

　　　　儿童在扩展社交领域的时候，倘若没有合用的书信，给他们做模范参考，那

---

① 　舒新城：《奏定初等小学堂章程》，《中国近代教育史资料》中册，人民教育出版社1981年版，第415页。

末,他们不是虽有思想,无由发表吗?①

上文取自宁波四明中学一位老师在 1930 年为《儿童实用书信》一书所作的序言。内容说明当时儿童的学习生活和社会活动日渐丰富,使他们对书信社交存在着一定需求。的确,儿童尺牍的出版高潮也正值该时期。而民国儿童尺牍的大量出版,以及对于儿童现实生活世界的介入,关系到其在"超越书信知识"这一层面所体现出的各种实用性方面的价值。

由此,本研究从知识社会学的视角出发,将儿童尺牍②视作一个专属于儿童的社会知识库③,发现其中的知识可大致划分为两类:一类是经由儿童尺牍中介,把客观内容呈现、传递出来的知识;另一类是儿童尺牍凭借自身逻辑,对既有内容进行转译和再次分发后,继而形成的知识。两种不同类型知识的编织,一方面,体现了其中多种实用性价值并存的可能;另一方面,说明了它本身作为一种知识形态,能够被理解为一种"媒介知识"。④ 基于此,本文将通过分析儿童尺牍这一社会知识库,和内中所包含的思想资源,对它的"中介化"特征加以检讨,从而分析儿童尺牍背后的实用性价值,以及其何以作为一种知识传播媒介,立足于新型知识秩序之中。

一、接引新式书信: 互为媒介的书信知识和语言知识

随着传统书信程式的逐渐消解,尺牍指南中这部分难度系数最大的书信知识,由新式书信持有的一套话语体系替代和接管。此种变化带来的直接好处,便是"书信写作"难度降低。不过,传统书信程式在历史舞台上的退隐,并

---

① 劳春华:《儿童实用书信》,儿童书局 1932 年版,第 3 页。
② 由于民国时期语言尚未统一,书面语的写作更是尚未定型,实际上,当时存在各种不同的语言形态,且具有不稳定性和多变性。因此,彼时白话成分复杂,有地方土白、浅近文言、文白混杂体等。本文不对各种白话语体进行区分,讨论范围主要涉及以白话为主编纂的尺牍指南,以文言文编纂的儿童尺牍暂不作讨论。
③ 儿童社会知识库是历史上某时期儿童语义场的总体经验,在经过历史的累积、遗忘、保存后,遗留下来的属于儿童的知识体系。这里指儿童尺牍作为某时期儿童的社会知识库,是该时期儿童能够共同进入并使用的知识场域。有关社会知识库的原文阐述为:"语义场决定了个人和社会的总体经验中哪些被保存、哪些被遗忘。通过这种积累,一个社会知识库(social stock of knowledge)就形成了。"[美]彼得·L.伯格、托马斯·卢克曼著,吴肃然译:《现实的社会建构:知识社会学论纲》,北京大学出版社 2019 年版,第 54 页。
④ 媒介知识:"定义为一种中介化的知识(mediated knowledge)甚至媒介化的知识(mediatized knowledge),它既包含媒介在呈现中介化现实过程中主动生产的知识,也包含媒介作为一种中间人(intermediary)在其他场域的信息进行转录得到的知识。"崔迪:《媒介知识:传播学视野下的知识研究》,复旦大学出版社 2019 年版,第 3 页。

非就意味着尺牍指南实用性价值的失落。其实,传统程式知识遭遇的清理与打击,在某种程度上,反倒为新式书信中语言知识和其他知识的加入,预留出可观的空间。至此,尺牍指南"知识变奏"的帷幕逐渐拉开,其中,最先崭露头角的便是语言知识,它既是接引新式书信和其他知识的关键媒介,也是使尺牍指南中各种实用性价值得以可能的核心所在。

> 孺博之学,宏达瞻博,其为文雄深称奇,远非弟所可望。若令其稍降格,不事研炼,略使平易可晓,真报馆之异才矣。①

梁启超曾赞扬麦孺博所著文"宏达瞻博""雄深浓奇",但却又说这并非他所期望,因为,雅致的语词是难以被普通人所接纳和理解的,若能把它们通俗化,用平实易懂的文字呈现出来,那就能真正称为"报馆之异才"了。这一番话,指向的是报刊用语,可究其背后的读者,是与尺牍指南的读者并无二致的普通读者。尺牍指南和报刊代表着不同的知识系统,却都蕴含着大量进入现代社会生活所需要的新知与常识②,而文字媒介又是建构新型知识秩序的必要条件,所以,使用一般读者能够理解的"白话"传递信息非常重要,特别是对于儿童这类受教育程度较低者而言。也因此,考察儿童尺牍对于新式书信知识的接引,以及实用性价值多样化等相关问题,尤其需要重视语言知识的"降格"现象,及其与书信知识之间形成的相互媒介作用。

20 世纪 20 年代往后,在当时新学笼罩的社会氛围下,诸如新旧程式之存留,文言语体之抉择等,此类"新旧"拉锯的争论愈演愈烈。处于新文化运动浪潮之中的文人,从文言尺牍的思想、内容和形式等方面"极尽批判之能事"③。在时代浪潮的势力之下,两种语言之间相互拉扯的张力清晰印刻在了尺牍指南文本的历史演变之中。从文言文到白话文(或称语体文)④,所示的语言知识的"降格",并非"文学革命"或有识之士一蹴而就的结果。"降格"之中所蕴

---

① 丁文江、赵丰田:《梁启超年谱长编》,上海人民出版社 1983 年版,第 65 页。
② 黄旦:《媒介变革视野中的近代中国知识转型》,《中国社会科学》2019 年第 1 期。
③ 陈兆肆:《文言尺牍热:新文化运动大潮中的一股逆流——民国时期〈秋水轩尺牍〉流行考论》,《清华大学学报(哲学社会科学版)》2020 年第 3 期。
④ 语言统一之前,书面语的形态尚未定型。在从文言文向白话文过渡的历史时期,实际存在过多种不稳定的语言形态,此时的文字并非直接与白话文所捆绑,并不属于"言文一致"意义上的白话文,更多的是以"我手写我口"为方向的文字改良的前期铺垫,其中包括的有地方土白、浅近文言、文白混杂体等。关于晚清民国的文言到白话的语言变化研究可参考以下书目:夏晓虹:《晚清白话文与启蒙读物》,复旦大学出版社 2020 年版;陆胤:《国文的创生:清季文学教育与知识衍变》,社会科学文献出版社 2022 年版。

含的，其实是在相当漫长的一段时间中，文言与白话之间的界限从模糊到清晰的沿革，即文言文的"白话化"（vernacular）过程。

如此一种处于"白话化"过程中的语言知识，如何作为儿童尺牍接引新式书信知识的媒介？上海大东书局于民国23年出版的《小学生新尺牍》的例言中，作者王一鸣就对该书独特的"对照编排法"作出了解释：

> 本书白话信列前，文言信列后，和普通出版的言文对照书本不同，须知儿童学习文字，白话易，文言难，自然从白话入手。况且言文对照四个字，言字在前，也是白话居首的意思。①

> 本书文字，都用简洁浅显的白话文和文言文，使儿童学习通行全国的国语，和普通适用的书信文。②

"言文对照"类尺牍指南的格式，通常来说，是把文言文书信放在前面，随后附上与之对应的白话文书信。这本书的标新立异之法较为少见，虽然如郑逸梅所说，"尺牍充斥坊间，各类皆备，欲标新立异，殊属难能"③，但从该书的再版次数和总发行量来看，此种标新立异的编辑策略确实获得了来自市场的肯定。这篇例言所言之意，即白话文是向儿童传递书信知识的重要媒介，为了使儿童易于理解书信内容，以及照顾他们在使用尺牍指南时的阅读感受，该书反其道而行之，特意把白话文调整到文言文书信之前，营造出一种由浅入深、"先解其言，后知其意"的教学效果。

然而，通过作者后一段话便又能得知，此书大概并非出于让儿童学习白话书信，才使白话文位列文言文之前。这里的白话文大约发挥着两种主要功能，一是"使儿童学习通行全国的国语"，二是作为"普通适用的书信文"之媒介，以掌握文言书信的作法。这样一种儿童尺牍的编辑策略，也许更可能是书局和作者为使书籍畅销而想出来的"生意经"。上述作者例言，清晰地反映了当时的儿童尺牍对儿童学习文言文与白话文，所持有的不同看法和态度。不过，在多数情况下，就算作者内心对此存有个人的价值选择倾向，出版机构和编者的选择仍是守经行权。它们在"言文对照"类儿童尺牍中，表达文言书信与白话书信的立场时，更倾向于采用一种含糊其辞的话术，如"每一尺牍，分文言白话两体，一示

---

① ② 王一鸣：《小学生新尺牍》（上册），大东书局1934年版，第1页。
③ 郑逸梅：《尺牍丛话》，上海古籍出版社2004年版，第112页。

旧学之商量,一以顺社会之趋势"①,或"一以标本来之程式。一以顺社会之趋势,新旧并顾。雅俗共赏"②,等等。其实这些说法都是一套以保证书籍销售情况为目的,以高雅与俚俗并行为策略,掩护价值偏向的中立性说辞。

在这类"言文对照"的儿童尺牍中,白话文书信处于从属位置,扮演的是翻译文言文书信之语词,以及解释文言文中典故的"副文本"角色③,既担任起了"注解"功能,还不会对文言文作为更高一级的语体地位产生威胁④。白话文的这种"注解"功能,对于儿童学习书信知识尤其重要,它不仅是引介书信知识的媒介,为读者的阅读和使用提供了便利,还作为与口语相似度较高的书面用语,成为文言书信的"翻译",让读者更容易接纳和学习新式书信知识,充当起了接连口头用语和书面用语的津梁。由此可见,儿童尺牍中的白话文体,是接引新式书信知识的重要语言媒介。

在文学革命与文字改良互相交织的时代浪潮下,大批提倡新学的民国知识人和教育界精英,致力于推行和普及现代白话文,使白话书写大量渗透到应世实用文字之中。儿童尺牍作为当时书籍市场中的畅销读物,为各种不同知识程度和不同年龄学生所编著的读本屡见不鲜。而对于提倡白话文的文士来说,儿童尺牍既是学校教材、工具书,又能作为儿童的课外读本,是一种用以推广白话文的理想读物。因此,书信知识同时也成了推行彼时所流行的语言知识——白话文——之媒介。

纵观民国时期所发行的儿童尺牍,部分书籍直接使用了白话文编写,还有相当一部分依然采用"言文对照"的编排方式。通过细览后者的具体篇目,不难发现,虽然书籍仍然是"言文对照"的作法,但相关提倡白话文和重视国语的内容可谓不一而足。《初等新尺牍》中,一篇题为《报告得奖》的范文便提到了学校在新学期重视国语教学一事,学生在信中告诉母亲,学校"每一礼拜,必开国语竞争会,这也是要常常练习的意思"⑤。《儿童新尺牍》则使用了更为丰富

① 曹绣君:《言文对照新学生尺牍》,文明书局 1941 年版,第 1 页。相似表述还可见董坚志:《言文对照学生新尺牍》,春明书店 1946 年版,第 2 页。
② 黄克宗:《初等新尺牍》,世界书局 1948 年版,第 2 页。
③ 此处的"副文本",并非指把白话书信归类为与注释和附录同等地位的文本内容范围,也不只是用以形容相对于文言书信核心地位而言较为次之的白话书信,此处需要说明的是白话书信范文在尺牍指南中的隶属地位,和具备的知识协商功能。
④ 陆胤:《国文的创生:清季文学教育与知识衍变》,第 120—121 页。
⑤ 黄克宗:《初等新尺牍》,第 6 页。

的表达形式向读者介绍白话课本，以及提倡学习国语，如一篇写给父母的书信《告改用白话课本》写道："现在学校里面改用白话课本，既然容易解说，况且很有趣味，我今年的功课，必能胜过往年。"①这封范文的配图也相当应景，图中所展示的，是一位老师在教室里的黑板上，写下了"改用白话课本"这句话，并正在向学生们宣布该消息的场景。

此外，不可忽视的还有一部分直接采用白话文写作的儿童尺牍，这类白话尺牍指南相较于"言文对照"类，往往在对新旧文学的价值判断方面，有着非常清晰的表述。甚至有些书籍不仅发挥着指导儿童写作白话书信的功能，还对白话文书写的语言艺术提出了更高的要求。《现代学生书信》在例言中称："（本书）更注重写白话信的艺术，在说明内，更详释文艺上的作法。"②这类儿童尺牍的教学目的已从教授单一的书信知识，拓展到了白话文书信写作的文艺性培养。可以说，儿童尺牍已然成了推行当时社会流行的白话文之媒介，书信知识为语言知识的传播提供了条件。

可见，在传统书信程式逐渐消解的背景下，由文言"降格"所带来的白话文体，成为接引新式书信知识的重要媒介；反之，书信知识也为白话文的推行扩展了一个新的渠道。在这个由书信知识构成的文化场域中，书信知识和语言知识互为媒介。儿童尺牍为书信知识和语言知识的流通与互动提供了平台，它并不只是发挥着书信知识"中转站"的作用，更是作为一种媒介知识，汇总了不同类型的知识，使它们得以呈现与传递③，促进了儿童尺牍实用价值多样性的发生——从传播"书信知识"到推行"语言知识"。在这个意义上，儿童尺牍通过传递中介化的现实，把书信知识和语言知识呈现、输送出来，构成了其作为"媒介知识"的第一个层面。

二、普及生活常识：特殊的城市旅游指南与卫生手册

传统程式知识遭遇的重大冲击和由文言"降格"所带来的语言方面的"白话化"，为儿童尺牍打开了充分的"知识空间"。受当时社会新学潮流的影响，

---

① 世界书局编辑所：《儿童新尺牍》，世界书局 1942 年版，第 14—15 页。该书中还有数篇范文涉及提倡国语等内容：《报告到校日期》，第 69 页；《托寻书籍》，第 77 页。
② 徐莲轩：《现代学生书信》，世界书局 1931 年版，第 1 页。
③ 崔迪：《媒介知识：传播学视野下的知识研究》，第 192 页。

儿童尺牍中的文本内容也随之发生改变,这正反映在儿童尺牍的书信范文中。由于这部分内容具备相当程度的灵活性和随意性,所以编纂者对此有着极大的发挥空间,他们通过自身对世界的认知和分类,把那些即将进入儿童阅读范围中的知识内容,进行了有针对性地重新组织和再次表达。从而使得彼时社会中各种各样的知识,能够以较为合理的方式融入儿童尺牍的知识框架内,并成为儿童认识社会和世界的基础。反之,透过这些被安排进儿童尺牍中的知识,也可一窥在当时的社会认知中,那些被认为儿童普遍需要的常识到底是什么。① 总之,儿童尺牍中的书信范文,为儿童日常生活知识的传播提供了有效的平台。

据观察,儿童尺牍的出版机构所在地主要为上海,编纂者所处地区也大多是上海及周边地区,这便使得书信范文中所涉及的地理信息几乎都是围绕这些区域而展开。其中,围绕上海城市的内容占绝大多数,从著名景点到海滨公园等城市空间,从书店购书到商场购物等生活场景,上海被儿童尺牍打造成了一个跃然纸上的"媒介地方"②。儿童尺牍,仿佛一种特殊的上海城市旅游指南。

> 昨天我的表兄,自上海回来,说起上海的繁华,使我羡慕不已! 恨不能插翅飞去,一开眼界呢!③

在民国22年出版的《现代学生新尺牍》中,有数篇书信范文,直接描绘了外地学生对于上海的向往之情。有的学生无法前往上海,因此非常"想听听上海的情形,长长见识"④。学生们对于那时上海所发生的新闻趣事等一切内容,都抱有很大兴趣。彼时的上海,在外地学生眼中极具吸引力。新中国书局出版的《一年中的信》,是围绕华志清小朋友一年中的生活展开的。在他前往上海游学,给朋友写的一封信中,专门对上海的城市景象进行了一番生动的描述:

> 上海真是一个完全和内地不同的世界。高大的洋楼,五色的电光,奔驰的车马,往来的行人都是在急急的动作。也有极富的人,在最上等的酒楼上宴饮;也有

---

① 葛兆光:《思想史研究课堂讲录(增订版)》(初编),生活·读书·新知三联书店2019年版,第107页。
② 黄旦:《"奇闻异事,罔不毕录":上海"城"的移动——初期〈申报〉研究之二》,《学术月刊》2017年第10期。
③ 柯耀符:《现代学生新尺牍》(下册),大一统书局1933年版,第19页。
④ 同上书,第6页。

极穷的人，在冷风中颤抖。到工厂区和轮船码头观看，百货堆积。中西各国不同的人种，也都给我看得了。①

儿童尺牍通过置入大量关于上海城市的描述，不仅能够满足学生在阅读上的兴趣，还能够凸显书籍编纂在避俗趋新方面的努力。当时，民国儿童尺牍中的上海城市书写蔚然成风。具体来看，能够分为两大类，一是上海的著名景点；二是区别于其他地区的，独特的生活方式与日常活动。关于上海的著名景点，儿童尺牍中出现频率较高的一处是龙华寺，除了多数旅行类书信把"游览龙华"作为举例以外，有范文将龙华桃林的枯荣交替用以比喻朋友之分离，以示想念②，还有范文围绕龙华一带的社会活动实例，如植树节等活动，介绍上海的节日庆祝③。这些尺牍指南的文本内容，虽然涉及的地理信息丰富，题材也新颖有趣，但仍然是以介绍书信写作为核心展开的。故此，它们和常见的城市旅游指南存在极大差异。书信范文的文本内容并不注重于介绍景点的历史信息或旅游路线，而是把它作为某一活动所需的背景环境，甚至是用以表达情感的空间媒介。如此的刻画手法，不仅使其达到了作为一篇书信范文的要求，语言的"在场化"能力还在无形之中凸显，即文本内容把原来在空间、时间和社会维度上远离"此地此时"的事物充分"在场化"（making present）④，为龙华寺、外滩等上海特有的地理空间增添了不少独有的情趣和人情⑤。这部分区别于一般旅游指南的叙述，让读者对上海的认识不再止于"游客的凝视"，而是把相对真实的"上海生活"带到了大家眼前，使儿童尺牍仿佛化身为一种特殊的城市旅游指南。

儿童尺牍中所呈现的上海形象，除了拥有繁华市井、汇集著名景点之外，还是一个文化中心。大量专程前往上海购买书籍、托朋友家人代购书籍的范文屡见不鲜，《现代学生新尺牍》中就有过一段介绍：

上海是我国的大商埠，文物荟萃之区。你到那地方，一定可以得到不少的智

---

① 李白英：《一年中的信》，新中国书局1933年版，第65页。
② 周乐山：《少年书信》，北新书局1931年版，第160页。
③ 贺玉波：《儿童书信范本》（第四册），儿童书局1946年版，第11—13页。
④ ［美］彼得·L.伯格、托马斯·卢克曼著，吴肃然译：《现实的社会建构：知识社会学论纲》，第51页。
⑤ 一些儿童尺牍在范文后为上海著名景点专门配图，以示城市景象和特殊场景，比如黄浦江江海关、海滨浴场等。参见赵景源：《我们的书信》，商务印书馆1947年版，第16—17页。

识。四马路一带，书局最多……①

集中了大量书局的"四马路"，也由此在儿童尺牍中，被塑造为上海购书的"指定地点"，而来自上海的各种最新书籍和上海市地图，则成为旅者的最佳伴手礼。除以上列举的内容之外，有关上海城市生活的大量细节也都能够在儿童尺牍中出现，如购买药品、添购家用、咨询学校等。书信范文，虽然多数情况下都是由作者编纂的"虚文"，但其中必然包含着信息的传递与情感的表达。因此，对于读者来说，关于上海这座城市的认识，在一种以私人对话为表达形式、以"表述"或"描绘"为写作方式的书信范文中，被不断深化着。书信范文赋予了上海这座城市更强的情感关联性和信息可信度。在儿童尺牍中，上海本身就是一种知识。

与单一的城市介绍相比，上海在儿童尺牍中的定位，实际上，更多是被划分到"常识"这个知识类目中的。透过上海，现代社会的样貌和现代生活的方式，能够被清晰投射出来。于是，一些关于现代社会生活的认知，也被带到身处不同地区的读者眼前。上海城市生活的真实样态，虽然并不一定能够与读者的现实生活产生强烈关联，但对于了解现代城市及现代生活的具体内容，提供了极好的素材。这说明儿童尺牍在"普及常识"这一项扩展书籍实用性价值的工作中，有着非常丰富的实践内容。儿童尺牍中有关上海的文本，既意味着有趣的城市地理知识，又代表着具有现代性特征的常识性知识，恰如一本特殊的城市旅游指南。

卫生知识，是儿童尺牍中"常识知识"所涉及的另一个重要方面。其中所提及的卫生知识主要涉及倡导儿童接种疫苗和破除迷信、做好日常卫生等方面，内容都是根据儿童专门编排设计的，属于儿童最需要了解的一部分知识②。在大东书局于民国 23 年出版的《小学生尺牍》中，编者以图文并茂的形式，向儿童说明了接种牛痘的必要性，并在文中直接介绍了可以接种牛痘的医院地址。③ 文言和白话语体两则书信范文上端，还分别配有插图，向读者展示

---

① 柯耀符：《现代学生新尺牍》（下册），第 21 页。
② 社会角色，常被界定为社会结构中某个特定位置的所有者，说明的是为人们所期待的行为模式或行为规范。见［美］彼得·L.伯格、托马斯·卢克曼著，吴肃然译：《现实的社会建构：知识社会学论纲》，第 77，97 页。
③ 王一鸣：《小学生新尺牍》（上册），第 37—39 页。

儿童在痘局接种牛痘的具体过程，好比一则牛痘接种的宣传页。《白话书信范本》中甚至专门强调并解释了牛痘补种的事宜：

> 据医生说："种牛痘的人，四五年后，必定要再补种一次，因为隔了四五年，他的免疫性就要消减的。"①

这类介绍种痘的书信范文，有的强调接种牛痘的必要性，有的则侧重于介绍接种的地点、时间等信息，有的甚至还把接种后的注意事项等都清楚列举了出来，以此促使儿童广泛接种牛痘。另有《初级小学写信指导法》《我们的书信》等儿童尺牍，更关注的则是日常卫生需要注意的方面。书信中将需要重点注意的卫生事项一一排序，并按照编号陈列②，几乎与当时市面上卫生手册的编排格式并无二致。这样一种镶嵌于书籍内，格式清晰、陈述细致入微的卫生指导，很难不让人意识到尺牍指南在常识教育方面体现的实用性。另外，儿童尺牍中还存在一些宣传西药功效，或借机破除传统迷信思想的文本内容：

> 接到来信，知道你患伤风症。治伤风的药，药房里有一种药片叫"阿司匹林"，很是灵验。大概吃一两片，就可以好很多。你不妨到观前街药房中去买，或托校中仆役去买，亦好。③

> 我的祖母和我的母亲，都染了疟疾……她们专信化纸锭、做斋饭、送鬼神，总是治不好。秦先生说，只须服金鸡纳霜，马上便会好。可是这是西药，乡下没有。④

此外，还有一些儿童尺牍把围绕"卫生"的一些学生活动，如学校体检⑤、夏令卫生运动大会⑥等作为书信范文的题材。总的看来，儿童尺牍把学生的"卫生教育"放在了相当重要的位置。这背后的原因实则与把"上海城市指南"安排到文本中具有一致性，即促进现代生活常识的广泛普及，让儿童的思想观念与社会的新知文化接轨。民国时期的儿童尺牍，可谓充当起了近代思想转型时期的重要传播媒介。

---

① 徐敬修：《白话书信范本》（第三卷），文明书局1931年版，第13页。
② 戴桢清：《初级小学写信指导法》，大达书局1936年版，第39、82页；赵景源：《我们的书信》，商务印书馆1947年版，第35—39页。
③ 张匡：《书信作法课本》，北新书局1936年版，第30页。
④ 李白英：《一年中的信》，第72页。
⑤ 楼万里：《现代中学生书信》，南星书店1933年版，第55—56页。
⑥ 劳春华：《儿童实用书信》，第81—84页。

近代以来,国人"缺乏常识"常被视为通病,甚至成为一种国民特征。为此,在近代教育中,儿童也被要求掌握一些适用于他们日常生活的先进常识。儿童尺牍虽然只是关于书信知识的实用类工具书,但出于其自身作为一种蒙学教材的市场定位,"常识话语"进入其中已是必然,甚至成为国民启蒙实践的重要部分,为近代启蒙事业奠定着知识论的基础①。在近代中国迈向现代化的进程中,这些普及生活常识的读物,可能"书中多错误肤浅的话"②,但它们却是经历了社会和书籍对其主动或被动的知识筛选,又在儿童尺牍这一媒介知识的过滤和重新组织下③,进而形成的读者所需要的知识内容,是现代社会的特有产物。儿童尺牍作为面向儿童的蒙学教材,给予了这些常识知识在合法性上的确认④。"常识"话语在其中的重要性一方面说明了国民"缺乏常识"是一个明显的社会现实问题,另一方面体现了儿童尺牍所具备的"中介性"的特征,即在向儿童传播书信知识的同时,还担当起了中介现代生活常识的任务,致力于儿童常识的普及。这也反映出,现代生活常识是儿童尺牍中相当重要的知识组成部分。至此,再次说明了儿童尺牍实用性价值的不断扩展,儿童尺牍这一媒介知识的实用性,已然超越传播"书信知识"和教授"语言知识",进而延伸到了普及"生活常识"的层面。

三、揭橥默会知识:从培养"模范生"到塑造"小大人"

在中国传统的儿童教育阶段,蒙学处于至关重要的位置。儿童这一群体,作为未来社会的成年人,需要在幼年时期为长大成人后的社会生活做充分准备,从而使得他们在最初步入社会之际,便能够迅速地接受、克服各种现实生活中的困难与挑战。也因此,教育成为一种塑造未来国民的投资,以及造就理想社会的更为直接、可靠的方式。⑤ 儿童为了能够顺利进入社会生活,学会做一名"小大人"是一项预备工作。儿童尺牍通过加入某些特定知识,采用特殊

---

① 操瑞青:《塑造国民智识:近代报刊"缺乏常识"话语的形成》,《新闻与传播研究》2020年第4期。
② 葛兆光:《思想史研究课堂讲录(增订版)》(初编),第108页。
③ 温海波:《杂字读物与明清识字问题研究》,《安徽史学》2021年第4期。
④ [捷克]米列娜(Milena Dolezelova—Velingerova):《未完成的中西文化之桥——一部近代中国的百科全书》,载陈平原、米列娜主编:《近代中国的百科辞书》,北京大学出版社2007年版,第135—154页。
⑤ Limin Bai, *Shaping the Ideal Child: Children and Their Primers in Late Imperial China*, Hong Kong: The Chinese University of Hong Kong, 2005, pp.6-17.

的书籍编排策略，积极地参与进这项预备工作的筹划中，它们在指导儿童如何写信的同时，还培养着他们作为一名新时代国民必须怀揣的爱国情怀，以及在现代酬世交际中，所需要懂得的人情之常。由此，儿童尺牍的实用性价值，从最初的"书信知识""语言知识""生活常识"等"明述知识"（explicit knowledge）的传递，最终拓展到更具教育意义的"国民意识"和蕴含"默会知识"（tacit knowledge）属性的"世道人情"方面。

迈克尔·波兰尼（Michael Polanyi）在提出"默会知识"概念时，曾说道："我们的认知所包含的远比我们能够言传的要多得多。"①换言之，虽然人类发明出了大量用以表征具体知识的符号，仍然存在一部分知识，它们通常难以用语言或图像表达出来。这部分"缄默的知识"，并非全然无法得以表述，而是需要通过一些特殊的传播技巧和叙述方式，让人们更为容易地认识和理解。在儿童尺牍这个丰富的知识系统中，所有知识的属性不全然相同，除了"书信知识""语言知识"和"生活常识"这部分"明述知识"以外，还有大量不可言喻的知识夹杂其中。当然，这些知识只是难以用语言充分表达，而不是绝对地不可言说。儿童尺牍在做的便是尽力揭橥这些默会知识。所以，这就形成了一种现象，即不同知识的传播，因其性质的不同而有所差异。类似"书信知识"一类可以用语言表达的内容，似乎只要诉诸语言文字，即可实现知识的传授，而默会知识的传播则尤其强调"第一手的经验、实例以及师长的指导作用"②。在儿童尺牍中，如何成为一名"模范生"，就是其中所包含的一种需要用特殊的表达方式和文本编排策略，向儿童传输学习内容的默会知识。

"模范生"是大多数儿童的学习榜样，如何成为一名"模范生"，一般都是以教条式的文本形式呈现的。但其实，"模范生"概念并非仅仅用文字所构成的条条框框就能够讲述清楚，而是需要由一些鲜活的、立体的"儿童"塑造出来。相较于如何成为"模范生"的说教，呈现"模范生"真实生活的样态，更容易感染读者，且不失为一种高级的教育策略。所以，揭橥如何成为"模范生"这一默会知识的方法，便是将其合理地转化为某种更易被儿童阅读和领悟的传递方式。儿童尺牍中就存在这样一类特立独行的读本，它们打破了传统尺牍指南的编

---

① ［英］迈克尔·波兰尼著，［美］马乔里·格勒内编，李白鹤译：《认知与存在》，南京大学出版社 2017 年版，第 109 页。
② 郁振华：《人类知识的默会维度》，北京大学出版社 2012 年版，第 21 页。

排方法,充分地利用了"书信"这一具有私人对话意味的文字体裁,通过大量按照时间顺序编排、包含生活经验和真实故事的书信范文,打造出了活生生的"模范生"的学习生活图景,以及一个个真实可信的"模范生"角色,用经验和实例对读者产生影响。

具体来说,儿童尺牍的目录分类通常比较简单,一般遵循儿童生活中社交范围的几类主要群体展开,如父母、亲戚、师友等,大多采用的是一种"以人为纲,以事为目"的编排方法。不过,存在一种较为独特的类型,它的编排格式不同于寻常所见,打破了一贯以"人""事"为中心的编辑方法,而是假定某一位小朋友作为贯穿全书的核心人物,再把他在学校和生活中所发生的各种情况和事件,用书信的形式串联起来。相比包含大量书信知识的尺牍指南,这样的读物既是一部小朋友个人的书信往来集,也是一本培养未来"模范生"的课外读物。通过几本指南的编辑大意便能获悉该类书籍的编排形式:

一、本书假设以苏州小学的寄宿生陈中为主位。二、所编的信,是搜集陈中一年间往来的信件。三、信的排列,根据新学历,自暑假开学起始,至明年放暑假为止。成为一种活的排列。[1]

(一)书中假定以无锡城中第二高级小学校内的一个学生为主体,他是乡下人,他是寄宿在校里的。(二)本书的编制系搜集他一年中和家庭、亲戚、师生、朋友之间的通信。(三)这些通信,自第一学期起,至来年暑期止,计两学期。[2]

以上例言分别取自两本以人物为主线进行编排的儿童尺牍,其中书信范文的组织按照时间线索展开。普通儿童尺牍作为实用工具书,对检索效率有一定要求,所以采用的通常是非线性编辑的方法,其出版意图并不是让读者从头到尾、进行通篇阅读,而是在读者需要时,能够迅速查找到特定参考内容。可是当儿童尺牍作为一种线性读物,即采取所谓"活的排列"编制而成的时候,它所具备的与众不同的特点是什么呢?展开来说,有两个方面。

第一,关于最为基础的书信写作的学习。由于书信范文全部围绕着同一个人物的生活展开,于是,所有书信都被串联起来了。一封去信,通常对应着一至两封回信,每封回信,又都接续着下一封去信。"一问一答"式的书信结

---

[1] 张匡:《小朋友书信》(上册),北新书局1932年版,第1页。
[2] 李白英:《一年中的信》,第1页。

构,使全书的人物关系网和事件情节,随着一种有来有往的书信流动逐步形成,就像讲述故事一般,前因后果都能依次接续得上。于是,基于何种情况有了这样一封来信?针对这些不同情形和态度的来信又应该做出怎样的回信?尤其是对儿童判断什么时候应该写信?什么时候又必须及时回信?这些问题能够得到解决,正是得益于儿童尺牍中书信范文间存在的关联性。

第二,即为"模范生"的角色塑造。"模范生"这一儿童类型的划分发生在时人共有的客观知识库中,在这个共同的知识库中,储存着大家对于"模范生"这一角色标准与特质的认知。因而,儿童尺牍中的这一位主人公,可能是编者按照某个人物原型刻画的,也有可能是完全捏造的、具备虚构特质的,但无论这个小朋友是否具有一个"刻画原型",他都必须满足可以充当"模范儿童"这一角色所具备的某些标准①,尔后再以"模范生"这一类小朋友的形象,进入有着共同社会知识库的儿童集体中,从而对他们产生可能的影响②。其中最为重要的一条标准就是"国民意识",这也是儿童尺牍中的又一个重要主题。关于儿童如何"爱国"?模范学生通过书信范文现身说法,在《小朋友书信》里的一篇名为《做来衣服要用国货》的范文中,主人公陈中告诉母亲:

> 我现在心上有一种很深的感触,便是我所穿的衣服和用的东西,洋货太多了!关于用的东西,我立意从今天以后,除非不得已,绝对不用洋货;关于衣服方面,请母亲以后购买衣料,最好用国货,因为国货的价值,虽昂贵一些,质料间或逊色一些,但是我们买了,中国的金钱,就不会流到外国去了。③

如此一来,儿童尺牍中主人公的所作所为,被巧妙地修辞为模范生的象征。使得儿童在学习书信知识的同时,还了解到其他"模范生"的爱国情怀与学习生活,使他们在潜移默化中接受知识,也具备了更多的在不知不觉中变成"模范生"的可能性。陈伯吹在贺玉波的《儿童书信范本》最后专门对此评论道:

> 此类书信内容以一个在小学中年级求学的儿童做主人公,由此中心出发,记

---

① [美]彼得·L.伯格、托马斯·卢克曼著,吴肃然译:《现实的社会建构:知识社会学论纲》,第94页。
② 同上书,第93页。
③ 张匡:《小朋友书信》(上册),第36页。

取一切日常生活。项做体裁,既饶趣味,复切实用。极易激发读者学习与写作的心理。①

在当时成年人对于"模范生"的想象中,"某一类小朋友"在儿童尺牍里,被塑造为一种有着典型特征的儿童"类型"——"模范生"。这位"模范生"是儿童中的一员,投射出的影子既是"成千上万个"真实的儿童个体,也是"同一个儿童"。模范的作用,除了代表正确与规范,还意味着统一。培养具备齐一性特征的儿童,使他们具备相似的礼俗观念和意识形态,是普通教育最为根本的目标,也为今后进行专业教育奠定了基础,更是他们长大后独立"个性"的"保险绳"。

然而,"模范生"并非成年人对儿童所抱有的全部期待。随着儿童年龄增长,他们势必会面临步入社会生活的时刻。而在社会交际中所需要的能力,则与成为"模范生"所需要的素质存在较大差异。他们最后必须超越"模范生"的要求,朝着成为一名"小大人"的社会角色而努力。就像梁启超所说:"幼而处家庭,长而入社会。"为此,儿童需要提前学习和锻炼必要的应酬技巧,为今后的社会生活做好预备工作。书信虽然不同于面对面交往,但也是彼时重要的交际方式之一,和那些与人当面交谈的技巧或相处之道实则是相通的,比如,如何在书信中有效地交换信息,抑或如何巧妙地传情达意,其与如何在现实的言语交谈中使表达流畅无误,两者实质上需要掌握的能力是类似的,即对于"世道人情"的洞察与敏感。

学习书信知识、语言知识和基本的生活常识,便能够让儿童正确地书写出一封信,但如何把信写好,甚至通过写信达到某种目的,则需要表达方式和语言技巧的加持。换言之,儿童想要掌握交际的能力,至关重要的是学习如何说话与如何做人。儿童尺牍在这方面同样做着努力,虽然这类知识在原则上属于一种无法用语言充分表达的默会知识,但编纂者仍然结合书信范文的内容,对此进行着细致入微的指导。

在这类儿童尺牍中,有时候在范文之后,会紧接着几句"注意点""信后注意点"或"看了以后注意点"的板块,如《现代学生新尺牍》和《小朋友书信》等书中所示:

---

① 贺玉波:《儿童书信范本》(第一册),儿童书局1946年版。

一、问病信中，对于病势的设想，要拣好的方面说。二、问病信中，非极亲熟的人，不能贡献诊治意见。①

向家长请求钱物，须说明用途，倘向朋友借贷，那末就混统一些也无妨。②

凡长辈有谬误的见解，须向他们委婉解释，不可有"你不对"或"你错误"等词句，就是对于朋友，也要用这种态度。③

编辑人每天接信极多，如果多说不必要的话，是要被讨厌的。④

这个板块的内容是根据书信内容，为特别需要注意的说话方式所做出的解释，这些"注意点"，一般都涉及一些客套话的使用、讲话技巧和言语态度等方面，属于文本的"副文本"部分，和一般书信知识能够明显区分开来。它们不是学习书信写作必须掌握的知识，而是关乎处理人际关系的方式和社交情商的学习。这些指导儿童在书信中如何"说话"的内容，某种程度上，更像是对儿童传授在成人社会中生存所需要的一套处世之道，目标是把他们塑造为一个"小大人"。虽说传统书信里的程式早已遭到淘汰，但这些"做人"与"说话"的技巧，实际上，与传统书信中程式套话的现实作用，有异曲同工之处。它们都极大地影响着人们礼俗观念的形成，并对他们未来真实的社会生活产生一定的规约作用。比如，话能怎样说，不能怎样说，什么话可以说，什么话不能讲，如何讲话能显得更加真诚，又怎样才可得人心？其中的秘诀在书信范文之后的"注意点"中都有展现，练习和掌握不是简单看完或写几句便能完成的，大概有点"读书百遍，其义自见"的意味。有论者曾针对书信中的语言表达方式总结道："尺牍的款式和套语固然随时俗流变，但凭借称谓轻重、语气缓急等'虚文'表达身份意识与人情厚薄，这一原理却亘古不变。"⑤由此看，"注意点"是既让儿童难以捉摸，却又不得不慢慢体会的默会知识，又或者可以说，是中国传统礼俗和古老书信程式遗迹的变形。

周绍明（Joseph P. McDermott）在《书籍的社会史》中提出，书籍不仅能够被视为一种商品，或者一种信息载体，它还应该被理解为一种组织信息和观点

① 柯耀符：《现代学生新尺牍》（下册），第13页。
② 张匡：《小朋友书信》（上册），第107页。
③ 同上书，第113页。
④ 李白英：《一年中的信》，第35页。
⑤ 陆胤：《国文的创生：清季文学教育与知识衍变》，第424页。

的方式,一个促进某些社会群体形成的框架。① 这个观点所说的是,当书籍作为一种商品或者信息载体的时候,它所反映的知识特性更多倾向于明述知识一端,即那些借由书籍所传递出来的客观内容。而当书籍被理解为一种组织信息和观点的方式时,就不再只是起到知识流通方面的作用了,它在利用自身的逻辑,转译和再次分发新的知识。如此后果便是,儿童尺牍本身成为一种媒介知识,具有一套独特的知识组织框架,这种知识的核心价值更多体现在默会知识一端。在儿童尺牍的知识实用性扩张中,最后一部分更具教育意味和包含默会知识属性的培养"模范生"、形成"国民意识"及了解"世道人情"等方面的内容,正是因为儿童尺牍作为一种媒介知识,把自己本身处理为一种组织信息和观点的框架,并利用自身的编排逻辑,和文本体裁——书信——具有特殊传播性质的媒介,对知识进行转录和再生产,从而揭橥默会知识而予以实现的。也是在这个意义上,儿童尺牍达成了作为媒介知识的第二个重要层面。

余论:复数的知识与媒介知识

本文将民国儿童尺牍作为一个专属于儿童的社会知识库进行审视,以知识社会学为研究视域,通过对儿童白话尺牍指南中的几种核心知识进行分类与讨论,以此观照儿童尺牍中的"知识变奏"问题。本研究提出,把儿童尺牍作为一种"媒介知识",从其"中介化"特质出发,对理解其多元化实用性价值的形成有着至关重要的作用。一方面,儿童尺牍作为客观内容的中介,为部分"明述知识"的呈现与传递提供了文本的桥梁;另一方面,儿童尺牍作为"默会知识"的破译者,借用自身逻辑,对想要表达的内容进行转译、再次组织与分发后,一定程度上揭橥了"默会知识"的奥秘。儿童尺牍的知识内容涵盖"书信知识"的教授、"语言知识"的传播、"生活常识"的普及,甚至"国民意识"的宣扬,以及有关"世道人情"的社交指导等方面。其通过各具实用性价值的日常知识,介入到彼时儿童的现实生活世界之中。

有这样一种说法,即不存在单数形式的"知识史","诸历史"(histories)和"各种知识"(knowledges)只以复数形式出现②。若把民国儿童尺牍视为一个

---

① [美]周绍明(Joseph P. McDermott)著,何朝晖译:《书籍的社会史》,北京大学出版社 2009 年版,第 3 页。
② [美]彼得·L.伯格、托马斯·卢克曼著,吴肃然译:《现实的社会建构:知识社会学论纲》,第 10 页。

以"书信知识"为核心建制的知识体系,那么,其他诸如"语言知识""生活常识"等附属于"书信知识"的各种知识,便是使儿童尺牍成为一种复数知识的重要组成因素。这让儿童尺牍不仅成为帮助儿童达成书信沟通的工具,还化作勾连儿童与现代社会之间的津梁。每一本儿童尺牍,都可以被分别视为一个专属于儿童的语义场,用文字投射着儿童与社会的总体经验中那些被保存下来的部分。而当儿童尺牍作为一个整体的时候,则形成了专属于那个时期的儿童社会知识库,这个社会知识库是由无数个语义场在遭遇了遗忘、淘汰、叠加、累积而后形成的整体,内中包含着和彼时儿童处境有关的一切知识,有助于常规化儿童所面对的生活世界,也反映出儿童生活的现实情况,与可能遭遇的种种限制。

儿童尺牍在表达各种不同内容时,它是复数的知识。然而,当把儿童尺牍本身视作一个整体、一种知识形态的时候,它被理解为一种单数的媒介——一种具有"中介"特质的媒介知识。金斯利·埃米斯(Kingsley Amis)在 1966 年提出把媒介视为一个单数名词①,这样的思路是从不同内容到集体单数的转向。在此层面上,儿童尺牍不再只是复数的知识了。媒介知识意味着更加抽象、更加完整的视角,这样的知识是单数形式的,而非各种知识的叠加,它有利于分析知识在社会面临转型或变化中所起到的作用。于是,从媒介知识的视角进一步理解儿童尺牍如何进行知识传播,能够发现,儿童尺牍这一知识系统会随着时间不断发生变化,它之所以能够介入儿童的现实生活中去,正是因为"知识变奏"的力量在起着作用。儿童尺牍通过不断加入某些读者不易见到的信息和流行的文化风潮,满足着他们对于阅读的期待。与其把"知识变奏"看作编纂者的有意设计,不如将其理解为社会和读者借由儿童尺牍,对时下知识内容进行的"制造"和"调试"②。而这类书籍本身也就成为"被调节的结果"③。

至此,本文以知识社会学为理论框架,把儿童尺牍视为"媒介知识",探析

① ［美］W.J.T.米歇尔(W. J. T. Mitchell)、马克·B. N. 汉森(Mark B. N. Hansen)主编,肖腊梅、胡晓华译：《媒介研究批评术语集》,南京大学出版社 2019 年版,第 3 页。
② ［英］莱斯莉·豪萨姆 (Leslie Howsam)著,王兴亮译：《旧书新史：书籍与印刷文化研究定向》,广西师范大学出版社 2023 年版,第 4 页。
③ ［美］W.J.T.米歇尔(W. J. T. Mitchell)、马克·B. N. 汉森(Mark B. N. Hansen)主编,肖腊梅、胡晓华译：《媒介研究批评术语集》,第 7 页。

了隐藏于儿童尺牍实用性价值背后的"知识变奏",认为这些各具实用性价值的、复数的日常知识,是儿童尺牍实践教化方略的前提条件,更是使其介入彼时儿童现实生活世界中的核心要素。此外,把"媒介知识"作为方法,能够为检视近代知识如何进入新型知识秩序,又如何介入现代社会生活等问题提供一个可用的架构,以拓展传播史与书籍史研究的视野与方向。

民国时期大众报刊中的西南
民族婚俗报道与文化价值

陈宜然

（复旦大学）

"西南地区"这个历史地理术语有弹性化的界定。方国瑜先生在《中国西南历史地理考释》中将"西南"界定为以今天的云南为主体、北至四川大渡河南岸、东至贵阳的地区。① 徐新建先生在专著《西南研究论》中以"西南"大体指称云南。② 方铁先生主编的《西南通史》称"西南"主要包含"今云南省、贵州省、广西壮族自治区和四川省的西南部"。③ 本文并不先行确定标题中"西南"的含义，而选择以川、滇、黔、桂为一笼统范围，检索关于土著非汉民族的大众报刊材料，发现民国时期大报、"小报"和通俗期刊中尤多关于滇、黔、桂非汉民族婚恋习俗的信息。因此，本文标题所称"西南民族"，就暂指这些报刊材料所关涉的地区和族群。这些材料中，部分报道客观、平实地介绍与内地汉俗相异的西南婚俗，也有文章绘声绘色地描述"奇风异俗"，明确或隐晦地附加价值判断，因而"可读性"或"趣味性"更强。本文重点关注后一类材料。从文章正/副标题即可发觉撰稿人或报刊编辑惯于以"婚恋自由"作为卖点。④ 许多文章的

---

① 方国瑜：《中国西南历史地理考释》（上册），中华书局1987年版，第1页。
② ［新加坡］杨斌：《季风之北，彩云之南：多民族融合的地方因素》，广西师范大学出版社2023年版，第18页。
③ 方铁主编：《西南通史》，中州古籍出版社2003年版，第1页。张勇在专著《历史时期西南区域民族地理观研究》（中国文史出版社2014年版）中系统梳理了自先秦至明清的历代如何理解"西南地区"具体的地理范畴，及其内部各地族群的"华夷"性质。
④ 比如佚名：《桂省猺民生活》，《时事新报（上海）》1934年2月7日，其副标题含"婚姻择配绝对自由"，正文对于婚俗的介绍却只一笔带过；再如石女：《跳月舞桂省苗民生活谈》，《铁报》1937年3月17日，副标题冗长，其中"男红女绿跳舞唱歌婚姻自由"句醒目；又如佚名：《川黔边境的苗族：奇特的选婚仪式：一年两次盛典少男追逐少女苗姑掷果与求婚者订定终身》，《正报（西安）》1947年4月6日。

正文更是精彩纷呈，着力于描绘引人入胜的婚恋场景或少数民族女郎的曼妙之态。这些报刊材料可帮助今人了解民国大众文化如何认知西南少数民族。

部分学者已从民国时期滇黔游记和民族志中总结出西南民族①在外来行旅者眼中的形象。王璐探讨了"游记民族志"——"以游记文本的形式出现"的"广义民族志"②——关于滇黔民族的服饰和性观念的表述，论述了西南民族开放自由的婚恋生活在多民族国家建构的价值体系下不再被批判为淫荡、强调为特异而拒斥于主流国民之外；少数民族女性的"开放"被视为合乎现代妇女解放潮流及女性国民特质，其传统生活方式被重新表述为"文明"与"现代"。③ 董晓霞借 1937—1945 年的云南游记论述了滇缅、滇越边地民族在外来行旅者和考察者视野中的形象，采用的文本包含社会科学学者的单行本游记，也有《西南边疆》《公路月报》和《禹贡》等专业刊物上的文章。抗战时期，内地入滇行旅者眼中的滇边民族由"边夷"转变为"同胞"，记叙重点是古风犹存的平静生活、当地民族的"孔明"信仰和对汉文化的认同，及其可爱的"野蛮"、野性和率真。④ 黄江华讨论了记者、公职人员、民族学家和政治家的贵州游记，对贵州民族的印象大致为强悍好斗、愚昧和吃苦耐劳。⑤ 西南游记虽是详尽而直观的第一手材料，但大多由文人墨客或知识分子所作，并且多是社会考察记录，因此并不足以反映民国时期大众视野中滇黔民族的形象。此外，安琪由着装方式的转变与否论及民国时期贵州等西南地区民族相较于汉族国民的身体优势，其中简要提到主流大众媒体称赞西南民族的强健体魄及他们成为抗战健儿的潜能。⑥ 另有一些以民国时期民族志为主要文本的研究侧重于总结关于西南民族婚俗的记载，而非进行文本表述和民族形象建构方面的文化

---

① 民国时期的边地民族调查者将滇黔等地的非汉族群称为"西南土著民族"或"西南民族"。参见王璐：《文学与人类学之间：20 世纪上半叶西南民族志表述反思》，中国社会科学出版社 2017 年版，第 217—218 页。
② 同上书，第 97 页。
③ 同上书，第 296—316 页。
④ 董晓霞：《滇缅抗战与"边地中国"形象建构》，西南交通大学 2019 年博士学位论文，第 34—42、171—179 页。
⑤ 黄江华：《民国时期〈旅行杂志〉视角下的贵州》，《文史天地》2022 年第 4 期。
⑥ An, Qi. "To Dress or Not to Dress: Body Representations of the Ethnic Minorities on China's Southwestern Frontiers"（衣冠或裸裎：中国西南边地少数民族的身体呈现），*Inner Asia*，2011，vol. 13, no. 1, special issue: Xinjiang and Southwest China（2011），p. 196。

政治探究。①

在此基础上，本文关注的问题是：民国时期大众报刊在婚恋习俗的报道中为广大读者呈现了何种西南民族形象？这类报道具有何种文化价值？

一、由"淫"与"怪"到"婚恋自由"：国族意义

纵观古代史志和地理文献，可以发现古代中原人或汉文化主体对西南民族两性关系之自由随意早有认识，不过尚无"婚恋自由"或"自由恋爱"这类正面的现代价值概念，主要视其为"淫"。比如一部较早的云南地方志《永昌郡传》记载称，滇西尾濮部族"男女长，各随宜野会，无有嫁娶"②。明清之际历史学家查继佐在《罪惟录》中载："溽暑，（云南蛮苗）男女群浴于河"；"冬月，以茅花为絮，男女仔抛球相谑，偶意者奔之。谓之偷香。"③明代官员朱孟震曾游宦西南，根据亲身见闻作《西南夷风土记》，记有万历年间滇西南一带社会实况，提到土著民族风俗时表示不齿："男女群浴于野水中"；"婚姻……虽叔、侄、娣、妹有所不计，……叔娶侄也……妹适兄也。夷狄禽兽，大略如此。"④明代杨慎的《滇程记》一书记述其流放滇越的见闻，有一则称"小孟贡江产鲃鱼，食之日御百女，故夷性极淫"⑤。王璐指出，1930年代的部分民族调查者也对西南民族脱略不羁的两性风俗颇有微词，认为这种追求欢愉的作风会腐蚀民族意志。⑥

民国大众报刊中较多关于西南民族概况的篇幅简短的报道，长于以其社会生活中容易令外族或外地人惊异的"奇风怪俗"作为噱头。比如介绍云南楚雄"猓猡"（今彝族）婚俗时，称其"最喜早婚……新婚以一人负之婆家，次日乃回……至十八九岁与外人苟合。生，始归。每遇婚事，众宾毕集，攀油杆为戏"⑦。

① 比如熊珍：《清至民国贵州民族图志研究》，贵州大学2019年硕士学位论文；徐婷婷：《民国时期涉滇游记著作研究》，云南民族大学2021年硕士学位论文。
② 佚名：《永昌郡传》，耿德铭编著：《哀牢国史料辑录》，云南大学出版社2020年版，第16页。"尾濮"是唐代对今天的布朗族先民的称呼。参见李德洙、胡绍华主编：《中国民族百科全书15：傣族、佤族、景颇族、布朗族、阿昌族、德昂族、基诺族卷》，世界图书出版公司2016年版，第460页。
③ （明）查继佐：《罪惟录》，方国瑜主编，徐文德、木芹纂录校订：《云南史料丛刊（第三卷）》，云南大学出版社1998年版，第529—530、530页。
④ （明）朱孟震：《西南夷风土记》，方国瑜主编，徐文德、木芹纂录校订：《云南史料丛刊（第五卷）》，第491页。
⑤ （明）杨慎：《滇程记》，方国瑜主编，徐文德、木芹纂录校订：《云南史料丛刊（第五卷）》，第811页。
⑥ 王璐：《文学与人类学之间：20世纪上半叶西南民族志表述反思》，第297页。
⑦ 佚名：《滇黔苗民记》，《人声》1929年12月31日。

《滇黔苗话》介绍繁多而"非常神秘"的苗民,其中贵阳和平越一带"西苗"的"怪俗"是"婚后不许同房。必须要等待私通受孕分娩后,始准合房。这种理由真真有些难于索解了"①。对于西南"猺民"(今瑶族)女子婚前先择人同居、摆脱处女身份、否则被视为缺乏魅力的婚俗,撰者只称"尤属滑稽可笑"②。对于云南平彝(今富源)"猓猡人"及其婚俗的认识如下:"旧称'生苗'……智识幼稚,婚嫁礼节,全不知道,男女年纪长大,往往三五成群,晚间,到深山洞里唱歌,自由择配,一二年后,有了小孩子,才抱到家里,成为正式夫妇。"③或称:"猓猓国那种落后的生活,逆伦的婚姻,怪诞的礼俗,不是这十里洋场的上海人所能想象……谈到婚姻太好笑了。"④

19世纪末,西方婚恋观输入中国并于20世纪初得到广泛传播和效仿。⑤上海等地区盛行妇女解放和婚恋自由的潮流。新的婚恋观激烈批判传统婚俗家族专制性和贞节观的非人道,主张男女平权、婚前公开社交、婚内一夫一妻,提倡有恋爱过程和感情基础的自由婚姻,强调女性的人格独立、自主择偶权和离婚改嫁权。⑥五四运动后的1920年代见证了自由恋爱观的风行。"爱情"升华为自由意志和人格平等的象征,也成为个人生活中处理传统规训与现代启蒙之冲突的领域。⑦

国人尝试打破传统道德与操行教条的同时,对西南民族婚恋习俗也产生了观感与评价上的转向。西南民族转而被诠释为"婚恋自由"这一现代精神的代表,成为挣脱礼教枷锁的都市人的例证和榜样,或有"礼失而求诸野"之意。此时大众报刊普遍对滇黔民族自由恋爱的风尚表示赞赏。比如广西苗人"非

① 伯时:《滇黔苗话》,《旅行杂志》1930年第4卷第8期。
② 佚名:《背包:猺民奇俗之一》,《盛京时报》1938年8月23日。
③ 刘怀璋:《平彝猓猡的风俗》,《少年(上海1911)》1922年第12卷第7期。
④ 佚名:《奇风异俗的猓猡国:新郎新娘不得洞房:举行婚礼后女方可另择男子,拖了油瓶才能正式与夫同居》,《精华》1946年第2卷革新第29期。上述据称为"不落家"的婚俗在民国大众报刊中屡次出现,参见诸宝楚:《滇边苗蛮的性生活(九)》,《锡报》1933年4月30日;梧槎:《黔苗轶话(三)》,《晶报》1937年6月22日;高法鲁:《黔边苗夷实察记》,《社会日报》1940年1月11日;锡麟:《贵州苗夷的婚丧制度》,《益世报(重庆版)》1941年6月5日。
⑤ 何黎萍:《西方浪潮影响下的民国妇女权利》,九州出版社2009年版,第134页。
⑥ 郑全红:《中国家庭史第5卷民国时期》,广东人民出版社2007年版,第383—401页;何黎萍:《西方浪潮影响下的民国妇女权利》,第135—210页。
⑦ Lee, Haiyan. *Revolution of the Heart: Genealogy of Love in China, 1900‑1950*, Stanford: Stanford University Press, 2007, p.5. 该书中文版为[美]李海燕著、修佳明译:《心灵革命:现代中国爱情的谱系》,北京大学出版社2018年。

常自由,毫无'男女授受不亲'的拘束,他们只要互相认识以后,男子就可以到女子家中彻夜闲谈,唱歌对答,自在地陶醉于恋爱生活中,局外人是毫不干涉或私议的"①。有文章认为,湘黔交界的"苗民"的优点之一即婚姻自由,男女由爱情结合时没有繁文缛节,"真实而神圣"②,只有达到"情感上高度的融洽"③才会成婚,并且"父母族人也不多事,旁人也不闲话,他们自己也毫无顾忌。双方情投意合,性交也不是偷偷的。由这样的爱情中,他们得到了健全的生命,快乐的心灵。爱情在他们的心上加增了势力和色彩,没有痛苦,没有悲哀"④;云南芒市"无论男女都是活泼泼地,不受像汉人那种吃人的礼教来束缚的"⑤;"在汉族数千年来被礼教束缚着的妇女正积极高唱男女社交公开的时代,不意苗蛮自古迄今便实现了这种理想的社会制度。苗蛮民族社交的公开是最彻底而无邪的,故自由恋爱的风气特甚"⑥;看到由歌舞盛会而定情的苗胞,"你准会奇怪,在男女礼教壁特别森严的中国国度里,竟有这么一块自由乐土"⑦。此类话语不一而足,不约而同地强调男女交际与择偶过程中的自由度。

如 Roger Célestin 就"异域情调"提出的观点所称,观察主体将异域文化作为他/她的本域文化的一种例证(exemplification)或注释,即异域文化得到本域文化中某种强大的机构、制度或话语的阐释,最终的关注点将是本域文化的某种内容而非异域文化的特异性。⑧ 掌握着关于"文明"的定义权的内地文化主体对作为客体的西南民族进行表述,将后者纳入己方价值标准。因此,大众报刊语境中的西南民族婚俗不仅逐渐剥离"野蛮"标签,更被标榜为新的文明与进步。

一方面,"文明性"源于对男女双方个人意愿和行动的充分尊重:"想不到这最文明的自由恋爱,自由离婚,倒盛行在化外顽民的猓族之内而且能够保持

①　佚名:《桂苗婚俗》,《盛京时报》1938 年 2 月 3 日。
②③　胡颖之:《苗民生活一瞥(续)》,《时事新报·学灯》1924 年 1 月 4 日。
④　王鹏皋:《苗民的婚恋生活》,《宇宙风》1936 年第 23 期。
⑤　其潜:《深山峻岭中罗罗族生活:那里保留着中古时代的部落制度、奇特的婚姻制度、古怪的文字语言》,《人报(无锡)》1933 年 2 月 19 日。
⑥　诸宝楚:《滇边苗蛮的性生活(六)》,《锡报》1933 年 4 月 22 日。
⑦　落英:《夷苗的舞会和婚礼》,《大锡报》1947 年 7 月 15 日。
⑧　Célestin, Roger. *From Cannibals to Radicals: Figures and Limits of Exoticism*, Minneapolis: University of Minnesota Press, 1996, pp. 5 - 6.

文明的真相。"①另一方面,"文明"也在于真诚:"苗民"的恋爱结合不仅与所谓现代文明世界所倡导的差不多,且更为"纯朴切实"②,甚至"比文明人有一种更优的诚实"③。萧乾在云南芒市游记中写道:"恋爱是每个青年摆夷(今傣族)的生命",且"恋爱的方式真是近于理想……少男少女在恋爱时……放荡天真……他们无拘束,无买卖,无功利观念,是远走在文明民族的前面了。"④1920年代末至1930年代,"性"与"性解放"逐渐从"自由恋爱"的价值领域中分化和凸显出来。性学科普者张竞生(1888—1970)在1920年代观察到令人忧虑的纵欲现象。⑤ 这时,西南民族的婚恋习俗又被大众报刊用来引导都市性爱观,强调西南民族坦诚纯真的情爱和自然而然的性行为不仅反衬出杜绝两性社交和缺乏情爱基础的包办婚姻之荒诞,⑥而且能够使那些自我标榜"自由恋爱"的纵欲浪子无地自容——"苗蛮"的舞会之所以"最有价值,最为纯洁",是因为以恋爱结婚为目的,而不像都市男女舞场中轻浮的寻欢作乐或在"废除婚姻家庭"的激进幌子下"不负责任的纵欲"。⑦

　　大众报刊也提到了婚恋自由所需的物质基础。民国时期存在一种对婚姻制度的批判,即传统婚姻和家庭生活表象之下是束缚和剥削女性的"性合约",身无长物的女性为求生存而被迫委身于美其名曰"婚姻"的终身制卖淫。⑧ 西南民族的生活方式似乎给出了答案。诸篇文章皆明确指出男女都具备劳动能力并且经济独立是婚姻自主的前提,并且鼓励内地女子像"苗夷"女性一样步入社会、积极工作,以便在婚恋和家庭关系中获得更大的自由度和权利,不作男性发泄欲望的物化对象。⑨

---

① 小白:《猓猓的离合节》,《福尔摩斯》1937年2月7日。
② 曾奕:《苗民的结婚》,《图画周刊》1933年第8卷第20期。
③ 王鹏皋:《苗民的婚恋生活》,《宇宙风》1936年第23期。
④ 萧乾:《被遗忘的人们(一):摆夷山头横竖都是农奴·我翻案》,《大公报(香港)》1939年6月22日;萧乾:《被遗忘的人们(三):摆夷山头横竖都是农奴·摆夷族的今昔》,《大公报(香港)》1939年6月25日。
⑤ Lee, Haiyan. *Revolution of the Heart*, pp. 163-164.
⑥ "贞操观念在他们的脑经中是很淡薄的——也许完全没有。不过那些与汉人杂居的罗猓,已从汉人的社会里染上一些虚伪的颜色了",参见王俞:《云南的罗猓(三)》,《申报》1932年12月14日。
⑦ 老宣:《妄谈(续前)苗蛮的跳舞(俗称跳月)最有价值》,《北洋画报》1933年第19卷第906期。
⑧ Lee, Haiyan. *Revolution of the Heart*, p. 119、180.
⑨ 谭慎余:《形形色色:贵州之苗民》,《生活(上海1925A)》1930年第5卷第43期;诸宝楚:《滇边苗蛮的性生活(十二)》,《锡报》1933年5月4日;笑岳:《云南"摆夷"风俗谈(三续)》,《中央日报》1936年12月31日;田倬之:《恋爱是夷苗女子的生命》,《中华(上海)》1936年第41期;王鹏皋:《苗民的婚恋生活》,《宇宙风》1936年第23期;戴广德:《战地后方通讯苗舞与苗婚》,《社会日报》1939年9月4日。

婚姻与家庭生活中的女性身份地位、职业与劳动、家庭形式和生育等要素在新文化运动和此后的时代看来关乎整个社会和国家的前景。1910 年代的妇女刊物如《妇女时报》《女子世界》《中华妇女界》《妇女杂志》等普遍关注如何维护一夫一妻小家庭的存续和幸福。① 1920 年代上半叶《申报·自由谈》"家庭半月刊"也鼓励现代女性承担"贤妻良母"的角色,即"体格健美,具现代知识,擅于家政,教育子女,且精神自主,对丈夫有道德约束力"②。终极目标则是小家庭稳固健康而产生高素质国民、促进国家的强盛。③ 随着时代而发生的变化是,新文化运动支持每一名女性首先实现个人价值与幸福,在此基础上建立美满家庭、建设国家;蒋介石国民政府则以国家利益为先、绕过个体国民的福祉问题,直接强调小家庭对国家、社会的功能性价值,其制定的政策产生了明确而生硬的引导作用。④ 国民政府于 1934 年发起新生活运动,一直持续到 1949 年。截至 1937 年全面抗战爆发之前为该运动的第一阶段,当时女性国民重新受到陈旧道德的束缚,被要求放弃职业发展以"回归家庭"、以婚姻和育儿为首要职责、辅助丈夫,也就是"通过家务、育儿对社会、国家做出贡献"⑤。新生活运动第一阶段的末期,来自云南的民族事务活动家高玉柱女士不仅与蒋介石国民政府走得很近,而且获得了报刊媒体的争相报道宣传,顺势为内地大众普及了一些关于西南民族的知识观念。那么,高带来了哪些婚恋和女性的相关信息? 有何国族层面的意义?

高玉柱之父高长钦曾是永北直隶厅(今云南永胜)北胜土知州,于 1908 年"改土归流"中失权,后被视为汉族。⑥ 虽然高玉柱成年后通常使用汉语,在外貌装扮和生活方式上也并无"夷苗"特征,但她极具少数民族意识,并且懂得观察和利用国内政治局势来为自身和西南民族谋取上升和发展空间。1935 年

---

① 陈建华:《紫罗兰的魅影:周瘦鹃与上海文学文化,1911—1949》,上海文艺出版社 2019 年版,第 128—132 页。
② 同上书,第 174,180 页。
③ Glosser, Susan L. *Chinese Vision of Family and State,1915–1953*,Berkeley:University of California Press,2003,p. 10.
④ Ibid.,p. 81.
⑤ [美] 林玉沁著,陈湘静译:《施剑翘复仇案:民国时期公众同情的兴起与影响》,江苏人民出版社 2021 年版,第 93 页;[日]深町英夫著/译:《教养身体的政治:中国国民党的新生活运动》,生活·读书·新知三联书店 2017 年版,第 151—153 页。
⑥ 温春来:《身份、国家与记忆:西南经验》,(香港)中华书局 2022 年版,第 53—54 页。民国许多刊物称高玉柱为"西南夷族土司代表"或"云南北胜土司",有违实情。高玉柱并未取得云南众土司的授意。参见温春来:《身份、国家与记忆:西南经验》,第 75 页。

前后,蒋介石为围剿红军而进兵西南。控制住贵州的蒋开始重视当地民族问题。1936 年,高玉柱前往南京,自居西南"夷苗"的代表向政府献言,恳请提高"夷苗"的政治地位、推进当地社会各方面发展、提高"夷苗"生活和文化水平,并表示西南"夷苗"壮大之后将不遗余力为国民政府守卫边疆、发挥地域战略价值。① 高玉柱与同行者在南京得到了来自"行政院、教育部、蒙藏委员会、国民党中央党部、国民党中央军事委员会"等机构的重视和接待。② 不仅如此,她在 1937 年逗留上海的数月间成为政治、文教和新闻各界倍感好奇与争相结交、报道的新星名流。

高玉柱介绍的西南民族现况包含妇女生活和婚恋家庭方面,为"女性国民"议题带来了一些参考和动力。她作为一名女性活动家,自然受到内地女界的关注和欢迎,比如上海市妇女协进会就于 1937 年 2 月 9 日在八仙桥青年会九楼举行茶会,列席者包括天厨味精厂总管吴戴仪女士、数位女子中学的校长、中华妇女社等妇女社团的干事成员,以及医学界、律政界和文艺界的职业女性,会间高玉柱向嘉宾们介绍西南民族的妇女生活。③

从多篇报刊文章中可以了解高玉柱所述西南民族妇女与婚恋习俗的重点。首先,"夷苗"平民婚恋享有很高的自由度,"每逢佳节盛会,新装艳服,欢聚会场。各寻所好酣歌漫舞,情投意合,即定白首之盟,父母闻之亦即玉成其事"④。求爱过程中女方的意愿非常重要,被其拒绝的男性即便多年纠缠也无果。⑤ 顺利的话,月下对歌、互探情意,两情相悦再缔结良缘。⑥ 以往也有遭到家人阻挠而情侣相偕投潭或上吊殉情的情况,但今已减少。总体来说他们的婚恋比内地人自由得多。⑦ 西南民族推行一夫一妻制婚姻,而且举办隆重的婚礼。⑧ 从婚后生活来看,其实是男"嫁"女,因为妻子掌管经济权,主持育儿等一切家事,地位如同内地家庭中的男性。⑨ 甚至有这种戏言:"若一男子吃得

---

① 温春来:《身份、国家与记忆:西南经验》,第 55—56 页。还可参考伊利贵:《民国时期西南"夷苗"的政治承认诉求:以高玉柱的事迹为主线》,中央民族大学 2011 年博士学位论文。
② 温春来:《身份、国家与记忆:西南经验》,第 59—60 页。
③ 眉:《上海市妇女协进会招待高玉柱女士记》,《妇女月报》1937 年第 3 卷第 3 期。
④ 高玉柱:《夷苗民族概况(下)》,《神州日报》1937 年 2 月 10 日。
⑤ 未牟:《高玉柱女士谈爱》,《世界晨报》1937 年 4 月 23 日。
⑥⑦ 高玉柱:《苗民的政教法律婚姻》,《文摘》1937 年第 1 卷第 3 期。
⑧ 高玉柱:《西南夷苗民族的生活概况(续自一卷六期)》,《快乐家庭》1937 年第 2 卷第 1 期。
⑨ 高玉柱:《苗民的政教法律婚姻》,《文摘》1937 年第 1 卷第 3 期。

不好,穿得不漂亮,便有人笑那女子,连自己的丈夫都养不好!"①女性产后不一定坚持哺乳,而是很快恢复身体、出门工作,丈夫则多在家带孩子。② 强健的体魄和开放的观念使得这些少数民族女性即便不结婚也能够独立生活,比从事渔猎的同族男性要操劳卖力,比如有妇女作屠夫,可凭一己之力杀猪。③高玉柱还强调女性所具有的社会属性和影响力。比如土司的长女有权继承土司官位,并且忠于职守、勇武坚毅、带兵战斗,建立战功;④若部族冲突中有女性挺身而出呼吁停战,交手双方便会止戈,寻求和平解决之道。⑤ 有趣的是,对比同时期国民政府新生活运动下再度收紧的女性道德与行为规范,大众报刊基于高玉柱的访谈和演讲所报道的西南民族妇女生活在价值观上复归新文化运动时期的人文情怀,尊重女性个体意志与幸福,由个人出发、再及家国。

高玉柱虽然并非西南土司和各族公认的请愿代表,⑥也非某些误会其身份的报刊文章所称的"夷族土司",但她的行动使内地称颂她的飒爽果敢,赞赏她不远万里从西南边地前来南京、上海等地,为边地民族谋福祉、为国家忧心边防之务。因此 1936 年创刊于南京的国民党旗下妇女杂志《妇女新生活月刊》将高玉柱标榜为继承明末抗清"夷族"女将秦良玉精忠之魂的现代女杰。⑦多位报刊文章作者表示高玉柱的来访和演讲令他们再度反思内地妇女的"可悲""可耻"境况——长年受到道德和身体的约束,失去活力,只能依赖丈夫而活——更激励内地妇女努力工作、自救,像西南民族女武将、女英雄那样有"为民族奋斗的精神",心怀"天下兴亡,匹妇有责"之志。⑧

二、浪漫与庸俗:美学特征

上一节探讨了民国大众报刊所报道的西南民族婚恋习俗如何在国族语境

---

① 余龙生:《高玉柱女士的讲演》,《青年月刊(南京)》1937 年第 4 卷第 2 期。
② 寄洪:《夷族土司高玉柱女士访问记》,《妇女生活(上海 1935)》1937 年第 4 卷第 4 期;人嫣:《高玉柱女士会见记》,《辛报》1938 年 2 月 8 日。
③ 邝充:《高玉柱女士在大夏大学》,《辛报》1937 年 4 月 4 日。
④ 成轩:《有感于高玉柱的演讲》,《新闻报》1937 年 2 月 25 日;筼:《夷族土司高玉柱女士演述略》,《妇女新生活月刊》1936 年第 2 期。
⑤ 佚名:《高玉柱女士访问记》,《立报》1937 年 2 月 4 日。
⑥ 温春来:《身份、国家与记忆:西南经验》,第 75 页。
⑦ 筼:《夷族土司高玉柱女士演述略》,《妇女新生活月刊》1936 年第 2 期。
⑧ 筼:《夷族土司高玉柱女士演述略》,第 20 页;成轩:《有感于高玉柱的演讲》,《新闻报》1937 年 2 月 25 日。

中获得正面价值和意义。本节离开"宏大叙事",转而关注这些文章的美学特征。

(一) 浪漫

　　大众报刊不仅对西南民族的"婚恋自由"进行正面的道德判定,而且刊登了较多生动美妙的风俗描绘。年轻男女的婚恋过程在报刊中被描述得诗意盎然、天真烂漫,其婚恋盛会则隆重而欢畅,令人神往。贵州山间的苗人"于农事之暇及风清月夜,聚居一地互唱恋歌,以歌风妙曼,词句婉约,能难对方,而不为人所难者为易操胜利"①;云南"猓猓"人由歌生情之后野合,"藉草眠花,幕天席地,幽谷鸟鸣,清溪水咽,是异常令人陶醉的"②;滇南的温暖春日里,花木生动人活泼,山川田野间的"摆夷"少年少女不禁在劳作间隙甜蜜对歌:"山上的花真美,你也真美;我爱花,我也爱你。"③云南宣威的"猓猡"女子订婚之后、举行婚礼之前连续唱一个月山歌:"大约每晚黄昏时候,嫁女便出坐堂上,两旁站了一二十个女郎,列出门外数步,每人手擎酒碗一个,满斟烧酒,喝了就唱,唱了又喝,那音浪的清脆,真有响遏行云的妙处,也算乐极了。"④对于著名的"跳月"盛会,即便最简明的介绍,也会强调这是一种"特殊而富有兴趣的联姻办法""奏起各色的乐器,作各种唱歌舞蹈,联袂宛转,以乐为节,尽兴的享乐"⑤。篇幅更为舒展的散文则为读者营造实地情境感和代入感,因而极富阅读趣味性,比如《哀牢山下·花苗少女的槟榔》以富有故事性和画面感的叙事描述了跳月的场地、苗族男女的装束和情绪、现场热烈的气氛、求爱传情的具体方式,以及盛会结束后的浪漫余韵,在此选择性摘录一些:

> "月场"是指定在画眉湖边了。……淡淡的一湖水,那面是几峦小山,这面是一块松坪。十五那天,圆月上来了,湖里金波粼粼;松风虽然掠着大地,但并不冷。……那松坪中央的月场里,不下五六百人。少女的腰里都带着三四个绸制的小圆球,衣裳是崭新的,小伙子却带着槟榔包,在月场里走来走去,若是看中了一

---

① ② 　田倬之:《恋爱是夷苗女子的生命》,《中华(上海)》1936 年第 41 期。
③ 　南江:《摆夷人的婚姻》,《益世报(重庆版)》1941 年 3 月 7 日。
④ 　陈道精:《宣威猓猡的嫁女》,《少年(上海 1911)》1923 年第 13 卷第 11 期。
⑤ 　诸宝楚:《滇边苗蛮的性生活(八)》,《锡报》1933 年 4 月 24 日。

位少女,他就把槟榔包献过去……要是她笑着接了你的,那是天大的欢喜,你放心挽着她坐下来,你们谈谈好了。

月高三丈,全场的对手都选定了,苗王的手下就把月场四周松树上挂着的"明架"(铁架里放些松明,燃烧以照亮的)点着。全场热腾腾,湖里也添些霞彩……男的呜呜咽咽吹动葫芦笙,女的"叮!叮!"按节拍摇动指上的金铃子……那媚眼,更其来得神秘,吸引着,扭绞着,依稀是那么的甜蜜,那么的胶黏。这时你也可以把你的爱慕用短曲唱出来,姑娘脸红着,报你一些会心的微笑,跟着摘下一个小红绸球,抛了起来,你赶上去接住了,那是你的胜利。……这时明月已挂在崖上,深林里送出了夜莺的幽曲,那草地上、崖下、湖边、松林里都散布着人影……只是一些低低的絮语,嗤嗤的笑声,很冷艳的飘漾在水银灯下。①

自由恋爱风尚下的爱情悲剧也格外壮烈。滇黔民族为情而死不足为奇,滚崖是"最特殊而最别致""别开生面"的死法。② 据称云南丽江"习于野蛮"的"苗猺"青年男女,"追求异性,确比任何地方的人,情绪还要热烈",对于婚姻的决定受到父母族人的阻挠时,决意殉情,准备隆重,高潮悲壮。待男女双方焚香立誓、更换新衣、携手入山尽情欢宴歌舞一番之后,"赤裸裸地,再互相拥抱起来,口中念念有词依旧是哼着这种甘为情死的调子,最后面面相对的互接一深长甜蜜之吻,然后趁着酒意高腾,抱紧向悬崖方面辗转滚去,不多一会,那大体双双的交颈鸳鸯,便堕向岩谷之间,粉身碎骨的与世长辞了!"③

上述一类报刊文章善于以场景画面、对歌歌词和人的行为方式简洁而鲜明地展现西南民族恋爱过程中明快、诗意的氛围和浓烈真挚的情感。终成眷属,便毫不掩饰地欢天喜地;即便是殉情的悲剧憾事,也以纵情狂欢作为终结。回望民初以来内地的婚恋移俗和文艺表达,受到林琴南译《巴黎茶花女遗事》(1899)、郭沫若译《少年维特之烦恼》(1922)等外国小说及"鸳鸯蝴蝶—礼拜六派"小说感染的民国人意识到"情"本身天然的正当性,并对其产生信仰般的推崇。④ 略观民国文学以传情见长的流派和作家作品,不难发现"鸳鸯蝴蝶—礼拜六派"多写哀情,塑造的主人公身姿柔弱、性情敏感忧郁;行文风格是

---

① 梨鹃:《哀牢山下·花苗少女的槟榔》,《辛报》1936 年 6 月 7 日。同样的内容后来出现在林枫:《哀牢山下·花苗少女的"跳月会"》,《海报》1942 年 10 月 28 日。

②③ 佚名:《滚崖云南苗猺人种男女情死方法》,《盛京时报》1940 年 7 月 11 日。

④ Lee, Haiyan. *Revolution of the Heart*, p. 98.

"涕泪交加"、哀婉凄怆,也有种"窥探"人物内心似的私密感;剧情模式多为有情人难成眷属,女方饮恨而终、男方抱憾余生。① 男女"自由相恋,由于家长的反对而劳燕分飞,这样的故事流行于 1920 年代初,对于当时青年男女具普遍性"②。1920 年代末至 1940 年代,小说家叶灵凤和徐訏多写情爱且作品流行,其中纯爱总是被迫面对妒恨、误解、阴差阳错、多角纠葛、亲族阻挠等挑战,情侣间时常有缘无分,甚至忧郁枉死;人物多愁善感,叙事抒情化,格调唯美阴郁。③

"鸳鸯蝴蝶—礼拜六派"小说家周瘦鹃的短篇小说《留声机片》(1921)视"情"为普天下任何种族和社会个体共有的体验,所有人平等地承受着情场失意的痛苦:"(恨岛上)除了中华民国以外,有美国、英国、法国、德国和欧美两洲旁的文明国。就是非洲的黑人,南美洲的红人,也有好几百人。瞧他们不知不识,直好似鹿豕一般,却也知道用情,也为了情场失意,逃到这恨岛中来。可知世界中的人,不论文野,都脱不了一个情字的圈儿。"④不消说国外的"野蛮"民族,西南地区的土著民族在民国时期对许多内地人来说也是"野蛮"的⑤。(因此大众报刊中"苗蛮"⑥"化外顽民"⑦"野人"⑧"原始民族"⑨这类称呼屡见不鲜。)相较于都市言情小说,大众透过报刊的一只只文字框窗户而窥见的西南民族情爱"风俗画"别具感染力:男女都能充分享受求爱和恋爱的欢愉,不以表达爱欲为耻,在有限的范围内尽享生命的热烈,以歌舞甚至戏剧化的殉情庆祝爱情的宝贵,因此鲜见悲戚痛悔这等哀情。见惯了"虐恋"的都市读者恰可借着西南"苗夷"光明正大、欢快畅意的婚恋习俗调剂一下审美口味。

① Lee, Haiyan. *Revolution of the Heart*, pp. 100-101.
② 陈建华:《紫罗兰的魅影:周瘦鹃与上海文学文化,1911—1949》,第 112 页。
③ 比如叶灵凤的短篇小说《浪淘沙》(1926)、《肺病初期患者》(1927)、《Isabella》(1927)、《鸠绿媚》(1928)和徐訏的《鬼恋》(1937)。
④ 周瘦鹃著,陈武总主编:《喜相逢》,广陵书社 2020 年版,第 92—93 页。
⑤ 王鹏皋:《苗民的婚恋生活》,《宇宙风》1936 年第 23 期;剑我自筑:《苗夷的女人》,《上海特写》1946 年第 2 期;倬人:《桂黔苗区印象记》,《纪事报》1946 年第 27 期。
⑥ 比如佚名:《贵州苗蛮图》,《北平画报》1928 年第 17 期;诸宝楚:《滇边苗蛮的性生活》,《锡报》1933 年 4 月 16 日;老宣:《妄谈(续前)苗蛮的跳舞(俗称跳月)最有价值》,《北洋画报》1933 年第 19 卷第 906 期。
⑦ 比如小白:《猓猓的离合节》,《福尔摩斯》1937 年 2 月 7 日。
⑧ 比如亚一:《滇游奇异录》,《今报(上海)》1946 年 7 月。
⑨ 比如文沙:《西陲猓猓的怪俗》,《万寿山》1946 年第 6 期;佚名:《摆夷少女情痴裸浴,汉商色迷老死异乡》,《泰山》1947 年革新第 2 期。

(二) 庸俗

大众报刊勾勒西南民族婚恋习俗时,常有明显的性别化立场,暴露出一种庸俗的男性审美和幻想趣味。汉族男子在滇黔民族地区的"艳遇"和汉"夷"婚恋是大众报刊的一大热门话题。男性视角下,幻想往往投射于非汉族群的女子身上,突出其"多情"和"开放"的特质,因而产生香艳的异域情调。

不谈少数民族男性的形貌、只陶醉于女性的美丽性感是常见的传写角度。一名云南建设厅公务员曾在为公务奔波的路途中来到云南吉姑村避雨歇脚,得以初步了解村中"猡猡人"的生活,后撰写并连载《猡猡生活写照之一蛮窟五日记》。这主标题读起来不甚体面,与之形成鲜明对比的副标题却预告着风情:"酋(酋)长的公主娇艳的姑娘灵敏的跳跃动人的情歌。"①文中"四、姑娘!你是怎样底娇艳呵!"一节中描写酋长女儿:"她是窄袖的上衣连下边长垂及地的多折缝的裙子,裙子的下端系有小铃,行动时即钉钉地响,姑娘有十分的健美,面部的布置都极匀称而丰满,虽然肤是色黑些,但它是具备了十分的自然之娇艳。"②随即这位部落公主邀请作者共舞,因其不会跳舞而作罢,不过男女共舞"在他们是寻乐的最普通的事",并非违背礼法之举,因而氛围轻松。③ 另有文章毫不隐讳地叹道:"(苗人)这个强硬的野蛮民族,好像连女人的'臀部'也具有无比的令人心碎的弹力,身体是那样的粗黑,而又是那样的活泼,那样的天真;容貌并不白嫩,却又那样的柔媚,那样的动人……"④

大胆追求"夷女"或受到对方青睐之类的桥段也见诸报刊,以第一或第二人称充满代入感的叙事引领读者进入浪漫的氛围和情境,想象跟素昧平生的"摆夷"少女相识、甚至当即跟她回家等看客心照不宣的甜蜜情节:

> 一群丰腴媚妩的摆夷少女都向这井边来汲水了。她们挑水的姿势是那么优美,那么诱人! 你尚有心思看书,谈心吗? 别失了这个难得的机会,懂吗? ……以后如果你到她家走得勤快的话,当然有长辈在地面前,总觉不方便,你更可要求他们早点去休息。他们会笑笑说:"何必如此着急呢?"不一刻就转身进房里去了。⑤

---

① 其潜:《猡猡生活写照之一蛮窟五日记》,《人报(无锡)》1933 年 1 月 8 日。
② 其潜:《猡猡生活写照之一蛮窟五日记》,《人报(无锡)》1933 年 1 月 9 日。
③ 其潜:《猡猡生活写照之一蛮窟五日记》,《人报(无锡)》1933 年 1 月 10 日。
④ 王鹏皋:《苗民的婚恋生活》,《宇宙风》1936 年第 23 期。
⑤ 上官后人:《摆夷族的风土人情:边疆通讯》,《西风(上海)》1942 年第 65 期。

　　另一篇介绍黔桂交界地带"麻布苗"的文章,开篇即以恋情幻想来吸引读者并营造代入感:"每当夕阳西下,鸟雀归巢时,一群群的丰腴妖媚的'搭派'(即当地语言中的"姑娘"),都到泉边来汲水,她们挑水的姿态,特别优美动人。如果逗她,她会向你嫣然一笑地说声:'跟来。'"①后文更提供了与"麻布苗"姑娘谈恋爱的注意事项。更令人神往的则是在跳月盛会中无意间成为众人欣羡的焦点。一名汉人男子游览贵州黄平县"青苗"与"喀嗒苗"聚居的东坡村,原本是一场月夜舞会的旁观者,却受宠若惊得到了场上最美苗女的青睐:

> 她是今夜最光荣的女郎,成群的男子追随在身后……虽然她也返身停舞几次了,但她终未取下头上的花朵,男子们拼命地放开了粗壮的嗓子,几十对倾慕与乞求的眼光在她身上扫……这时,她又从我的面前舞过……我低下头,一朵银花正在我的脚边闪着光,用极自然而迅速的直觉,我拾起了它,正预备给她抛还去。奇怪,这一刹那后,场上忽然宁静了几秒钟,而鼓声、欢呼、击掌却像潮水样的升起来了……那女郎垂着头,没有了高傲,温顺得像一只羊。②

　　因为看上去比内地女性"放得开","苗女"等非汉民族女性整体上变成了某些汉族男性臆想和单向投射欲望的客体和对象,难怪许多报刊文章的口吻流露出有失尊重、轻佻垂涎之意。一文称,在"多情"这一特质上,汉人女子不免要自愧于"夷苗女子",并且汉文化也不能在此事上自居"老大哥",因为"夷苗女子""同异性结合是自由而且出于情感的,甚至以性命相抵"③。这些女子求爱的主动性常被引为趣谈,有文称,外地人来到女多男少的滇西民族地区下榻旅馆,不时可遇到"夷女"来同他攀谈调笑,行为近似东部城市旅馆中常见的性工作者,动机却截然不同,"夷女"仅仅是为了发生关系、自我满足而已:"这些年青女子之向某一栈某一客人打交情,是有一定次序的,不能任意争夺。……在客人已经休息片刻,她便提一小筐,内盛数碟看馔,和杯箸酒饭之属,请他到野外水边或山上去吃一种玫瑰色的野餐,让他得到异乡中最浓厚的快乐。"④不过,难免有一些难登大雅之堂的报刊文字充分暴露出都市人的自视甚高和油滑轻佻:"云南的神秘逍遥之区……那些风流自赏、不甘埋没的姑

---

① 陈志良:《罗城麻布苗的礼俗:黔桂苗傜礼俗之一》,《风土什志》1946年第1卷第6期。
② 常枫:《东坡月夜苗舞:苗女择夫而事婚姻公开自由》,《光》1945年第6期。
③④ 田倬之:《恋爱是夷苗女子的生命》,《中华(上海)》1936年第41期。

娘们("水摆夷"姑娘),极希望中华男儿,前去赏光……把媚眼向你乱飞。"①有文章将"蛮女"写作来者不拒:"山乡野姑娘的缠绵情爱一透露(萌发),不论是谁——年青的汉人更香——都可拢近她,加入合唱,挑之,逗之,一到唱至情意盎盎,便不妨领她到一个幽静的角落,席上幕地,任意纵横的谈情欢爱。言语之间,可冷不防的,把裙子揭起,盖在她的脸上……"②

然而,西南民族地区确如上文所示、是内地男性寻觅异域艳情的妙地吗?现实情况中汉"夷"通婚并非随处可行,"艳遇"有时只是一厢情愿的幻想。汉"夷"通婚在西南某些地区很少为少数民族所接受,"假使与汉族通婚,那末(么)甚至连亲戚或亲生的父母都要鄙弃他们的。所以夷女每次逢到汉人求爱的时候,她们辄婉言谢绝,而答以'黄牛是黄牛,水牛是水牛',意思是说非我族类,安能同居。俗语有句话叫'贞猓猡',也就是指夷汉不得通婚的意思"③。此外,大众报刊揭示了"苗夷"女性在婚恋关系中十分另类甚至致命的权力颠覆性。

一则关于贵州苗女的调侃称:"她要是爱上了您,您就是要她的心都可以,要不然的话,她会拿刀子跟在您屁股后面追,您若是要跑慢一步,您的肠子都会被她刺了出来呢!"④语调之诙谐,仿佛被歇斯底里的痴情女子死缠烂打而受虐也是一种乐趣。"花苗……好蛊毒。"⑤"苗女放蛊"的轶闻为大众报刊中围绕滇黔民族女子的桃色幻想涂上了一层致命诱惑的光泽。"蛊毒"在情爱关系中发挥着约束力,也展现出女性极端痴情的一面,或许令幻想翩翩的读者更为兴奋也未可知。如前文所述,滇西少数民族女子在客栈中寻觅可以发生关系的客人,这在外来人看来或许是"便宜"的艳遇,但其中伴随着令人胆战的"条件",即客人必须忠贞不贰,必须自始至终全然接受这位女子的爱,不得再与其他同类女子发生关系,不得半途而废、移情别恋,否则这位客人将死于情人的毒杀,而她自己也会羞愤自尽。⑥

滇西"摆夷"据说十分青睐当地走动的汉商,于是有报刊文章以汉商的视

---

① 一讴:《逃难应到云南去"水摆夷"风情别饶》,《东方日报》1949年1月17日。
② 何悲:《蛮女的——裙与风情》,《中华时报》1947年10月19日。
③ 高玉柱:《西南夷苗民族的生活概况(续自一卷六期)(附照片、书法)》,《快乐家庭》1937年第2卷第1期。
④ 启一:《贵州花苗区巡礼》,《神州日报》1941年4月1日。
⑤ 谭廷献:《各地风光:黔苗风俗》,《实报半月刊》1935年第1期。
⑥ 田倬之:《恋爱是夷苗女子的生命》。

角描述被"摆夷"女子"盯上"的"幸与不幸"：那些好裸浴的少女不仅"上岸来，要你的脂粉"，更"叫你代她施粉敷脂，尽你满身摸索，毫无愠色，如果你愿意入赘的话，那她立刻可以任你摆布"，结局就是变成与她生儿育女之外无所事事、由她全力供给的"奴隶"赘婿，想回家乡的话必须喝下蛊酒；据说因不愿客死而未回苗地、最终毒发身亡的汉人在滇西为数不少。① 此外，传说滇黔民族女子为了控制丈夫、令其对己百依百顺而放蛊。苗女三年内每日对一种母女相传的蛊草祝祷"我爱你，你能听我话否，能如我意否"，草则通灵；苗女出嫁后将蛊草混入丈夫食物使其服下，丈夫此后必"由爱生畏、承颜伺色……奉命惟谨"②。滇南汉人之间也流传着当地"摆夷"女子会施展法术的传闻，他们相信招汉族男子入赘的"摆夷"女子会特别限制丈夫回故乡，在其饭食中埋"药"，如果丈夫一去不返，便会毒发身亡。③

　　在男性趣味的映照下，西南民族男性与他们的感情生活隐没了，单独留下"苗夷"女子的"多情"和"自由"作为外地人想象、回味的对象。纵然如此，基于西南民族浪漫自由的婚恋习俗而体验到的艳遇和展开的幻想，却戏剧性地遇见了同一地域中"恶毒"习俗的反戈一击——西南民族女子多情、柔媚、在情爱中主动而洒脱，但是神秘的巫蛊习俗如同娇艳玫瑰天生的刺，使得大众报刊所呈现的西南民族女性摆脱了单一的形象。不同于民国言情文学中爱情受挫、纠结内耗的女主角，下蛊的苗女在承载男性欲望投射的同时表现出极端的主体性和危险性。她们既有追求爱的能力，也有毁灭爱的魄力，如果无法如愿以偿同爱人厮守，就断然葬送对方，而不是被动地承受哀痛。这样一种不好掌控、不对丈夫言听计从的女性形象，无论真实性几何，至少在盛行男性凝视和民族猎奇的大众报刊中隐晦而俏皮地挑战了以男性为中心的庸俗趣味和思维定势。

结语

　　本文首先探讨的是价值观的转变如何扭转了内地人对西南民族婚恋习俗的评价方式，使后者得到价值上的正名。西南民族婚恋习俗在古代文献中被

① 佚名：《摆夷少女情痴裸浴，汉商色迷老死异乡》，《泰山》1947年革新第2期。
② 佚名：《神怪：未嫁女子咒草成灵以制药以备嫁后制服丈夫之所用：云南边境母女相传之性风俗》，《盛京时报》1930年10月13日。
③ 刘明：《摆夷地方》，《申报》1934年8月23日。

记述为淫靡怪俗,虽然这种偏狭的认知在民国报刊中仍然存在,但大体上已经被"婚恋自由"这一具有现代特色的正面评价所取代。西南民族在两性交往、谈情说爱与情定终身等环节所享受的自由、尊严和平等在内地人眼中是值得称羡与效仿的文明之举。这是因为清末民初以来的国人愈加醒悟女性赋权、婚恋自由和家庭改制的必要,而西南民族生命力蓬勃的婚恋习俗为内地人带来了观念上的鼓舞和实践上的启发。女性活动家高玉柱为西南民族奔走的身影和声音引发内地广泛关注后,追踪高玉柱动向、及时记述其演讲内容的大众报刊聚焦于西南民族女性的独立自强,以此鼓励、号召内地女性在自我成长、成熟的基础上勇于承担家国责任。由此,西南民族的"婚恋自由"及相关实践(女性家庭权责比重大、外出工作自由、育儿负担轻等)已不单是令内地羡慕的良俗,更具有普遍的指导意义和榜样价值,关乎女性国民的成熟和国族建设,在现代文化和国族语境中具有进步性。

除了呼应妇女解放和"女权"等要义,西南民族"婚恋自由"的相关报道也包含鲜明而浮诞的猎奇心理与男性凝视美学。毕竟大众可能并不会时刻关注西南民族及其文化风俗有何国族意义,而期待从这些文章中获得某种猎奇性的新知与乐趣。首先,大众报刊多以生动明快或诗意盎然的笔调呈现"跳月"等典型风俗。该取材角度呼应着民初以来弥漫于内地都市的"自由恋爱"风潮,却在情绪基调上有别于内地大众熟悉的"鸳鸯蝴蝶—礼拜六派"等流行言情小说的哀婉悲戚,而是一派热烈欢畅、无忧无虑之象,便于国人寄托他们对浪漫纯爱的憧憬。另外,报刊文章以汉族男性为经验和幻想主体,借其在西南民族地区的"艳遇"及汉"夷"婚恋等话题将香艳幻想投射于土著民族女性,突出其"开放""主动"和"多情"之性格,进而被内地男性视角归到"异域艳遇"的客体之位。有趣的是,报刊对"苗女巫蛊"之风俗传闻的报道和渲染,(或许无意中)以尖锐的女性立场对内地读者的男性凝视构成了挑战。

总之,民国大众报刊所呈现的西南民族婚恋习俗兼具严肃与娱乐价值。面对呈现出五光十色、香浓色烈之异域情调的西南民族,想必当时的内地都市人多有困惑:这些边地异族人如何算是自己的同胞?① 在本文选取的"婚恋习

---

① Mo,Yajun. *Touring China: A History of Travel Culture*,1912 - 1949,Ithaca:Cornell University Press,2021,p. 141.

俗"这一小角度之下,我们可以推测,在明确而坚定的民族团结话语之外,或许大众报刊的民俗介绍与描绘渲染在潜移默化之中也可以松动内地(汉)人与西南民族之间的心理距离——前者不再笼统而盲目地将后者视作与自己天差地别的古怪"蛮夷",而发现对方与自己情感相近,都体尝着情爱的快与痛。

营养强国：抗战时期营养卫生读物的出版与传播

周 蓓

（郑州大学）

中国古人很早就从生活经验中认识到食物与健康之间的关系，传统养生文化、中医"药食同源"理论中，就蕴含着营养学的意识理念。晚清时期，西方现代营养学知识传入中国，通过报刊书籍进行传播，对医学和人们的日常生活产生影响。

与本文相关的研究可分为医疗史和出版史两个方向。医疗史主要议题包括现代营养学知识传播[①]、对几位中国营养学奠基者的介绍[②]、抗战时期中国营养学的发展及实践应用[③]等。关于近代卫生书籍的研究，张仲民[④]认为晚清已形成"国家至上、民族至上"政治文化书籍的生产、消费，影响至远。皮国立[⑤]对

---

① 季鸿崴：《近代医学和营养科学东渐与欧美传教士的作用》，《扬州大学烹饪学报》2008 年第 1 期；季鸿崴：《丁福保和中国近代营养卫生科学》，《扬州大学烹饪学报》2008 年第 2 期；季鸿崴：《郑贞文和他的〈营养化学〉》，《扬州大学烹饪学报》2008 年第 3 期；王文昕：《日治时期台湾媒体中的营养知识——以蛋白质为中心》，台湾大学 2017 年硕士学位论文。

② 季鸿崴：《从吴宪到郑集——我国近代营养学和生物化学的发展》，《扬州大学烹饪学报》2011 第 2 期；郑术、蒋希萍：《吴宪——中国生物化学及营养学的奠基者》，《生物物理学报》2012 年第 11 期；蒋凌楠：《"改良膳食乃复兴民族之一策"——近代中国生物化学家吴宪的营养科学救国论》，《福建师范大学学报》2012 年第 1 期；王公、杨舰：《沈同在抗战时期的营养学研究》，《中国科技史杂志》2016 年第 2 期。

③ 王公：《抗战时期营养保障体系的创建与中国营养学的建制化研究》，清华大学出版社 2020 年版；董永利：《抗战时期南京国民政府军民营养保障体系研究》，郑州大学 2022 年硕士学位论文；刘士永：《太平洋战争前后国民党军队营养状况与军事营养学的发展》，载《医疗社会史研究》第十五辑，社会科学文献出版社 2023 年版，第 74—100 页。

④ 张仲民：《出版与文化政治：晚清的"卫生"书籍研究》，上海人民出版社 2021 年版。

⑤ 皮国立：《民国时期的中国医学史教科书与医史教育》，载张仲民、章可编：《近代中国的知识生产与文化政治》，复旦大学出版社 2014 年版，第 40—67 页。

医史教科书与医史教育关系作了详细考察,另有研究者①关注单本大众医学读物的传播与接受。学界已取得的成果,为本文研究提供了重要思路。通过梳理晚清以来国人营养认知的改变,着重探讨抗战时期营养卫生读物的出版种类、编写特点、书籍传播及知识应用。关注书籍出版在战时体制下,如何与社会运动相结合,成为一种社会动员方式;营养知识如何被整合到国民政府卫生政策中为抗战服务等问题。受限于篇幅,本文的"营养卫生读物"是指单本印行的读物,关于营养的图书、研究报告、手册、讲义、挂图等出版物,期刊、报纸及沦陷区出版物不在研究范围之内。

一、晚清以来国人对营养的认知

中国传统医学积累了丰富的有关饮食与健康的知识,逐渐形成一套系统成熟的饮食养生理论。《黄帝内经·灵枢·师传》记载:"食饮者,热无灼灼,寒无沧沧,寒温中适,故气将持,乃不致邪僻也。"②认为饮食要做到调适寒温,过热过寒均会导致供养失调、正气受损。孟诜编著的《食疗本草》一书是世界上现存最早的食疗专著,记载了许多食物的治疗作用。例如,艾叶,"春初采,为干饼子,入生姜煎服,止泻痢";莙荙菜,"其冬月作菹,煮作羹食之,能消宿食,下气治嗽"③等。北宋时期,针对特殊人群养生的讨论逐渐兴盛。陈直在《养老奉亲书》中提出老人饮食的基本原则:"尊年之人,不可顿饱,但频频与食,使脾胃易化,谷气长存,若顿令饱食,则多伤满。"④老年人脾胃功能退化,日常饮食应节制有度。时至明清,不乏文人墨客著书立说,谈论个人养生心得。李渔的《闲情偶寄》便是一部专论养生理论的著作,其中的《饮馔部》倡导"后肉食而首蔬菜"的饮食方式,认为"脍不如肉,肉不如蔬,亦以其渐近自然也"⑤。沈复则认为,"养生之道,莫大于眠食。菜根粗粝,但食之甘美,即胜于珍馐也"⑥。可

---

① 刘希洋:《中国近代大众医学读物的传播与接受——以〈验方新编〉为例》,《史学月刊》2020年第5期;陈静、严梅:《江户初期大众医学读物对中医学的吸收与传播——以日本医籍〈袖珍医便〉为中心》,《医学与哲学》2020年第24期。
② 姚春鹏译注:《黄帝内经》,中华书局2016年版,第343页。
③ (唐)孟诜、张鼎撰:《食疗本草》,人民卫生出版社1984年版,第8、139页。
④ (宋)陈直著,(元)邹铉续编:《寿亲养老新书》,中华书局2013年版,第15页。
⑤ (清)李渔著,章立注:《闲情偶寄》,陕西人民出版社1998年版,第274页。
⑥ (清)沈复著,刘舒谊译注:《浮生六记》,中信出版集团股份有限公司2019年版,第2页。

见养生之道已化入人们的日常生活。

西方营养学知识最初是如何传入中国的，从晚清出版的书刊能发现一些线索。1880 年，傅兰雅和栾学谦合译的《化学卫生论》(*The Chemistry of Common Life*)一书中，介绍食物的营养成分是由油质(油脂)、小粉质(淀粉)和哥路登(面筋、谷蛋白)等构成。① 1900 年，杜亚泉创办了中国第一份以刊登化学知识为主的综合性科学期刊《亚泉杂志》，在第 2 期刊载的文章中指出，人们每天需要补充由于身体代谢造成的消耗，"故人欲保全生命、维持生活，则第一须取适宜之食物"。文章从日本人近藤会次郎和田中礼助编写的《有机化学》中节译了一张食物成分表，以供"养生家随时检阅""其益当不让于参箸珍品矣"。② 由此可见，时人仍是以食物"养生"的概念来解释营养学知识。1905 年，《四川学报》第 12 期"教育学讲义"的第二节"营养"开篇道："营养者何也？用脑记事，则精神不免损耗；用身作事，则身体不免疲乏。补其损耗，填其疲乏，此营养之所以为贵也。"③这段话与《亚泉杂志》一文首段的意思几乎相同，但首次使用"营养"一词代替了"养生"。

比较近代英华字典对相关营养词语的翻译，可窥见从"食物养生"到"营养卫生"概念的转化轨迹。如"nourish"一词，麦都思《英华字典》(1847 年)，译作"谷、馐、鬻养"，另有释义之一为"养生"④；罗存德《英华字典》(1866 年)、井上哲次郎《订增英华字典》(1884 年)也译作"养生"⑤。1911 年出版的卫礼贤《德英华文科学字典》则将"nährstoffe"(food stuffs)翻译为"营养质、养生之质"⑥，由此可见，"营养"与"养生"这两个词开始出现同义。1911 年，《食物与营养》(*Food and Nutrition*)一文，将"nutrition"译为"营养"⑦。又如"alimentary"一词，井上哲次郎《订增英华字典》译作"养生之物"⑧；颜惠庆《英华大辞典》(1908 年)译作"养生的、可食的"⑨；1912 年，中国教育部制定标准

---

① 《化学卫生论(续第五卷)(附图)》，《格致汇编》1880 年第三卷夏，第 6 页。
② 《食物标准及食物各质化分表》，《亚泉杂志》1900 年第 2 期。
③ 《讲义：第二节 营养》，《四川学报》1905 年第 12 期。
④ [英] 麦都思：《英华字典》，1847 年版，第 885 页。
⑤ [德] 罗存德：《英华字典》，1866 年版，第 1230 页；[日] 井上哲次郎：《订增英华字典》，1884 年版，第 752 页。
⑥ [德] 卫礼贤：《德英华文科学字典》，1911 年。
⑦ 中一：《食物与营养(附表)》，《三中期刊》1911 年第 8 期。
⑧ [日] 井上哲次郎：《订增英华字典》，第 29 页。
⑨ 颜惠庆：《英华大辞典》，1908 年版，第 50 页。

科学术语的委员会将其译作"营养",被赫美玲编辑的《官话》(1916 年)作为"部定"词收录,"营养"正式成为官方确定的科学术语。① 1918 年,日本文部省依据营养学家佐伯矩(1886—1959)的建议,将"营养"统称为"荣养",扩大原有词的内涵,使之具有增进健康的积极含义。② 国人也有以"荣养"指称"营养"的用法,如 1930 年商务印书馆出版的《荣养论》。

随着营养学的发展、应用及时局的变化,国人对营养的认知也不断发生变化,大致可分为四个层面。

首先,初步认识到营养是什么、构成人体所需的营养素及其作用、营养缺乏会造成疾病等问题。人摄取食物后,经消化器官消化,"输入血液中,与呼吸器所得之氧气自相化合,因而生成身体之活动力及体温者,此种作用,谓之营养"③。人体所需的主要六种营养素包括水分、蛋白质、脂肪、炭水化合物(碳水化合物)、矿物质和生活素(即维他命)④,其作用各有不同。例如,脂肪是营养动物体的重要燃料,动物体中脂肪含量多于植物体。⑤ 缺乏维他命可能会导致某种疾病,如缺乏脂肪溶质维他命 A 会导致干性眼炎;缺乏水溶质维他命 B 易患脚气病;缺少水溶质维他命 C 易患坏血病等。⑥ 蛋白质、维他命等名词时常出现在报端,这些基础性认知为人们选择食物时,提供合乎营养学原理的依据。

其次,认识到人们可以通过食物获取营养、改善健康,不同类别食物的营养价值各有不同。日常所吃食物分为动物性食品和植物性食品两种,动物性食物以兽肉、鱼肉、鸡卵、乳等为主,植物性食品以谷类、根类蔬菜果实为主。从消化角度来看,动物性食物中的蛋白质较植物性食物中的蛋白质易于吸收。从营养角度考虑,混食动植物性食物更有益健康。⑦ 中国传统医学认为,养生最重要的在于饮食,其提倡均衡饮食的理念与营养学的"混食"观点相一致,这使得国人比较容易接受来自西方的营养学知识和观念。报刊中时常讨论怎样

---

① 赫美玲:《官话》,1916 年版,第 1458 页。以上关于英华字典的资料均取自台北"中研院"近代史研究所近代史数位资料库之英华字典资料库,http://mhdb.mh.sinica.edu.tw/dictionary/enter.php,2023—4—21。
② 王文昕:《日治时期台湾媒体中的营养知识——以蛋白质为中心》,台湾大学 2017 年硕士学位论文。
③ [日]后闲菊野、佐方镇子:《再版改良家事教科书》,科学书局 1906 年版,第 38 页。
④ 中一:《食物与营养(附表)》,《三中期刊》1911 年第 8 期。
⑤ 徐梁:《学说:生理学:论含水炭素及脂肪》,《医药学报》1909 年第 1 期。
⑥ 中一:《食物与营养(附表)》,《三中期刊》1911 年第 8 期。
⑦ 邹德谨、蒋正陆编译:《食物论》,商务印书馆 1922 年版,第 18 页。

吃得健康、吃得营养，一些观点受到市民的关注。

第三个层面是对于食物疗病的认识。中国传统医学的饮食养生理论最早就是针对防病治病展开的。民国初年，报刊上出现了很多介绍食物疗效的文章，它们所依据的多是营养学基础知识，传统知识加上营养新知成为这一类文章的特点。例如，介绍菠菜含有盐、铁质和甲乙两种维生素，能够清理肠胃、补血及兴奋精神；萝卜富含铁质和磷质，可以荡涤身体内积秽，补助脑质衰弱；葱蒜含有盐铁，具有补血功效，可以治胃病、感冒、驱热，还可以调和神经，促进血液循环和消化，预防流行传染病，等等。[①]

20世纪20年代，随着中国营养学的初步发展，一些大学及营养研究机构纷纷展开对中国国情的系列调查分析和营养研究活动，这些研究成果被运用到医学实践和人们的日常生活中，国人的营养认知也随之更新，并趋于"科学化"。就食疗而言，人们认识到科学的营养疗法就是通过调节日常饮食、直接或间接促进疾病治疗的方法。更多饮食和疾病之间的关系被发现，人们开始了解关于胃溃疡、盲肠炎、肠结核、黄疸、神经衰弱、癫痫、中风等各种疾病的食养方法。[②]

第四个层面是形成营养强国的观念。随着近代民族国家的形成，国民成为国家重要资源，为确保国民健康，与国民健康管理相关的近代医学、药学与营养学逐渐成为"国家之学"[③]。这一趋势与晚清以来形成的救亡图存思想合流，不但改变了国人将营养仅仅视为个人养生之道的认知，也深刻影响着国家卫生政策的制定，形成营养强国乃至营养救国的观念。

"民之强弱，视乎卫生，卫生之事，重乎营养。"[④]民初，社会上已经出现关于中西饮食习惯与民族强弱之间关系的热议。有人指出，食物选择关乎国运，国家积贫积弱与民众饮食不当有关，要改变这一现状，民众要多食用富含蛋白质、脂肪、碳水化合物等营养成分的食物。[⑤]抗战爆发后，营养学家纷纷倡导通过膳食改良增强国人体格。何静安指出，日本人素来身材矮小，通过学习西方营养学知识，在其国内大力提倡膳食科学化，加上体育运动和卫生注重，"人

---

① 慕瑾：《卫生：食物之自然卫生》，《女子世界》（上海1914）1915年第6期。
② 刘以祥：《营养疗法》，商务印书馆1926年版。
③ 王文昕：《日治时期台湾媒体中的营养知识——以蛋白质为中心》，台湾大学2017年硕士学位论文。
④ 吴宪：《营养概论》，商务印书馆1929年版，第1页。
⑤ 费谷祥：《食物谈片》，《中西医学报》1915年第5卷第7期。

民体格逐日魁硕"。以日本为例,证明"营养具有改变种族之力"①。吴宪则认为:

> 膳食差别是中西人体格强弱不同的重要原因,吾国人之膳食偏重于素,西人膳食荤素参半。观亚洲食米诸民族,其体格短小,与华人相类,而国势之不振,则与吾国同病相怜者亦占多数。日本虽雄视东亚,比之欧美,相差甚远。由此可观膳食与民族强弱之关系,殆非偶然矣。故改良膳食,乃复兴民族之一策。②

直接将营养改良与民族复兴联系在一起。

从强国强种的角度,国人也越来越关注妇婴健康和营养。有人认为,中国人贫弱的根本,在于妇女孕期营养不良,造成所生儿女羸弱。妇女在妊娠时期和哺乳时期适宜食用营养食物,补充身体所需养分。③ 吴宪等指出:"乡间孕妇因生计困难,几乎全用素食,若能在妊娠及哺乳时期于平常膳食之外加动物性蛋白质少许,则婴儿的营养必可大大改善。"④各种针对这一人群增加营养的膳食建议和改良方案不断推出,诸如"吾国小儿膳食中每日只加鸡蛋二枚或猪肉二两,就足以增加其生长率"⑤;鲜牛奶营养价值高,多食用可以预防因营养不良导致的疾病,"如经济上不足,尽可能多食豆制品、蛋、肝脏、各种蔬菜类、水果及糙米等食物"⑥,等等。

从饮食养生到营养卫生的认知改变,最初只是医学知识体系的转换,人们尝试着运用新的健康观念指导日常起居生活。与此同时,笼罩性的强国话语也引导国人从营养的角度思考国家贫弱的原因,希冀通过改良膳食营养,达到复兴国家民族的目的。这两条线索始终交织在营养学传入、发展及应用的过程中,后者更是在战时营养问题爆发时处于压倒性的优势。营养认知的产生依赖于营养知识的生产与传播,无论是营养专业理论,还是通俗常识,都需要借助传播媒介走进大众,书籍出版无疑是最常规便捷的一种渠道。营养知识是否能够拯救深陷战争苦难中的国家和民众?通过考察抗战时期营养卫生读物的出版与传播,也许有助于思考和回答这个问题。

---

① 何静安:《营养学》,商务印书馆 1937 年版,第 2 页。
② 吴宪:《中国人的营养》,载竺可桢、卢于道、李振翩编辑:《科学的民族复兴》,中国科学社 1937 年版,第 248—249 页。
③ 素菲:《妇女必读:中国人贫弱根本问题:妇女之营养》,《方舟》1935 年第 4 期。
④⑤ 吴宪、万昕:《膳食与生长及生殖》,《中华医学杂志》(上海)1934 年第 20 卷第 1 期。
⑥ 聿秀:《营养不良与小儿疾病》,《食物疗病月刊》1937 年第 1 卷第 3 期。

二、营养卫生读物的出版种类

营养知识属于"实用知识"，因其与人们日常生活行为、身体健康密切相关。营养卫生读物既有科学性，又具有实用性。伴随营养认知的深入，愈发能激发大众对此类书籍的需求。本文通过检索《民国时期总书目（1911—1949)》(自然科学·医药卫生卷）及中国国家数字图书馆中的"民国图书"电子资料，辑录出抗战时期营养卫生读物约 90 种，从中可以管窥这一类出版物的出版概况。

营养卫生读物的品种繁多，根据文本内容，可细分为以下几种类型：营养知识读物、家庭营养卫生读物、科普读物、古代膳食谱、各类教材、军队膳食改良指导手册、营养研究报告、营养改进运动系列读物、营养知识培训讲义。其中前三类均属于大众科普读物，营养知识读物是其中出版数量最多的一种类型，具体书目详见表 1。

表 1　抗战时期营养知识读物书目

书名(丛书名)	编(译)著者	出版时间	出版机构	价　　格
《中国食料之选择》(科学小丛书)	丘玉池编著	1931 年初版	南京金陵大学理学院学业会	
《营养化学》(百科小丛书)	王云五主编，郑贞文著	1924 初版，1926 年再版，1929 再版，1933 年国难后第一版	商务印书馆	初版二角，1933 年版三角
《食物》	程瀚章编	1933 年	商务印书馆	二角五分
《食物卫生》(通俗教育丛书)	张鋆编、程瀚章校	1925 年初版，1931年再版，1933年国难后第一版	商务印书馆	二角
《食物常识》(医学小丛书)	上官悟尘编	1933 年	商务印书馆	
《饮料》	程瀚章编	1933 年	商务印书馆	二角
《人类的生活——食》	朱尧铭编	1933 年 3 月再版	新中国书局	

续　表

书名(丛书名)	编(译)著者	出版时间	出版机构	价　格
《营养化学》（自然科学小丛书）	[日]三浦政太郎、松冈登著，周建侯译	1935 年初版，1936年再版	商务印书馆	八角
《营养治疗法》	陈素非著	1935 年	北平首善医院、北平协和医学院中文部经售	一元
《营养的基本知识》（科学知识普及丛书）	[日]照内丰著，薛德煓、缪维水编译	1935 年初版	上海新亚书店	
《肺痨病营养疗法》（王氏医学小丛书）	董志仁著	1936 年	苏州国医编译馆	二角
《吃与喝》	黄长才编著	1936 年	正中书局	一角
《饮食与健康》（医学小丛书）	张鹰廷编	1936 年 4 月初版，10 月再版	商务印书馆	
《食物与健康》（今代知识文库）	[美]萧尔曼著，李德贤译	1936 年初版	（上海）今代书店	
《营养学》	何静安著	1937 年	商务印书馆	
《营养概要》	陈美愉著	1937 年初版，1939年长沙再版	商务印书馆	
《食物营养化学》	顾学箕编著	1937 年	（上海）医药评论社	
《食物之分析与荣养》	邹竹崖编	1937 年	（上海）康健书局	
《战时米麦混食之科学观》	邵惕公著	1938 年	汉口华中图书公司	
《食物及营养》（自然科学小丛书）	[日]永井潜著，顾寿白译	1939 年	商务印书馆	一元二角
《膳食及健康》	方文渊、周璇著	1939 年	北平协和医院	

书名(丛书名)	编(译)著者	出版时间	出版机构	价　格
《维他命与人生》	[英] 哈利斯(Leslie J. Harris)著，黄素封、林洁娘译	1938 年初版，1939 年再版	商务印书馆	一元八角
《营养概论》	吴宪编	1929 年初版，1940 年增订 1 版，1947 年增订 6 版	商务印书馆	
《牛乳研究》（科学常识丛书）	顾学裘编著	1940 年	中华书局发行所	六角
《维他命与健康》	[美] 荷姆斯(H.N.Holmes)著，黄素封、林洁娘译	1940 年	(上海)开明书店	六角
《营养与康健》	赵恩赐著	1940 年 12 月 3 版	香港浸会少年团部	
《大众营养知识》	张诚著	1941 年	文献出版社	一元
《怎样保留食物中的维他命》	黄立.之编	1941 年	世界书局	五角
《食物最经济法》	丁福保编	1941 年	上海虹桥疗养院	
《中国建军与学生营养》	张君俊著	1942 年	商务印书馆	七角
《食物与养生》	侯祥川著	1942 年	(上海)青年会	六角
《动物性食品与植物性食品之优劣》	汪培令编著	1942 年	上海五教书局	
《人与食物》	钟净云著	1943 年	成都中国医药文化服务社	
《科学养生术》	张永馨编	1943 年	新亚书店	一元八角
《营养》	吴襄著	1944 年	中西书局	
《营养新论》（青年文库）	沈同著	1944 年 4 月初版，7 月再版	中国文化服务社	一元五角

续　表

书名(丛书名)	编(译)著者	出版时间	出版机构	价　　格
《民众营养》	罗登义著	1944 年	文通书局	一元五角
《吃饭问题》	单英民编著	1944 年	时兆报馆发行	
《食物与营养》(中国粮食工业丛书)	陈其斌编译	1944 年	(重庆)中国粮食工业公司研究室	
《营养论丛》(新中华丛书)	罗登义著	1945 年	中华书局	二元五角
《民族健康与营养环境》	张君俊著	1945 年	中华书局	二元五角
《叶氏营养学》(大学丛书)	叶维法	1945 年 8 月 2 版	不详	

　　这一类型最突出的是营养学通论,一共 8 种,包括郑贞文的《营养化学》,吴宪的《营养概论》,日本人三浦政太郎、松冈登的《营养化学》,何静安的《营养学》,陈美愉的《营养概要》,吴襄的《营养》,沈同的《营养新论》及叶维法的《叶氏营养学》。这些著作以中国学者原创作品为主,其中商务印书馆就出版了 5种,充分体现了王云五以现代学术知识为主题,为普通读者群体创造"知识世界"①的出版思路。吴宪的《营养概论》是中国学者撰写的第一本现代营养学著作,也是中国第一本营养学教材。② 书中附录了他所编著的中国最早的《食物成分表》③,1940 年,商务印书馆将这份表格单独印刷发行,售价三角,作为战时营养指导手册,帮助民众选择既便于获取又符合营养需求的食物。日本学者所著《营养化学》由北平大学农学院周建侯教授翻译。他认为,书中以批判接受的眼光网罗了"一切营养原则及斯学新旧学说例证",其中对日本国人营养问题所做出的提醒与警觉,也值得中国借鉴。④《营养学》一书的特点也

---

① ［美］高哲一(Robert Culp)著,林盼译:《为普通的读者群体创造"知识世界"——商务印书馆与中国学术精英的合作》,载张仲民、章可编:《近代中国的知识生产与文化政治》,复旦大学出版社 2014 年版,第 67 页。
② 季鸿崑:《从吴宪到郑集——我国近代营养学和生物学的发展》,《扬州大学烹饪学报》2011 年第 2 期。
③ 吴宪:《营养概论》,商务印书馆 1929 年版。
④ ［日］三浦政太郎、［日］松岗登著,周建侯译:《营养化学》(上下),商务印书馆 1936 年版。

非常明显，它是燕京大学家政系主任何静安——一位女性营养学研究者——将自己多年教授营养学课程所用的教材汇集而成，从家政学的角度解读营养，摘录欧美著名营养学家最新研究成果中适用中国的内容，取材"罔不条分缕析，列论详尽"①。知识生产最注重正本清源和博采众议，有助于读者了解学科史的发展与新的研究成果，这也是学科经典著作多次再版的秘诀。

营养研究报告有的是专业杂志的抽印本，单本发行更利于传播和使用，如《中国各项食品之营养价值》是《科学》杂志第 15 卷第 2 期抽印本，《膳食与生长及生殖》是《中华医学杂志》第 20 卷第 1 期抽印本。王公指出，大多数战时营养研究以研究报告、内部印刷品和简报形式出现，目的是向政府部门提供建议及内部交流。② 如陆军营养研究所的"中国军队营养之研究"系列报告。

营养卫生读物的种类、数量与中日战争进程之间有着密切的关系。1935 年，日本制造一系列事件，意图使"华北分离"，一时间危机四伏。时任南京国民政府军事委员会副委员长的冯玉祥意识到军队膳食问题至关重要，他在泰山时研究发现，山东煎饼从原料生产、制作到所含营养成分，均具有适合作为军粮的特点。为此，他组织编写了《煎饼——抗日与军食》一书，建议将煎饼作为抗日的主要军食之一。书中分析了中国人日常肉食摄入量少，蛋白质、脂肪的汲取主要来自粮食。黄豆富含这两种营养素，在煎饼的制作原料中加入黄豆，不仅使煎饼味道更丰富，还可以补充膳食中缺乏的营养成分。③ 冯玉祥是较早运用营养学知识探讨军食改良的军事将领。1937 年全面抗战爆发后，他将此书送给蒋介石，请蒋批交各部队后勤部门，作为战时军队膳食指导手册推广使用。④ 其后，各种关于食物与健康的书籍顺应时局需要，纷纷出版。

七七事变前后，营养学家相继开展国民营养状况调查，显示国民普遍存在营养不良问题。进入相持阶段后，粮食供需状况趋于恶化，米价高昂。1939 年底开始，上海、成都等地先后发生了抢米事件。1940 年秋收后，重庆米源阻

---

① 何静安：《营养学》，第 3 页。
② 王公：《抗战时期营养保障体系的创建与中国营养学的建制化研究》，第 129 页。
③ 冯玉祥：《煎饼——抗日与军食》，时事研究社 1935 年版，第 71 页。
④ 王华岑：《冯玉祥将军在泰山》，载中国人民政治协商会议山东省泰安市委员会文史资料研究委员会：《泰安文史资料》第 1 辑，1986 年版，第 18 页。

滞,米荒严重,食物缺匮导致军民营养问题愈发严重。12 月 13 日,国民政府行政院在重庆召开了食物营养问题讨论会第一次会议,副院长孔祥熙在会上提到:"国民营养问题,关系民族健康极巨,亟应改进。"[1]16 日召开的第二次会议通过了在全国范围内推行营养改进运动的决议,运动的宗旨是以"现有之物资,用科学方法使国人以极经济之代价获得最高之食物营养"[2]。

行政院相继出版了营养改进运动系列读物共 12 本,均为指导性、操作性很强的小手册。其中营养常识方面有《改良民众营养概说》《战时民众膳食》、《战时军民营养缺陷之补救方法》、《吃的问题》(一个参观营养卫生展览会的记述)、《小孩子的饮食》;蔬菜五谷种植方面有《马铃薯的栽培》《五谷浅说》《蔬菜栽培浅说》《杂粮浅说》;家禽饲养方面有《养鸡浅说》;食谱方面有《新食谱(重庆日常膳食种类数量成分表)》和《新食谱(普通食物成分表)》。这些书籍以浅显明了的白话向战时军民宣传营养知识,介绍各类人群,如儿童、老人、孕妇、学生、士兵营养补救的具体方法,指导人们选择价廉而营养价值高的食物,根据各种食物的特性制定了相应的食谱,供民众在烹调时作为参考。营养问题虽然可以简单通俗地称之为"吃的问题",但要解决这个问题,需要从食物生产的源头抓起,同时需要营养学、家政学、农学等各学科的合作才能完成。这套营养系列读物围绕战时营养问题给出了一揽子改良措施,为营养改进提供综合解决方案。

三、营养卫生读物的编写特点

西方营养学知识传入之初,多是一些翻译引介和零星介绍。20 世纪 30 年代,营养学科建制化初步形成,知识体系也趋于稳固,营养学者的研究成果在学术杂志上大量刊发,国人对营养知识的需求日益增加,此时已具备原创营养卫生读物的编写条件。营养卫生读物出版时间跨度大,内容涉及范畴广,在作者群体、编写目的、编写组织模式及内容来源等方面形成了显著特点。

---

[1] 《食物营养问题讨论会议记录会议报告及有关文书》(1940 年 12 月—1942 年 1 月),中国第二历史档案馆档案:十一—7553,第 6—7 页。
[2] 《食物营养问题讨论会议记录会议报告及有关文书》(1940 年 12 月—1942 年 1 月),第 8—9 页。

（一）专家型作者群体

营养卫生读物的作者主要由营养学家、医学工作者、科普作家等专家学者构成，他们有的是从欧美、日本留学归来，有的是中国自己培养的营养学人才，学术调查和研究活动非常活跃，与国外学术界保持良好的交流。这些都有助于他们及时更新知识，动态掌握国人的营养状况并提出营养改良意见。如《营养概论》的作者吴宪（1893—1959）是中国营养学的奠基人，1919年获得哈佛大学医学院生物化学博士学位，1924年出任北京协和医学院生物化学系主任，1941年任中央卫生实验院营养研究所所长。万昕、王成发、侯祥川等都是他的学生和得力助手，也是营养卫生读物的重要作者。作者群里还有来自上海吴淞中央大学医学院生物化学系的林国镐、生化科主任郑集，国立北平大学农业化学系教授陈朝玉、罗登义，国立江苏医学院院长胡安定、北平协和医院首善医院讲师陈素非、著名儿科营养学专家苏祖斐、燕京大学家政系主任何静安，上海儿科医师、医学科普作家程瀚章等。《营养化学》的作者郑贞文曾出任厦门大学化学教授、商务印书馆编译所理化部部长和国立编译馆编辑委员兼自然科学部主任等职，集学者、科普作家和编辑身份于一身，策划、编辑、出版了许多营养科普读物。作为职业领域中的佼佼者，他们的专业知识为书籍的科学性、经典性提供保证，其学术地位、社会身份也给知识赋予了权威性，增加了大众阅读接受时的信服程度。

（二）以普及大众营养知识为编写目的

1939年，郑集便提出："国人营养不良的原因有二，（一）营养知识的不普及，（二）是国民经济不裕，前者比后者尤为重要……改进国人营养，必须向国人普及营养知识。"[①]1945年，在加拿大召开的营养学会议上，专家们指出：

> 营养专家的工作可以分成两种。第一种是关于营养知识的咨询。第二种是教育和大众的关系。另段第一种工作是供给一般民众以专门的知识及关于营养问题的正确意见。第二种工作是尽力与民众接触，灌输营养知识，用直接的或间接的教育方法，使得多数的人群皆可得到正确营养知识及其重要。其最后的目的

---

① 郑集：《民族卫生：中国人之营养概况（附表）》，《科学》1939年第23卷第1期。

是使民众不自觉的得到一种观念及牢牢记忆:"营养学的应用是预防疾病及增进健康。"①

从这里可以看到,国内外营养学界都认为,向大众科普营养知识,教育他们如何于日常生活中正确运用这些知识,是营养学家的使命。

对于专家是否应该写通俗科学读物,英国营养学家哈利斯有过这样的论断:

> 有些做研究工作的专家,绝不赞成专家去写通俗科学或半通俗科学的读物,在此有两点须加驳正。第一,现在一般社会的民众,甚至做医生的,他们的维他命智识,大多都是由药房广告或是药店的推销员得来的——这乃是片面的宣传。第二,有些说明维他命的书籍和短文,而不是出自有专门智识和经验者的手笔,以致轻重不分、是非颠倒,于是一般读者难得一个清晰可靠的见解。……专家不去动笔做通俗文,让那般卖成药的商人和食品店里的伙计,为自家的营利而去话长道短,岂不糟糕到极点!②

综上观之,编写通俗营养知识读物成为每一位营养学者的应然之选。抗战时期中国的营养学家肩负着科普大众和解决战时军民营养问题的双重使命,从大批作者都是营养学家就能看出他们在不折不扣地履行着自己的职责。罗登义撰写、文通书局出版的《民众营养》就是这样一本兼具营养科普及解决营养问题功能的书籍,以下是该书的目录:

一 怎样吃饭

用什么米;如何做饭;"杂合饭"是什么

二 蔬菜问题

蔬菜之营养功能;数种营养价值高之中国蔬菜;对于园艺界之几项建议

三 一个蛋的运动

四 贵州人之营养问题

五 中国人在营养学上的贡献

六 中国人膳食中之蛋白质问题

---

① 崇译:《营养专家的使命》,《中华营养促进丛刊》1947年第2期,第1页。
② [英]哈利斯(Leslie J. Harris)著,黄素封、林洁娘译:《维他命与人生》,商务印书馆1938年版,《译者赘言》。

　　七 民众营养琐谈

　　八 为民众营养改进运动致小学教师和小学学生的信①

书中将营养知识和营养补救方案用清晰简洁、生动有趣的形式表现出来。以"怎样吃饭""……致小学学生的信"这种拉家常的方式提出话题，使读者很容易产生共鸣感；"一个蛋的运动"将营养原理蕴含在趣味性的标题中，十分巧妙，引人入胜。行政院营养改进运动系列读物更是集中体现了这一特点。

　　此外，像正中书局出版的《吃与喝》（营养浅说）一书，以"旧瓶装新酒"之意，采用中国旧有章回小说体裁和结构，以养生、健生、卫生三位主人公的闲谈对话为线索，向大众普及饮食营养、消化器官、维生素、矿物质等营养知识。②书籍内容的呈现形式十分新颖。

（三）多元的编写组织模式

　　书籍的编写很多是由出版机构组织作者来完成的，战时营养卫生读物的编写组织模式则更为多元化，一种是由团体机构组织编写，另一种则是由国民政府组织编写。其中团体机构以出版机构为主，以出版百科知识读物见长的商务印书馆独占鳌头，此外还包括中华书局、开明书店、世界书局等知名出版商；一些学术团体、研究机构、大学及医疗机构也积极参与组织编写和出版，例如，中国科学社组织编写出版的《科学的民族复兴》、陆军营养研究所组织编写的中国军队营养系列研究报告、浙江省立医药专科学校编写的教材《卫生化学》、北平协和医院组织编写的《膳食及健康》及《营养治疗法》等。传统出版商侧重于编写大众营养知识科普读物，各类学术研究机构则更多基于营养研究成果来编写专业性更强的营养卫生读物，使得此类出版物品种丰富、层次多样，能够适合不同人群的需求。

　　由国民政府组织编写的模式是战时书籍出版的特殊形态。常规的书籍出版可视为出版商的商业行为和文化行为，政府一般只负责监管，并不会直接参与书籍的编写和生产。然而在战争营养饥荒的状态下，为了避免因经济问题导致社会问题乃至更严重的政治问题，国家介入一切领域成为各国政府战时

---

① 罗登义：《民众营养》，文通书局 1944 年版，目录。

② 黄长才：《吃与喝》（营养浅说），正中书局 1936 年版。

政策的常态,由政府主导,从上到下组织编写出版成为一种可能乃至必要。

随着营养认知的深入,南京国民政府逐渐意识到营养研究对于国家的重要性,认为"吾国饮食缺乏研究机关,遂致其中所含主要成分,生理作用,营养性质,无从明了,亦是国家不振之因"①。自 1928 年始,在内政部编印的《药品检查及营养研究计划书》中,便计划设立中央一级的营养研究机构。终因经费问题,设立计划数度告吹。直至粮食危机集中爆发,1941 年 4 月,行政院才下令在中央卫生实验院下成立营养研究所,由吴宪担任所长,由王成发教授主持实际工作,分别展开各项营养研究。中央营养研究所的成立标志着营养学正式纳入国家体制。营养学家们奉令制订《国民营养补救办法》,为战时军民提供饮食指导。国民政府决定在抗战大后方推行营养改进运动,这次运动不设立专门机构,而是采取多部门合作、委托各机关办理各项相关工作的推进方式,营养改进运动系列读物正是在此背景下组织编写的。

卫生署中央卫生实验院、农林部中央农业实验所、农产促进委员会等部门机关的人员都参与了该系列读物的编写。饥饿与粮食短缺问题促使公众营养知识转向如何寻求替代性食品,齐鲁大学医学院、华西大学医学院和中央大学医学院受行政院之命编著《战时民众膳食》②一书,指导民众以最经济的办法获得最好的营养。卫生署负责营养咨询、营养知识训练,中央农业试验所负责搜集富于营养食物种类的种植办法、目前产量情形等信息,将其编印成册,供生产机关参考。③ 整个出版活动呈现出由政府主导组织编写,学术机构和政府部门深度参与的新特点。

(四)"学术原创"与"知识整合"

营养卫生读物的种类虽然复杂,但其内容来源主要由"学术原创"和"知识整合"两部分构成。"学术原创"是指营养学家、医学工作者的研究成果,它们大多数发表在《科学》《中华医学杂志》等学术杂志及一些大学校刊上。抗战时期对这些成果最直接的利用就是做成抽印本、节选本或者单行本,这种出版形

---

① 国民政府内政部编:《药品检查及营养研究计划书》,国民政府内政部 1928 年版,第 9 页。
② 齐鲁、华西、中央三大医学学院公共卫生联合委员会编著:《战时民众膳食》,行政院营养改进运动 1941 年版。
③ 《食物营养问题讨论会议记录会议报告及有关文书》(1940 年 12 月—1942 年 1 月),第 8—9 页。

式虽然快捷简单,但缺乏知识的系统性,知识门槛高,除了一些营养标准之外,读者范围设定非常狭窄。还有一类"学术原创"是作者将自己多年的研究、教学实践、临床经验等学术积淀著作成书,把专业知识转化到实践应用中。像何静安的《营养学》,三浦政太郎的《营养化学》,哈利斯的《维他命与人生》,方文渊、周璇的《膳食及健康》等即属于这一类。哈利斯时任剑桥大学营养实验室主任,是当时英国研究维他命的权威。《维他命与人生》是他 1934 年在伦敦皇家学院(Royal Institution)演讲稿的刊印本。因为是演讲稿,不免带有一些口语化的语言,但这丝毫不影响它内容的学术原创性。

"知识整合"分两种情况,一种是将自己的研究与他人的研究相结合,集著作与汇编为一体,如顾学裘在《牛乳研究》绪言中写道:

> 曩者,余曾从事于食物分析化学之工作,彼时对于牛乳化学之研究,探讨尤深,尽量收集各学者研究报告,并以著者亲自实验之结果,条分缕析,汇录成篇,兹复以其初稿,详加修削,于百忙之中勉成此帙。①

可见其书的内容来自知识整合。也可能大部分内容都来自他人的研究,很多注明为"编著""编"的书籍即属于这种情况。另一种是将有一定关联的不同知识门类整合到一个主题中,将内容重新搭建。以程瀚章所编《食物》为例,总论中的四章都是关于营养学的知识,分别为食物的意义、消化作用、吸收作用和食物的成分;分论的各章则是烹调、肉类保鲜法及各类食物材料的介绍,分别为烹调、米和饭、麦和杂粮、豆类和豆制品、蔬菜、海藻和菌蕈、果实、兽肉和鸟肉、鱼介肉、肉制品和肉类防腐法、卵类。将两个门类的知识重新整合在"食物"的主题下,营养学理论与营养知识应用互为支撑,使内容更为丰满且具有科学性。

四、营养卫生读物传播的个案分析

抗战时期营养卫生读物传播的途径主要靠发行,通过传播实现营养知识共享,并有意识地对读者的个体行为施加影响。营销手段包括广告(自广告、报刊广告)、专业书评推介、作者演讲销售、相关展览会销售等。本文侧重的是政治推动对书籍传播及知识应用的影响,因而把非常时期国民政府在营养改

---

① 顾学裘编著:《牛乳研究》,中华书局 1940 年版,绪言。

进运动中如何引导和推动营养书籍传播及营养改良作为个案进行分析,以期有新的发现。

在书籍传播层面,首先,营养改进运动宣传推进委员会制定了运动推广办法和宣传大纲,用以指导具体工作。设立营养卫生咨询处,解答民众有关营养及卫生的问题,印发营养宣传手册、挂图、传单等;印发营养改进运动系列读物、营养宣传手册、营养挂图、传单等,用以宣传营养知识。①

其次,延请行政院和卫生署要员发表广播讲话,对民众进行动员。1941年2月25日,孔祥熙在中央宣传部广播电台发表了题为《国民营养改进的要点》的讲话,介绍了食物营养构成的三类营养素及其作用,针对战时民众普遍存在的营养缺陷,提出简便易行的日常饮食补救方法。他强调:

> 我们今日谈营养,乃是关于国家民族的一个大问题,我们要国富民强,必须改进国民营养,我们要完成抗建大业,必须增加国民的营养。②

从"抗战建国"的政治高度阐释此次运动的重要性。随后,金宝善也发表了《营养改进运动的要旨》的讲话,指出导致战时国人营养不良的原因,除了物价高涨、经济困乏之外,膳食搭配不合理也是重要原因之一。所以"根据营养原理,建设经济合理底食谱,供全国一致采用,以补救其缺陷"③成为当务之急。

第三,增加营养书籍的印数,鼓励翻印。12本营养改进运动系列读物中,《战时军民营养缺陷之补救方法》印数最多,为2万册。这是一本纲要式的手册,是战时营养补救的指导方针,国民政府予以最大限度的推广。其余各书的印数分别为:《改良民众营养概说》《战时民众膳食》《新食谱(普通食物成分表)》《蔬菜栽培浅说》都是1万册;《小孩子的饮食》8 000册;《吃的问题(一个参观营养卫生展览会的记述)》《新食谱(重庆日常膳食种类数量成分表)》《五谷浅说》《杂粮浅说》均为5 000册;《马铃薯的栽培》《养鸡浅说》都是3 000册。就战时条件而言,发行量还是相当大的。而且这些书籍一反常态,在书后的版权页上郑重声明"本书欢迎翻印,但须先得许可",而不是常见的"版权所有,翻

---

① 《各省举办学生健康比赛办法草案及广西江西甘肃等省有关学校学生健康营养的文书》(1938年—1944年7月),中国第二历史档案馆档案:五—15052,第182—185页。
② 孔祥熙:《国民营养改进的要点》,《广播周报》1941年第196期。
③ 金宝善:《营养改进运动的要旨》,《中央训练团团刊》1941年第97期。

印必究"。在当时物价横飞的环境下，每册1—2角的定价相当低廉，说明这套系列读物的出版并非商业行为，而是营养知识传播运动中的一个环节。

第四，单独印制、订购、发放营养图表和营养小挂图，引导民众通过"功能性阅读"①快速精准地获取营养知识。在重庆举行的第一次营养改进运动宣传周上，行政院副院长孔祥熙、卫生署署长金宝善、中央卫生实验院院长李延安，营养专家吴宪、郑集、周启源、王成发、侯祥川等人及中央营养研究所全部人员都出席了活动，前往参观的市民达数千人。工作人员向市民发放了由营养研究所编制的营养改进运动系列宣传图表，如《食物对于人体的功用表》《热量需要表》《蛋白质需要表》《矿物质与维生素需要表》《矿物质及维生素功用表》《食物中维生素含量表》等，还发放了营养书籍及营养饼等。以公众参与的方式，向民众宣传营养知识，大大提高了传播效果。此外，燕京大学家政系所编的营养小挂图、儿童食物小挂图及儿童卫生画片等三种营养卫生读物，国民政府教育部社会司以为"内容尚佳，可采作卫生教育及家庭教育教材"，各订购了2万份，分发各省教育厅及部属中等以下学校，作为推行营养卫生教育及家庭教育之用。②

第五，扩大传播途径，静态与动态媒介相结合。为了扩大传播渠道，除了通过书籍、手册、教材、挂图等静态媒介，还利用演讲、讲座、展览等动态媒介传播营养知识。例如，举办营养卫生展览会，将参观的所见所闻记录下来，编写出版成《吃的问题》一书。卫生署还举办营养图画展览，要求在渝各大学及部分中学的学生积极参加，指定以《战时民众膳食》《改良民众营养概说》里所写的营养知识作为绘画创作内容，诸如"多吃杂粮、每天最好能吃少量动物性蛋白、在经济范围可能内酌加调味品及脂肪、蔬菜水果是主要的保护性食物、多见日光以补丁种维生素之不足等"，图画体裁和图画种类不限。获奖作品由孔祥熙分别给予奖状，以资鼓励。营养图画展览处人群拥挤，热闹非凡。③ 这两种传播方式动静结合，既将不可复制的展览用文字记录下来，又摆脱纸本阅读

---

① 刘松蠹、武玉红、袁曼书：《书籍与文明：英国维多利亚时代的知识生产与人文景观》，四川人民出版社2023年版，第236页。书中指出，读者阅读旅游指南书中的交通时刻表是一种典型的"功能性阅读"。读者只需找到自己需要的信息即可，不需要从头到尾阅读全部内容。笔者认为民众对营养图表的阅读也具备这样的特征，故在此借用这一概念。

② 《教育部直辖各级学校学生绘制营养图书及有关文书》，中国第二历史档案馆档案：五—12501，第36—38页。

③ 《教育部直辖各级学校学生绘制营养图书及有关文书》(1941年5月—1944年10月)，第6页。

的局限,利用营养书籍进行延展性宣传活动,无形中扩展了阅读群体的范围。

在实践应用层面,营养改进运动宣传推进委员会委托卫生署对政府各机关和学校的膳食管理人员进行短期营养训练,"使其明了营养原则,从而改进国民营养"①。第一期膳食管理员训练班学员名额共 30 名,训练期限定为一个月,学习课程包括营养概要、精神讲话、农业常识、个人卫生、食物卫生膳食管理、烹饪及实习。训练班给学员配发营养知识培训讲义,如卫生署署长金宝善的《战时军民营养问题》《学生营养卫生问题》、陈费润的《杂粮营养食谱》《家常营养食谱》,对学员展开相关的营养知识普及和膳食营养教育。学员学费、宿费和讲义费一律免收,并每人有补助费 30 元,训练期满经考核及格者,发给结业证书,仍回原机关或学校服务。② 有的省市还设立公共营养食堂,为民众示范如何进行膳食搭配。③

膳食管理训练班先后举办了多期,对抗战大后方政府各机关、医院、学校的膳食管理人员展开相关的食物营养教育,对这些部门人员的营养知识的改进有一定的提高作用。根据王成发等对 1944 年卫生署不同阶层人员开展的膳食调查,中、高职员家庭的人员具有一定的营养知识,他们的日常膳食搭配比较优良,会有糙米、蛋奶等食物品种。普通工役的膳食以主食为主,副食是白菜和豆腐,还有极少量的蛋类和鱼类,脂肪摄入仅为中、高级职员的三分之一。④

国民政府通过推行营养改进运动,以宣传营养知识为主、实践应用为辅,意图训练民众在知晓营养知识后,通过个人的饮食实践来改善自身的营养。据抗战时期生活在重庆的徐留芸女士回忆,她每月将丈夫带回薪水的三分之一用来买鱼肝油,给家人补充营养;三分之一用来摊付房租;三分之一用作买日常必需品。⑤《现代妇女》杂志也指出,随着政府的宣传,"营养这两个字在

---

① 《各省举办学生健康比赛办法草案及广西江西甘肃等省有关学校学生健康营养的文书》(1938 年—1944 年 7 月),第 186—188 页。
② 《卫生署膳食管理训练班招收学员简章》(1941 年 6 月)》,中国第二历史档案馆档案:十二—90—6,第 4 页。
③ 《各省举办学生健康比赛办法草案及广西江西甘肃等省有关学校学生健康营养的文书》(1938 年—1944 年 7 月),第 182—185 页。
④ 王成发、孙俨明:《战时高中级家庭膳食调查初步报告》,《科学》1944 年第 3 期;林国镐、任邦哲、傅丰本:《卫生署勤务膳食之调查》,《公共卫生月刊》(营养研究专号),1944 年第 2/3 期。
⑤ 罗久蓉访问:《徐留芸女士访问记录》,《烽火岁月下的中国妇女访问记录》,(台北)"中央研究院"近代史研究所 2004 年版,第 270 页。

大家的心目中已经由生疏而渐渐的熟习起来，由忽略而改为重视，这的确是一个值得欣喜的进步，预示着我们的国民将要日益健壮起来"①。从侧面反映出，这场源于粮食饥荒的营养知识传播运动取得了一定的成效。

结语

晚清以来，国人对营养的认知经历着从饮食养生到营养卫生、从营养问题到吃饭问题、从营养疗病到民族健康的变化。营养学的发展为专业知识的形成提供了土壤，也为营养卫生读物的编写储备了优质的作者队伍和丰富的内容来源。当营养学的应用从医院、实验室走向人们的餐桌，当营养知识从学术圈内转向大众媒体，当营养学者自觉担负起公众教育的职责时，出版机构在其中充当了知识生产和传播的角色，为营养新知的普及推波助澜。商务印书馆致力于营造"知识社会"的出版理念使之成为营养科普书籍出版的引领者。报刊中关于营养的议题越来越丰富，在蛋白质、维他命、矿物质、碳水化合物这些营养名词中间，也夹杂着诸如素食和肉食孰优孰劣、中西饮食差异，进而引申至营养体质与民种强弱的关系等话题的讨论。国人的忧患意识在看似轻松的吃喝问题上也时常出现。

20 世纪 20 年代，中国营养学研究力量以医学院为主，生物化学系、生理化学系、农业化学系及家政系也开设有相关营养课程并设立研究机构的教育和研究体系。抗战时期又成立了陆军营养研究所，专门研究军队营养。一方面，这样的学科发展格局使得营养学研究和应用呈现出多学科复合参与的形态，多维度的学科发展与实践运用为营养卫生读物出版提供了丰富多层次的题材。另一方面，也培养出大批不同研究方向的营养人才，他们以普及大众营养知识为己任，积极参与营养知识读物的编写。因此，战时出版的营养卫生读物以大众营养科普宣传教育为主要编写目的，类型多样，通俗易懂，具有鲜明的特点。

书籍的出版传播与国家和社会的需求息息相关。为了解决战时军民营养不良的问题，国民政府在抗战大后方开展营养改进运动，推广营养学家制定的《国民营养补救办法》，编写出版了营养改良的系列读物，将书籍传播与社会运

---

① 陈慧存：《用最低的代价来换取最高的营养》，《现代妇女》1944 年第 4 卷第 5/6 期。

动相结合,并运用"抗战建国""富国强民"等政治话语进行社会动员。国民政府以这种方式向民众传播推广营养知识并予以示范应用,希冀通过国民"阅读"①达到营养强国乃至救国的目的。尽管政府把营养书籍做到了"薄小、价廉、量大",但仍是采用知识精英书写、供精英阅读的路径。传播的重点是在城市,阅读人群集中在公务员、机关职员、学生等层面,也包括一些有知识的家庭妇女,对这些人群确实产生了良性的影响。但营养书籍的传播和应用范围十分有限,没有波及广大乡村地区,农民的营养问题被忽视,这种局限性无疑离最初的目的还很遥远。

总体而言,抗战时期营养书籍的出版与传播一定程度上提升了国人的营养意识。它是科学家、学术团体、出版机构与政府联合起来,利用营养学知识和研究成果服务于国家战时需求的一次出版实践,在传播和普及科学知识的同时,也为中国军民持久抗战提供了一定的支援。

---

① D. F. McKenize 认为,阅读针对的是文本或媒介,文本或媒介不仅表现为书写或印刷的形式,它可以包括文字、图像、口语、图片、印刷、音乐等表现形式。转引自张仲民:《出版与文化政治:晚清的"卫生"书籍研究》,第 14 页。

全民族抗战爆发后抗战
大后方抗战壁报研究

——以军政部特别党部第七区党部
第十五区分部为中心 *

温长松

（重庆市档案馆）

壁报又称墙报，是以纸张为书写或印刷介质，由机关、团体或个人编办的，将稿子贴在墙（壁）上的一种报刊形式。①

全民族抗战爆发后受战事影响，抗战大后方很多地区信息不畅。时人指出："抗战初期，'不特乡村看不着一张壁报，就连县治与小镇上的区政所在地，也看不见一张报纸或壁报，民众的消息，大都来自口传。口传是汉奸造谣的好机会，这对于抗战是很危险的'②。而随着战局的发展和壁报的普遍，这一情形得到改观。"因此，壁报在当时的文化抗战中发挥了巨大的作用。金知温在 1940 年《团务通讯》第 3 卷第 7 期写的《谈谈壁报》中指出，壁报是中国在文化抗战中使用最广泛的工具。③ 抗战大后方政府机构通过直接办壁报等方式解决当时信息不畅的问题。军政部认识到抗战壁报在抗战宣传中所起到的作

* 本文系国家社科基金重大项目"中国近代新闻通讯社史料搜集、整理与研究（1872—1949）"（23&ZD216）、国家社科基金一般项目"中国近代新闻学期刊史研究（1919—1949）"（23BXW012）、重庆市社科规划项目"血火中的奋斗：重庆大轰炸时期中国报业的损失与应对研究"（2022NDYB111）阶段性研究成果。

① 田边：《壁报：民间媒体与文化抗战》，《国际新闻界》2010 年第 7 期。
② 许涤新：《文化人到民间去》，《群众周刊》1937 年第 3 号，转引自田边：《壁报：民间媒体与文化抗战》，《国际新闻界》2010 年第 7 期。
③ 转引自明飞龙：《西南联大"公共空间"的开创——西南联大壁报考察》，《社会科学论坛》2016 年第 2 期。

用较大。"钧部渝党(二九)兵字第一五六四号训令内闻'查抗战壁报关系本党宣传使命至巨。业经成立遵照按期出刊者……并转饬所属一体遵照'。"①军政部特别党部创办抗战壁报的目的就是为了宣传坚持抗战、及时传播真实信息,抵制谣言,以期达到鼓舞中国军民士气、坚定抗战信念的作用。"军政部特别党部各级党部举办壁报规则"之"宗旨"记载:"举办壁报之目的系以文字宣传方式加强人民对抗战必胜、建国必成之信念。"②

一、研究综述

纵观学术界有关国内壁报的研究,大多数属于特定时期的个案研究,侧重于对某个具体的壁报进行介绍和研究,对壁报本身的研究极少。近年来涉及抗战壁报的研究成果主要有:《壁报:民间媒体与文化抗战》认为"抗战时期,宣传救亡主张、动员民众抗日的除了一些职业传播机构主办的正式新闻媒体之外,还有一些诸如壁报的非正式民间媒体。由于壁报制作简单、出版灵活,所以在战争环境中遍及城乡。壁报的信息传播对普通民众了解社会时局、增强民族想象、鼓舞抗战士气均发挥了促进作用,从而成为文化抗战中的一支重要力量"③。《〈壁报〉与1937年上海抗战期间中共的舆论宣传》指出"'八一三'事变后,上海战时壁报工作服务团成立并创办发行《壁报》,以其快捷、高效的发行方式,通俗易懂的语言,向上海人民尤其是下层民众,宣传抗日救亡精神,颂扬上海军民的英勇杀敌事迹。《壁报》突出全民抗战、全面抗战、抗战到底的指导思想,宣传维护抗日民族统一战线的重要性,凸显了中共在抗战初期试图引领舆论走向的政治觉悟,一定程度上提高了中共的影响力和声望"④。《抗战时期东北大学的省籍问题:以1944年壁报风潮为中心》以1944年11月19日在三台的东北大学铎声社壁报刊载内容因遭人反对被撕毁而引起

---

① 《关于报送壁报社组织大纲、投稿规则及报送壁报办理情形的呈、指令》,重庆市档案馆档案:00330013000320000017000,1941年1月3日。
② 《关于抄发壁报规则给中国国民党军政部特别党部第七区党部第十五区分部抗战壁报社的训令》,重庆市档案馆档案:00330013000260000057000,1940年4月26日。
③ 田边:《壁报:民间媒体与文化抗战》,《国际新闻界》2010年第7期。
④ 李晓兰、陈黔珍:《〈壁报〉与1937年上海抗战期间中共的舆论宣传》,《上海党史与党建》2012年第1期。

的一系列风波为事例,对东北大学的省籍问题等进行了分析。① 《西南联大文艺社忆旧》对西南联大在昆明创办的壁报《群声》《冬青》《耕耘》《文艺》《诗与画》《新诗》等进行了简述。② 关于壁报研究成果较少的原因,一方面是该时期壁报受战争破坏、壁报纸张不宜长期保存等因素的影响,留存数量与同时期的报纸相比甚少;另一方面在于多数壁报并非专业报业人士所办,不被新闻界所重视。因此,关于国民党军政部抗战壁报的相关问题,尚属研究领域的空白。

二、抗战壁报制作与传播

"1928 年 11 月 11 日,军政部成立……1937 年 7 月,抗日战争爆发,军政部名义上隶属行政院,而实际上受军事委员会直接指挥。"③ "该部所属各机构,自 1928 年成立后,经历 1937 年、1942 年、1944 年三次大变化。"④军政部特别党部成立于 1939 年 12 月 30 日⑤。按照"陪都档案"记载"军政部特别党部共有二十个区党部、六个直属区分部及三个其它党部,区分部 394 个。编制等级分为甲、乙、丙、丁四个级别。"⑥军政部特别党部下设各区党部、直属区分部等一般设立区分部,区分部下面分设小组。第七区党部原机关是兵工署,有区分部 69 个。⑦ 第十五区分部机关是第二十三兵工厂。⑧ 兵工署第二十三兵工厂前身是兵工署巩县(今河南巩义)兵工分厂,1937 年由河南巩县迁到四川泸县,1938 年 4 月更名为第二十三兵工厂。

(一) 办报机构。军政部特别党部具体承办壁报的机构是其划分的各区

---

① 王春林:《抗战时期东北大学的省籍问题:以 1944 年壁报风潮为中心》,《抗日战争研究》2018 年第 3 期。

② 王楫、张源替、王景山:《西南联大文艺社忆旧》(上),《新文化史料》1999 年第 4 期。

③ 戚厚杰:《国民党政府军政部组织机构简介》,《民国档案》1988 年第 2 期。

④ 陈长河:《国民党政府军政部组织概述》,《军事历史研究》1995 年第 3 期。

⑤ 钱大钧:《中国国民党军政部特别党部第三周年概况》,重庆市档案馆档案:00330013000520000001000,1942 年 12 月 30 日。

⑥ 《中国国民党军政部特别党部组织概况及编制经费等级一览表》,重庆市档案馆档案:0033000500030000182000。

⑦ 《中国国民党军政部特别党部所属各级党部组织概况及编制经费等级一览表》,重庆市档案馆档案:0033000500009000012000。

⑧ 中国国民党军政部特别党部第七党部、军政部兵工署第一工程处:《关于检送中国国民党军政部特别党部第七区党部各区分部编制表的公函(附表格格式)》,重庆市档案馆档案:00330014000020000011500,1940 年 1 月。

党部、各区分部、直属各区分部成立的抗战壁报社。"系由部限定以区分部或营连党部为单位分别举办,至今各单位除驻同一范围者联合举办外,大致均已照规定办理。"①抗战壁报社的经费也是由党部负责发放。"本社必须之经费由党部按月拨给应用。"②

第七区党部第十五区分部抗战壁报社组织大纲第一条明确指出:"本社受中国国民党军政部特别党部第七区党部第十五区分部之指挥、监督,办理抗战壁报事宜。"③该分部抗战壁报社"由方志远任主任委员,丁文渊任总编辑。报社设有征携组、编辑组、缮绘组、事务组共四个组。征携组由朱渊若任组长,组员包括马敏渔等2人。编辑组由陈冠宏任组长,组员包括周子莲、梅怡祖、周远贵、王德、马联波等7人。缮绘组由王振专任组长,组员包括罗守愚、王治平、熊凯、刘乃成、翁智远、常广辉、陈熹等10人。事务组由应大钧任组长,组员包括马桂生、孙洪泉、俞旺裕3人"④。"征携组主持稿件之征集事宜。编辑组主持稿件之删改编辑事宜。缮绘组主持稿件之缮校及绘图事宜。事务组主持会议记录及不属于其他组之事务。"⑤

(二)抗战壁报编辑流程。军政部"各单位所办壁报,分一日、二日、三日、五日、周报、旬报、半月刊数种"⑥。笔者以第七区党部第十五区分部抗战壁报编辑流程为例进行分析。第七区党部第十五区分部抗战壁报报社创办初期即确定了抗战壁报的编辑流程。规定"壁报已定每旬日出版一次。以十日之分配,以五日为征稿时间,二日为编辑时间,三日为缮绘。各组交接规定如下:一、每月五日、十五日、二十五日,三日下午征稿组应将稿征齐,移交编辑组。二、每月八日、十八日、二十八日,三日下午编辑组应将稿件编辑完后移送缮绘组。三、缮绘组接到稿后即须开始工作,于每月三十日、十日、二十日下午完成,移送事务组粘贴"⑦。

① 钱大钧:《中国国民党军政部特别党部第三周年概况》。
②③ 抗战壁报社:《抗战壁报社组织大纲》,重庆市档案馆档案:00330013000470000028032,1940年9月20日。
④ 抗战壁报社主持委员会:《抗战壁报社主持委员会第一至四次会议记录》,重庆市档案馆档案:00330013000470000028006,1940年9月19日。
⑤ 抗战壁报社:《抗战壁报社组织大纲》。
⑥ 钱大钧:《中国国民党军政部特别党部第三周年概况》。
⑦ 《抗战壁报社委员会第十一次会议记录(办理壁报)》,重庆市档案馆档案:00330013000320000007000,1940年9月20日。

（三）抗战壁报报道形式。抗战壁报抗战消息的报道形式，创办初期以历史叙述式为主，后改为报道文学模式，以便于吸引读者，扩大影响。"中国国民党军政部兵工署特别党部带电 渝党三十三字第484号 第十三区党部 鉴 案奉军政部特别党部尹三十三宣电字第874号带电闻：查各单位所送三十二年五月份壁报。前经本部条转中央在案。兹准军队党务处审字第五十三号审查通知。一、壁报优良之条件在于精选，关于党义、宣传文字书画，因限于篇幅可用小品、散文改写，以免生硬。二、抗战消息用历史方式叙写，不能吸引多数读者，宜用报道文学之式或择其最重要者报告读者等。当表明除分行外，特电知照并转饬所属注意改进等。奉鉴定除分行外特悉知照办理为要。军政部兵工署特别党部宣……印"①

实际上，《大晚报》等关于抗战消息的报道采用报道文学方式至少在1932年"一·二八"事变以后就已经开始了。"回顾'一·二八'之役的战地报道，我们应该称赞那些先行者的勇气与才华，他们通过新闻媒体，传递战场信息、激发抗战意志的尝试，为此后全面抗战爆发后报告文学的勃兴提供了示范。"②虽然"历史叙述从来是国族意识形态建构的最坚固的手段"③，但是报告文学对标题等比较重视，力求标题对读者能产生较大的吸引力和震撼力，因而从报道形式上在战时报道方面有一定的优势。军政部特别党部所办抗战壁报在开办四年后才认识到这一点，一定程度上反映出军政部特别党部在新闻宣传方面特别是办报方面缺少高水平的专业人才，又不能积极地吸收和借鉴国内其他报刊的优点、特点；究其深层次原因，应与其办报机构的性质、办报人员素质等有较大关系。

（四）抗战壁报的传播方式。抗战壁报主要通过在室外公共场所张贴的方式对外传播。壁报规则规定"张贴地点，由各级党部自行选定交通要址张贴之"④。第十五区分部编辑的抗战壁报主要张贴在第二十三兵工厂厂区等。第二十八区分部出版的第一期壁报"张贴在区分部大门、南门大什字、纪

---

① 中国国民党军政部兵工署特别党部：《关于规定刊行壁报应行注意事项给中国国民党军政部兵工署特别党部第十三区党部的代电》，重庆市档案馆档案：0033000200013010010700，1944年4月12日。
② 冷川：《"一·二八"抗战的战地报道与文学反思》，《湘潭大学学报》（哲学社会科学版）2020年第3期。
③ 赵稀方：《当代文学中的历史叙述》，《东南学术》2003年第4期。
④ 《关于抄发壁报规则给中国国民党军政部特别党部第七区党部第十五区分部抗战壁报社的训令》。

念碑"①。

三、抗战壁报的内容

军政部特别党部所办抗战壁报内容主要涉及 10 个方面。按照举办壁报规则规定:"三、内容　壁报之中心内容规定如下:每期应酌量分配之,并得随时出版专号。(一) 三民主义浅解(二) 抗战建国纲领要义(三) 国民精神总动员要义(四) 新生活指导(五) 肃奸工作指导(六) 总裁言论(七) 抗战消息(八) 时事概要(九) 兵役宣传(十) 文艺。"②同时规定"凡有关本党秘密文字不得登载,凡有攻击异党之言论,由中央决定"③。

以 1940 年至 1941 年第七区党部第十五区分部编辑的抗战壁报为例,内容分为专号、文章、时事、诗歌、漫画等几个类别(1940 年 10 月 1 日至 1941 年刊载内容情况见表 1)。自创刊至抗战结束,内容以文章和漫画为主;漫画虽然未在每一期壁报中都出现,但是壁报充分利用漫画、图画等凸显抗战主题,1940 年刊登了众多抗战题材的漫画,1941 年 6 月刊登《汪逆向倭献媚结果会等于零的》、9 月刊登《暴寇焚毁我们的家乡》《打回老家去》、11 月刊登《我们的穷苦是日本鬼子造成的》,1943 年 5 月刊登《鄂湘边境战局形势图》等漫画、图画;限于篇幅,笔者不在此逐一列举。

第七区党部第十五区分部抗战壁报从第五期开始出现连载。《做人之道》一文分别刊登在第五期、第六期、第七期。《论智》《国旗的意义》《国民精神总动员的意义》等在第七期、第八期以连载形式刊登。另外,壁报也曾节录《大公报》《中央日报》等文章。

四、抗战壁报模式分析

(一) 军政部特别党部办抗战壁报是抗战大后方政府成立专门机构掌控舆论导向的具体表现形式之一。国民政府各机关在全民族抗战爆发后,纷纷成立专职机构从事抗战舆论宣传工作。军政部特别党部各分部等成立壁报

---

① 中国国民党军政部特别党部第七区党部:《中国国民党军政部特别党部第七区党部第二十八区分部壁报周报表》,重庆市档案馆档案:0033001600050000105000,1940 年 7 月 7 日。
②③ 《关于抄发壁报规则给中国国民党军政部特别党部第七区党部第十五区分部抗战壁报社的训令》。

表1 1940年至1941年第七党部第十五区分部抗战壁报刊载内容统计表①

时间	期数	文章名称	漫画名称	诗歌名称	小说名称	其他	备注
1940年10月1日	一	《创刊号献词》《抗战与节约》《革新与刷新》《总理遗教》等	《我们的使命》等	无	无	无	
1940年10月10日	二	《辛亥之役》《九一八到双十节》《时事消息》等	《倭寇的路》《抗战刊号》《军民合力一致杀敌》	无	无	无	
1940年10月21日	三	《社论》《中国目前最大困难问题及其应付对策》等	无	无	无	无	
1940年11月1日	四	《抗战已至最后关头》《平抑物价》《节约的储蓄》《呓声》《战时如何战时》等	《美国汽油禁运》《中国之坚持抗战》等	《庆祝克服马当》《风雨之夜》	《和解》	《时事简讯》等4篇	
1940年11月15日	不详	《精神总动员的意义》《在抗战胜利欢呼声中庆祝总理诞辰》《人造米荒之检讨》《两种战争的性质》等	《争取最好胜利》《敌寇越南现受之打击》《罗斯福大选胜利》《德意日三国军事同盟》	无	无	总理像1张	第一版和总理诞辰纪念特刊共两版

① 中国国民党军政部特别党部第七区党部第十五区分部抗战壁报社：《中国国民党军政部特别党部第七区党部第十五区分部抗战壁报社壁报旬报表》，重庆市档案馆馆藏档案：0033001300039000006000，1940年11月25日。

时　间	期数	文　章　名　称	漫　画　名　称	诗歌名称	小说名称	其他	备注
1940年12月1日	六	《中国的知行学说》《做人之道》《血汗动员必成》《抗战必胜建国必成》《胜利中的微笑》等	无	无	无	无	
1940年12月2日	不详	《精神总动员的意义》等	《前方杀敌》《命在垂危》《不经打的伙伴》《近卫文磨》	无	无	要闻等	
1940年12月11日	七	《最近国际国内情势之检讨》《争取大战独立自由》《世界新变化与三民主义》《主祭注精卫》等	无	无	无	无	
1940年12月21日	八	《从谁是我们的敌人说起》《美国经济贷款援华》《苏联对华政策不变》	《最后胜利的预兆》	无	无	无	
1940年12月22日	九	《新生活运动纲要》《论粮食》《我们要意志集中争取民族的独立》《欢迎从军》《我们的责任》等	无	无	无	无	
1941年1月3日	十	《沦陷中的悲声》《索还日阀血债》等	《自掘坟墓》《鬼子在望乡台》《日寇的暴行》	无	无	无	
1941年1月	不详	《和平阵线中途的悲哀》《看见鬼吗 敌人的残暴》《我们的责任》等	无	无	无	《抗战必胜连环画》	

社,即属于国民政府为抗战宣传对内所成立的机构之一。

抗战大后方政府机构举办抗战壁报,究其原因主要在于战争局势的变化,使国内舆论宣传状况发生改变。抗战大后方报刊数量急剧减少,是政府机构举办抗战壁报的直接原因。首先,全民族抗战爆发后,随着国民政府在抗战正面战场组织的淞沪会战、武汉会战、南京保卫战等相继失利,国统区面积不断减少,华北、华东、华南、华中的大城市被日军占领,使得国民政府管理的报纸数量呈现急剧下降趋势。"民国 25(1936 年)年,国民政府内政部统计,全国报纸共 1503 家,……民国 30 年(1941 年),据国民党中央宣传部统计,已登记的报纸 555 种,该部实际收到 377 种。"①其次,国民政府一方面在抗战时期逐步加大了对战时新闻、报纸的监管力度,尽量避免信息或情报外漏敌方,另一方面继续坚持其在新闻、出版等领域的管制政策,仍旧以控制言论自由的方式,力图达到思想统治的目的;这又势必造成国统区报纸数量的加剧减少。此前有学者曾统计国民政府"1942 年又封闭了《世界知识》等 500 余种报刊。这种对于报社、出版社的追惩制,使全国报刊数量锐减。1939 年,全国有报刊 1031 家,而 1940 年 11 月在大后方获准发行的报刊只有 273 家"②。上述原因必然使得国民政府对国统区宣传的控制力、影响力等不断下降,这对于国民政府宣传抗战必胜等观点,对于激发国内抗战热情、维护统治都造成了不利影响。为了解决这一问题,国民政府通过各个官方机构于抗战大后方办壁报,成为传递信息、宣传抗战的重要手段,以及在全民族抗战爆发后引导社会舆论方向、进而掌控舆论导向的一种途径。军政部特别党部所办抗战壁报即属于此类。

(二)双重标准的监督管理模式。军政部特别党部对抗战壁报的管理,明文规定抗战壁报"负责人员　各级党部壁报之编辑,由各级党部指导员指派专员负责办理,仍由各指导员随时监督之"③。对于每周办理壁报的情况,则要求"各区分部每周应将办理壁报情形填具壁报周报表两张,呈报区党部备查。各区党部每两周应将该壁报及所属区分部壁报办理情形填具半月报表,呈送

---

① 陈艳辉:《论抗战时期湖南新闻传播对抗战的影响》,《湖湘论坛》2012 年第 4 期。
② 江沛:《南京政府时期舆论管理评析》,《近代史研究》1995 年第 3 期。
③ 《关于抄发壁报规则给中国国民党军政部特别党部第七区党部第十五区分部抗战壁报社的训令》。

特别党部备查,仍须附呈党部周报表"①。

军政部特别党部所办抗战壁报采取事后报备方式,即各区分部所办的抗战壁报在编辑、出版、张贴后一段时间,要撕下来送交各区党部报备,而并未按照1938年的《非常时期新闻检查规程及违检惩罚暂行办法》规定在每一期出版前送交当地的新闻检查所检查。究其原因,一方面是因为《办法》中没有明确规定壁报在公布前需要由新闻检查所检查。该《办法》中明确规定"凡在各省市印行之日报、晚报、小报、通讯社稿及其增刊、特刊、号外等于发行前均须将全部稿件无论社评、专论、通讯、特训、特写、专访、信件及其他一切副刊文字并广告等一律送由各该新闻检查所检查"②。另一方面是因为军政部在抗战时期是国民政府重要部门之一,是直接关系战局胜败的机构之一。虽然战时新闻检查由国民党中央成立的军委会战时新闻局负责——"1939年春天,国民党中央成立军委会战时新闻检查局,统一新闻检查大权"③,但是军委会战时新闻局对军政部特别党部所办抗战壁报难以真正做到新闻检查全覆盖、全监控。此外,从军政部特别党部所办抗战壁报刊载的内容来分析,新闻占壁报内容的比例相对较少,且主要是关于三民主义、抗战建国思想、蒋介石在抗战时期发表的讲话及观点等。因此,国民政府的战时新闻检查政策在具体实施上,对军政部特别党部所办抗战壁报同国统区其他机构所办壁报有明显的差别,可谓采用了双重标准:国统区政府机构以外的机构,诸如一些学校所办的壁报,即使壁报主要在校园内张贴,也要在壁报公布前受到严格的检查。战时新闻检查制度一直到抗日战争胜利后,仍延续了一段时间。"抗战八年,新闻界反对战时新闻检查制度的呼声从未中断并愈演愈烈,1945年9月,由包括《东方杂志》和《新中华》半月刊在内的重庆10大杂志发起声势浩大的'拒检运动'。该运动得到成都、昆明等地新闻出版界的积极响应,同时,各大学出版的刊物、壁报也拒绝审查。"④

(三)宣传抗战与报道时事相结合。抗战壁报从内容上注重宣传抗战。

---

① 《关于抄发壁报规则给中国国民党军政部特别党部第七区党部第十五区分部抗战壁报社的训令》。
② 中国第二历史档案馆编:《中华民国史档案资料汇编 第五辑第二编 文化(一)》,江苏古籍出版社1998年版,第382页。
③ 江沛:《南京政府时期舆论管理评析》,《近代史研究》1995年第3期。
④ 王萌萌:《抗战时期国民政府新闻检查之成效检视》,《史学月刊》2017年第2期。

第七区第十五区分部办的抗战壁报除前文提及的文章外，1941 年 3 月刊登《对抗战应有的认识与责任》、6 月刊登《怒吼吧，不要忘记敌机惨炸深仇》、7月刊登《自卫抗战与自力更生》《纪念七七》《四年前的血史》、8 月刊登《警报声中对"八一三"四周年纪念感言》《八一三是日寇受制裁的开始》、9 月刊登《纪念九一八对国人的希望》《倭寇强占我们东北的真相》《为纪念九一八而漫谈东北》《国联调查团到中国》、11 月刊登《长期抗战与最后胜利》《全国同胞起来雪耻复仇》，1942 年 9 月刊登《义勇军血战记》《暴日对东北的工业掠夺》《惨痛的东北》《"九一八"十一周年纪念感言》《铁蹄下的东北》等专门宣讲抗战的文章。第二十八区分部第一期抗战壁报刊登《七七纪念感言》《抗战消息》等。① 抗战壁报刊登漫画，主要是由于图像相较于文字而言有着无可比拟的优势，②因为漫画同文字相比，更容易被读者接受，含义更容易被读者理解；即使文化程度较低的人也可以通过看壁报的漫画了解抗战壁报所要传递的信息。因此抗战壁报刊载漫画可以获得事半功倍的效果。抗战壁报为宣传抗战等积极进行图像传播，注重战时情况的报道，一方面是为了鼓舞抗战军民士气，呼吁坚持抗日，另一方面也是为了在战时进一步控制舆论，以利于其维护统治。

同时，抗战壁报也刊载一些当时抗战大后方的社会生活状况。当粮食价格飞涨，第七区第十五区分部的抗战壁报报社研究决定"通过决议案，似应出版粮食专号，以期唤醒民众平抑粮价"③。为此，抗战壁报曾刊登《抗战期间经济政策》《蒋委员长指示粮食管理要点》《邓锡侯谈粮食问题》《孔副院长邀经济专家商讨粮食及经济问题》《川省府积极平抑粮价》《警告囤积者》《川米问题的科学考察》等文章。此外，1941 年 3 月刊登的《物价飞涨》、4 月刊登的《农村概况》、7 月登载的《提高房租与物价应收制裁》《彻底铲除国难财的可丑愚行》，1942 年 1 月刊登的《重庆的工友状况》等文章也是对当时社会生活状况的描述。

抗战壁报还报道第二次世界大战战局相关的情况。第七区第十五区分部

① 中国国民党军政部特别党部第七区党部：《中国国民党军政部特别党部第七区党部第二十八区分部壁报周报表》。
② 彪金：《图像传播：〈良友〉画报抗战题材研究》，广东外语外贸大学 2019 年硕士学位论文。
③ 抗战壁报社主持委员会：《抗战壁报社主持委员会第一至四次会议记录》，重庆市档案馆档案：00330013000470000099000，1940 年 9 月 19 日。

的抗战壁报中 1941 年 6 月刊登的《从世界大战提起缅甸》、11 月刊登的《英首相邱吉尔演说与美日谈话》，1942 年 1 月刊登的《太平洋大战的新加坡关于地理的价值》，1943 年 5 月刊登的《北非特尼期形势图》及 1941 年 8 月刊载的两幅漫画《日德意吹泡泡》《英美苏联合制裁日本》等都与第二次世界大战形势有关。

五、抗战壁报的意义

全民族抗战爆发后抗战壁报与普通报刊相比，刊载信息所传播范围更普遍。它以独特的传播优势，填补了普通报刊传播的短板和不足，是抗战新闻传播的重要延伸和补充。抗战壁报刊载的信息等对于地处内陆，在战争时期不易了解外界信息的中小城市及广大农村地区，提供了一条获取外界信息的渠道。如第七区党部第十五区分部抗战壁报社所办抗战壁报，一定程度上满足了兵工署第二十三兵工厂人员和泸县当地群众对外界信息的需求。第二十三兵工厂迁至泸县后不到一年，因军工生产需要在与兵工厂毗连的第三区罗汉场开始购买土地扩建[①]，工厂人员最多时有管理人员、技术人员、研究人员、工人、马夫等几千人；虽然该厂能订购一些报纸，但是所订购报纸数量远远不能满足工厂全体人员对信息的需要。而通过办抗战壁报，并在人员流动较多的公共场合定期张贴，有利于满足人们对信息的需求。

抗战壁报的出现可以避免战时虚假信息损害公信力，欺骗民众，扰乱秩序所造成的负面影响。第七区党部第十五区分部所在地四川泸县当地报纸《泸县民报》1938 年 9 月曾登载军工生产的事情。几日后，第二十三兵工厂便给泸县民报社和泸县新闻邮件检查所发函，要求以后报纸不能公开刊登军工生产信息。"本月二十六日(泸县民)贵报第四版载为驻泸兵工署赶制防毒面具消息一则，查该项消息与事实未符，就不具论。惟兵工制造关军事秘密，无论平时战时，应以绝对禁止宣传为原则。况现值对外全面抗战之际，倘式泄漏机宜，势将影响军事，关凭为重大。嗣后关于兵工署及本厂任何消息，务请贵报

---

① 泸县县政府：《关于遣送泸县罗汉乡与兵工厂毗连地区之地价时值表致兵工署第二十三工厂的公函》(附表)，重庆市档案馆档案：01770009000340200516000，1939 年 2 月 15 日。

禁止登载为重……以致泸县民报社、泸县新闻邮电检查所。"①从留存的第七区党部第十五区分部抗战壁报内容分析,其所办壁报未有提及与军工相关事宜,既避免了战时军事信息通过报纸泄密,也减少了虚假信息传播。

　　抗战壁报无论内容还是媒体形式,都呈现出鲜明的大众化特征。"壁报文字以简洁浅明之白话为主,'尽量运用土语'力求切合工农口味以做到人人看得懂,人人听得懂为目的。"②壁报版面设计通常迎合大众关注抗战、关心时事的阅读心理,多数壁报插入生动有趣的漫画,以增加壁报趣味性;壁报发布灵活、高效、简洁,满足了战时公众对信息的需求。同时,它普遍融入当地的社会文化生活,填补了报刊的短板和不足,在社会信息的传播中发挥了重要作用。抗战壁报以其海量、多样性和信息反馈速度快而受到公众的关注。壁报的编辑实际上是作为民间通讯员或民间记者,承担新闻传播、信息传递等工作。

结论

　　"战争时期人们对信息的渴求远远大于和平年代。"③抗日战争时期壁报有任何报纸和杂志都无法比拟的优势。"查强敌肆逞,国难日亟,后方工作,莫要于唤醒民众,以编辑壁报,于唤起民众功效最大。"④抗战壁报在国统区未大量出现之前,国统区大多地区收到的关于抗战的信息时效性滞后,数量也相对较少,信息真实性难以辨别。因此,全民族抗战爆发后国统区各个机构逐渐加强抗战宣传,在抗日战争进入相持阶段后军政部等开始创办抗战壁报。军政部特别党部成立后为了在军政部加强宣传抗战等思想,开始在各区党部、直属区分部等创办抗战壁报以求使信息下沉。国统区抗战壁报大量出现后,国统区收到的抗战信息在时效性、准确性等方面有所改观。

　　军政部特别党部所办抗战壁报从新闻传播实现渠道分析,属于组织传播,即小规模的大众传播;同大众传播、群体传播相比,它的目标更明确,反馈更加

---

① 兵工署第二十三工厂:《关于禁止登载兵工署及兵工署第二十三工厂任何消息致泸县民报社的函》,重庆市档案馆档案:01770011000080000090000,1938 年 9 月 30 日。
② 嘉陵江三峡乡村建设实验区教委会、嘉陵江三峡乡村建设实验区署:《关于告知嘉陵江三峡乡村建设实验区各级学校办理壁报的呈、训令》(附办法),重庆市档案馆档案:00810003006720000007400,1937 年 9 月 10 日。
③ 田边:《壁报:民间媒体与文化抗战》,《国际新闻界》2010 年第 7 期。
④ 《关于告知嘉陵江三峡乡村建设实验区各级学校办理壁报的呈、训令》(附办法)。

及时。从新闻传播过程模式类别分析,在一定程度上体现了马莱茨克大众传播场模式。军政部特别党部所办抗战壁报受到抗战局势、抗战大后方新闻出版管理法规、受众文化程度等诸多因素的影响,壁报文稿、漫画质量、壁报传播方式等受到作为媒介组织的壁报社宗旨、管理模式和政策的约束,以及来自接收者的约束。可以说,传播者、媒介和接收者之间彼此存在复杂的社会互动过程。而且,抗战壁报存在媒介内容公开性压力或约束、传播者在接收者心目中的形象、接收者在传播者心中的形象等问题。这些问题对于国统区抗战壁报的作用产生了影响。

抗战时期重庆知识分子的
军民通俗读物书写

——以"抗战小丛书"为切入点

罗宇谦

（香港中文大学）

一、引言

1938 年 3 月 27 日,中华全国文艺界抗敌协会(以下简称"文协")在武汉正式成立,旨于领导全国文艺工作者为抗战服务,并在各地建立分会及通讯处,联络各地作家促进文艺宣传。① 一众成员在成立大会当天宣言"我们必须有通盘筹妥的战略把文艺的各部门配备起来才能获胜……我们的工作由商讨而更切实的到民间与战地去,给民众以激发,给战士以鼓励",更提出一百种士兵通俗读物的编印计划,体现了战时"文章下乡,文章入伍"口号的实践。② 随着武汉会战在 1938 年 6 月渐趋紧张,这番期望留待文协移至重庆后才得以实现。文协出版部在 1939 年 4 月 10 日公布"编印一百种通俗文艺读物的计划移渝后却已经实现了大部分,将来也许还可以超过一百种以上的数目",提及军事委员会政治部委托文协出版部编制约四十种"抗战小丛书"。③ 这套丛书截至 1940 年 9 月已经编印了大约一百种供前线及敌后士兵阅读。④ 为了接近农民出身的士兵,老舍和部分文协作家采用"旧瓶装新酒"的方法,运用民众熟

① 段从学:《"文协"与抗战时期文艺运动》,北京大学出版社 2012 年版,第 29—38 页。
② 《中华全国文艺界抗敌协会宣言》,《文艺月刊 战时特刊》1938 年第 9 期,载文天行、王大明、廖全京编:《抗战时期西南的文化事业》,四川省社会科学院出版社 1983 年版,第 13 页。
③ 出版部:《出版状况报告》,《抗战文艺》(重庆)1939 年第 4 卷第 1 期。
④ 钟树梁编:《抗战时期西南的文化事业》,成都出版社 1990 年版,第 60—61 页。

悉的通俗文艺("旧形式")以撰写宣传抗战的刊物。① 学界阐述个别文协作家的思想与活动,以及国统区文艺政策时,都会将前述计划及丛书视为"旧瓶装新酒"的实践。不过,文协内部仍然存在反对创作民间文艺的声音,担心五四以来发展的新文艺因此受到威胁,又或视之为 1930 年代以来文艺大众化的延续。② 不同的左翼作家自 1930 年代已经讨论如何撰写大众看得懂的文学,但是在思考采用或创造何种语言、体裁、内容,以至对"大众"如何定义上,都没有达成共识,种种分歧体现在不同册数的"抗战小丛书"中。③ 战时丛书的集体创作促使他们一致撰写抗日事迹,让不同知识分子运用各种新旧文体以进行大众化的实验。

"抗战小丛书"不只涉及文艺讨论的实践,更让我们得以从文本生成、内容及传播的角度,探讨战时宣传的运作情况和成效。国民党在 1938 年召开中央临时全国代表大会时,决议将抗战教育及宣传重点转移到乡村民众身上,并以提供文艺作品的方式进行宣传。④ 民间团体在战事开始后也编印简易读本及文艺作品,传播时事发展、军民事迹、宣传指引等战时知识,掀起一股印制丛书的热潮。这些丛书主要收辑字数在几千字至一万字之间的小册子,它们篇幅不长,方便创作及印刷,有助于简明扼要地解释战时知识。⑤ 从《中国近现代丛书目录》可见,同名为"抗战小丛书"的小册子共有 8 套,出版地遍及 1937

① 《怎样编制士兵通俗读物(座谈会)》,《抗战文艺》(汉口)1938 年第 1 卷第 5 期;顾颉刚:《我们怎样写作通俗读物》,《抗战文艺》(汉口)1938 年第 1 卷第 5 期。有人在座谈会上宣读《通俗读物刊社宣传纲要》加以讲解,这份文件已经散失,但我们可以参考该社社长顾颉刚曾在《抗战文艺》所说的文体,观察文协对此的了解。这些"旧形式"种类繁多,当中包括章回小说、平书、鼓书、唱曲、旧剧、小调、歌谣、相声、连环画、年画,实在不能尽列。
② 倪伟:《"民族"想象与国家统制:1928—1949 年国民党的文艺政策及文学运动》,上海教育出版社 2003 年版,第 252—254 页;段从学:《"文协"与抗战时期文艺运动》,第 123—143 页;Hung Chang-tai. *War and Popular Culture: Resistance in Modern China, 1937 - 1945*, Berkeley: University of California Press, 1994, ch. 5.
③ 曹清华:《身份想象——一九三〇年代"文艺大众化"的讨论》,《二十一世纪》2005 年 6 月;舒衡哲著,刘京建译:《中国启蒙运动:知识分子与"五四"遗产》,新星出版社 2007 年版,第 246—254 页。
④ 《中国国民党临时全国代表大会通过重要决议案(1938 年 3 月 31 日—4 月 1 日)》,载中国第二历史档案馆编:《中华民国史档案数据汇编 第 5 辑 第 2 编 政治(一)》,凤凰出版社 1998 年版,第 384 页。
⑤ 郭沫若:《战时宣传工作》,青年书店 1940 年版,第 75—76 页;裴孟华:《全面抗战初期的小册子与思想战》,《新闻记者》2021 年第 11 期。单计武汉各大出版社及书店,它们在 1937 年 7 月至 1938 年 10 月已经出版 50 多套抗日主题的丛书,合共超过 500 多种图书,部分移师重庆后继续印刷工作。国民党中央宣传部、教育部及军事委员会政治部编印的多个文库及丛书,以及通俗读物刊社、生活书店、中华平民教育促进会所编读物,都在这番出版潮流中占一席位。以上说法参见:王泽民编:《民众读物研究》,中华书局 1948 年版,第 37—39 页;熊复主编:《中国抗日战争时期大后方出版史》,重庆出版社 1999 年版,第 86—94 页;Hung, Chang-tai, *War and Popular Culture*, pp. 213 - 218.

至 1938 年的上海、湖南、长沙,尚未包括军委会的出版物。① 可见"抗战小丛书"五字已经是传播抗日信息的代名词。除了小册子,中国知识分子及官方机构运用各种媒介进行文字、口头、图像宣传,务求动员广大农村的民众支持抗战。既有研究主要分析宣传文本的内容,没有明确指出目标受众,把社会不同阶层及职业的受众归入"民众"研究,较少直接讨论宣传品如何传播的历史场景。②

"抗战小丛书"通过战地文化服务处等单位运抵不同部队及民间团体,配合国军政工人员对士兵的政治教育,推动民众协助当地部队,有助于我们了解宣传话语的在地实践及制度建构。既有研究主要描述国民政府如何建设书刊运输设施,联络社会各界为前线将士征集及编写读物,募集捐款支持相关工作,大概说明读物的不同种类及内容,更指出通俗读物在鼓舞士兵作战上扮演重要角色,唯文本内容及士兵具体阅读情况尚待详细探究。③

有鉴于此,本文有意探讨"抗战小丛书"的出版背景、文本内容及传播成效,从而分析大后方作家如何尝试和前线军民建立联系网络,宣传政治知识和抗日故事,以及政工人员如何运用这些后方运来的通俗读物。

二、文协与军委会政治部合作编写通俗读物的缘由

士兵自清末以来已是"开民智"的对象,李孝悌指出清末知识分子及政府都运用白话刊物及宣讲传达政治信息、现代知识,务求改革民众思想。④ 全面抗战爆发后,图书馆界、战地文艺工作者和其他知识分子呼吁各方关注前线书刊的供应问题,并为读物的编制和运输出谋献策,旨在让士兵得到精神慰藉,并激发其作战情绪和爱国意识。⑤ 不少军官在 1940 年举行第二次参谋长会

---

① 上海图书馆编:《中国近现代丛书目录》,上海图书馆 1979 年,第 509—510 页。
② 陈逢申:《战争与文宣:以中国抗日战争时期的话剧.音乐及漫画为例(1937—1945)》,中国文化大学 2004 年博士学位论文;Hung, Chang-tai. *War and Popular Culture*;Parks M. Cobles, *China's War Reporters: The Legacy of Resistance against Japan*, Cambridge:Harvard University Press,2015.
③ 倪德茂:《论抗日战争期间国统区的战地图书服务运动》,《大学图书馆学报》2018 年第 6 期;张育仁、张夷弛:《论抗战时期文化普及读物的出版与新启蒙运动的兴起》,《重庆师范大学学报(哲学社会科学版)》2010 年第 4 期;张学科:《塑造阅读共同体:全面抗战时期国民政府士兵读物的供应》,《中国出版史研究》2022 年第 3 期。
④ 李孝悌:《清末的下层社会启蒙运动》,"中央研究院"近代史研究所 1998 年版,第 39、124—130 页。
⑤ 倪德茂:《论抗日战争期间国统区的战地图书服务运动》,《大学图书馆学报》2018 年第 6 期;张雅倩:《中共领导下的战时书报供应所》,《党的文献》2020 年第 3 期。

议时,提案表达前方士兵对精神食粮的需求。第三十军军长及参谋长提交《尽量设法供给前方文化粮食以解官兵苦闷而确定信仰案》,希望后方人士增印刊物及开拓交通线以促进前后方之间的运输。四十六军人员也提出官兵在作战时没有书报阅读,精神苦闷。① 昆明行营参谋长刘耀扬则建议军委会政治部"聘请专家适应士兵心理,编印军事常识、抗战故事、小调、连环画册、歌谣等读物普遍供应",并由各地政治部自行编印,这个议案获得原则通过。② 军委会在 1941 年报告第二次参谋长会议决议案如何得到实施时,便提及针对刘耀扬提案的实行情况,指出已经把编印通俗读物列为中心业务之一,总共出版寄发 10 种刊物,包括各项宣传指引及数据、连环画册、画报、墙报、剧本、歌曲、小册子,以及 40 种"抗战小丛书",每种刊物的印刷数量最少在 5 000 份以上。③ 这套丛书更见于政训教育类的第五号决议案,和《领袖言行》《党义浅释》及《士兵月刊》一同列为政治教材,配合军队政治教育。④ 上述编印是在军委会政治部 1940 年 9 月改组后进行,属于第二阶段的成果,第一阶段则要追溯至文协在 1938 年 3 月成立时提出的一百种士兵通俗读物编印计划,以及其自 1939 以后得以逐步实现的发展过程。

文协在迁移至重庆前尚未成功组织作家进行大规模的出版计划,不少作家尚在武汉时已经建议设立长期计划,整合目前个别作家的零碎工作。随着武汉会战在 1938 年 6 月展开,文协会刊《抗战文艺》第 10 期宣布未来的两期改为"保卫大武汉"专号,征求会员及各方作家的作品,表达了动员作家编写宣传刊物的迫切性。作家刘白羽发文批评现时文艺界没有整个编写计划,也没有设立专门负责撰写动员民众的抗战文艺,造成目前记载战事的文艺作品只是剪辑拼凑、随意记载,甚至在同一内容上换上不同封面,所以建议文艺界应该为前方提供一种分量较轻的文艺读物来协助部队的政治工作。⑤ 记者徐盈认为文艺工作者目前在军队及乡村的宣传工作只是"昙花",是因为没有坚强

---

① 军事委员会办公厅编:《第二次参谋长会议要录(下)》,军事委员会办公厅 1940 年版:《政治组》,《政训类》,第 41—42 页。
② 同上,第 49 页。
③ 军事委员会办公厅编:《第二次参谋长会议决议案实施情形报告书》,军事委员会办公厅 1941 年版,第 98 页。《抗战小丛书》以外的 9 类刊物是连环画册 25 种、图画墙报 10 期、抗战画报 10 期、抗建剧本六种、抗建歌曲 15 种、政工周报 29 期、时事问题 13 辑、参考数据 10 种、沦陷区小册 15 册。
④ 军事委员会办公厅编:《第二次参谋长会议决议案实施情形报告书》,第 79 页。
⑤ 刘白羽:《对于文艺工作的一个建议》,《抗战文艺》(汉口)1938 年第 1 卷第 10 期。

的组织持续推动下去。① 然而,随着国军在武汉战事的失利,文协在 7 月 26 月决定将总会及其部门迁移至重庆,以上计划自然难以实行。② 出版部主任姚蓬子在 1938 年 8 月底抵达重庆,面对原有人手仍滞留在前往重庆的路途中,当地纸价高昂、缺乏印刷所,经过大约三个星期的奔波才恢复工作的境况,在 10 月感叹道:"文协组织上的软弱,没有能够在组织上领导并推动全国抗战文艺运动,随着战争一同进行,所以每期能够在会务报告上看到的,不也仅仅只是一笔琐碎的柴米油盐账吗?"③正因如此,叶以群、欧阳山、草明在《抗战文艺》的文协成立周年纪念专栏上指出作家没有得到协会和政府的足够帮助,在创作方针上更需要团结起来。④

有别于 1938 年的武汉时期,欧阳山、叶以群、草明的言论不限于建议层面,而是配合文协出版部在同期会刊宣布实行的编印计划,呼吁作家多加参与。相关计划的雏形早见于 19 位文协作家出席的"怎样编制士兵通俗读物"座谈会,当中细节将在下节分析丛书创作方针时交代。就在座谈会的同一个月,文协举行第二次理事会,初步确定政治部和文协合作出版书刊,迁至重庆后正式出版"抗战小丛书"。盛成参与徐州慰劳团回来后,在理事会表达前方非常缺乏精神食粮,表示不是所有书籍都适合运往前线,前方将士所要的是文艺和通俗文艺作品。会议接近尾声时,时任政治部第三厅厅长的郭沫若报告"政治(部)要和其他机关办一个战时文化服务团:征集图书及创撰,分送到前方。关于这两项,都希望文协帮忙,多给捐书,多给写书"⑤。郭沫若的呼吁没有止于空文,文协出版部在 1939 年 4 月 10 日公布"编印一百种通俗文艺读物的计划移渝后却已经实现了大部分,将来也许还可以超过一百种以上的数

---

① 徐盈:《不要说空话》,《抗战文艺》(汉口)1938 年第 1 卷第 11 期。徐盈在 1939 年 2 月成为文协小说座谈会负责人之一。穆木天(文协通俗文艺委员会的召集人)也有相似的想法,建议制作配合政治动员的文艺宣传品,更要加强组织作品的发行网,以及各地文艺工作者的训练及通讯网络。详情请见穆木天:《担负起我们的开拓者的任务来》,《抗战文艺》(汉口)1938 年第 2 卷第 2 期。
② 《文艺简报》,《抗战文艺》(汉口)1938 年第 2 卷第 3 期。
③ 《本刊启事》,《抗战文艺》(重庆)1938 年第 2 卷第 5 期;蓬子:《一个最实际的问题》,《抗战文艺》(重庆)1938 年第 2 卷第 5 期;出版部:《出版状况报告》,《抗战文艺》(重庆)1939 年第 4 卷第 1 期。
④ 欧阳山:《文协要促进政府和作家的关系》,《抗战文艺》(重庆)1939 年第 4 卷第 1 期;以群:《感想断片》,《抗战文艺》(重庆)1939 年第 4 卷第 1 期;草明:《小献议》,《抗战文艺》(重庆)1939 年第 4 卷第 1 期。
⑤ 总务部:《会务报告》,《抗战文艺》(汉口)1938 年第 1 卷第 6 期。"战时文化服务团"应该是日后在 1938 年 7 月 1 日成立的战地文化服务处。

目",教育部迁渝后成立的通俗读物组交托文协会员写作民众文艺读物的工作,已出版 15 种,付印的有三四十种;军事委员会政治部更委托文协出版部编制约 40 种"抗战小丛书",交由成员叶以群、欧阳山、草明、默林等人负责。①这项集体创作不限于以上 4 人,时任政治部第三厅成员翁植耕回忆小丛书稿件选题时,指出政治部人员按照上司分配主题撰写,外稿作者则主要根据总体要求和规范撰写。②

三、构思"抗战小丛书"的出版和传播:文字和口头宣传兼备的小册子

军委会政治部在 1939 年制定《编刊战时士兵及民众读物计划》设计草案,说明"抗战小丛书"等文艺小册子是供给识字的军民阅读,再经过他们的分享口耳相传。该计划宗旨是"用极浅显通俗之文字编刊适合识字士兵及民众口胃之读物,使党义及抗战建国精义之宣传,能广及于穷乡僻壤,深入于士兵及下层民众中,以提高其民族意识,激发其敌忾心,坚定其必胜信念,并透过读者将其影响广播于不识字的大众"。目标读者是城市及乡村的识字民众,以及连长以下的军官佐及识字士兵。内容则划分为不同主题单元,再分成不同小单元以便撰写,再辑录于不同类别。这些小单元总计 20 个。按笔者观察,它们大概分别传递国际局势、本国知识、党国意识、中日仇恨及英雄故事等讯息。③至于书本的尺寸及字数,小册子版本分为甲种及乙种。甲种是 64 开本的袖珍版,指定于 3 000 字至 10 000 字,以便随身携带。乙种则是 32 开本,字数 10 000 字至 50 000 字。稿源则由政治部人员及部外人士提供,外稿稿费每 1 000 字 3—5 元。计划在半年内出版 230 种,甲种所占比例最多,共有 160种。④ 翁植耘忆述"抗战小丛书"每本字数一般为 5 000 字至 6 000 字,不超过

---

① 出版部:《出版状况报告》,《抗战文艺》(重庆)1939 年第 4 卷第 1 期。
② 钟树梁编:《抗战时期西南的文化事业》,第 60 页。
③ 20 个小单元分别是三民主义、抗战建国纲领方略、总理遗教、总裁言论训示、国民革命史、本党奋斗史、中日六十年仇恨史、暴敌仇恨实录、抗战史迹、民族英雄传记、暴敌灭亡我国之阴谋、暴敌国内情况实录、东亚局势、国际大势、本国历史知识、本国地理知识、时事解说、战时国民之责任、抗战必胜之路、建国必成之路。文体主要是报告、故事、描述、问答及章回小说等为语体,弹词、金钱板词、各种小调、剧本等韵文为辅。
④ (台北)"国史馆"藏:《陈诚副总统文物》,《军事委员会政治部设计草案汇编》,第 15—19 页,典藏号 008—010705—00002—004。

一万字,故它应该是甲种读物。① 政治部第三厅主任秘书阳翰笙回想第三厅宣传小册子时,指出这些 64 开的数页薄册,相比书籍更受士兵欢迎,易于散发及传播。②

文协内部在接受政治部委托编写"抗战小丛书"前,已经不乏如何为士兵书写通俗读物的讨论,并关注国军士兵的识字率,尝试克服那些尚未识字的士兵的阅读问题。回到 1938 年 5 月的"怎样编制士兵通俗读物"座谈会,战前已有撰写民众读物经验的老向指出军中文盲甚多,应该以班长为对象读者。对于写作内容,军人出身的方振武认为目前的前线士兵都来自农村,不必和农民分得清楚,作品只是需要充实士兵在前线枯燥的生活。音乐家安娥也同意以上说法,认为士兵大多来自农村,作品可以通过激发士兵爱护家乡的感情以加强他们保卫国土的热情。不过,会上也有人表示两者是不同的,但仍赞同士兵是农民出身,差异在于入伍后的精神教育,然后讨论"旧酒装新瓶",思考走近民众的写作方式。③ 战时国军识字率偏低确是一大问题。根据国防部新闻局在战后提供的粗略数字,国军士兵大约有 55% 是农民出身,并且有六成是不识字的。④ 一般部队接收新兵后,都要为他们补行国民教育,由识字教育开始,白崇禧对此形容"既费事亦误事"⑤。故此,国军基层政工人员主要以讲话方式进行士兵政训,例如政治讲堂、集体训话、个别谈话、小组会议。军委会政治部更为政工人员准备不同政训教材协助他们开展训练。⑥ "抗战小丛书"便是当中的教材之一,反映后方作家如何间接参与士兵政训及政工人员的教育内容。

正因如此,书写通俗读物需要考虑内容是否适合口头传诵,"旧酒装新瓶"固然是实践方法之一,但文协成员不是每位都熟悉通俗文艺的写作手法。文协在 1938 年 5 月的会务报告提醒作家真的要用"旧瓶装新酒"时,必须把握清楚才能达到"读用双全"的境界,这里的"用"在于"戏能上堂,歌能上板,故事能

① 钟树梁编:《抗战时期西南的文化事业》,第 60—61 页。
② 阳翰笙:《风雨五十年》,人民文学出版社 1986 年版,第 204 页。
③ 《怎样编制士兵通俗读物(座谈会)》,《抗战文艺》(汉口)1938 年第 1 卷第 5 期。
④ 李均初:《国军实况》,国防部新闻工作人员训练班第三班 1946 年版,第 3,5 页。
⑤ 白崇禧口述、贾廷诗、陈三井、马天纲、陈存恭访问兼纪录,郭廷以校阅:《白崇禧先生访问纪录》,"中央研究院"近代史研究所 1984 年版,第 495 页。
⑥ 郭洋:《全国抗战时期国民党军基层连队的政治工作》,《军事历史研究》2021 年第 6 期。

上口。说到文字,更须俗而不土(特用土语写是一事),好而易解,以期收效广大"①。1938 年 5 月的座谈会也谈及相关问题,会上不乏赞许"旧瓶装新酒"有助接近民众的声音,但是没有规定以后要运用这种策略。老舍分享自己曾目睹士兵也有兴趣阅读报纸、杂志等"新形式",形式新旧并不重要,重点在于大众是否明白用字造句。②

综观四位负责编制丛书的文协成员,叶以群和欧阳山都留有文字表达对战时文艺创作的见解,说明民间文艺不是他们制作宣传的唯一选择。叶以群在 1932 年已经加入中共,在中国左翼作家联盟("左联")负责学生文艺活动,指导学生在校内组织读书会以传播时事知识及文艺作品,是编制战时军民读物的合适人选。③ 他在 1940 年 4 月讨论文艺大众化在战时的新阶段时,表示新文学从中国传统文学孕育出来,在 1930 年代的论争和改进下有一定基础和读者。战时作家如何创作百姓喜闻乐见的作品,便是承接新文学改造运动的基础,更要吸收通俗文艺的优良成分,尤其是其丰富的语言或警句,即作家理解及处理现实的方法。与此同时,他指出文艺作品要顾及提高大众文化水平及普及的问题,并认同"旧瓶装新酒"在宣传教育上能满足上述要求,同时表示宣传手段不限于旧形式。④ 不过,叶氏在丛书计划中倾向于扮演指导角色,而没有参与撰写读物的工作。笔者在所找到的 71 本"抗战小丛书"和政治部第三厅出版的目录中,只发现欧阳山的名字,却没有另外三位负责人。⑤ 这得从他们的背景说起,梅林在 1930 年代主要从事报刊编辑,在文协迁渝后担任编委会成员,校阅会刊的每篇原稿,更在 1943 年获委任为秘书,可见他倾向于负责编审丛书及协调作家的工作。⑥ 草明在 1939 年初抵达重庆不久,怀上欧阳

① 业务部:《会务报告》,《抗战文艺》(汉口)1938 年第 1 卷第 3 期。
② 《怎样编制士兵通俗读物(座谈会)》,《抗战文艺》(汉口)1938 年第 1 卷第 5 期。
③ 王淑明:《我与"左联"二三事》,载中国社会科学院文学研究所《左联回忆录》编辑组编:《左联回忆录》,中国社会科学出版社 1982 年版,第 295 页;张广海:《政治与文学的变奏:中国左翼作家联盟组织史考论》,香港三联书店 2017 年版,第 145 页。
④ 曾克、秀沉记录,秀沉整理:《文艺的民族形式问题座谈会》,《文学月报》(重庆)1940 年第 1 卷第 5 期,载徐乃翔编:《文学的"民族形式"讨论资料》,知识产权出版社 2010 年版,第 208—209 页。
⑤ 军事委员会政治部第三厅第二科编:《宣传书刊目录(第 1 辑)二十九年九月至三十年六月)》,军事委员会第三厅第二科,1941 年版,第 20—21 页;欧阳山:《课外锦标》,抗战小丛书第十二集,军事委员会政治部 1938 年版;欧阳山:《湘潭一商人》,抗战小丛书第十二集,军事委员会政治部 1939 年版;欧阳山:《修公路》,抗战小丛书第十二集,军事委员会政治部,年份不详。
⑥ 梅林:《〈抗战文艺〉一年来底产量》,《抗战文艺》(重庆)1939 年第 4 卷第 1 期;邓牛顿:《文协档案过眼录》,香港世纪风出版社 2007 年版,第 142—144 页。

山的孩子,偶有文章发表于报刊,直至分娩后搁笔。①

　　欧阳山自 1930 年代以来是左翼作家之间的小说研究负责人,更在支持新文艺创作的立场下撰写大众小说。他在 1932 年筹建广州文艺社,发起组织"左联"广州分盟(广州文艺社),直至 1933 年 8 月被国民党通缉后,和草明一同前往上海加入"左联",担任小说研究会的负责人。② 移往重庆以后,他在 1939 年 2 月已经成为文协小说座谈会的负责人,其后在不同座谈会上均扮演回顾全面抗战以来小说创作成果的角色。③ 写成于 1941 年的《我写大众小说的经过》这篇文章更反映他多年来如何尝试把新文艺和人民大众结合起来。欧阳山忆述自己在 1932 年 9 月开始写作大众小说时,固然明白不少民众没有阅读能力,聆听解读后仍未能理解。不过,他没有因此放弃新文艺,放弃支持中国人接受外国花了几百年工夫培植出来的长篇小说、短篇小说等文体,因为这些新文艺作品自从五四以来在中国已有二十年演变,变成一种"混合种的中国产品"。至于实践方面,他在广州期间联同草明及其他朋友组织广州文艺社,编印广州话的白话文字典及记录广州口语,更用粤语创作小说,兼及文字及口头传播,假设这可以"第一,能认识几个字,约略相当于小学三年级程度的读者直接阅读;第二,完全不识字的能够听懂它"。对于第二种方法,他认为必须动员青年学生及知识分子诵读作品,所以创办广州文艺社,但在 1933 年 8 月遭到打压,活动只好结束。欧阳山在 1939 年 3 月刚到重庆不久,重新开始撰写大众小说,旨在动员民众及鼓励士兵,由于不懂四川话,这次用浅近的白话文创作以贴近民众。④

四、听读军民共同体:"抗战小丛书"的军民英雄及时事知识

　　笔者目前掌握的"抗战小丛书"共有 71 本,大体可分为四类。一是政治部

① 草明:《世纪风云中跋涉》,人民文学出版社 1997 年版,第 102—103 页;余仁凯编:《草明研究资料》,知识产权出版社 2009 年版,第 14—16 页。
② 张广海:《政治与文学的变奏:中国左翼作家联盟组织史考论》,香港三联书店 2017 年版,第 145 页;燕绍明:《欧阳山年谱》,《新文学史料》1988 年第 1 期。
③ 研究部:《研究部报告》,《抗战文艺》(重庆)1939 年第 4 卷第 1 期;《一九四一年文学趋向的展望》,《抗战文艺》(重庆)1940 年第 7 卷第 1 期;张志渊:《文协"小说晚会"纪录》,《新蜀报》1940 年 11 月 26 日至 27 日。
④ 欧阳山:《我写大众小说的经过(代序)》,载《流血纪念章:大众小说》,华中图书公司 1941 年版,第 5—10 页。

在 1940 年 9 月改组前出版的小册子,共有 47 本。每本封面印有各自所属的集数。根据笔者收集所得,小丛书封面的最大集数是第 16 集,所以我们可以推断这套丛书至少已经出版 16 集。每集封面有各自的图片,围绕国际局势、本国知识、国党意识、中日仇恨及英雄故事等主题设计。第一集封面是蒋介石头像;第三集封面设计有二,分别是日本富士山及两位侦察员在草丛中窥探的场景;第六集的书封插图是三名士兵在骑马的长官带领下迈进;第八集则描述汉奸事迹及军民反击,书封图片便是士兵处决背上挂有"枪决汉奸一名"名牌的犯人;第十一集的封面印上两人在暗处观察对岸插上旗帜的地方;第十二集封面是两个农民打扮的人正在开垦土地的图片。

图 1　明凡:《你还是死的好》,抗战小丛书第八集,军事委员会政治部 1939 年版。图源"中国历史文献总库·民国图书数据库"。

图 2　冯英子:《毛脉厚毁家杀敌》,抗战小丛书第十一集,军事委员会政治部,年份不详。图源"中国历史文献总库·民国图书数据库"。

然而,图片没有在解说上发挥重要角色,笔者所翻查的 71 本小丛书只有 7 本正文图文并茂。[①] 这种文字为重的策略可能源于军委会及作家打算通过识字民众及军人在阅读后进行口头宣传。第二类是政治部在 1940 年 9 月

---

① 以下是 7 本图文并茂的《抗战小丛书》:雷丁:《忠烈故事》,抗战小丛书第六集,军事委员会政治部,年份不详;傅承谟:《台儿庄上的小战士》,军事委员会政治部,年份不详;益智:《东北是我们的》,军事委员会政治部 1941 年版;冯玉祥:《春礼劳军歌》,抗战小丛书第十二集,军事委员会政治部,年份不详;孩子剧团(傅承谟):《郭排长裹伤杀敌记》,抗战小丛书第十四集,军事委员会政治部,年份不详;欧阳惠、夏里仁:《牛二从军》,军事委员会政治部,年份不详;万迪鹤:《王老太火葬日本兵》,军事委员会政治部,年份不详。

改组后出版的,主要集中在改组后 8 个月内共发行 38 本小丛书的计划内,未有集数划分,笔者找到其中 13 本。[①] 三是分别在 1943 年、1944 年及 1948 年出版、属于新一集的 3 本册子。四是无法判断出版日期及集数的小册子,源于封面缺失、印刷问题或作者未在页尾留下记录。政治部第三厅出版的《宣传书刊目录(第 1 辑)二十九年九月至三十年六月》提供了 38 本小丛书和它们的文体分类,包括故事、叙事、小说、论文、对话、鼓词、剧本、唱词、民歌。配合政治部在 1939 年的〈编刊战时士兵及民众读物计划〉列出的作品主题,笔者制作以下表格分析自己所见的 71 本"抗战小丛书"及目录记载的 25 本散佚作品,说明其文体及内容,更为详细的资料请见本文附录:

	新文学(白话文作品)		通俗文艺(旧形式)		
	小说、故事	论文、叙事	对答	民间说唱[②]	夹杂说唱的白话小说
个人事迹:军民英雄、汉奸	23	0	0	18	2
时事解说:本国史地知识、抗战必胜之路、日军暴行、东亚及国际局势	1	13	5	3	0
军事常识:爱惜骡马公物、急救常识	0	2	0	0	0
慰劳歌曲、戏剧	0	0	0	4	0
记录在 1940 年 9 月改组后出版目录的散佚作品	8	3	0	14	0
总数	32	18	5	39	2

1. 英勇事迹和军民合作

军委会政治部重视士兵精神教育,军人英勇作战、勇于牺牲的故事自然是"抗战小丛书"的常见题材。有别于通俗读物编刊社在 1930 年代出版时顾虑

---

① 军事委员会政治部第三厅第二科编:《宣传书刊目录(第 1 辑)二十九年九月至三十年六月》,军事委员会第三厅第二科 1941 年版,第 20—21 页。
② 民间说唱包括鼓词、剧本、唱词、民歌、杂言诗(四言诗、五言诗等多言诗)。

遭到日本政府的抗议而选取抵抗外族的历史人物作题材，①小丛书的作者取材自战时人物事迹，尝试描绘不同人物在各个战场的表现。石光的《抗日烈士苗可秀》便取自真实题材。这本小说采用白话文，共 17 页篇幅，平均每页 300 字或以上。苗可秀在 1931 年 9 月 18 日东北事变爆发时是一位就读东北大学的有志青年，得悉日军入侵后组织东北学生团，并在 1932 年加入东北义勇军进行教育及游击工作，日后更自行成立少年铁血军，最后在 1935 年 6 月被日军俘虏，拒绝投降后从容就义。② 石光对此的叙述强调军民合作，讲述苗可秀放下书本回到北平后，见到关内同胞抗日情绪高涨而感到高兴，更想到抗日必须军民合作，这需要知识分子投身军旅。之后交代苗氏从军经历，又讲到老百姓说起铁血军时都大加赞许，例如说"不是苗司令说过吗，帮助军队就是帮助自己。能团结起来，才守得住家乡"，并协助传达及刺探军情，提供物资援助，配合铁血军游击战术撤离村庄。③ 至于苗可秀，小说形容他有勇有谋，假意接受日军招降，夺取他们的大量武器，后来在和三千日伪军对战时身受重伤，拒绝同行军人留下来照顾自己以免受连累，最后更留下遗书说要有希望就不能不牺牲。④

这种取材东北抗日英雄的作品也可见于曦之的《抗日英雄王德林》。王德林在 1900 年代初是绿林好汉，曾在东北率众抵抗帝俄军队，后来获收编为吉林军，自九一八后率军反击日军，战事失利后花了 6 个月走访苏联、英国、法国、南洋群岛进行宣传及筹款，回国就任东北义勇军司令，在卢沟桥事变时已经六十多岁，仍组织抗日武装。⑤ 曦之以唱词叙述王德林的一生，全书 22 页，每页平均超过 100 字。由于内容太长，这里只抽出一部分说明，例如日军在九一八后有意贿赂王德林以通融修铁路，他将计就计将日军杀得落花流水：

王德林暗暗调来了千百兵，二百个敌兵还在做梦，众健儿四面围得不透风。

一个一个挨一个，里三层内外三层。把敌人包围得像铁桶，紧紧密密好像一座城。

王德林大喊一声杀贼众，弟兄们一齐开枪向前冲。鬼子兵好梦还未醒，听见枪声

---

① 刘龙心：《通俗读物编刊社与战时历史书写(1933—1940)》，第 94 页。
② 卞直甫：《抗日英雄苗可秀烈士事略》，《社会科学辑刊》1982 年第 6 期。
③ 石光：《抗日烈士苗可秀》，抗战小丛书第六集，军事委员会政治部 1939 年版，第 2—5 页。
④ 同上书，第 6—17 页。
⑤ 曦之：《抗日英雄王德林》，抗战小丛书第六集，军事委员会政治部，年份不详，第 1—22 页。

着了惊。咯咯咯机关枪声震耳。冷飕飕枪弹密如雨,拍达达子弹开花冒火星。弟兄们杀敌真奋勇,急坏了鬼子二百兵。①

"抗战小丛书"题材不限于东北,也有死守太行山隘口的士兵②、朝鲜义勇队③、山东第六区行政专员范筑先。④ 军事委员会政治部更出版《英勇故事》,在 22 页内辑录 15 位将士在卢沟桥事变以来如何以血肉之躯对抗敌人装备精良的部队、消耗敌人力量后壮烈牺牲或是巧用计谋战胜敌人。每个故事篇幅平均在 300 字至 400 字以内,并以白话文书写。⑤ 英勇故事不限于描述士兵,"抗战小丛书"更收辑民众骂贼成仁、毁家抗敌及自行组织部队等主题作品(详情见本文附录)。

"抗战小丛书"作者并非纯粹关注军民牺牲及作战,也会书写社会大众如何支持抗战。文艺题材在七七事变后主要围绕前线战场,早已引起作家对选题单一的检讨。穆木天在 1938 年 5 月指出大多数的抗战文艺作品停留在"一种是观念地强调抗战,另一种就是异国情调的战争现象的描写",未能引起后方民众的关心。作家需要取材自社会每个角落,描写伤兵、工人、抽丁等种种问题。⑥ 欧阳山撰写的白话小说便描写后方民众如何奉献国家,其作品《修公路》描写一个年轻人如何在爷爷劝谕下自愿服役。故事始于介绍爷爷一家在陕西居住,其三位儿子已经离世,只剩下长子及次子的两位孙儿。长孙福子已经 20 岁,却只会做庄稼,不明白国家、民族这些字眼,其母亲也不愿让他外出。村中的保长有一天前来,告诉福子要前往修建军用公路,福子在询问后得悉没有工钱,便不愿意前往,认为保长不能对他怎么样。爷爷回家得悉后大发脾气,认为就算贴钱也要服役,在福子和母亲商量找人顶替甚至假装肚痛后,便训话和日军打仗失败便是亡国奴,更细说太公及三位儿子分别在甲午战争、五四运动、五卅运动及济南惨案中,遭到日本兵警杀害,他们一家也只是全国受

---

① 曦之:《抗日英雄王德林》,抗战小丛书第六集,第 11—13 页。

② 季凡:《太行山七勇士》,军事委员会政治部 1941 年版,第 1—26 页。

③ 朝鲜义勇队在 1938 年 10 月 10 日成立于汉口,是朝鲜民族战线联盟下属的一个组织。该组织得到中国国共两党的支持,队员通晓韩语、中文和日语,并透过发放反战传单、使用扩音器进行反战宣传、俘虏审讯与改造以及培养对敌宣传干部等方式,反抗日军入侵。由于这本书已经散佚,笔者是从这里发现的:军事委员会政治部第三厅第二科编:《宣传书刊目录(第 1 辑)二十九年九月至三十年六月)》,第 20 页。

④ 林洛:《范老英雄》,抗战小丛书第六集,军事委员会政治部 1939 年版,第 1—16 页。

⑤ 军事委员会政治部编:《英勇故事》,抗战小丛书第六集,军事委员会政治部,年份不详,第 1—22 页。

⑥ 穆木天:《抗战文艺运动的据点》,《抗战文艺》(汉口)1938 年第 1 卷第 6 期。

害者的冰山一角。福子在书中最后一段哭着去了。①

士兵和民众并非各自处于前线和后方而互不相干,部队在作战前后更需要组织民众提供支持,军民合作的故事便尝试描述两者的联系。佚名的《伤兵之友》是一本夹杂民间说唱的小说,运用白话文叙述每个情节后,附上平均2—3页的说唱复述情节。全书共有5个情节,讲述农民汪志清得知朋友李汉忠有意投军杀敌后,便为他备酒饯行,全村老幼前来欢送,半年后知道朋友在武汉保卫战后逗留伤兵医院,便携带礼物前去慰劳。他率众到达后,见到500位伤兵在护士及医师照料下安心疗养,对待百姓十分和气,归功于各个部队长官平时训练的成绩。两人见面交谈,李汉忠感到这次慰劳为身处异乡的伤兵带来莫大鼓励,心想日后也要发动这样的慰劳。最后,青年慰劳团刚巧来访,他借机表达可以举办伤兵之友活动,组织当地民众慰问伤兵,获得一致认同,促进军民合作。② 书尾附上接近4页的说唱演绎这番合作倡议的成功。此处抽出讲述别人听过成立伤兵之友社后的内容:

> 宏论宣传团员听,个个茅塞顿开明,不意如此乡下老,倒有救国大经纶。欢欣接受好建议,报告党政来推行。一经宣传民知晓,忙将伤友去认定,去满一周无余额,院中军民倍相亲,精神物质多惠赐,安心疗养频叮咛。捐了钱财募物品,还有各界热心人,组织伤兵之友社,慰劳更具永久性。负伤同志火感奋,只望伤愈赶回营,杀尽倭奴方罢手,聊告后方老百姓。③

军民合作不能单靠民众自发行动,也需要军委会政治部、部队长官及政工人员的组织及协助,小丛书的故事不乏对于相关场景的描述,间接说明政治工作对军民的重要。战时各级政工人员协助地方党部及政府管理民众动员工作,或是直接开展促进军民关系的民众工作,例如开办民众学校,在作战地区发动民众修补公路、加入工作队以支持军事行动。④ 小丛书记录相关工作的故事,讲述军民如何在军官及政工人员的指导下互相协助,有助于读者认识政工和自身的关系。小说《王得标送饭》讲述两个伙夫为军队挑水送饭的

---

① 欧阳山:《修公路》,抗战小丛书第十二集,军事委员会政治部,年份不详,第1—12页。
② 佚名:《伤兵之友》,抗战小丛书第十二集,军事委员会政治部1939年版,第1—15页。
③ 同上书,第14—15页。
④ 金之夏:《国民党战时民众工作失败的历史考察——以国民政府军事委员会政治部为视角》,第141—143页。

故事,两人由于天黑走错路,以及躲避日军射击,从而耽误不少时间。当食物运抵军营时,士兵已经怨声载道,有意殴打刚刚到达的两人,其中一人解释天黑摸错路后才平息事件。连长此时说道:"你们听,他们送饭的人不是很辛苦的么? 开口骂,动手打,都不是军人的好习惯,指导员①不是和你们讲过多次了。我们的战争是为了打倒压迫我们的敌人,对自己人应该和平团结!"哨兵也将两人情况说明后,士兵大赞两人勇气可嘉。② 方白所写的《掩埋队(鼓词)》则讲述一名师长出席总司令会议后,回到防地召集各级兵佐,特别要求成立组织掩埋队,并希望政治部主任赶快完成。主任随即安排各团政训人员协助团长成立掩埋队及召集民众充当队员。经过政工人员宣讲当中道理后,民众无不热泪盈眶,表示支持,书中便通过以下的鼓词表达民众的热烈支持:

> 尊一声官长你莫悲痛,有什么办法讲出来。你要是有事把我们派,吩咐一声一定来,战场上我们也敢去,阵亡的官兵我们□意埋。铁锹铁铲我们自己带,炒米干粮怀裏揣。我们就是掩埋队,决不能再教战场上出丢下半个尸骸。③

2. 了解你的敌人: 敌国暴行阴谋及我国取胜之道

讲述敌国暴行阴谋有助于唤起士兵同仇敌忾的心理,更是应付日军对中国军民的宣传战。顾若鹏(Barak Kushner)的研究显示日军在中国本地和国共两党拉拢对方的思想战。日军意图展示自己前来解救中国人脱离西方帝国主义,曾在 1939 年 6 月向中国境内散发讲述儒家思想的小册子,尝试说服平民相信这场战争是中国改变"天命"的时机,更向中国农村及伪满洲国派发大量中文杂志、海报、小册子。④ 军委会政治部第三厅也编制对敌宣传的日语小册子,内容着重陈列事实及准确数字,在战场及沦陷区宣扬反战思想。不少负责人员从事木刻画及漫画创作,小册子都是图文并茂的。⑤

"抗战小丛书"也是这股宣传战的一部分,有别于上述小册子,作家如上表

---

① 由于连队这种军队基层单位没有政治部设立,所以该单位的政工人员是连指导员。
② 钱莺:《王得标送饭》,抗战小丛书第十三集,军事委员会政治部,年份不详,第1—21页。
③ 方白:《掩埋队(鼓词)》,抗战小丛书第十三集,军事委员会政治部,年份不详,第15页。
④ Barak, Kushner. *The Thought War: Japanese Imperial Propaganda*, Honolulu: University of Hawaii Press, 2006, pp. 122 – 147. 共产党也针对日军伤兵进行宣传及推行善待日军战俘政策。国民党则曾经组织日本反战战俘的进行对敌宣传,并在国内通过小册子、海报、电影及广播宣传抗日。
⑤ 筱田裕介:《立命馆大学国际平和ミュージアム纪要:军事委员会政治部第三厅の对日伝单について》,《立命馆平和研究》2017 年第 18 期。

显示般主要采用论文及叙事的方式,描写日本侵华的历史及中国取胜之道。林洛《用熬年月的战法和鬼子打到底》全书共 20 页,每页平均超过 300 字,全文未运用通俗文艺,只有书面语夹杂口语。首段便提出"到底打到几时我们才能把鬼子赶出呢"这个问题,随后如论文般展开讨论和提出论证。首段指当下有两种想法,分别是"再打下去一定要亡国了"及"我们马上可以把鬼子赶出去了"①,随后两节花了 6 页篇幅,对上述说法逐一反驳,理据都是要人们了解中日两方的长处及短处,重复强调日军军备及训练优于中国,但中国地大人多,生产量多,打仗保卫家园出师有名,得到国内民众及不少国家支持,日本则在上述各方面都是劣势。② 其后两节"要用熬年月的战法""熬年月的战法怎样打",以及最后"眼下鬼子还有多少劲"都是复述以上观点,并以问题作开头。由于每节全文太长,以下抽出"熬年月的战法怎样打"要点展示其撰写方法:

> 用熬年月战法同鬼子打,就好像熬一程又长又难走的路。然而这一程路上究竟是怎样一个情形呢? 用熬年月战法同鬼子打,鬼子就会强变弱,咱们就会变强,然而,究竟怎么样变法呢?
>
> 日本是一个强国,所以一开头是他们发疯,咱们吃亏的时候,那时鬼子劲儿十足,他会一连打几个胜仗,我们会一连打多少败仗,他会强占了我们的许多土地,抢得了我们许多钱财;我们会失去许多土地,丢了许多钱财。但是慢慢下去,他的劲儿就减少起来了。他们占了许多地方,兵也不够了,做老百姓的和当小兵的吃不起,慢慢地也讨厌起打仗来了,钱也感到不够使了。外国呢? 当然,一开头就都帮我们的忙,但还帮得很少,慢慢地也多起来了……③

上文只是该节开首的第 13 页,其解说直至第 15 页的一半才结束,字数超过 500 字。值得注意的是,尽管小册子不以问答为文体,却都会有问答部分。方土人《我们必定打胜仗》全书中心内容共 18 页,每页平均 200 字至 300 字,采用近似上述长篇论证的方法,从"九层大道理"分析日本的 5 个缺点,以及中国的 4 大优势,最后在附录留下 10 条问题供人思考,例如"敌人在战略上已犯

---

① 林洛:《用熬年月的战法和鬼子打到底》,抗战小丛书第一集,军事委员会政治部,年份不详,抗战小丛书第一集,第 1—2 页。
② 同上书,第 2—9 页。
③ 同上书,第 13 页。

了哪三大忌?""就天时,地利,人和三方面看起来,为什么我国会必定打胜仗",让人重温内容重点。① 一问一答也用于点明文中重点,说明时事叙述及推论的转折点。郝玲星《敌国的政治》共 30 页,平均每页 250 字至 300 字,一开始引用孙中山的说法,解释"'政就是众人的事,治就是管理,管理众人的事,就叫做政治'。所以我们谈敌国的政治……就是要说明敌国政府怎样压迫敌国人民,来进行打中国的事情。"②然后,第二条问答是"什么是敌国政治的根本政策呢? 一句话答复就是妄想一心一意要灭亡我们中国",郝氏其后解释这是"明治大帝"(即明治天皇)早在七十年已订下来,日本此后步步进迫,但成败在于全国人民支持与否,故页尾问道"那末敌国的政治情形是怎样呢?"③此后 20 多页围绕这条问题讨论,阐述军阀干政、党派太多、民心厌战等三大败因,再述说日本内阁在七七事变后的情况,军阀如何借"企划院""大本营"弄权,最后引用呼吁要"越打越团结越打越强"。④

五、"抗战小丛书"的传播与成效

军委会政治部在 1946 年出版《抗战与政工》回顾从 1938 年初成立到 1940 年 9 月改组前的工作成果时,形容"本部直接实施的宣传工作,以文字宣传而论,最合需要的还要算是'抗战小丛书'"⑤。这段时期是战时国军政工奠基阶段,其一般工作欠缺检讨、督促及指导。⑥ 更重要的是,军委会政治部直至 1942 年 1 月才颁布《士兵政治教育实施标准》,正式规定教材配套及课程内容。在此之前,政工人员没有标准定立教学目标,导致士兵政治教育成效欠佳。⑦ 上述标准的突破之一是清楚说明教材如何配合施教内容,并和其他补充读物有所区别。士兵教材指政工人员在政治讲堂采用的统一教材,当中分

---

① 方土人:《我们必定打胜仗》,抗战小丛书第一集,第 19—20 页。方土人也运用这种写作手法于另一作品《揭穿日寇的阴谋毒计》,全书中心内容共 21 页,平均每页 220 字或以上,在附录留下"日本鬼子说建立'东亚新秩序'是什么用意呀? 我们为什么不赞成呢?""什么叫做'东亚协同体'呢?"及其他 8 条问题,请见方土人:《揭穿日寇的阴谋毒计》,抗战小丛书第一集,军事委员会政治部,年份不详,第 19—20 页。
② 郝玲星:《敌国的政治》,抗战小丛书第三集,军事委员会政治部 1939 年版,第 1 页。
③ 同上书,第 2—3 页。
④ 同上书,第 9—30 页。
⑤ 军事委员会政治部编:《抗战与政工》,军事委员会政治部 1946 年版,第 37 页。
⑥ 同上书,第 55、94—110、129—132 页。
⑦ 作者不详:《士兵政治教育与教学方法》,国防部出版社 1946 年版,第 20 页;朱一民:《建军时军队政训工作之改革与配合问题》,《军事杂志》(重庆)1941 年第 135 期。

为初级、中级、高级的各种课本、文范及军歌集。补充读物则主要放置在为部队提供简单娱乐的中山室,其中《士兵月刊》(后来在 1946 年改为《士兵周报》)更兼具教材及读物之用。尽管如此,军委会政治部还是把《士兵周报》列入"补充教育""补充读物""各种训练宣传书刊"等类别,和士兵教材分开说明。① 可见政治部在 1942 年以后如何让不同刊物明确分工,也证明以前的教材及读物之间难以区分。回到政治部在 1941 年的《第二次参谋长会议决议案实施情形报告书》,"抗战小丛书"和《士兵月刊》一同列为士兵的政治教材,便说明相关情况。② 部分"抗战小丛书"也在前言说明其可以充当士兵教材。③

"抗战小丛书"这类小册子在印刷完毕后,经过军委会的机构运送至各地政治部及民间团体。政治部在 1939 年《编刊战时士兵及民众读物计划》说明每种读物由本部印刷 10 万份,翁植耕则忆述"抗战小丛书"每册印数大概在 5 万至 10 万之间。不过,上述印刷数量难以确保所有士兵及民众得以触及这些读物。时任政治部部长张治中在 1942 年表示政治部在 3 年多以来的书刊不下四五百种,单从部队而言,如果每种书刊以每连 5 册计算,便需要印制 10 万册,但印刷及经费的困难导致印发的数量不符合预期。④ 政治部在 1941 年报告 40 种"抗战小丛书"及其他刊物的印后数字时,只含糊指出"每种印刷最低在 5 000 份以上"⑤。这些读物交由政治部发给各级政治部及民众团体,同时不保留读物版权,欢迎社会各界翻印,并以政治部出版委员会为总发行处,按时寄往各行营行辕及战区政治部转发各地,委托青年书店及战时文化供应所为经售处。⑥ 青年书店是政治部辖下的公司,总店设于重庆,主要供应士兵及青年读物,负责接收政治部及其他机构委托的书刊发行工作,在 1941 年前已经设置数十处分店及支站,尝试扩展在各大市

---

① 作者不详:《士兵政治教育与教学方法》,国防部新闻局 1946 年版,第 33—35 页;军事委员会政治部编:《抗战与政工》,第 86—87、207—208 页。国防部新闻局是军委会政治部在 1946 年 6 月改组后的名称。
② 军事委员会办公厅编:《第二次参谋长会议决议案实施情形报告书》,第 98 页。
③ 狄克:《敌国的政治》,《前言》,抗战小丛书第三集,军事委员会政治部 1940 年版,第 1 页;狄克:《爱惜骡马公物》,《前言》,抗战小丛书第三十集,军事委员会政治部 1939 年版,第 2 页。
④ 张治中:《关于军中文化》,载楼适夷、林默涵编:《中国抗日战争时期大后方文学书系·第一编·文学运动》,重庆出版社 1989 年版,第 439 页。
⑤ 军事委员会办公厅编:《第二次参谋长会议决议案实施情形报告书》,第 98 页。
⑥ (台北)国史馆藏:《陈诚副总统文物》,《军事委员会政治部设计草案汇编》,第 18 页,典藏号 008—010705—00002—004;钟树梁编:《抗战时期西南的文化事业》,第 61 页。

县的销售网络。

不过,青年书店总管理处在 1941 年出版的改进计划草案,说明这个战时书刊网络的局限,不宜高估"抗战小丛书"在阅读市场的流传。青年书店只有衡阳、桂林、西安三市的营运情况较佳,其他则持续亏损,所以在 1941 年计划扩大业务及加强管理,开始重视营利。① 各个分店及支店依靠总店供应书籍,但在战时交通困难下,它们在三四个月甚至半年后才收到书刊。不少书刊更遭弄湿发烂,无法出售,造成极大损失。除此以外,重庆是当时全国物价及工价最高的地方,导致当地印制的书本售价昂贵。这些书刊运送至各地后,其价格因运费而再度提高,无法在价格较为低廉的东南区域和当地刊物竞争。② 书刊销售高低不只是价格问题,更和书店读者的兴趣有关,"抗战小丛书"的目标对象终究不是城市民众。通俗读物编刊社发现所谓"新书店"的读者不会理会这些读物,需要利用民间读物原有的发行网络,才能确保它们贴近农村大众。③ 文协出版部主任姚蓬子也明白此点,强调政府应该负责大众文艺的出版及发行,私人出版商以知识分子为主要顾客,不会出版为农民出身的军民而写的大众文艺。④

正因如此,"抗战小丛书"这种针对战时动员而出版的宣传刊物,主要依靠政治部统筹全国战地书刊分发的组织,运抵不同部队及前线民众阅读。政治部第三厅的刊物主要以战地文化服务处作为发行网络。战地文化服务处在 1938 年 7 月 1 日成立,合组单位多达 13 个,主要是军政、宣传、勤务三类单位及抗敌后援会,由政治部设计委员何公敢担任总干事,移迁重庆后扩展至全国 9 个总站,200 多个分站,负责书刊劳军的重任。这些单位链接为庞大的书报供应网,直至 1941 年 10 月已征募超过 20 万册书报。国民党中央宣传部更在 1939 年 1 月报告该处每月运送至前线的书册高达 800 多万册。⑤ 何公敢在 1938 年 11 月发表服务处的筹备及工作报告,内容显示宣传刊物的散发对象不限于部队,也有学校及其他民众团体,南昌总站及洛阳总站更传达士兵及

① 青年书店总管理处编:《青年书店改进总计划草案》,青年书店总管理处,1941 年版,第 19、24 页。
② 同上,第 26 页。
③ 王泽民编:《民众读物研究》,中华书局 1948 年版,第 38 页。
④ 蓬子:《文艺的"功利性"与抗战文艺的大众化》,《抗战文艺》(汉口)1938 年第 1 卷第 8 期。
⑤ 吴怡萍:《抗战时期中国国民党的文艺政策及其运作》,第 135 页;国军政工史编纂委员会编:《国军政工史稿》,第 903 页;《军委会政治部与中宣部等单位合组的战地文化服务处组织章程(1938 年 7 月)》,载中国第二历史档案馆编:《中华民国史档案数据汇编 第 5 辑 第 2 编 文化(一)》,第 93—94 页。

民众渴求通俗读物。军民阅览室也是小册子的聚集地,分布于洛阳总站、横店总站,以及属于南昌总站的两个分站。① 阅览室的设置不局限于固定地点,部分是军队临时搭建。赵铎是国军机动部队的政工人员,随军向豫东推进,抵达一个名为小金站的镇,和同行人士在驻扎结束前两天搭建军民阅览室,摆放军委会所编的"抗战小丛书"及自己所捐书籍,供部队人员及百姓阅读消闲。② 各地政治部及文化宣传机关也会翻印丛书的样本,四川省军管区国民军训处(1940 年 1 月前的师管区政治部)便是如此。③

"抗战小丛书"在政治部预期下安置于名为"中山室"的部队娱乐室,协助政工人员进行口头政训及供人消闲。中山室只是政治部采用的称号,其他部队也有性质相近的设施,主要是连队政治工作的基本组织,负责全体士兵的课外学习,并在连长及指导员领导下培养士兵自发参与团体生活。④ 连队是士兵所在的国军基层单位,其政治工作贴近士兵的日常生活,所以连指导员是军队政工的重要基层干部。⑤ 为了吸引士兵前来中山室,一本由政治部印制的宣传指引建议在室内布置以政治、军事及识字为主题的沙盘及图表,同时摆放书报,其建议的"总部颁发的士兵读物及宣传小册子"便包括"抗战小丛书"及连环画册。相关指引提倡划定部队在下午平均一小时或一小时半的活动时间,前往室内娱乐,从而补助精神讲话、政治讲堂、小组讨论、识字教育等政治文化教育。中山室辖下的军事政治组便担当上述角色,连指导员计划及准备书报、地图等政训辅助材料,领导各级士兵进行小组讨论、课外研究及学习演讲,甚至演讲竞赛。⑥ 小丛书可能协助连指导员引领士兵进行活动,士兵则在阅读获取基础知识后,可以参与讨论及演讲。国军三十五军在每个连队均设置"奋斗室",并摆放"抗战小丛书",供士兵借阅。张鸿辉是该军政工人员,忆述在抗战初期和日军作战时损失惨重,经常撤退,导致士兵常有怨言,所以政工人员采用政治部编制的教材及报纸,灌输士兵抗战英雄事迹、抗战必胜道

① 何公敢:《何公敢关于宣传站各分站筹备经过及工作概况报告书(1938 年 11 月)》,载中国第二历史档案馆:《中华民国史档案数据汇编 第 5 辑 第 2 编 文化(一)》,第 95—108 页;阳翰笙:《风雨五十年》,第 205 页。
② 赵铎:《一些平凡的场景》,《政工周报》(重庆)1941 年第 4 卷第 1 期。
③ 冯玉祥:《抗日歌》,抗战小丛书第二十集,四川省军管区国民军训处 1940 年版。
④ 檀耘:《连队中山室的组织与工作》,军事委员会政治部 1940 年版,第 3—4 页。
⑤ 郭洋:《全国抗战时期国民党军基层连队的政治工作》,第 58 页。
⑥ 檀耘:《连队中山室的组织与工作》,第 10、22、42—43 页。

理,并且进行政治问答。① 这些内容都可见于小丛书,后者可以配合其他刊物及活动,激励士兵的作战精神。

然而,战时国军基层的政工组织薄弱,人员未能按照军委会设想般顺利推行工作。张治中在 1940 年 8 月接任军委会政治部部长,随后开始改革政工的制度,项目之一是针对缺乏连指导员的弊病。连指导员之前只分派在少数部队,大多集中在团部工作,无法直接接触士兵,而且人员匮乏。一位笔名"止戈"的政工人员形容中山室在政工改制前主要设置于团级,连级层面则大多付诸阙如或徒有虚名,未能产生一种符合士兵需要的工作。即使张治中表示加强培养连指导员队伍,各大军校仍未能提供足够毕业生支持工作,招收流亡青年的战时工作干部训练团更在 1941 年解散,导致各个部队在抗战缺乏人手提供士兵政训。战时政工人员就任前没有行军或军校经验,甚至有代表党部监视军人的色彩,从而缺乏军官的信任,难以开展工作。② 再者,战时运输不便,军队又频繁移动,战地政工人员更倾向于就地取材,自行编印读物,甚至为了节省制作时间而代之以印制传单及壁报。③

以上环境因素无疑阻碍小丛书透过"中介人"进行文字及口头宣传,政工人员和士兵在语言及政治认识上的距离也是重大难题,军中政训需要灵活应变,不能纯粹按照教材进行。老舍谈论如何创作文艺以用于口头宣传时,已经察觉各地言语不通的问题,建议由一个地方负责制作,再由各个地方翻译为土语。④ 然而,政工人员不足,组织涣散,难以支持相关工作,政治训练更取决于人员如何自行适应士兵需要。湖南人王章分享自己在政治讲堂教导河南士兵经验时,形容士兵文化偏低及程度不一,需要分班施教,注意当地土语的运用,自己更编了一本《河南土语汇编》以备施教。为了方便士兵理解,他避免使用理论及术语,先问他们面对祖先牌被打坏的感受,再问原因,在他们回答这缘于祖先牌等同于祖先后,趁此说国旗代表国家,所以侮辱国旗等于侮辱国家,

---

① 张鸿恩:《抗战期间三十五军的政治工作忆述》,载全国政协文史资料委员会编:《文史资料存稿选编 20 军政人物 下》,中国文史出版社 2002 年版,第 936 页。
② 郭洋:《全国抗战时期国民党军基层连队的政治工作》,第 58—63 页;国军政工史编纂委员会编:《国军政工史稿》,第 764 页;赵铎:《部队中山室之运用问题》,《政工周报》(重庆)1941 年第 2 卷第 6 期。
③ 何家槐编:《怎样做战地工作》,南方出版社 1940 年版,第 225 页。
④ 老舍、丰子恺、魏孟克等执笔:《抗战与艺术》,独立出版社 1939 年版,第 24 页。

课堂完结后更要总结堂上内容及抽问士兵。① 另一位笔名"公驭"的政工则表示不是每位讲堂老师都如此尽责,指出教学方法虽然在采用方言上有所进步,人员教授军民合作公约时只是讲授意义,没有教导士兵识字,部分在教学上东拉西扯,没有重点,又或在准备不足、内容本身抽象的情况下讲授不够深入,敷衍地给予定义式答案。更重要的是,政治讲堂每周只有四小时,需要课外补习加以辅助,但是在公驭的观察下,主持讲堂的人员大多没有理会当中关系,减低了各项教育的效能。② 如此一来,每本平均几千字的小丛书在政治讲堂内外可以发挥的作用实在有限。

针对文本内容,只要内容和军民兴趣无关,顾及口头传诵也无济于事。朱一民在 1938 年冬季至 1939 年春季六个月时间内,调查了 147 个部队的师级单位,一共 684 名士兵,探讨军队政治训练的成果。调查的问题之一便是士兵所爱的书籍,他针对其中有能力阅读书报的 153 名士兵进行访问,其中最多人喜欢"看低级趣味的武侠言情小说",共有 54 人。其次是时事书报、军事性质书、尺牍,分别有 45 人、26 人及 18 人。阅读各种新文化书籍及兼看军事书的只有 10 人。至于士兵对于政治训练的认识及意见,六成的受访士兵认为这代表贴标语、开会及演戏,只有十分之一的士兵认为教他们读书才是政治训练。③ 以上只是访问 684 名士兵的调查,未能反映所有情况,但是说明部分士兵没有受到书本影响,还是喜欢那些在知识分子眼中看似"低俗趣味"的读物。只要内容和士兵及民众的兴趣无关,宣传效果难免事倍功半。王泽民在战后曾经评价"抗战小丛书"及其他在战时出自知识分子手里的通俗读物,并对它们和民众的距离作出深刻的评价:

> 一般的民众读物总不免主观意味太浓厚,不能和客观的要求相配合。用了输入的方式,带着说教的味道。即使那体裁是文学的,而和民间文学比较起来,就显得瘦弱贫血,缺少灵活生动的姿态。因此,它们缺少一种打动读者的力量,不但不能如民间口头文学为人乐于传诵,而在市场上也不能和民间读物作竞赛。民众倘要看书,多半是选了旧的民间小书,这些有计划有目的的新读物反被冷淡起来。④

---

① 王章:《士兵政治讲堂:士兵政治讲堂的实施》,《政工周报》(重庆)1941 年第 2 卷第 5 期。
② 公驭:《士兵政治讲堂:士兵政治讲堂实践中诸问题》,《政工周报》(重庆)1941 年第 2 卷第 5 期。
③ 朱一民:《建军时军队政训工作之改革与配合问题》,《军事杂志》(重庆)1941 年第 135 期。
④ 王泽民编:《民众读物研究》,第 39 页。

结语

那么怎样减轻"说教"的意味，并且打动读者？另一位作者顾岳中也在战后回顾"抗战小丛书"及其他通俗读物时，提出若干改善的地方，认为必须顾及民众的实际生活需要及学习心理，着重口语化及故事生动有趣，要多加运用色彩丰富的插图。① 不过，我们不必对小丛书的作者过于苛求，军委会政治部的宣传书刊目录充斥着木刻画、墙报、画报、连环画等图像宣传，小册子只是整个宣传计划的一部分。② 文协作家也意识到当时文艺作品的局限，在1940年11月举办"一九四一年文学趋向的展望"座谈会，讨论过去三年的成果。老舍谈及不少作家自武汉时期以来撰写通俗读物，是因为大家在抗战初期感到宣传的迫切，便写下一些救急的宣传品，没有了解战时生活复杂的一面。不过，他没有否定"那些宣传为主，文艺为辅的通俗读品"的价值，认为这可以交给专家和党政机关处理。③

随着国民党日益猜忌共产党，"抗战小丛书"的出版工作在1941年以后逐渐息微。陈诚在1940年8月有意铲除共产党在政治部第三厅的势力，没收其10辆卡车并取缔各地的战地文化服务处，免除郭沫若的厅长职位，要求全厅人员加入国民党，迫使大部分成员退出。④ 皖南事变后，叶以群、欧阳山及草明等负责编制"抗战小丛书"的作家在1941年春离开重庆。⑤ 尽管如上文所说，政治部的印刷目录显示小丛书在1940年9月至1941年6月期间新增40册，这可能是之前积累下来的样本。军委会政治部根据1945年2月全国政工会议的检讨，制定若干改善方案，其制定的《各军中山室设备基准表》列出多种书刊，却已经不见小丛书的踪影。⑥ 然而，它的名字在战后仍然出现在讨论民众读物的书籍中，证明其在战时新编读物中的代表性。⑦

---

① 顾岳中：《民众教育》，商务印书馆1948年版，第131页。
② 军事委员会政治部第三厅第二科编：《宣传书刊目录（第1辑）二十九年九月至三十年六月》，军事委员会第三厅第二科1941年版，第17—20页。
③ 《一九四一年文学趋向的展望》，《抗战文艺》（重庆）1940年第7卷第1期。
④ 阳翰笙：《风雨五十年》，第261页。
⑤ 蓝海：《中国抗战文艺史》，山东文艺出版社1984年版，第50页。
⑥ 军事委员会政治部编：《抗战与政工》，第199—200页。
⑦ 王泽民编：《民众读物研究》，第38—39页；吴研因、叶岛：《基本教育》，中华书局1949年版，第145页；教育部远东区基本教育研究会议：《中国的基本教育》，商务印书馆1947年版，第86—87页；顾岳中：《民众教育》，第131页。

附录

笔者所收集的 71 本《抗战小丛书》信息表

作　者	书　名	集数	文体	出版年份
林洛	用熬年月的战法和鬼子打到底	1	论文	1938
何树萍	中国的朋友	1	论文	1939
狄克	守纪律打胜仗	1	论文	1940
方土人	我们必定打胜仗	1	论文	1939
迅齐	我们粉碎了敌人的阴谋诡计	1	唱白	不详
林洛	团结	1	论文	不详
方土人	揭穿日寇的阴谋毒计	1	叙事	不详
军事委员会政治部编	胜败分明	1	四言诗	不详
雷丁	模范国民	2	论文	不详
郝玲星	敌国的政治	3	论文	1939
何树萍	国民革命	3	论文	不详
郝玲星	两年来日本吃了多少亏	3	问答	不详
曾克	日本军阀非坍台不可	3	小说	不详
郝玲星	抗战必胜建国必成	3	论文	不详
何树萍	练新兵打日寇	4	小说	不详
郝玲星	争取伪军	6	论文	不详
林洛	范老英雄	6	小说	不详
石光	抗日烈士苗可秀	6	小说	不详
雷丁	忠烈故事	6	连环图	不详

作　者	书　名	集数	文体	出版年份
不详	英勇故事	6	故事汇编	不详
老向	周营长收复济南城	6	鼓词／说唱	1939
曦之	抗日英雄王德林	6	鼓词	不详
明凡	你还是死的好	8	小说	1939
老向	讨汪	8	鼓词	不详
老向	回头岸	8	小说(夹杂五言诗)	不详
佗陵	汉奸自叹(河南坠子)	8	河南坠子	不详
黄琨	石家村	9	小说	不详
洛萍	渔民自卫队	11	小说	不详
效厂	张子开全家殉国	11	鼓词	不详
钱警华	樊增阔独擒山田清	11	弹词	不详
冯英子	毛脉厚毁家杀敌	11	小说	不详
周希	杜天雷	11	小说	不详
夏里	一个顺民	12	小说	不详
佚名	伤兵之友	12	小说(夹杂鼓词或唱词)	1939
欧阳山	修公路	12	小说	不详
欧阳山	课外锦标	12	小说	1938
欧阳山	湘潭一商人	12	小说	1939
冯玉祥	抗日歌	12	歌曲	1940
冯玉祥	春礼劳军歌	12	歌曲	不详
狄克	爱惜骡马公物	13	常识手册	1939

作　者	书　　名	集数	文体	出版年份
季凡	铁人李洪金	13	小说	不详
钱鸾	王得标送饭	13	小说	不详
方白	掩埋队(鼓词)	13	鼓词	不详
绿缘	敌寇的新鬼计	13	对答	不详
孩子剧团(傅承谟)	郭排长裹伤杀敌记	14	连环图、唱词	不详
高履平	急救常识	15	常识手册	不详
方萌	新童谣八首	16	歌曲	1940
益智	东北是我们的	无	叙事	1941
通俗读物编刊社编	老举人骂贼殉难(鼓词)	无	鼓词	1941
季凡	太行山七勇士	无	故事	1941
通俗读物编刊社编	沈佩兰毁家抗战	无	鼓词	1941
林洛	朝鲜义勇队	无	叙事	1941
王怡	靖康耻(历史三幕剧)	无	剧本	1941
令玉	张三李四谈"伪约"	无	对话	1941
路苹	反正	无	小说	1941
皮求之、李以文	苏大德负伤力战	无	鼓词	1941
林曦	村女搭救游击队	无	唱词	1941
令玉	王连长负伤立功	无	唱词	1941
通俗读物编刊社编	女村长劝降伪军(鼓词)	无	鼓词	1941
人臧	赵至善骂贼成仁	无	小说	1941
老向	从军乐(国韵鼓词)	新一集第十种	鼓词	1944

作　者	书　名	集数	文体	出版年份
艾群	雨中爬山摸敌营(评词)	新一种 第三种	评词	1943
欧阳惠、夏里仁	牛二从军	不详	说唱	不详
万迪鹤	王老太火葬日本兵	不详	小说	不详
田池	怎样待俘虏	不详	小说	1939
佗陵	老妈辞活	不详	对话	1939
傅承谟	台儿庄上的小战士	不详	连环画	1939
卢勋	中国的物产	不详	叙事	不详
何树萍	粉碎日汪密约	不详	问答	不详
华扬	两个兵	不详	小说	1948
高扬	八百条好汉	不详	小说	不详

资料来源：笔者在香港中文大学图书馆网站的"进阶检索"输入"军事委员会政治部"为出版商及"1938年至1945年"为时间范围，从超过480个搜寻结果中发现不少刊物属于"抗战小丛书"的系列。笔者沿此查找更多网上显示同属"抗战小丛书"系列的出版物，同时参考政治部第三厅第二科在1941年编的《宣传书刊目录(第1辑)二十九年九月至三十年六月》，发现更多册数。这些册数主要由"民国图书数据库"提供电子版本，少量出自"限量复制民国图书数据库"。本文表格所述的文体参考了1941年目录列出的种类，对于未能归类于有关种类的作品，笔者采用"故事汇编""常识手册""连环画""四言诗"等用语以解释其性质。

依 违 之 间

——晚年张元济的认同和尴尬 *

宫 陈

（复旦大学）

张元济（字筱斋，号菊生，1867—1959），浙江海盐人，中国近代出版巨擘，历任商务印书馆编译所所长、经理、监理、董事长等职务，新中国成立后任上海文史研究馆馆长。1952 年初，岁届高龄、卧病经年的他自感来日无多，写下了数篇向各方亲友告别的诗文，其中《别商务印书馆同人》一诗云：

> 昌明教育平生愿，故向书林努力来。
>
> 此是良田好耕植，有秋收获仗群才。①

是年秋，老友李拔可因病谢世，张氏在悼念故人的挽诗中复云：

> 三峡归来长别离，旧游空自忆峨眉。
>
> 故人泉下如相问，已老春蚕尚有思。②

仅从这些诗句中，读者似乎可见一位热忱国是、献身文教的文化老人形象。长期以来，学界受到此类张元济自身留下材料的导向影响，对其进行研究时往往带有标签，或多或少地存在忽视语境，以人物自身视角就事论事的局限；尤其对张氏晚年形象的勾勒，主要视角集中于文化出版家或爱国老人的一面③。

---

* 本文系教育部人文社会科学研究青年基金项目"留美学人与 20 世纪上半期中国史学转型研究"（24YJC70019）阶段性成果。

① 张元济：《告别诗十首·别商务印书馆同人》，《张元济全集·诗文》第 4 卷，商务印书馆 2008 年版，第 220 页。

② 张元济：《挽李拔可》，《张元济全集·诗文》第 4 卷，第 228 页。

③ 较有代表性的论著如周武：《张元济：书卷人生》，上海教育出版社 1999 年版；汪家熔：《张元济》，上海辞书出版社 2012 年版；卢仁龙：《中国出版家·张元济》，人民出版社 2017 年版；张学继：《嗜书、藏书、出书的一生：张元济传》，团结出版社 2018 年版，等等。

各类有关张元济的传记在叙述其新中国成立后的行迹时大都重点围绕《涵芬楼烬余书录》的编纂、参加政治协商会议关心国事等内容展开，兼及商务印书馆的公私合营、个人晚年的生活日常等，抑有进者，更将其称为"不朽的完人"，对他在弘扬国故、启迪民智上的贡献不吝溢美①。

　　而事实上，这些后来者的评价与一些时人对于张元济的观感大相迥异。邓之诚在听到张氏去世的消息后，论其一生行状称：

　　报载：张元济于十四日死于上海。此人以遗老自居，而骂清朝。胜利后，反对蒋中正。解放后，勇于开会，当场中风，卧病数年，今始化去。在商务书馆发财二三十万，为人绑票，去其大半。沦陷后，骤贫，先卖其屋，后并所藏批校本书籍而罄之，八年前，曾以《翁文端日记》卖与燕京大学。一生刻薄成性，能享大年，亦甚幸矣！②

无独有偶，长期供职于商务印书馆的苏继顾在与开明书店的王伯祥交谈时，也曾论及张氏，他与邓的某些观点十分相近："会前苏继顾见过，谈移时，知商务张菊生待人之刻，备极势力，颂久、伯嘉之死，敬农、纬平之逐具见酷毒，尤以三年前去纬平为不当之至云。"③在其看来，新中国成立前夕商务总经理朱经农的辞职，辞退馆内老人傅运森（字纬平）及对周昌寿（字颂久）、李泽彰（字伯嘉）的死后待遇皆说明张元济行事霸悍严苛。特别是周氏因脑溢血猝逝与商务对其待遇有直接关系，"忆踞寇谋占沪出版业时，颂久力与折冲，商务书馆赖以保全，乃一朝惨胜，便尔屏之，致抑郁至此，不能不令人致憾该馆之深矣"④。如果说邓之诚、王伯祥等不过是一般的"局外人"，他们对张元济的评价或有道听途说的成分而不足采信的话，那么苏继顾作为长期与之共事的商务印书馆内部人士，所见所感应并非空穴来风。由此可以引发我们的思考：为何时人对张元济的品评会与后来者截然不同？进而追问：晚年张元济究竟有着怎样的心态与形象？本文不拟对其晚年行迹作面面俱到的罗列，而重点聚焦他在新中国成立后的若干活动，利用张氏及周边人物的材料互相补充印证，希望通过对细节的关注来丰富我们对于其人其事的认知，并在此基础上考察新中国建

---

① 参见陈尚君：《最后的雅集　不朽的完人——张元济先生的朋友圈和人生志业》，《文汇读书周报》2017年10月16日。
② 邓之诚著，邓瑞整理：《邓之诚文史札记》（修订本）下册，凤凰出版社2016年版，第1176页。
③ 张廷银、刘应梅整理：《王伯祥日记》第十一册，中华书局2020年版，第4627页。记于1951年4月17日。
④ 张廷银、刘应梅整理：《王伯祥日记》第十册，中华书局2020年版，第4396页。记于1950年2月4日。

政之初中共与这类"文化老人"的互动关系。须略为补充的是,笔者在这里无意进行概念化的创造,所谓"文化老人"的指代只是为行文简便,主要涵盖对象是清末民初以降的耆宿遗老、硕彦名儒,但他们又因各自经历、年岁等的不同,参与"文化"的程度、先后亦有差别;以本文的主人公张元济为例,他虽有"晚清翰林""商务印书馆董事长"等文教身份,但与之相应的还有"商人资本家"的一面。故对于"文化老人"的不同情况仍需具体分析。

新中国成立初年新政权与文化界的交流情况一直是学界较为关注的领域,特别是中共对于知识分子的改造等议题。从接受者的角度加以梳理,既往的研究成果在叙述逻辑上主要呈现出两种不同的模式,前者着重于政权更迭之际的新旧差别,从信服、合作、感恩等角度出发,强调知识分子在新环境下的成长。有论者即指出,这一时期知识分子的心态是"以喜为主,喜忧交织;主动适应,积极调整;渐感自卑,努力重塑"①;而其改造过程,则是"自觉而不自愿"②的。后者将他们在此过程中的种种不适、彷徨、痛苦乃至撕裂的一面放大,凸显悔罪受难的叙事角度。③ 笔者认为,围绕这一时期知识分子与政治的关系除了前述考察视角外,仍有一定的拓展空间。首先,就研究范围而言,无论是何种叙述思路,都把"知识分子"的概念界定相对窄化,将其对应为与政治活动关系较为密切的中间人士或在各类机构院校工作的科研学者,此范围以外的群体则关照不够。④ 其次,就研究逻辑来说,不管是强调知识分子的涅槃重塑或是徘徊挣扎,都不免偏重一隅,有失丰富性。

职是之故,本文主要从三个方面展开论述:首先是张元济接受政府邀请北上参加新政协会议的往还过程,其次是他对于家乡江南地区的征粮与土改政策的态度,再次是其在"三反""五反"运动中的思考觉悟及随后在辞受上海文史研究馆馆长中与官方的交流情况。最后将张氏与同时代的其他人物作比

① 杨凤城:《中国共产党的知识分子理论与政策研究》,中共党史出版社 2005 年版,第 77 页。
② 许纪霖:《大时代中的知识人》(增订本),中华书局 2012 年版,第 433 页。
③ 如谢泳:《逝去的年代:中国自由知识分子的命运》,文化艺术出版社 1999 年版;陈徒手:《故国人民有所思:1949 后知识分子思想改造侧影》,生活·新知·读书三联书店 2013 年版。
④ 这方面的代表著作可参考风政:《改造:1949—1957 年的知识分子》,河南人民出版社 2001 年版;维德尔(Christine Vidal):《与新政权结盟的知识分子:中华人民共和国初期的几个侧影(1949—1952)》,华东师范大学中国当代史研究中心编:《中国当代史研究》第三辑,九州出版社 2011 年版,第 72—90 页;杨奎松:《忍不住的"关怀":1949 年前后的书生与政治》,广西师范大学出版社 2013 年版;沈志华:《处在十字路口的选择:1956—1957 年的中国》,广东人民出版社 2013 年版。

较,以展现这类深受传统思想观念影响的"文化老人"在新的国家治理体系建立过程中的因应调适,或可对这一主题的研究略有所补。

一、北上参会:"八十四翁原未老"

1949 年初北平解放后,中共中央决定尽速召开中国人民政治协商会议(新政协会议),邀请包括张元济在内的各党派人士、社会贤达、各界代表共商国是。过去的研究在谈及张元济暮年北上赴会时,往往会结合他在开会期间建言献策的积极表现,借以塑造其与时俱进、爱国向上的形象。诚然,无论张元济本人还是在其经营下的商务印书馆向来声称不涉政治(如广为人知的商务不肯代印《孙文学说》一事,1919 年孙中山有意将氏著《孙文学说》交予商务印行,但馆方不愿介入南北政局矛盾,认为此事"恐有不便","不如婉却",遂以"政府横暴,言论出版太不自由,敝处难于抗,只可从缓"为托词拒之)①,新中国刚刚成立便一反既往,不单参政议政并且出任政府职务,这些言行无疑体现出他的与时俱进。同为政协会议代表的张难先在第二次全体会议上发言时即专门指出:"本席这个小组的代表中如张代表元济、周代表善培,都是七八十多岁的人,数十年不愿参加什么政治性的会议。……却是此次所召开的人民政治协商会议,大家都欢欣鼓舞,不顾衰老,毅然参加,这实在是看见解放军军纪之好,政府人员之刻苦努力,以及毛主席、朱总司令之英明领导所感召。就这几位老先生之参加看来,真可以代表全国人民之心悦诚服地拥护人民政府。这个意义是非常重大的,故本席附带的报告一下。"②

但不为人注意的是,在此之前,官方与张元济之间围绕受任代表、进京参会一事先后有过数番敦请与请辞,辞受往返之间更能体察他作为一个老派文人的行事姿态。1949 年 8 月,既是商务印书馆董事也是新政协筹备委员会副主任的陈叔通,告知张元济已将其列入会议特邀代表之列,张氏很快回信予以推辞:

> 昨日又奉到手教,知新政协商列入贱名,并蒙谆谆之诲,宁不感动。然再四思维,实有难于应召之处。其原因缕述如下:弟素不称老,且思妄附少年。但近来脑力渐觉衰退,每思一事,甚易坐忘,遇有需费钻研之事,思虑亦复不能深入。吾兄老

---

① 张元济:《张元济全集·日记》第 7 卷,商务印书馆 2008 年版,第 53 页。记于 1919 年 4 月 14 日。
② 海宁市档案局(馆)整理:《宋云彬日记》上册,中华书局 2016 年版,第 227—228 页。记于 1949 年 9 月 24 日。

当益壮,弟实自愧不如,似此衰孱,有何裨补? 一也。中共诸子多非素识,在会中者,屈计故交大约不及十人。气类太孤,殊觉岑寂。二也。素性戆直,不喜人云亦云,况值此国家多难,又重以弓旌之招,若缄默不言,实蹈知者失人之咎。若任情吐露,又招交浅言深之讥。三也。都门亲故虽已凋零,然尚不少。廿年阔别,既旧游重到,不能不稍稍周旋,平空添出无数应酬,亦大苦事。四也。小儿新华一席,生计所系。近日督导开会,倡议裁汰,其职务已不绝如缕。来书属令伴弟北行,自须请假,必被顺水推舟,从此失业,以后何以为生? 弟若踽踽独行,征途旅舍,事事躬亲,亦复精力不逮。五也。以此数端再四踌躇,只可方命简书未发,务乞善为我辞。①

张元济所开列的五条理由看似合情合理,然而如果结合前后材料加以互证分析,则可见其恳切言辞背后不无旧式文人习惯。首先,张元济以年老体弱为托词,这是他谢绝政治活动时惯常使用的理由。1948 年底,潘公展、杜月笙等人集合沪上各界名流发起成立上海自救救国会,将张氏列入"行动委员"名单之中,他在得知此事后马上登报声明,以"年力衰迈,凡社会公共事务不克担任,久经谢绝"②为由,予以拒绝;并且对周围友人说,"我已经是八九十岁的人了,平日正以步履维艰为苦,如何还能够跟着他们'行动'呢"③? 但事实上,张氏身体十分健康。上海解放前夕,颜惠庆某次前往张宅拜访,归来记述,"访问菊老,他仍很强健"④。迨至张氏亲临北京后,在与各方的接洽应酬中精力充沛,见者无不对其身体健康状况大加称赞。叶圣陶在日记中就曾提及张氏设宴招待诸人的情形:

午刻,偕云彬至欧美同学会,应张菊生先生招宴会。余前在商务,未尝与张见面。此次张以参加政协来平,八十三岁之高龄,望之如六七十岁。同座皆与商务有关之人,宾主凡十六人。菊老言五十年前见光绪于勤政殿,又言戊戌政变时所谓新党人物,皆已作古,渠为鲁灵光矣。⑤

---

① 张元济:《致陈敬第》,《张元济全集·书信》第 2 卷,商务印书馆 2007 年版,第 416 页。
② 《张元济启事》,《大公报》1948 年 12 月 14 日。
③ 南极:《张元济的妙语》,《铁报》1948 年 12 月 31 日;另见于《张元济自谓老耄无法"行动"》,《工商晚报》1949 年 1 月 6 日。
④ 颜惠庆著,上海市档案馆译:《颜惠庆日记》第三卷,中国档案出版社 1996 年版,第 1061 页。记于 1949 年 5 月 10 日。
⑤ 参见叶圣陶著,叶至善整理:《叶圣陶日记》中册,商务印书馆 2018 年版,第 1130 页。记于 1949 年 9 月 10 日。结合张元济本人所记日记,并参考一同赴宴者黄炎培、宋云彬等人日记,可知此次宴会时间应为 9 月 11 日,叶之所记时间有误。

与之同席的宋云彬在日记中也感慨道:"菊老以八十三高龄,北上出席新政协,而精神矍铄,腰脚甚健,殊可佩也。"①即便是张氏自己,在会后返回上海向商务印书馆职工同仁介绍政协大会盛况时,谈及自己的健康状况亦不无自得之意,他说与会代表中"年长的很多。鄙人年齿排列第二(按,第一本应为萨镇冰,未到会,实际参会人员中以司徒美堂年岁最长)。有一个从美国回来的年高的华侨代表(按,应指司徒美堂),进出都须人扶挽,鄙人却不须要"②。由此可见,所谓"脑力渐觉衰退"云云很可能是有所矜持,故作老态。

其次,担心与参会诸人不甚熟悉,唯恐"气类太孤""交浅言深"等,亦非充分理由。张元济虽在以前未与中共方面直接接触过,但商务印书馆内及他周边的交游网络一直都有左翼人士的身影。王云五在分析朱经农被迫辞去商务总经理职务的原因时就认为,朱氏掌馆期间处处受到左翼力量的掣肘,致使举步维艰:

> (抗战胜利后)由于共党之势焰日张,商务董事会的左倾与投机分子渐抬头,总管理处又掺入不稳分子,董事会主席张菊生先生逐渐受共党同路人包围,以敬农为国民党员,颇加抑制,致措施渐难如意。③

其笔下的"左倾分子""共党同路人"指的应是陈叔通、谢仁冰等人,这些人与张氏关系深厚,深得张氏倚重。而在中共取得全面胜利前夕,张氏在公开场合多次呼吁和平,反对内战,此外还为被捕学生发声,与国民党政府大唱反调。虽然其一再声称绝不参与政治,但就公开表态来看,无疑受到中共的欢迎。所以当时报上评价他"思想先进",认为"其言论文章,与沈钧儒、黄炎培等民主人士,志同道合,惟他身未入党籍,不过站在人民立场上说话"④。不过,从国民党的立场来看,张氏的种种表态则是一种政治投机,尤其是在他回绝了担任上海自救救国会委员职务之后,《中央日报》讽刺其同奔赴香港的民主人士一样,是"拜红帽子做爸爸",揶揄"若张元济先生者,服官两代,曾看沧海变过桑田,跟异姓人相处经验甚丰。他以为今大厦将倾,还何必置身是非场中,自招苦恼? 你不仅要为他的老而不死羡慕,尤其值得称道的是他的生机盎然,他还预

---

① 海宁市档案局(馆)整理:《宋云彬日记》上册,第219页。记于1949年9月11日。
② 张元济:《出席政协会议之回忆》,《张元济全集·诗文》第5卷,商务印书馆2008年版,第239页。
③ 王云五:《商务印书馆与新教育年谱》,(台湾)商务印书馆1973年版,第846页。
④ 天神:《张元济思想前进》,《飞报》1949年4月29日。

备创造奇迹,在苏维埃朝代中再显身手"①。

笔者认为,张元济的表态行为不应从政治投机角度理解,虽然当时的中间人士之中确实有为数不少的人观望徘徊。比如,对于新政协会议是否应该召开即有不同意见。陈叔通在与马叙伦的通信中就指出,只有很少数的人支持从速召开新政协会议,绝大多数的人认为应该暂缓;之所以不赞成马上开会,是因为他们脚踏两条船,一方面与中共暗通款曲,另一方面不少人还身兼国民政府的"国大代表",是故,当中共"五一"口号明确提出"打倒蒋介石,建立新中国"后,很多中间人士没有公开表态支持,态度模糊的背后其实有为自身考量的因素存在。②

就张元济而言,其政治倾向性没有那么明显,他之所以做出与政府当局相悖的姿态,一方面缘于此时国民党颓势已显,批评之声已然不可胜数;何兆武在回忆张申府时就提及,早在"1948年底,三大战役都开始了,国民党大势已去,任何人都看得出来"③。彼时正任教于浙江大学的词人夏承焘在日记中也表达了对于政府前景的悲观,他认为"金圆券如不能维持,国民党更无最后王牌矣。或料时局将急转直下"④。而彼时的社会环境亦是一片混乱,"市场仍无异新正,抢购之风未杀,米价已高至廿余金圆一斗,尚无买处。传蚌埠已失,南京岌岌,时局极紧,数日内将有大变"⑤。在此形势下,张氏表态更多的还是从商务印书馆的经营角度出发。内战期间,本就遭受日寇摧残的商务经营形势继续恶化,加之国民党派系的正中书局等出版机构分割其业务市场,张氏希望停止战争,恢复和平环境以利于商务出版业务的重振。在与北京大学教授严景耀的信中他说,"战事延长,遍地烽火,人方救死之不暇,诗书自非所亟。一、二月来,全馆几无营业可言,累卵之危,不堪设想"⑥。此时,张氏正在为化解商务的经营窘境而多方联络政学名流,试图获

---

① 秉直:《张元济自救了》,《中央日报》1948年12月15日。
② 陈叔通在致马叙伦的信中即提及"盛丕华较弱",意指其态度不够坚定,"怕影响身家安全"。参见范尧峰:《对陈叔通手札的若干注释》,载浙江省政协文史资料委员会编:《浙江文史资料选辑》第四十一辑,《风雨忆同舟——浙江著名爱国民主人士史料专辑》,浙江人民出版社1989年版,第110页。
③ 何兆武口述,文靖执笔:《上班记》,(香港)牛津大学出版社2022年版,第7页。
④ 夏承焘著,吴蓓主编:《夏承焘日记全编》第八册,浙江古籍出版社2021年版,第4442页。记于1948年10月27日
⑤ 同上书,第4447页。记于1948年11月7日。
⑥ 张元济:《致严景耀》,《张元济全集·书信》第2卷,第8页。

得各界支持,而进京赴会无疑是一个展开交谊的绝佳机会,故而以"应酬"为"苦事"似也不尽然。

最后,信中末尾所提两条理由或是张元济在向官方委婉提出要求,既希望其子张树年随身侍奉,又恐他因此丢掉工作,所以将内情禀明,意在请官方协助妥善解决。

这种以退为进、欲迎还拒的旧式文人习惯在张元济的晚年行事中并不少见。1948 年春,张氏获选中央研究院第一届院士,教育部致函邀请他去南京参加院士大会,他最初的回应依旧是自谦婉拒,称病不往;在给朱家骅和翁文灏的复信中自谓"元济毫无学识,滥厕儒林,枉窃荣名,深惭非分。然得追随海内贤哲,藉资激励,自顾菲材,尤深私幸。复蒙宠召,极□(按,原文如此,下同)思趋,只因染患感冒,不克远行,只可辞谢"①。经过教育部方面再三礼请,最终于是年 9 月 22 日,才在张树年的陪同下前往南京出席会议。正因为其有这样自重的意识,所以在 1949 年 8 月当上海市政府交际处处长梅达君第一次登门拜访,并将北京方面有意邀请他参加新政协会议的指示告知时,张元济随即写信谢绝:

> 元济自顾何人,仰邀青睐,不胜惭悚。敝处并未接得当轴电示,亦无等函牍,自审菲材,愧乏贡献,且年力衰迈,方染微恙,子身远行,征途旅舍,诸事躬亲,亦苦精力不逮。既奉传谕,只得辞谢。②

对比写给陈叔通的信件,可以看出张元济的请辞理由基本相同,惟梅达君的知会背后有政府的授意,所以他在辞信中特别指出自己并没有得到政府更高层或更正式的书面邀请,仅是口头"传谕",自己"只得辞谢"。紧接着,8 月 27 日,陈毅与潘汉年联合致书张氏,明确告知他"昨接我党中央来电,人民政协筹委请先生作为邀请单位代表出席,并望于九月十日前抵平",由于此前张氏声称自己因病无法远行,陈、潘还"特再派周、梅两同志前来探视,并致慰问之意。如近日贵体转佳,盼能北上"③。这次张氏回复的口风已经不像上次那般决然,虽然继续坚称"自惭樗栎,愧乏讦谟,且子身远行,惮有种种障碍,再

---

① 参见张元济:《致朱家骅、翁文灏》,《张元济全集·书信》第 1 卷,商务印书馆 2007 年版,第 386 页。张人凤、柳和城编的《张元济年谱长编》下卷,上海交通大学出版社 2011 年版,其中亦收录此信,见于第 1294 页,但所注页码为《张元济全集》第 1 卷第 484 页,有误。
② 张元济:《致梅达君》,《张元济全集·书信》第 3 卷,商务印书馆 2007 年版,第 195 页。
③ 张人凤、柳和城编著:《张元济年谱长编》下卷,第 1328 页。

四思维,甚难遽行决定"①;但既然"一时行止尚难决定"②,就说明其态度已经有所松动,同时姿态又未完全放下。随后,政府方面再度力邀,张氏在完成了这套回环往复的礼节程序后,终于在9月3日决计接受北上之邀。

与此同时,张元济陆续向周边亲朋好友告知这一决定。③ 值得注意的是,在与友朋的通信中,张氏着意强调赴会参政实属中共盛情难却,自己大有迫不得已勉强为之的意味:"中共招往北平,参与新政治协商会议,经两月之磋磨,难于坚却,已挈小儿同往。"④

张元济之所以会有此举,还应存有维护自身形象的考虑。张氏向以远离政治,专注文教的形象示人,人至垂暮却投身政治运动,一反常态,难以自圆其说,故而他不得不藉公开发言的机会来表现自己的屡辞不获与迫于无奈,以此换取周围人士的理解,从而无损于其一贯形象。几年之后,他被选任为华东军政委员会委员,将自己"迫不得已"的姿态再度展现:

> 弟以为今之政府与民国之政府迥不相侔。会议既罢,畀我以全国政府委员会

又华东军政(近改行政)委员会,均受之不辞,特虚位素餐,殊自耻耳。⑤

饶是如此,仍然还是有亲友对其参会之举表示不解,与张元济有较深交谊的藏书家刘承幹即其中之一:"阅《解放日报》北京开政协会议,皆有张菊生、周孝怀(周善培)之名,遂以电话去问已否启行,家人回答去已数日,深为讶然。"⑥

二、家乡改造:征粮与土改

有关张元济参与新政协会议期间操劳国是、献策资政的具体情况已经有不少研究。相较于"为公"的一面,诸如他接受私谊请托、为个人利益奔走联络、谋划活动等这些"为私"的一面则鲜少被关注。例如,他与刘承幹等人在新中国成立后的交往活动就很能体现出其游走于公私之间的进退

---

① 张元济:《致梅达君》,《张元济全集·书信》第3卷,第195页。
② 张元济:《致陈毅、潘汉年》,《张元济全集·书信》第2卷,第391页。
③ 颜惠庆记:"万来访,我没有见他,因为我正在接待张元济,他准备去北方。"参见颜惠庆:《颜惠庆日记》第三卷,第1076页。记于1949年9月5日。
④ 张元济:《致张国淦》,《张元济全集·书信》第2卷,第290页。
⑤ 张元济:《致黄炳元》,《张元济全集·书信》第3卷,第189页。
⑥ 刘承幹:《求恕斋日记》第十六册,国家图书馆出版社2016年版,第281页。记于1949年9月23日。

之道。①

　　刘承幹在江南易帜之初,因家乡遭到政府征粮而求助于张元济、周善培等人,希望他们能够代为向高层反映,以纾民困。1949 年 6 月底,刘承幹派严奇初与胞弟刘培余拜会张氏,请他向陈叔通反映"此次征粮之民间困苦倾家至自杀者亦不少等情"②,张氏"嘱递节略与叔通细述苦情"。但刘氏兄弟意在请陈、张等人直接同政府商谈,不愿署名出头,以恐招致不必要的麻烦,故并未答应。而后,在家乡嘉兴的夏粮征收过程中,刘承幹通过友人徐子为(吴江文士,曾任国民政府国大代表,时在经营苏嘉湖长途汽车公司)了解到,"与彼中重要职员谈话亦无效果,以彼等全无信用,公事维批准亦不能执行,以下级不能奉命,亦深明白上海、浔得太早,以致各处请款无以应付,甚属为难"③。

　　新基未稳之际,中共在具体管理中确有缺乏经验之处,类似的情况,张氏亦有同感,他认为"共军进行过速,其他政务尚未能悉数配合,前途犹多难关,不无杞忧"④。在京参加新政协会议期间,他借毛泽东设宴招待之机当面进言,力陈江南民瘼;特别指出,在征粮过程中,有为求减负而大量瞒报之现象,此举引发实报民众不满。有关此事的解决之道,张氏的意见是"此必须由地方公正绅士出面相助"⑤。可见此时其思想依然固守传统,在乡村基层治理中重地方士绅而轻中共干部,对新生政权的治理模式尚未有清醒意识。与之同席的陈毅则认为江南的税赋较之河北、山东等北方省份已不算重,并且没有抽丁,江南地主过于看重自身钱粮,对收税多有抗拒,所以官方要加以惩罚,以儆效尤。对此,毛泽东答复称,等军队南下福建之后,江南等地的情况自当好转。⑥ 张氏回沪之后将会谈情况告以刘承幹,并对其下一步的计划提出建议:"菊生之意,陈叔通、马寅初两人不久来沪,拟与商一办法。最好各处联合呈

---

① 张元济与刘承幹的交谊研究,参见柳和城:《出版家张元济与藏书家刘承幹的交往》,《书里书外:张元济与现代中国出版》,商务印书馆 2017 年版,第 551—568 页。该文主要关注民国时期东方图书馆与嘉业堂藏书楼在收售图书、刊刻古籍等方面的合作情况,有关两人在新中国成立后的交往尤其是私事往来则未有涉及。
② 刘承幹:《求恕斋日记》第十六册,第 252—253 页。记于 1949 年 6 月 29 日。
③ 同上书,第 259 页。记于 1949 年 8 月 7 日。
④ 张元济:《致严景耀》,《张元济全集·书信》第 2 卷,第 8 页。
⑤ 张元济:《张元济全集·日记》第 7 卷,第 403 页。记于 1949 年 10 月 11 日。
⑥ 同上书。记于 1949 年 10 月 11 日。

具，人数愈多愈妙，庶可动听云云。"①

但周善培并不赞成张氏此说，"惟伊主张呈文不宜联合多人，只须各自具呈说明疾苦，以免当道疑忌"，并且他劝告刘承幹，"田宜从早售与佃户，尚可拿着点钱"②。张氏着眼之处在于扩大范围，形成声势，希望借此引起当局重视，同时淡化个人居中协调的色彩，而周善培则担忧这种串联造势或许会引起官方的打压，两者各有措意。后因征粮命令已经颁行，他们共商之下决定推迟至明年再行请愿。

随着政权鼎定，新中国各项建设的全面展开，嘉兴政府开始对刘承幹创建的嘉业堂藏书楼进行整改接管，就私人藏书的处理问题刘与张元济多次商议。1949 年底，嘉兴政府以拖欠捐税罪将刘氏家中账房严楚珍拘捕，刘承幹为此求助于张氏。张氏允诺代为递送呈稿，"盖别人亦有托其上达也"。同时和其谈及时局形势，表现出对新政权的信心：

> 此次上海代表大会伊与孝怀皆列席，开一星期，昨日闭幕，即着手组织华东军
> 政委员会，不久即将成立。现在共产（按，应为共产党）已成立，蒋只有台湾、海南、
> 舟山三岛，无能为矣。共党已无敌手，美国亦聪明，决不肯徒然牺牲，是以数年之
> 内共党必无他虑。至于人民，则必艰苦正长云云。

从张处离开后，刘氏又转商周善培，周则直言不宜由他等代为传递，一来此前相似的请托情况皆未能如意，二来越级呈请，极易得罪下级政府：

> （周善培）谓数次以事说陈毅，皆碰顶子，因此不愿再说。当时毛泽东谓政府
> 极愿下情上达。近有数事，如合肥李勤恪之孙媳被吊打受伤之类，经呈诉后，批以
> 查办而未闻下文。与商楚珍事，则云此等事宜从下级政府呈请，最忌越级。③

张氏慨允施以援手自然是出于张、刘二人私谊，相较而言周善培的考虑更为老道，后续刘承幹还曾向友人王季烈征求处理建议，结果都不尽其意，最终函告张氏仍拟直接同当地县区政府沟通解决。

1951 年夏嘉兴政府拟以嘉业堂藏书楼为基础组建图书馆，函请刘承幹回乡参与图书整理工作，一同筹划改建事宜。笔者注意到一些关于刘承幹的传

---

① 刘承幹：《求恕斋日记》第十六册，第 296 页。记于 1949 年 10 月 23 日。
② 同上书，第 302 页。记于 11 月 9 日。
③ 同上书，第 315—316 页。记于 1949 年 12 月 12 日。

记作品在论及此事时称他主动将藏书捐献国家,襄助文教建设云云,事实上并非如此。根据刘承幹的日记可知,此时他正因家乡田产拖欠税款而被追责,畏惧回乡,但又挂念所藏善本古籍,不愿放任不管;是故,刘氏就应对之策再度往商张元济。后者建议他"可复以开闲多年,内容未详"作为托词,刘承幹进而希望张氏能帮他在陈毅等上海政要面前说情,收购所藏古籍,却被其以"共党不讲情面,必无效果"为由拒绝。之所以有此一说是因为在此之前,张元济就商务印书馆的经营困境向陈毅求助贷款,遭到了拒绝。① 随后,刘承幹又求助于上海市文物保管委员会负责人徐森玉,后者则让他称病拖延,并代其去文化部了解相关情况。② 数月之后,嘉兴方面开始图书清点工作,张氏建议刘承幹"如政府欲没收,可据理与争,否则得寸进尺,伊于何底",并主动提出将致函浙江图书馆馆长汪大铁为其交涉。至于刘承幹的藏书,张氏亦表示可以商请郑振铎出面,代表国家文物局予以收购,并言称"私人之物理应保护"③。然而后续张氏并未为之尽力奔走,嘉业堂藏书于是年底被收归国有,浙江省图书馆从中分得一万余册善本图书。当刘承幹将此结果告知张氏时,张氏的表态却一反从前,站在政府角度竭力回护,令刘氏相当不满:

> 数月曾与谈过伊谓是谁发动可以起诉,今与之谈伊谓我兄是地主关系,恐难挽回。闲谈一时有余,言语之间亦有偏袒,可叹孰甚。④

其实在新中国成立之初,张元济面临着和刘承幹一样的问题,但他处理家乡田产的方式更显高明圆融。当时,海盐县中学一直租借张氏虎尾浜的祖宅作为校舍房屋,1951 年 8 月张氏将此处房地一并捐赠予海盐校方,在捐赠正文中他写道:"本县县立中学赁余室教授生徒,历有年所。比来学者众,苦无力自建校舍。回忆余母在日,汲汲以余兄弟学业为念。今当推余母之志,以及于全邑之学子,思以先人遗产全部赠与本县县立中学,永为校舍之用。"⑤相关研究在论及此事时也对张氏晚年热心桑梓、捐产助学的公益之举大加表彰。然而进一步考察可以发现张氏大力支持家乡文教的举动,正是其再三利弊权衡

---

① 参见张人凤、柳和城编著:《张元济年谱长编》下卷,第 1342 页。
② 刘承幹:《求恕斋日记》第十七册,第 19 页。记于 1951 年 3 月 22 日。
③ 同上书,第 46 页。记于 1951 年 6 月 9 日。
④ 同上书,第 94 页。记于 1951 年 10 月 9 日。
⑤ 张元济:《捐赠遗产虎尾浜房地与本县县立中学证文》,张人凤、柳和城编著:《张元济年谱长编》下卷,第 1363 页。

后的选择。首先,早在 1950 年,海盐中学便致信张氏,希望他能将祖宅献出,而并非其主动提出捐赠,并且张氏还希望即使将来将祖屋捐献后,县中学能够给以若干补贴①;其次,该处房屋为张氏与同辈宗亲共有,所以捐赠之事需要获得同宗共允;在同长房儿媳许廷芬商议时,他认为"海盐故居现租县立中学,每年租米十二石,为数甚微。托人代收,收到即被人用去,且新章地价税极重,以后无法承担"②。继续保留祖产无论是经济上还是其他方面都无利可图,与其如此不如顺水推舟,成全校方之意。正是基于上述考量,张氏才会于 1951 年 8 月致信海盐中学,表示"愿将该产全部捐赠贵校,永远作为校舍之用"③,并在捐赠事宜完成后专门给海盐县长徐永三去信报备。④

但是,也要看到,捐赠房产的举措并不能反映张元济对于新政权基层治理的全部态度。实际上,早在新中国成立之初他就因土地改革问题致信过家乡政府,并与华东军政委员会主席饶漱石产生争论。起因是负责为张氏祖产收租的司账"因受种种压迫,不胜惶惧,业经辞职",改换他人后亦不奏效,因"各乡农民协会不允田主收租,动辄殴打,不敢担任",张氏由此致函海盐政府,质问"似此租不能收,粮何从纳"⑤。随后又就土地问题与饶漱石在开会时辩论,遂招致报复。据张氏同乡徐绚章对刘承幹所言:

> 张菊生祖坟被掘,家人尚不使渠知也。菊生于前年冬与饶漱石辩论,饶不怿;
>
> 又因菊生印刷《土改法》贴于家乡,开罪干部,是以有意为难;菊生族叔因田产事被
>
> 管押,菊生写信营救反将此案延搁,缧绁不释意欲瘐毙之也。⑥

而随着土改工作高潮的到来,特别是中共高层多次就土改问题表态,张元济的态度也相应随之改变。早在土改大规模铺开之初,毛泽东就十分注意"关于江南土改应慎重对待富农的问题",他认为"此事不但关系富农而且关系民族资产阶级。江南土改的法令必须和北方土改有些不同"⑦。但是这种不同只是

---

① 参见张元济:《致张德培》,《张元济全集·书信》第 2 卷,第 379 页。

② 张元济:《致许廷芬》,《张元济全集·书信》第 1 卷,第 485 页。

③ 张元济:《致海盐县立中学》,《张元济全集·书信》第 3 卷,第 645 页。

④ 参见张元济:《致海盐县长》,《张元济全集·书信》第 3 卷,第 651 页。

⑤ 张人凤、柳和城编著:《张元济年谱长编》下卷,第 1343 页。

⑥ 刘承幹:《求恕斋日记》第十七册,第 6 页。记于 1951 年 2 月 16 日。

⑦ 周恩来:《关于对新区土改征粮指示草案修改意见给刘少奇的电报》(1950 年 2 月 17 日),中共中央文献研究室、中央档案馆编:《建国以来周恩来文稿》第二册,中央文献出版社 2008 年版,第 117 页。此处所引用文字为毛泽东在周恩来原稿上所加。

方法和策略上的区别,在态度上,中共是绝对坚决的,并且对于"有显而易见的对美幻想、畏惧封锁及反对土改等等"倾向的工商界人士,政府明确表示"必须当场予以教育,批判其错误观点及错误想法"。① 此外,毛泽东号召各民主党派、民主人士和政协各界"打通思想,整齐步伐,组成一条伟大的反封建统一战线",像过好战争关一样,过好"土改这一关"。② 针对土改过程中暴露出的左倾偏向,中共高层及时予以纠正。为了更好地取得民主人士和知识分子群体的理解,毛泽东先后指示,欢迎他们赴全国各地参观土改成效,并且指出,这样做"有益无害","是我们叫他们去的,不是他们自己要求的。他们到了,是则是,非则非,老老实实地向他们讲明白,他们不会妨碍土改的"。③ 类似张元济这些文化老人对于土改过程中过激现象的暂时不理解,毛泽东也认为"让他们议论纷纷,自由发表意见,只有好处,没有坏处"④。在铺天盖地的宣传之下,加之随着对政府态度了解的深入,在土改完成之际,张氏很快又作诗祝贺,极力称赞新政施行后"农尽服畴,民罕坐食"的欣荣局面:

> 赢来岁月堪矜贵,争说今年胜去年。闻所未闻见未见,史家载笔看空前。
>
> 八口之家百亩田,子舆遗意至今传。试看朊朊周原上,旷土游民一例删。⑤

上述张元济的种种表现恰是体现了一名"文化老人"面对新旧交替的环境所作出的因应状态。一方面是在崭新的社会大背景下固有的处世经验应对不足,自身的惯性思维使得其仍寄希望以传统儒术参与基层治理(地方士绅主持征收赋税)、试图以人情私谊作用于公事法理(为刘承幹说项)、对新生政权的治理体系未有意识(土改初期的各种不解);另一方面,虽然不能一蹴而就地成为"新人",但随着感受深入,自身态度亦发生转变,他有意识地适应全新的政治环境和社会体系、理解新政权的各项政策措施、赞扬所取得的成果;即使有一些未能全部或及时合拍之处,张氏也能够做到恰当的处置(详下节)。概言

① 周恩来:《中共中央关于邀集上海工商界代表座谈事给陈云等的电报》(1949 年 8 月 17 日),《建国以来周恩来文稿》第一册,第 268 页。
② 毛泽东:《在全国政协一届二次会议上的讲话》(1950 年 6 月 23 日),《毛泽东文集》第六卷,人民出版社 1999 年版,第 80 页。
③ 毛泽东:《关于土改工作应注意的几个问题》,《建国以来毛泽东文稿》第二册,中央文献出版社 1988 年版,第 95 页。
④ 毛泽东:《转发川西区党委关于组织党外民主人士参加土改的经验的批语》,《建国以来毛泽东文稿》第二册,第 203 页。
⑤ 张元济:《一九五二新年有感》,《张元济全集·诗文》第 4 卷,第 218 页。

之,张氏虽然有"为私"的一面,但是他却很好地把握了公私之间的尺度。

三、统战对象:新社会中的旧文人

1949 年 12 月,张元济在参加完新政协会议返沪后又被选为上海市第二届各界人民代表会议文化界代表,大会闭幕时,他致辞盛赞在中共领导下上海各界快速恢复的景象,其中就政府发行折实公债表示拥护:

> 最后一件很重大的,是中央人民政府发行人民胜利折实公债,这不是专用来弥补财政上的赤字,而且为了全国人民利益的生产建设。各界代表,都明白表示热烈的拥护,今天并且有通电上毛主席及中央人民政府,元济也无庸再赘一词。各界代表还提出许多办法,都很有利于公债的推行。元济料想在上海方面,一定能有光辉的成绩。①

彼时上海工商界对于中共发行的公债多有抵触情绪,认为这是变相侵占,据夏承焘日记所记,"午前修龄自沪归,云上海商人对当局甚不满,市况萧条,晚间七八点钟即掩户"②。而张氏之所以站出表态,一方面显示其对于新政权的拥护,更关键的是希望借此机会由商务印书馆承接政府的债券印制业务,为此,他还专门致信陈云寻求支持③。不久,新中国的纪念邮票、第一套普通邮票及多种印花税票相继交由商务印制,《毛泽东选集》编选完成后也分与部分交由商务承印。事实上,根据出版总署的调查情况显示,中华书局由于在新中国成立前长期负责国民政府的钞票印制业务,无论印刷机器质量还是印制规模均好于商务,但新中国却将诸项任务交付商务,这与张元济此前的努力当不无关系。

1949 年底,商务印书馆工会成立,张元济应邀前往宁波同乡会出席成立大会并发表演讲,在演说过程中情绪激动,突然跌倒,随后中风不起。④ 之后即使卧病在床,他仍然多次致信政府高层,除了关心时局,就内政外交表态外,还尤为关心他们的身心健康,展现出"文化老人"重视人情交谊的老派

---

① 张元济:《上海二届代表会议张元济闭幕词》,《大公报》(上海)1949 年 12 月 16 日。
② 夏承焘:《夏承焘日记全编》第八册,第 4564 页。记于 1950 年 4 月 4 日。
③ 参见张元济:《致陈云》,《张元济全集·书信》第 2 卷,第 386 页。
④ 关于张元济中风的原因存在不同说法,亦有人认为张氏是遭到羞辱而昏倒,参见陈敬仁:《张菊生(元济)靠拢的前前后后》,《自由中国》1950 年第 3 卷第 4 期。此说被张氏文孙张人凤否认,详参刘怡伶:《张元济中风原因的两种说法——陈敬仁 VS.张人凤》,《传记文学》2022 年第 120 卷第 2 期。

一面。1951 年春,张氏致信潘汉年,称"元济仰荷政府当日知愚,列名□要,虽卧病在床,于外事多所隔阂,仍思竭其土壤细流之力,仰替新猷"①。1953 年斯大林逝世后,张元济马上致信陈叔通,请其转告毛泽东有所节劳,为国珍摄:

> 今斯氏逝世后,弟窃谓毛公责任必大加重,地球上国际大事势必有一半加于其身。其人体魄健硕,然年已六旬,总不宜过于劳苦……毛公现在一言一动为全球所注意。我国际地位逐渐增□,而其个人负担亦必更加辛苦。每一念及,极为忧虑。兄□相见,为我致意,劝其视一己宜与国家并重。

不仅如此,张氏还专作两诗希望为毛泽东六十生日祝寿,但由于不知道其生日具体日期,所以请陈叔通代为探示,张在信中特别指出,"毛公盛德大业,六十生日人民宜有颂祝之举"②,后因陈叔通告其中共及毛泽东均不祝寿方才作罢。又如,1952 年夏,在听闻饶漱石生病的消息后,虽然此前两人围绕土改政策有所龃龉,但张氏还是很快去信华东局统战部部长吴克坚表达慰问意:"前闻饶主席政躬违和,异地疗养,近未知已康复否?正为驰念。"③

以上数端,尽管都在展示张元济热忱谋国并与官方积极互动的一面,但是并不意味着他对中共施政的心悦诚服;事实上,由于长期身受传统儒家思想的浸染,他对中共过分强调阶级斗争的治理模式亦多有不满。

"三反""五反"运动期间,虽然伊始陈毅即"专门给有关方面打招呼,不让扰张"④,但张元济对于运动形势非常关注,针对在此过程中出现的有悖儒家伦理的现象,他在私下场合有所批评。1951 年夏,张氏有感于社会形势,作诗抒怀:

> 有父攘羊子为证,此心此理古今同。
>
> 缘何甘自扬家丑,祗羡嘉名是直躬。
>
>
> 认贼作父古所丑,认父作贼今所荣。

---

① 张元济:《致潘汉年》,《张元济全集·书信》第 3 卷,第 511 页。
② 张元济:《致陈敬第》,《张元济全集·书信》第 2 卷,第 427—428、429 页。
③ 张元济:《致吴克坚》,《张元济全集·书信》第 2 卷,第 96 页。
④ 张人凤、柳和城编著:《张元济年谱长编》下卷,第 1369 页。

　　　　室居非滥趋时者,要以时中得圣名。①

诗中提及政治运动中父子互相检举揭发的现象,张氏认为这与中国自古以来的孝悌文化观念不合,不应提倡。为此,他还引用古典与陈叔通讨论此事。在陈叔通看来,父子不相隐、亲朋互揭发是公私分明的表现:"自来处此种变故而能合理者,以禹为典型。禹不以舜杀其父而不与舜合作,仍受命治水,实即今日之所谓'为人民服务'。禹之外,有三说:一为《春秋》所载《大义灭亲》;一为孔子'子为父隐,父为子隐'之说,尚涉含糊;一为孟子《答桃应问》。舜窃负而逃,亦是不彻底,似仍以禹为公私分明,未知有当否?"②而张氏则反对这种理解,他认为禹代父治水不是单纯的"为人民服务"表现,而是子尽孝道,以赎父愆:"尊论禹不以舜之杀其父而仇舜,且受舜命而为之治水,是正为人民服务。弟以为此正为禹之能尽子道,竭己力以赎父罪也。"在他眼中,"子有罪若小焉者,当惩戒之、教诲之;若其大也,遮受国法,岂能以一隐了事? 父有过,如干犯国法,传为子者到庭作证,不可逃避,但可申明不愿作证,代父受刑,是为儒教之责"③。

　　另外,在"三反"运动中对于中共为防止政府机关公务人员的堕落变质而提出的"反贪污""反浪费"等口号,张元济亦有相反看法。他将中共政策比附为先秦诸子中的墨家学说,认为其主张虽好,但不合人性,并非从根本上治理贪腐的方法;他主张以儒代墨,高薪养廉:

　　　　凡人孰不好安逸而恶劳苦,共产之刻苦耐劳实有可过人之处,然我以为只能行之于少数之同志,而不能行之于多数之常人。即能行之,亦只能持之短暂,而不能持之于久远。我以为运动终结以后,必须有根本治理之方……弟窃以为亟宜采夫重禄之义,而去墨子大觳之弊。虽不能说贪污从此绝迹,谅可较胜于目前。④

　　凡此,均可显示张元济同新生政权相违和的一面。但他较为隐晦地将这种议论局限于私下场合,只将之作为一种私人感受诉诸至亲挚友,在公开的表态中他依旧从大局着眼,紧跟拥护。就在中共提出"反贪污""反浪费"口号之

---

① 张元济:《无题》,《张元济全集·诗文》第4卷,第210页。
② 陈叔通:《陈敬第致张元济函》,《张元济全集·书信》第2卷,第417页。
③ 张元济:《致陈敬第》,《张元济全集·书信》第2卷,第417—418页。
④ 同上书,第420页。

后,张氏随即指示商务印书馆上海方面负责人陈叔通,令其尽快响应当局,马上在商务内部进行裁汰冗余的部署:

> 陈云君政治报告,亟需厉行节约,渡过经济难关,以俾建设。鄙见本馆容有复沓机构及可省之浪费,可否由董事会提议,仰承政府宗旨,特设一××节约委员会,筹划进行。人选由总管理处及工会推出,是否有当,请代提出讨论。①

考虑到张元济自身具有的社会影响力,再加之其一贯的表现,虽然老迈病衰但仍得到重用。上海文史馆筹备期间,统战部门拟将馆长职务委诸张氏。②张氏在得知这一消息后马上上书以身体原因为由请辞,称"弟现状讵能据此?果来言者,弟必坚辞"③。他之所以却而不就,其中一个重要因素是担心得罪故旧。其出任馆长的消息甫一传出,就有不少亲朋登门说项,希望张氏能够举荐或提名他们担任文史馆员。而张氏为避免厚此薄彼,开罪于人,故对于一切请托要求皆置之不理,但应对不同关系的拒绝方式则体现了其周全的处事智慧。1952 年 11 月,刘承幹前往周善培处,为曹叔彦、许经农、朱庶侯三人谋求入馆之事,周善培告知其"此次设立文史分馆主持人为周而复,孝怀与张菊生、黄涵之、江翊云及某君(按,指徐森玉)五人可提名,再由当局派员实地调查"④。因此,刘承幹复往张氏处,并"请其为钱冲甫等提名",张元济则称"文史馆事并不过问,系由周孝怀、江翊云(庸)、徐森玉三人专司提名之事,若欲渠将名单转交亦无不可"⑤。结合蒋维乔所记日记可知,1953 年上海文史馆在筹备阶段确实对各方推荐的馆员人选进行了考察汰选⑥,而张元济因年事原因没有参与此项工作,故周善培所说确是,但在此前的荐人阶段,张氏实有相当分量的推荐权。之所以在答复刘承幹时委婉拒之,或许有其进一步的考虑:如答应为刘氏所保荐的人提名,则后续亦当为刘氏提名,但以刘氏个人情况,并不符合官方设立文史馆救老济穷的初衷,刘承幹事后在日记中即提及,"菊

---

① 张元济:《致陈叔之》,《张元济全集·书信》第 2 卷,第 444 页。
② 吴昱关注到许宝蘅在新中国成立初期加入中央文史研究馆的曲折历程,借其背后的人事纠葛和时势发展等角度来探讨新中国早期的知识分子政策。参见吴昱:《新中国与旧文人关系之侧影:以许宝蘅加入中央文史研究馆为中心》,《澳门理工学报》2022 年第 3 期;其主旨关怀与本文较为密切,亦提供了一定的参考。
③ 张元济:《致陈敬第》,《张元济全集·书信》第 2 卷,第 428 页。
④ 刘承幹:《求恕斋日记》第十七册,第 220 页。记于 1951 年 11 月 3 日。
⑤ 同上书,第 221 页。记于 1951 年 11 月 7 日。
⑥ 林盼,胡欣轩,王卫东整理:《蒋维乔日记》第八册,上海人民出版社 2021 年版,第 3868 页。记于 1953 年 6 月 8 日。

生初以为余自己有所希冀,渠愿作书推毂,既言君是地主,在沪有房产,未免吃亏"①。故而为免有负于故交,同时也不违背官方规定,张氏才作如此处理。又如,同为世交的冒广生致信张氏,荐人入馆,张氏亦以辞职未就,不问馆事为由予以婉拒:

> 前得手书,属为孙宇晴世兄推荐文史馆事。维时陈市长以馆长相责,弟正坚持,转觉未便启齿,业经向宇兄陈明。近已将馆事完全辞去,异日如有机缘,当再力图报命。②

至于关系一般者,如同盛钱庄董事葛荫梧等的奉求,张皆直接回绝③。

政府方面并没有接受张元济的请辞,针对他所担忧的身体情况、人情请托等问题,官方许诺其只需挂名,不必视事。但在张氏看来,一旦就任,"终不能完全置身事外,此亦无可如何之事"④,所以对于政府的再三敦请,张氏一直坚持辞谢。最终在李维汉、周而复的登门劝勉下,张氏才答应任职。在给陈叔通的信中他提到:"闻人言,市府须开会议决,谓觅一资格相类者殊无其人。甚矣,人惟乎名,猪惟乎壮也。如对方提出不必问事,弟意亦祇可勉应从。"⑤概言之,张元济在馆员遴选中一再拒绝来自各处的请托说项,其用意既有上文提及的在人情问题上的周妥,另外也与其自我认知清醒有关。他深知出任馆长并非真的需要执掌馆务(而馆员人选的决定权也并非他能左右),自己之所以能够荣膺此职,很大程度上与此前的一贯表现密不可分。对比明显的是同样醉心于文史馆职务的柳亚子,早在新中国政府组建之前,柳氏即借助自身与中共高层的交谊关系,频频在人事任免问题上荐举亲故,自己也对出仕任事有着极大寄望,⑥而在屡次受挫后又将个人牢骚诉诸诗文并且呈达高层,无怪乎周

---

① 刘承幹:《求恕斋日记》第十七册,第220、221页。记于1951年11月3日、7日。
② 张人凤整理:《张元济致冒广生函六十八通》,载上海图书馆历史文献研究所编:《历史文献》第二十三辑,上海古籍出版社2021年版,第174页。
③ 参见刘承幹:《求恕斋日记》第十七册,第229页。记于1952年11月27日。
④ 张元济:《致陈敬第》,《张元济全集·书信》第2卷,第431页。
⑤ 同上,第430页。
⑥ 例如新中国成立前夕柳亚子数次致书毛啸岑,告知其在饶漱石、陈毅等要人面前推荐毛氏,并让政府来人主动接洽。参见柳亚子:《致毛啸岑、沈华昇》,上海图书馆编:《柳亚子文集·书信辑录》,上海人民出版社1985年版,第352页。而柳氏本人在得知被礼聘为"《苏南革命人物志》总编纂"及"苏南文管会名誉主任"两职后更是直言"非常高兴,有小儿得饼之乐"。见柳亚子:《致陈毅岑》,上海图书馆编:《柳亚子文集·书信辑录》,第396页。

围人士评价其"沉酣文学而不懂政治"①。与之相较,张元济的"不必问事"则体现出其"懂政治"的老练一面。

除了上海文史馆馆长之任相委以外,当局对于重用张元济之另一举措是选举其为第一届全国人大代表。之所以赋予他如此高的政治地位,大概与这一时期中共对待资产阶级统战对象的态度有关。1954 年李维汉在第五次全国统战工作会议上代表中共中央作工作报告,指出三类资产阶级人物应该予以重点安排:"1. 政治上可靠,靠拢我们,至少不挡路;2. 要有积极作用;3. 要有相当的代表性。"

具体的安排原则是,"在全国人民代表大会中既要保证党员加进步力量占显著优势并处于领导地位,又要包含需要包含的民主人士"。根据上述标准,张元济无疑是绝佳人选,李维汉在报告中专门将其作为典型:

> 还要照顾到各种历史关系,如……旧政协时提张元济作代表就因为他参加过戊戌政变,……这些历史关系第一届政协时都是照顾了的,现在也不能不管。各个社会集团也都要照顾到,不要使人感到我们有偏爱,要全盘考虑,通盘打算,要考虑如何平衡。②

早在人大代表选举期间,张元济就向冒广生表示,"普选投票,举国若狂……老辈可谓躬逢其盛矣"③。在正式当选之后,陈叔通劝告他,"公以东南人望,被选为代表,可以不来京。昨周总理、李部长维汉尚以为言,属传达,如有意见可以书面寄来"④。但是张氏立即表态,声称要扶病北上,为国尽忠。宋云彬的日记中对此事亦有记录:

> 陈叔老接张菊老(元济)自上海来信,谓当选全国人民代表无上荣幸,必当扶病来京出席,死在北京亦所欣然云云。按菊老自参加第一次政协全体会议回沪后,即患半肢风瘫,至今卧床不起,年龄较叔老长九岁,今年为八十八岁(依中国习

① 柳亚子:《与某兄书(节录)》,郭长海、金菊贞:《柳亚子文集补编》,社会科学文献出版社 2004 年版,第 287 页。
② 李维汉:《关于国家资本主义和对资产阶级代表人物安排问题》(1954 年 3 月 25 日),中共中央统战部研究室编:《历次全国统战工作会议概况和文献》,档案出版社 1998 年版,第 205—206 页。
③ 张人凤整理:《张元济致冒广生函六十八通》,上海图书馆历史文献研究所编:《历史文献》第二十三辑,第 175 页。
④ 张人凤、柳和城编著:《张元济年谱长编》下卷,第 1408 页。

惯算法),在势万不宜来京出席,叔老已去函婉加劝阻矣。①

就政府方面而言,选举张元济担任人大代表是出于统战考虑,他的当选象征意义远大于实际作用,为其个人健康计所以建议其静养为宜。就张元济来说,未尝不能体察政府的实际用意(据黄炎培探访张氏情况,称其"脑力甚清醒,能工写,但脚不能动"②),但正是因为其身具代表作用,所以更需要及时表态,以示呼应。而这种互动背后,也依稀可以管窥张氏在新社会的适应情况。

四、余论: 依违之间的调适之道

类似张元济这样的"文化老人"在新中国成立前后为数不少,如陈垣的人生境遇就与之颇为相似,其在易代之际的态度与反应亦有助于我们进一步体察该群体的多元样态。黄炎培在其日记里专门抄录了一则报道,记载了北平解放前夕陈垣的活动:"今日《华商报》载:陈援庵(垣)史学家,辅仁大学校长,召集学生,公开忏悔,逐去校中某神父,愿重新做人,陈,天主教徒。"③不过这并不是陈垣首次向当局表态,据邓之诚回忆,"辛末,(陈垣)专任哈佛燕京学社学侣时,托陈振先向蒋中正'输诚',竟无所遇,乃喟然叹曰:最后一条战线,只有辅仁大学矣! 翌年,乃谋回任辅仁大学校长,以至解放。"④也正是因为在解放以前犯过这种"错误",所以新基肇始,他便竭力表态,努力迎合新的形势环境:

> 阅报,昨日天桥控诉所谓三霸一虎者……此皆昔日所谓混混,早应法办。闻陈援庵首先起立发言:一、慰问受害者;二、枪毙三霸一虎;三、捉蒋介石恶霸;四、捉美帝恶霸。每发一语,掌声雷动,继连呼五种万岁,愈呼声愈高,至于嘶不成声。⑤

更有甚者,相较于张元济在土改初期的反对与不解,陈垣表现得更为进步;即

---

① 海宁市档案局(馆)整理:《宋云彬日记》中册,第466页。记于1954年8月28日。
② 黄炎培著,中国社会科学院近代史研究所整理:《黄炎培日记》第十二卷,华文出版社2012年版,第236页。记于1954年3月3日。
③ 黄炎培著,中国社会科学院近代史研究所整理:《黄炎培日记》第十卷,第187页。记于1949年2月20日。
④ 邓之诚著,邓瑞整理:《邓之诚文史札记》(修订本)下册,第1146页。
⑤ 邓之诚著,邓瑞整理:《邓之诚文史札记》(修订本)上册,第570页。

便是和家人的私下谈论,其仍相当注重"政治正确"。他说,"关于土改事,我们应积极赞成政府政策及法令",并且告诉家人,要关心土改,称"这是几千年没有的事,我们躬逢其盛,何幸如之"①。而对于儒家伦理的扬弃,他也较之张元济更为坚决:

> 土地改革是人民政协《共同纲领》规定的……我们应坚决拥护这政策。如果我们父兄是地主,我们就要斗争我们的父兄;如果我们自己是地主,我们就要斗争我们自己。换言之,我们要站在无产阶级立场,如果我们是地主阶级,我们就要背叛自己的阶级来作自我斗争,我们是要废除地主阶级,但不是要消灭地主的肉体。②

无论陈垣还是张元济,他们在新中国成立初都在主动适应新的形势,与这种自觉意识相伴的还有作为历史人物饱经世事的老道谨慎。张元济在给商务印书馆天津、济南分馆经理孙伟的信中曾谈及对未来形势的看法,态度十分审慎,他写道:"窃有陈者,时局骤变,万事更新,应付一切,无论对内对外均非易易。"③这种谨慎姿态也折射出当时知识分子群体中的普遍状态,在思想改造大潮中,夏承焘即言,"近日为新旧对力吹求时代,措语尤当谨慎……人但求不反动,不落伍"④。于此复杂形势之下,无论张元济还是陈垣,他们的一举一动无不小心翼翼,并且十分注重个人在公开场合的形象。陈垣在驱逐辅仁神父后给三子陈约的信中告诉他"报载辅仁事,应剪寄我,俾知外间如何说法。或有关我个人事,亦望剪寄"⑤。此后的陆续数封家书,陈垣均在信中注明"此后对我的事,想续有登载,望随时剪寄,以便省察"。而他之所以这么做,原因在于"俾知外间对此事之批评如何,以作检讨"⑥。而也恰是由于这种谨慎应对,使得他能够在新旧交替的大变动中得以平稳转身,甚或厕身新贵。在 1952 年北京大学的开学典礼上,邓之诚即观察到"陈援庵在来宾之列,最得意者也"⑦。

---

① 陈垣:《致陈约》,陈智超编注:《陈垣来往书信集》,生活·读书·新知三联书店 2010 年版,第 1082 页。
② 同上,第 1177 页。
③ 张元济:《致孙伟》,《张元济全集·书信》第 1 卷,第 498 页。
④ 夏承焘:《夏承焘日记全编》第八册,第 4642 页。记于 1950 年 10 月 23 日。
⑤ 陈垣:《致陈约》,陈智超编注:《陈垣来往书信集》,第 1078 页。
⑥ 同上,第 1081 页。
⑦ 邓之诚著,邓瑞整理:《邓之诚文史札记》(修订本)下册,第 675 页。

不过,并不是所有读书人都能像张元济、陈垣这样在鼎革之际保持如此从容自觉的姿态。特别是一些传统文人习气较重的老派读书人,他们虽然也对新政权秉持拥护态度,但一时无法做到亦步亦趋,不仅如此,对于快速转变者,尚有鄙夷排斥之感。一个突出的例子就是他们对于服装的观感,在传统文化观念中,发服更替,兹事体大,所以许大龄看到陈垣"已穿蓝布制服"后,会揶揄"妙极"二字;而谢兴尧在向邓之诚转告他同顾颉刚见面情况时,一定要尤为指明其"已干部服矣"①;夏承焘在拜访老友时也特别记录到"见邵裴老(即邵裴子),亦改戴八角帽矣"②;又如宋云彬在新中国成立前夕某次偶遇林山,林再三询问宋"为何穿长袍",宋则反问"君何以穿短装",彼此"相与大笑"③;可见不同的服饰穿着在读书人眼中寓意不同的政治态度。

不仅服装问题,其他方面也还有一些可以补充的印证。张元济赴京参加政协会议期间,曾就商务印书馆下一步的出版选题求教于政学要人,其中陈叔通"言俄华字典甚需要"④。之所以会有此说,是因为彼时包括各界名流在内的许多人正在学习俄语,其中以沈钧儒为代表。宋云彬对此相当不以为然:

> 振铎言小箴(按,即郑小箴,郑振铎女儿,萨空了之妻)正努力学俄文,每星期三小时,与沈衡老、萨空了、愈之(胡愈之)及兹九(沈兹九)等同学,在东总布胡同衡老公馆,共聘一俄国教师。衡老年已七十有六,过去未习外国文字,乃欲学俄语。谓为好学不倦,不知老之已至欤?⑤

此外,宋云彬在出版总署工作期间一度负责各类教科书的审定工作,对于新编教材过分强调政治性而忽略内容质量的现象,亦有议论:"近来朋辈中颇有强调所谓思想问题者,以为只要思想搞通,文章写不通也无关重要;又,凡解放区刊布之小册子,不论其文字如何不通,必奉为至宝,大有'曾经圣人手,议论安敢到'之概。文句不通,出人意表……"对于这一情况,出版总署内部亦有不同的态度,开明书店的傅彬然始终对这些解放区的书籍"赞美不置",而"圣陶曾

① 邓之诚著,邓瑞整理:《邓之诚文史札记》(修订本)上、下册,第518、707—708页。
② 夏承焘:《夏承焘日记全编》第八册,第4686页。记于1951年3月9日。
③ 海宁市档案局(馆)整理:《宋云彬日记》上册,第178页。记于1949年6月3日。
④ 张元济:《张元济全集·日记》第7卷,第407页。记于1949年10月18日。
⑤ 海宁市档案局(馆)整理:《宋云彬日记》上册,第244页。记于1950年2月7日。

因此大为不快,颇有辞职不干之意"①。宋云彬和叶圣陶的态度自然都是文人本色的体现,但在当时的社会环境之下难免有些不合时宜。

回到本文的主人公张元济身上,作为商务印书馆的董事长,他区别于其他"文化老人"的独特之处就在于除了具备传统儒士性格之外,还兼有现代商人经济务实的一面,从这个角度思考,也就能够更好地理解他在新中国成立后做出的政治选择。换言之,在中共方面看来,张元济既是需要团结合作的"统战对象",也是有必要限制改造的"资产阶级",这两者的转换或侧重受制于不同时段中共政策的调整②,也取决于其自身的表现。新中国成立初期周恩来代表政府对资产阶级予以定性,认为"资产阶级分子哪有那么循规蹈矩的,你要他们做什么他们就做什么? 损人利己,唯利是图,投机取巧,这三句话概括了资产阶级的本质。他们是要按照这个方向发展的,因此,必须进行长期的斗争"③。但与此同时,又要通过"三反""五反"等运动形式来"彻底查明私人商业的情况,以利团结和控制资产阶级,进行国家的计划经济"④。如此双重作用下,张元济及时审时度势、认清现实,找准自身在新形势下的位置并作出"认同"表态。这种"认同"并非出于违心的胁迫,更非所谓的简单投机;事实上,彼时社会各界对于新生政权的态度较为复杂,以张元济所在的上海工商界为例,就有相当一批人士对于紧跟表态、高调拥护的态度有所保留;1949 年 7 月寿墨卿在同岳父马叙伦谈及时局时提到沪上经济形势一片萧条,认为民主人士的讲话"说的都是门面话、歌颂语,既不能解决实际问题,也没有接触到核心问题和真实原因","认为是打官腔,骗小孩"⑤。

有别于类似这种的表面观察,张元济的考量更能体现出其深谋远猷。从现实角度而言,顺应新政权、适应新环境是帮助商务印书馆重振的基础;更进一步,这种服膺选择的背后是其个人际遇同家国大势的结合。在此过

---

① 海宁市档案局(馆)整理:《宋云彬日记》上册,第 210 页。记于 1949 年 8 月 19 日。
② 有关新中国成立前后中共与资产阶级关系的梳理,杨奎松作了系统总结,详参氏著:《建国前后中国共产党对资产阶级政策的演变》,《近代史研究》2006 年第 2 期。
③ 周恩来:《关于中国的民族资产阶级问题》(1952 年 6 月 19 日),中共中央统一战线工作部,中共中央文献研究室编:《周恩来统一战线文选》,人民出版社 1984 年版,第 228 页。
④ 毛泽东:《中央关于在五反斗争中及其以后必须达到的八项目的的指示》(1952 年 3 月 23 日),《建国以来毛泽东文稿》第三册,中央文献出版社 1989 年版,第 353 页。
⑤ 周恩来:《关于上海产业界对毛泽东"论人民民主专政"反应的批语和电报》(1949 年 7 月 29 日、8 月 4日),《建国以来周恩来文稿》第一册,第 187—188 页。此处征引文字为注释内容。

程中他虽时有不满或不解的情绪流露,但这种私下场合与公开行事之间稍不同调的"尴尬",并未影响到其最终的"认同"选择。体察暮年张元济在处世应变时的进退依违之道,不惟有助于补充对其的了解,超越以往的刻板印象,抑有进者,对于不同群体在历史的激荡浮沉之间的多元样态可有更为深入的认知。

反特侦破小说译介的"苏联水印"(1949—1958)

——以《青年技术》译介小说为中心

郭永钦　邓君婷

（广州大学）

新中国成立之后,反特侦破小说曾经长期盛行,影响了当时的大众通俗文学形态。这一过程在中苏交恶以前,曾一度受到苏联影响,而目前对该问题的学术研究较少。现有研究主要从书籍史和中苏文学关系两个角度。前者的研究思路大致可以概括为三个方面:一是注重研究视角,二是强调单本书籍自身的传播过程,如书籍如何印刷、如何销售等,三是关注书籍的阅读方法等。① 这一时期突出的问题是:对苏联文论的所谓研究,其实是不加辨别的全盘接受,且嗜好其中以"左"的面目出现的东西;苏联的文艺理论和文艺政策几乎未遇任何阻碍地输入中国,"全盘苏化"在文艺上得到了最鲜明的体现,苏联的理论译著充斥了中国的出版物和报刊。② 甚至在该时期,不光要将苏联文化引入本土,同时也有将中国文化融入俄国文化的趋势。本文主要阐述在新中国成立后到中苏交恶之间,由于外文图书出版社特别是国际书店小说引进机制的至关重要的作用,中国反特小说从模仿到形塑,最终形成自己特色的过程。

一、文化建设与国际书店

1949 年 9 月,中国人民政治协商会议通过的《共同纲领》第 49 条规定:"发

---

① 程章灿:《书籍史研究的回望与前瞻(代导言)》,《文献》2020 年第 4 期。
② 陈建华主编:《中国俄苏文学研究史论 第 1 卷》,重庆出版社 2007 年版,第 5、96 页。

展人民出版事业,并注重出版有益于人民的书报。"这一文艺思想系统明确地指出我国如何在现阶段进行文化建设的问题,应当以建设新民主主义文化为主导,即主要面向广大人民群众。① 针对新中国出版事业,周恩来也提到:"按解放前那样当然不行,办成解放区那样,读者也会不习惯,达不到教育、宣传的目的。"1950 年的第一届中国出版会议依据《共同纲领》精神,补充细节,确立了我国出版事业的基本政策:"为人民大众的利益服务是人民出版事业的基本方针。新中国人民出版事业要认真执行民族的、科学的、大众的文化教育政策,坚决地与封建的、买办的、法西斯主义的思想作斗争。"大会同时也特别指出,出版事业"更要为生产建设而服务"。可见民族性、科学性、大众性及实用性是这一时期出版事业的主要导向。出版面向的主体不是过去的知识分子等精英阶层,而是广大工人、农民。后文将阐述,苏联的反特侦破小说就是将"科学性"和"实用性"融入小说译介出版中的重要体现。

为响应号召,出版体系方面,私人出版机构在"公私合营"的社会改造运动之下锐减。从 1950 年开始,新中国的出版行业在六年内全部完成了社会主义改造。② 在出版行业公有化的过程中,中央出版单位不光要承担绝大部分外文书籍的进口审核及翻译工作,同时要及时交流外文书籍印刷信息,并派送书籍到地方书店,才能够进行印刷售卖业务。这一时期的政策使得具有审批责任的出版社龙头单位具有重要地位,国际书店(又名中国国际图书贸易总公司)就是其中的代表。国际书店诞生有其复杂的历史背景。早在解放战争时期,新华书店与三联书店就成为中国共产党文化传播与教化的两条主线,③并在新中国成立时成为改造旧式出版业、开拓新式出版业的先锋。但鉴于组织结构并不统一、缺乏充分的协商交流,几大书店在解放战争时期模式下进行的外文尤其是俄文书籍的进口工作十分纷乱,其书刊来源多样。一些出版商可与外国进行文化贸易,并根据市场反应等因素调整出版内容、出版数量等。同时存在质量良莠不齐、重复出版等问题。出版业整合改造之后,出版社所需出版外国译介的书籍大多需要经过国际书店的审核与批准。

① 王文锋、何春雨:《中国文化产业政策研究》,云南人民出版社 2015 年版,第 61 页。
② 万安伦、刘浩冰:《新中国出版 70 年:阶段历程和经验启示》,中华书局 2019 年版,第 7 页。
③ 朱晋平:《1949—1956 年中国共产党对私营出版业的改造》,中共中央党校出版社 2006 年版,第 26 页。

具体到地方书籍发行方面,从 1949 年 5 月开始,原有出版市场如天津、北京的新华书店到华北全区的新华书店、东北书店等"各自为政"的局面开始受到整顿。苏联的图书外贸统一由苏联国际图书公司管理,派送到我国大连和沈阳的大批俄文书籍需要接收,关于俄文书籍的译介和引进工作主要由黄洛峰负责。

同年 10 月 3 日,由出版委员会组织的全国新华书店出版工作会议在北京召开。出版总署署长胡愈之在开幕词中指出这次会议的主要任务是:使出版工作由分散走向集中;使新华书店有计划、有步骤地走向统一领导、集中经营。1950 年 3 月 25 日,出版总署发布了《关于统一全国新华书店的决定》,原各大行政区的新华书店总店,改为总分店;各省则设立分店;市、县设立支店,有选择地经销私营出版物。① 发行问题的解决稍有起色之后,图书进口及出版工作形成了自上而下的统一。

黄洛峰早年在周恩来领导下组建三联书店联合出版部,是主要创始人之一,后来参与了私营出版业的社会主义改造等大量工作。任新华书店总经理后推动了大区、省、县的新华书店供销链条的整合工作,积累了大量经验。在深入研究苏联 30 年图书贸易建设经验的基础上,他提出了新中国出版与发行分离的主张,并主持了国际书店的成立。不过,国际书店初创时作为市场竞争者之一,整合历程并非一帆风顺,从 1950 年 11 月 17 日《关于国际书店订购苏联版书刊情况的报告》就可见一斑:

(一)在全国解放后,对全国规模的发行工作研究不足,一般犯了估计过高的毛病。又由于 1950 年进货工作不统一,有苏商秋林公司、东北新华书店和北京国际书店三个方面分头订货,而每一方面都是以全国范围为自己销货对象的,这中间重复得厉害。我们事先的调查工作也做得不够。所以总的说来,苏联在 1950 年中供应中国的书籍数量是很庞大的。(二)秋林公司订了多少数目,我们一直调查不清楚,到今年 8 月间,卖剩移交给东北国际分店的,还有 80 万册。东北新华书店是 1948 年 12 月订的货,如《列宁文选》《联共党史》等都达 25 万册,一般在 10 万、20 万册间,总数达 500 万册。去年和今年共收到多少万册,我们不知道,但至今年 9 月底止,除运销关内约 100 万册外,存货尚达 150 余万册。这些书现

---

① 陈矩弘:《新中国出版史研究(1949—1965)》,上海交通大学出版社 2012 年版,第 79 页。

都已移交东北国际分店。北京国际书店,根据 1950 年 5 月 18 日修正订单,中文书共订 52 种,计 602 万册。至今年 10 月底,北京方面陆续收到莫斯科寄来中文书 3 812 239 册,又东北新华书店来货 437 603 册,除发出 2 502 518 册外,尚存 1 747 324 册。估计连同上海、汉口两分店收货,共达 500 万册以上,卖出者估计不足 200 万册。(三)仅就北京、上海、汉口、沈阳、哈尔滨 5 地国际书店存货统计,至 10 月底止,仍达 500 万册,加上分散在新华书店仓库中者,估计在 600 万册以上。(四)1951 年的订单,于今年 10 月 28 日提交苏方,计 62 种,436 万册。(五)俄文书订货情况,因苏联计划生产,采取分类题名订单办法,某类每种若干册,某类每种又为若干册,而某类今年将出若干种,某类又将出若干种,我们事先均不得而知。故虽有订单订数,实际仍很难掌握。据塞米金先生今年 4 月间报告,苏联今年出书 24 000 种(仅莫斯科中央出版机关出版的),而我们统计,自去年 11 月至今年 10 月,仅收到 3 400 种,不过占全数十分之一二。寄来的俄文书,有的不合适,一般则都感过多。(六)此外,英、德、法文等书种类和订数都不多,尚无问题。至俄文期刊,亦大感供过于求,苏方又不让减少,积压很多,浪费很大。①

由以上史料可以看出下列几点问题。首先,1950 年代初期,除国际书店外,尚有秋林公司、新华书店分头订货,尽管国际书店每年定期先通过预订书单的方法对大致需要订阅的苏联期刊提前计划,但仍由于种种原因造成资源浪费,重复销货,严重影响销售业绩,一度造成大城市仓库滞销。其次,书籍销售的物流体系仍然是通过各地各层级的新华书店仓库经销,在新华书店内部,经常出现各个分店之间存在着重复进口出版、发行时间参差明显等问题。此外,俄文图书缺乏数目内容、订单等预先计划,以致供大于求造成积压,即尽管销售的数据可统计,但预订方面情况尚难以掌握。鉴于当时中苏之间的密切关系,报送中国的俄文书籍、期刊的数量和种类都由苏联国际图书公司单方面规定,并且不允许中国根据销量酌情增减。国际书店的负责人在 1950 年的时候已经发现了这种状况,却受限于国情而束手无策。到了 1952 年 7 月,新闻

---

① 中国出版科学研究所、中央档案馆:《中华人民共和国出版史料 2》,中国书籍出版社 1996 年版,第 682 页。

总署将出版发行处的所有工作人员移交国际书店。在 50 年代中期,国际书店正式成立进口部和出口部。① 国际书店早期隶属于出版总署。从 1953 年 8 月起成为中国统一书刊进出口贸易机构。1963 年 9 月,外文出版发行事业局成立后,该店改属外文出版发行事业局领导。②

另一方面,此时在对外书刊引进内容方面则比较单一。1949 年 6 月 30 日之后的"一边倒"指令影响了新中国的文化贸易,使其呈现"单边开放"的局面。③ 新中国成立之后到 60 年代之前,大部分资本主义国家仍然保持对中国的封锁,我国的文化贸易只同社会主义国家之间才相对频繁,其中又以与苏联的文化交往最多,而这也促进了我国俄文的图书引进、翻译及相关人才培养。

俄文图书引进初期遭遇了很多困难。组建国际书店的首班人马当中,较少懂外文者,于是紧急招募懂俄文的知识分子。为了维持书店与苏联国际图书公司之间基础的进出口工作,国际书店工作人员对俄文的学习从打字学习班开始,班上由苏联国际图书公司的驻京办人员教授俄语。同时,另聘有俄文人才专门跟进学习图书进出口的知识,尽可能提高俄文订单核查校对的准确率。④ 除了俄文培训之外,国际书店还专门外派人员到苏联学习调研,每年选送干部 3 到 5 人赴苏留学。1956 年底国际书店总店干部职工达到 430 余人,因在历次运动中调出干部和知识分子,到 1962 年只留下 240 人,国际书店人员的业务素质、外语水平、文化素养均大幅度下降,严重影响了图书的进出口贸易。⑤

在进行这一系列工作的过程当中,国际书店顺利接收、发行了在新中国成立之际拿到的一批红色俄文书籍,如《列宁文选》等。在国际书店的大力推动之下,苏联文学开始在我国大量翻译出版。据统计,1949 年 11 月至 1953 年 6 月,国际书店进口的 4 000 万册书刊中,苏联书刊 3 875 万册,其他社会主义国家的书刊 40 多万册,进口苏联及其他社会主义国家的书刊占 97.88%。⑥

① 魏龙泉:《六十年图书外贸漫漫路——回忆国际、中图、出版外贸一些事》,《出版史料》2009 年第 3 期。
② 李晓钟:《书刊发行辞典》,湖南出版社 1993 年版,第 261 页。
③ 刘阳:《"内部发行":冷战背景下的一种特殊文化现象(1951—1978)》,华东师范大学 2010 年硕士学位论文,第 6 页。
④ 魏龙泉:《六十年图书外贸漫漫路——回忆国际、中图、出版外贸一些事》,《出版史料》2009 年第 3 期。
⑤ 冯洁:《国家文化贸易发展研究》,浙江工商大学出版社 2019 年版,第 225 页。
⑥ 陈剑光:《20 世纪纸质媒介研究》,上海交通大学出版社 2020 年版,第 147 页。

到 1956 年底,我国流通的苏联文学作品已经有 2 700 多种,而当时,我国所有出版的书籍加起来也才 8 000 种左右,苏联作品的占比相当大。

国际书店创立的目的之一就是管理新中国书籍的进出口工作。后来中国出版协会将国际书店的业务总括为:经营出口的品种涉及中国出版的所有学科的各种书刊。① 当时所有地方出版社出版的外文书籍都要经过国际书店的审查和许可,换而言之,国际书店虽然同样被冠以"书店"的称谓,却不同于今天绝大多数的营利性书店,而更带有国家文化机构的性质。中国的对外发行也是如此。当时中国对外出版的外文期刊的定价是在很低的基础上再打一半的折扣,这在当时的印度、印尼等国家看来已经是非常低廉的价格,显然是一种不计成本的方式。② 也就是说,国际书店的市场因素在该段时期里面的占比很低,主要是政策导向。

就苏联文艺作品本身而言,实际上从 1950 年代初期起,苏联社会就逐渐进入一个重新检验过去和自我认识的新时期。③ 但彼时的中国对于苏联的书籍和思想是全盘接收的。"年轻的中国人民革命文学,直接在苏联文学的影响下成长起来,这不只是创作上的教养,而且联系着青年们的革命的行动。"④孙犁针对苏联文学与中国思想的这句话清晰地指出,苏联的文学作品及其中包含的思想除了影响国民的文学之外,还有对"青年们的革命行动"的指引。

在严肃文学作品之外,影响中国青年最大的是大众文学。50 年代中期,团中央、全国总工会、出版总署等单位通过调查认为,书刊内容对青年一代的影响巨大。《人民日报》因此还发表了社论,要抵制黄色书刊对青年的腐蚀,团中央责令中青社在极短的时间内出版一批适合于这一部分青年阅读的书籍,代替那些反动的、低级趣味的书刊。黄伊关于中国青年出版社早期文学读物出版活动的回忆中提到,1951 年的出版委员会是青年出版社的领导机关,当时没有编辑部,后来委员会建制取消后,编审部成为青年出版社的编辑部,原来的编审部下面就有两个科:青年读物科和少年儿童读物科。1952 年由胡乔木建议下,青年出版社与开明书店合并成为中国青年出版社,原出版委员会李

---

① 中国出版工作者协会编:《中国出版年鉴 1980》,商务印书馆 1980 年版,第 38 页。
② 陈剑光:《20 世纪纸质媒介研究》,第 167 页。
③ 彭克巽:《苏联小说史》,北京十月文艺出版社 1988 年版,第 202 页。
④ 孙犁:《苏联文学怎样教育了我们》,载《孙犁文集(补订版)》卷 6,百花文艺出版社 2013 年版,第 24 页。

庚主任改任新的出版社副社长兼总编辑。李庚与原青年读物科科长江晓天主抓文艺,于是调入了较多的外文翻译、大学毕业生和出版社人员到青年读物科,并组建庞大编译组,几乎占编辑室人员的一半,文学编辑室成立了专门出版以惊险小说为主的通俗文艺读物的小组,半年内先后出版了《红色保险箱》《坐标没有暴露》《今天就要爆炸》《双铃马蹄表》等中外惊险小说十余种,印行数百万册。① 此外,国际书店是上述一系列环节当中最关键的一环,它受限于我国在国际上的身份,只能大量引进俄文书籍以扩充国民的视野。

二、苏联的反特侦破小说译介情况

1951 年 1 月,上海市为配合冬防和反特工作,由市文化局电影处,华东影片经理公司与电影同业公会代表在全市免费放映反特电影,影片有《人民的巨掌》《思想问题》《无形的战线》《青年城》等。② 同年 3 月还引起了学习俄文的热潮,国际书店上海分店俄文书籍在 2 月份的销量猛增到 1.57 万册,甚至较前一年翻倍,当然中间最热门的是工科、医科类书,主要因其插图较多,因此不懂俄文的工程师和工人也去买。③ 而 1955 年 4 月 1 日起,国际书店接受俄文期刊订阅。④ 在这一形势下,1954 年潮锋出版社率先引进苏联侦探小说,出版丛书"苏联冒险小说译丛",明确说明出版目的在于:以爱国主义的精神教育青年,教育意义重大。侦探小说具有宣教功能,教育群众擦亮眼睛,分清敌我正邪,为巩固社会治安尽一份力。⑤

苏联文学界从自身话语角度出发,将这类"间谍"小说称为"反特"小说,而这一名称后来被我国采纳并一直沿用下来,其中 1955 年中国青年出版社译介的反特小说造成较大影响,最早出版的《红色保险箱》第一次印刷就达 13.5 万册。到后来,《红色保险箱》的印数达到了 53 万册,在 1949 年 10 月至 1957 年 5 月出版的印刷 50 万册以上的革命文学畅销书中排名第六,排名第一、二的是中国青年出版社的《卓娅和舒拉的故事》(209 万册)和《钢铁是怎样炼成

---

① 宋应离等编:《中国当代出版史料》第 4 卷,大象出版社 1999 年版,第 458—467 页。
② 《上海文化年鉴》编辑部编:《上海文化年鉴 1990》,中国大百科全书出版社 1990 年版,第 241 页。
③ 夏东元主编:《二十世纪上海大博览》,文汇出版社 1995 年版,第 661 页。
④ 《上海文化年鉴》编辑部编:《上海文化年鉴 1990》,第 246 页。
⑤ 张红娟:《转首关河气象新:1949 年—1955 年华东地区小说研究》,安徽师范大学出版社 2017 年版,第 30 页。

的》(207 万册)。据统计,1955 到 1958 年我国各年分别出版反特侦破惊险小说 80、50、20、20 余种,而其中引入的前苏联翻译作品达 30、20、10、20 多种,1959 年翻译前苏联反特小说则降到 10 多种。①

这一时期形成的大众阅读热潮,造成国际书店引进译介小说数量的大幅提升,但是同时原有的一些问题也暴露出来。如,反特小说也和文艺作品一样,出现了抢译现象,当时的情况有如下记载:

> 一本好的外国小说,总有好几个译本。抢译的现象很严重,特别是文艺作品,一些文艺翻译者到国际书店抢购样本。抢得以后立即向私营出版社登记,登广告,确定专译权。那个私营出版社实际成为文艺翻译的统制者。……希望文协除组织文艺作家创作外,还应组织文艺翻译者的翻译工作,以免互相抢译,并造成重复浪费(读者认为一本书有几个人译,译出后又往往以不同书名出版,以致误购同种书三四本,是一种经济上的损失)。出版总署应赶紧出翻译通报,以交换翻译情报,组织翻译工作。②

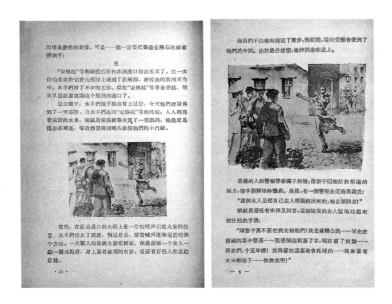

图 1 反特科幻小说《金刚石》的两个译本插图比较

① 常大利:《世界侦探小说漫谈》,知识产权出版社 2014 年版,第 88—89 页。
② 中国出版科学研究所、中央档案馆编:《中华人民共和国出版史料 5》,中国书籍出版社 1999 年版,第 150 页。

苏联防奸反特、科学幻想小说《金刚石》就有两个版本,如上图所示,左图为 1956 年 1 月北京大众出版社《秘密一定被揭穿》中收录的第二个短篇,作者名为"罗沙霍夫斯基",译者"清河",由北京新华书店经售;右图为辽宁人民出版社 1955 年 11 月第一次印刷的《金刚石》中的第一个短篇,作者名译为"罗萨霍夫斯基",译者"奈温",由沈阳新华书店印刷发行。经比对两者内容基本一致,均译自苏联《青年技术》(*Техника молодёжи*)杂志 1955 年第 5 期,但文字不同,显然是两个译者独立翻译。从时间上看,从苏联杂志刊出短篇小说,到被两家出版社同时译介出版不超过一年时间。在这一时段,类似的小说非常多,如《秃鹰崖擒匪记》、《射击场的秘密》(《打靶场的秘密》)、《深雪》、《追踪游魂》(《追踪幽魂》《追捕怪影》)、《狼迹追踪》(《匪巢覆灭记》)等,常大利对这些版本小说进行过梳理,并命名为"同名版本小说"。①

在如此短的时间之内,国际书店、新华书店是如何及时获取这些原版小说的呢?我们从以下郑振铎和陶孟和的对话记录中看出,图书馆主要通过整理的国际书店的外文订阅书目名单来下订单,可见书目名单对于最终确定预订图书有着重要的功能。如果由专家进行筛选,对于具体订购图书取舍将更具有针对性。

> 中国科学院图书馆馆长陶孟和先生告诉我:有某一个设在外省的研究所,派人拿了好几册国际书店印的外文杂志目录,要求图书馆替他们全部预订一份。如闻其声:"我全要!"但全部是三千多种呢!门类复杂得很,也有些只是"年报"或"会务报告"性质的东西,买了来,根本没用。陶先生翻了翻,就把他给顶回去了。"要好好地挑选一下,不能全买!"……我建议:如果要买"书",书目非由"专家"开出不可。各研究单位或大学图书馆的人员,只是综合了各位"专家"所开的单子去"买"书而已。就是公共图书馆也应该时时请教当地的专家们,了解他们的需要,再动手"买"。没有拿"书单子"而来买大批"书"的人,不论新古书店或国际书店,均可以有权给他们顶回去。②

这些预订申请单如下图所示:

---

① 常大利:《世界侦探小说漫谈》,知识产权出版社 2014 年版,第 94—95 页。
② 郑振铎:《西谛书话》,生活·读书·新知三联书店 1983 年版,第 515 页。

图 2　国际书店 1953 年 9 月 1 日至 10 月
15 日征订苏联外文期刊订阅目录

　　从上图中国际书店 1953 年 9 月 1 日至 10 月 15 日征订苏联外文期刊订阅目录来看,其中儿童、少年和青年杂志刊号 49 到 58 的细目就有《少先队辅导员》《环球旅行》《友亚的小孩们》《儿童游戏家》《知识即力量》《青年剧坛》《木乐济儿加》《少年先锋队员》《青年一代》《青年技术》等刊物,这些刊物都是俄文原版,尚未被译成中文。其中《青年技术》就是译介反特小说所主要选取的苏联刊物。该杂志面向青少年,但其中主要介绍的知识和内容并非侦破类小说,而是科学普及作品、科学游戏、科幻小说等。例如,其中有不少有关飞机、拖拉机的组装知识,化学农药试剂原理,物理电流原理等,此外还有部分科幻小说登载。

图 3　《青年技术》1954 年杂志封面图

　　《青年技术》的部分期刊中,也夹杂与中国有关的介绍,主要引用的刊物有《人民画报》《中国青年》等,以及朝鲜等社会主义国家的刊物信息,可见中苏之间也在国外图书译介传播方面交流密切。如下图封面中有《中国青年》期刊图案,图 5 转引《人民画报》的 Wang Youxi《中国铁路的发展》,Xin Anmin《首家汽车厂的建设》等新闻。此外还有张衡"地动仪"等相关的科普介绍。

图 4 《青年技术》杂志所载与飞机有关的插图

图5 《青年技术》中有关中国有关的介绍,其中也借用了《人民画报》的部分稿件

反特小说是从其中刊载的小说原文译出,并将短篇集结成单行本出版。北京大众出版社 1956 年 1 月第一版阿达巴耶夫的反特小说《秘密一定被揭穿》就是摘自 1954 年 10 月的苏联《青年技术》杂志。这篇小说也具有科普、科幻元素,案件核心是侦破将沙漠变成肥沃土壤、用无机物和有机物来制造生物细胞的"微生物制造器"失窃案。文中普及了"腐殖质"及固氮活动的计算、土壤联动机原理等科学知识。同书收录的第三篇小说,诺沃谢尔采夫的《新型风暴》选自 1955 年第 1 到 3 期的《青年一代》,从空气动力学提到飞行器原理、破冰船式内燃机拖轮、风力发动机等科技知识,以及"高温切割机手"匪徒盗船圈套案件。从图 6 的对比处可知,其中文版的封面人物图左脚下的草坪处存在断裂线,似可推测该图直接取自原杂志插图。

《秘密一定被揭穿》所收第二篇小说即前文提到的《金刚石》,以苏联轮船停靠非洲某港口时救助一位流落当地的苏联女子开篇,该女人曾和苏联学者结婚,但由于纳粹入侵被俘虏后失散。故事的核心阴谋与该苏联学者研究的制造高硬度人工金刚石有关,文中普及了金刚石的晶体结构与人造原理。从

图6 《秘密一定被揭穿》中苏版本比较

注：左为1956年《秘密一定被揭穿》(新华书店北京发行所总经售)；右为苏联原版《青年技术》1954年10月杂志内图

上述的几个案件可以看到一些共同点，即这部分小说从国际书店"青年、儿童读物"的书单引进，其故事内核多有自然科学知识。特点是普及当时最新的科学技术，涉及的一般都有工程师、学者(包括院士、教授、博士)、新型的机器、技术发明、特殊战略资源等，涉及场所一般有学术会议、科技博览会、实验室等。而限于篇幅关系，情节的离奇和复杂性则相对不高。

同时期其他出版社也出版过一些相对强调情节的小说。例如《海峡旁的小屋》收录了《海峡旁的小屋》和《考验》两篇小说，前者主要描写的是一个过去为日本特务机关效力的白匪潜伏到苏联境内，试图拉拢一个前白卫军成员的猎人，刺探造船业方面情报，最后引起苏联老百姓和一个中国老人的警惕，将其擒获。这部1956年出版的小说中体现了部分中国元素，中文译本在两年后就由群众出版社出版，新华书店发行。群众出版社1956年在北京刚成立，1958年9月第一次印刷《海峡旁的小屋》时，印数就已达3.7万册，因反响不错，次年第二次印刷，总印数达6.7万册，土纸印刷(图7)。

俄文版《海峡旁的小屋》封面
（1956 年版）

中文版《海峡旁的小屋》封面
（1958 年 4 月第一版）

俄文版《海峡旁的小屋》扉页插图
（1956 年版）

中文版《海峡旁的小屋》扉页插图
（1958 年 4 月第一版）

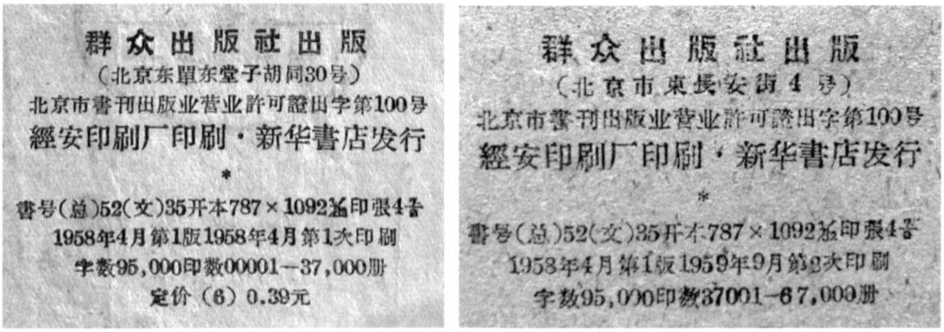

群众出版社出版
(北京东單东堂子胡同30号)
北京市書刊出版业营业許可證出字第100号
經安印刷厂印刷·新华書店发行
*
書号(总)52(文)35开本787×1092 1/32 印張4 3/8
1958年4月第1版1958年4月第1次印刷
字数95,000印数00001—37,000册
定价(6)0.39元

群众出版社出版
(北京市東長安街4号)
北京市書刊出版业营业許可證出字第100号
經安印刷厂印刷·新华書店发行
*
書号(总)52(文)35开本787×1092 1/32 印張4 3/8
1958年4月第1版1959年9月第2次印刷
字数95,000印数37001—67,000册

《海峡旁的小屋》1958 年第一次印刷和 1959 年第二次印刷的版权页

图 7 《海峡旁的小屋》的苏联中文版本对比

笔者搜集比较了中苏版本的首版书,据俄文版本的版权页所载,原书由青年近卫军出版社出版,红旗印刷厂印制,印数为 9 万册。经过对比发现封面、内文插图方面完全一致,基本都是通过翻译原版后,将标题、译文等插入方式出版。原版出版仅两年后,中译本的总印数就超过了苏联本土。

三、结论

综上所述,在新中国成立后至中苏交恶之前,出于“科学性”和“实用性”原则,大批反特侦破小说通过苏联的科学、政治刊物以所谓短篇小说集的形式引进,引起了国内的出版热潮。有学者认为:自新中国成立以来,我国公安法制小说就一直在发展,即便在特殊时期也没有中断,这主要是由当时的政治氛围决定的,即新政权刚刚建立需要巩固地位,而公安法制小说就起到了一个催化剂的作用;此外当时受到苏联影响,作者从苏联的相关探案小说中吸取了相应的素材和经验,等等。① 常大利则总结,50 年代中期我国反特、锄奸、剿匪、肃反等侦探类小说兴盛带动此类小说的本土创作达到高峰,而除苏联的几部长篇小说外,这些小说基本是中短篇,社会影响力极大,读者众多,有的作品一版再版,最多达再版十次。② 从负责外文图书引进的国际书店来看,国际书店的大量发行,也推动了中国各大出版社的译介工作。这些小说在中国不光印数

① 张金明:《浅析公安法制小说的三个演化进程》,《芒种》2013 年第 7 期。
② 常大利:《世界侦探小说漫谈》,知识产权出版社 2014 年版,第 84—93 页。

超过苏联本土,故事扩散程度也较本国更深,影响了后来一大批中国本土反特公安文学作品,后者大致也有相似的涉及科学家、专家、学者、工程师,围绕高科技产品和战略资源偷盗案件侦破的模式。从出版的内容、选取的杂志刊物来看,反特侦破类型小说有着深层的"苏联水印"。

"近现代大众读物的编写、出版和影响"学术研讨会综述

曾 煜

（复旦大学）

上海是近现代中国印刷业和出版业中心，也是近现代中国大众读物的重要产地。复旦大学历史学系和中国近现代新闻出版博物馆联合主办的"近现代大众读物的编写、出版和影响"学术研讨会于 2023 年 9 月 2 日至 3 日在复旦大学光华楼召开。来自全国各地高校、科研院所、图书馆、博物馆、出版社的 40 余名学者参加了本次会议，围绕新闻史、出版史、印刷史和阅读史等主题展开研讨。

开幕式上，复旦大学历史学系系主任黄洋和中国近现代新闻出版博物馆馆长赵书雷代表主办方致辞，分别表达了对参会学者的欢迎。随后，由复旦大学历史学系邹振环教授做题为《清末引入近代物理学新知识的译者与译著：伍光建与〈最新中学物理教科书〉》的主旨报告。邹振环指出，在文化传播和科学翻译史上，译者的重要性不言而喻，他们既是原文本的第一读者，也是原文本进入译入语语境的第一媒介。因此，译者对于原文本的阅读和阐释，不仅仅是翻译家个人的活动，也表现为文化传播上的一种公共行为，特别是在教科书的编译上，其作用尤为明显。伍光建（1867—1943），不仅是晚清文学白话翻译的拓荒者之一，也是著名的英语教育家和英汉汉英辞典编辑家。1903 年，清政府颁布《钦定学堂章程》，通令全国遍设学校，因此急需新式学校的教科书。1904 至 1906 年间，伍光建利用自己在新式学堂的教学经验，编译了一套《最新中学物理教科书》。《最新中学物理教科书》显然是伍光建参据英文物理学教科书编译的，但伍光建并未说明自己编译《最新中学物理教科书》所依据

的底本和参考的蓝本。通过对英文系统的诸本物理学教科书的比对,可以确定该套教科书是伍光建并非参据一本,而是参据多本英文物理学教科书编译的,比较可能是英文系统的物理学教科书系列。虽然这套教科书在总体结构和核心内容方面,也属编译西方同类教材的仿写,但通过物理学专业术语的翻译,他注意运用中国本土化的例证进行有效解说,展示了西方近代物理学的重要成果,开启了中国学生物理知识建构的新格局。伍光建的《最新中学物理学教科书》,无论是在门类齐备,还是在内容丰赡方面;无论是选材的周密性,还是容量的合理性方面,都超过了同时代其他书局的同类教科书。这一中学物理教科书在体系和内容方面,提供了改变陈旧的知识眼界和狭窄的学术视野的一条快捷方式,为中国人自编新式物理学教科书开创了走向独创性发展的道路。

本次会议论文报告及评议环节分为三组进行,以下谨以场次为序,分别介绍各组论文报告的情况。

第一组

河北师范大学文学院刘善涛副教授以传教士辞书中"金"字释义及构词为例,讨论了古今转型进程中传教士辞书的编纂特点与历史价值。刘善涛通过选取十部晚清民国时期具有代表性的西人辞书,辅以四部语文辞书和六部国人编纂的汉英辞书进行对比,发现传教士辞书的历史作用大致有以下四点:1. 推动了词义的古今转型;2. 推动了现代词语观的定型与完善;3. 推动了语言的文白转型;4. 推动了辞书的现代化发展。

上海海事大学外国语学院讲师、复旦大学历史学系博士后莫为重点讨论了耶稣会士徐宗泽(1886—1947)的翻译主张与实践,通过梳理他的翻译实践,力图还原近代翻译思想史中的徐宗泽。徐宗泽主张从耶稣会翻译史中提取经验,更新"体用之辩"争鸣中偏重翻译的工具理性价值,倡导从交往理性面向审视译书活动,并将自身的西学翻译实践与来华耶稣会士在华传教使命文化经验进行深度总结。

肇庆学院政法学院讲师戴维的报告题为《"忧亚子"考》。"忧亚子"是20世纪初的一位著名译者,他所翻译的《累卵东洋》和《男女交合新论》两书风靡一时,在近代中国革命史、文学史、家庭史上均占有一席之地。关于"忧亚子"的身份,先行研究已提出三种观点,但或出于误解,或缺乏实据,均未能中的。戴维通过细密梳理"忧亚子"的著作情况,发现有关《日清联盟论》《累卵东洋》《男女交合新论》的史料均可独立推断"忧亚子"是戢翼翚的笔名。在考出"忧亚子"是戢翼翚的笔名之后,认为他应被视为"中国性学大众读物最初的译述者"之一。

复旦大学历史学系博士研究生宫陈的报告题为《依违之间——晚年张元济的认同和尴尬》。以往研究对于晚年张元济的关注主要侧重于其关心国是、参政议政的一面,而对他在新中国成立前后的政治态度和行为缺乏细节性考察。宫陈通过梳理分析 1949 年张氏受邀北上参加中国人民政治协商会议的心态,与刘承幹等人的交往,在"三反""五反"运动中的表态及辞受上海市文史馆馆长的过程等,展现在新的国家治理体系建立过程中,以张氏为代表的深受传统思想观念影响的"文化老人"的自我调适状况,进而考察建政之初中共与这类群体的互动关系。

郑州大学历史学院教授周蓓聚焦于抗战时期营养卫生读物的出版与传播史,着重探讨抗战时期营养卫生读物的出版种类、编写特点、书籍传播及知识应用。抗战进入相持阶段后,军民因食物匮乏产生诸多营养问题,健康状况持续恶化。营养学家积极调查并研究如何在战时保障军民营养。重庆国民政府制定并实施《国民营养补救办法》,在抗战大后方积极推行营养改进运动,组织编写系列营养读物,以社会动员的方式传播推广实用性的营养知识,意图利用营养科学达到救国强国目的。战时出版的营养卫生读物类型多样,通俗易懂,特点鲜明,在传播和普及科学知识的同时,也为中国军民持久抗战提供了支援和信心。

广州大学历史学系副教授郭永钦以苏联《青年技术》杂志登载的译介小说为中心,讨论反特侦探小说译介中的"苏联水印"。从新中国成立后到中苏交恶之前,中国通过苏联的科学、政治刊物所谓短篇小说集的形式引进了大批反特侦探小说。郭永钦首先通过该时期出版的不同版本的小说文本、广告、书单及出版社史料,追溯了原始苏联小说引进时的选题目的和出版动机。其次以负责全国外文小说进口的国际书店为例,梳理出引进苏联小说的过程。最后经由文本对比,发现我国以科普杂志、青年杂志为载体译介了苏联反特、侦探小说,影响了后来一大批中国本土的反特公安文学。

南京图书馆副研究馆员程赟徽以纸张为中心视角考察了近代中文报纸画刊的历史变迁。近代前期的报纸画刊采用的纸张仍是传统的竹纸,因此成本较高,出产量较低,难以面向大众传播。在传统纸张向机器纸张的过渡中,出现了本土改造的机器连史纸(又称"洋连史纸"或"仿连史纸")。最早的点石斋画报,即以点石斋石印书局的连史纸印刷而闻名。然而,由于机器连史纸还是使用传统的草浆、木浆、纸浆和竹浆,只是将原来的纯手工蒸煮换成机器生产,因此依然存在生产周期长、劳动强度高、产量低和成本高的问题,因不适配整体更新中的印刷出版行业,最终难逃被淘汰的命运。不过,抗战时期由于国外机器纸的进口停滞,本地传统纸和土制纸在这一时期又重新占领了市场。

辽宁师范大学文学院教授乔世华的报告题为《三四十年代连环图画的流行与接受》。乔世华在报告中描述了连环图画在当时畅销和热读的状况,着重分析造成连环图画风靡一时的多重因素。自 1925 年"连环图画"这一名称出现之后,连环图画迅速风靡,从出版内容来看,既有时事内容的介入,也有对新文学作品的改编,还有大量神怪、武侠、侦探等题材。乔世华认为连环图画的流行有着以下原因:1. 连环图画是彼时国人重要的传播媒介和文化载体及娱乐消遣品;2. 连环图画图文并茂,故事性强,租售价钱便宜,能最大限度地满足国人的文学、图像欣赏欲求;3. 出版印刷业和电影业高度繁荣,图书发行网络畅通,连环图画能有效地渗透到城乡各个角落。

四川大学文学与新闻学院副研究员李扬着重分析了 1920—1940 年代中华平民教育促进会在河北定县开展的阅读试验。1920—1940 年代中华平民教育促进会在河北定县的阅读试验在充分考虑农民接受心理与习惯的基础上,反思"五四"时期平民文学的启蒙逻辑,建构了一套乡村阅读文化。一方面,它遵循着科学实验的原则;另一方面,乡村阅读文化的创造基于具体社交场域,知识的生产与传播均根据农民的情感模式与认知习惯加以调试。在这一动态场域中,基层社会的常识、趣味与日常生活也反作用于知识分子,不断重塑着知识分子关于现代科学和民族国家的观念与实践。

北京师范大学新闻与传播学院博士研究生王涵秋讨论了清末民初维多利亚侦探小说汉译出版对中国现代文学的影响。维多利亚侦探小说是英国维多利亚时代(1837—1901)产生的极具特色的新文学类型,以亚瑟·柯南道尔创作的侦探小说为代表。中国本土侦探小说作为晚清时期新出现的文学类型，它的萌芽、发展与成型离不开中国作家对英国维多利亚侦探小说的借鉴与改良。王涵秋认为，维多利亚侦探小说的汉译出版成为新文学传播的重要手段与必要载体，为五四时代"新精神"的出现奠定了坚实基础，也为中国本土小说创作提供了新范本。同时，维多利亚侦探小说的汉译出版活动进一步推动了我国本土出版技术的转型与成熟，拓展了我国本土报刊的出版方式。

成都大学文学与新闻传播学院副教授张睿睿的报告题为《"幽默"如何"教育"——〈论语(半月刊)〉中精英与大众的教育探讨》。《论语》为 1932 年创刊的幽默杂志，以幽默小品为主要特色，内容涉猎广泛。张睿睿通过分析《论语》杂志上登载的有关教育的幽默作品，观察当时的高级知识分子如何向大众展示他们所思考的教育问题，以及他们期待的未来教育改革的可能方向。这种以幽默的方式让精英编刊层和大众读者层共同参与了对现代教育的讨论，很好地实现了双向互动，不仅使以幽默为宗旨的杂志成为精英引导、启发大众参与批评性思考的文化阵地，还成功地以大众参与、反馈的结果为正向刺激，再次诱导了精英的投入，让他们进一步以对话形态作出了回应；从而让大众读者有机会深层次阅读、了解、领悟文化精英层惯用、认可并希望大众接受的思维和表达样态。

南京晓庄学院新闻传播学院专职教师罗艺以陶行知所创办的晓庄乡村师范学校的传播活动为个案，探讨乡村大众出版事业对乡村社会变革的影响。面对民国乡村出版事业的不发达，乡村建设者积极探索乡村大众出版路径，筹划乡村出版事业。通过制度化的组织管理，在乡村图书的编撰、乡村报刊的出版、讲义小册子等其他农民读物的制作上进行了大量的生产传播，并形成了"乡村学校—乡村图书馆—社区"的阅读网络。种类丰富、浅显易懂的书写和印刷媒介构筑起乡村社会新的知识系统，加速信息流通，促进了传统教育的转型，激发了农村文学的创作，促进了农民知识面貌的改变。

南京大学历史学院硕士研究生胡辰的报告题为《"家—国"叙事中的观念与情感——新中国成立初期中小学语文教科书的四种叙事(1949—1958)》。胡辰发现个人情感叙事、"落后—转变"的斗争叙事、劳动叙事和未来叙事构成了新中国成立初期中学语文教科书中的四种基本叙事结构，共同处理着个人—家—集体—国家的关系。其中，"超阶级"的情感是不被允许的，私人情感需要上升到更高的层面才有价值;斗争叙事关注现实逻辑向神圣逻辑的转化;新中国成立初期也是充盈着革命乐观主义情绪的色彩鲜明的社会,诞生了集体主义的劳动英雄;未来叙事则是有关社会主义前景及中国在世界中的位置的构想。教科书的话语构成青少年的认知框架,具有集体记忆建构、道德样本和意识形态展演的三重内在属性。课文尽管作为"权威文本",但也受到来自舆论的质疑,相互冲突的论述争夺社会主义的阐释权,社会主义观念也在协商和修正中不断丰富发展并长期处于生成过程中。

龙岩学院闽台客家研究院副教授张凤英以民国时期地理类教科书和普及读物中的"客家"书写作为研究对象。张凤英发现,民国时期地理类教科书和普及读物中,"客家"已成为一种"公共知识",但对"客家"的地理分布、历史渊源、文化形态、族群定性等内容的记述并不明确统一,且主要记载广东、广西的客家状况,对江西、福建等地涉及较少,这与民国时期客家族群意识建构的发展历程有关,也反映出 20 世纪前半期的地理观念与民族认同等问题。

复旦大学历史学系博士研究生张子旭的报告聚焦于近代著名基督教翻译家谢洪赉所编写的地理学教科书《瀛寰全志》。张子旭通过比对《瀛寰全志》及其附图《瀛寰全图》的文字内容和地图绘制发现,发现其主要翻译的知识底本有三:一为基督教青年会翻译的西文地理教科书;二为日文地理教科书;三为传教士新闻报刊中的万国地理知识概述。《瀛寰全志》及其附图《瀛寰全图》系"西学东渐"与中—日—西三方地理知识环流下的产物。

第二组

浙江财经大学人文与传播学院副教授操乐鹏聚焦于民国时期出版的"英汉对照"文学丛书的译介、出版及影响,系统地辑录了民国时期"英汉对照"文学丛书的书目,对其出版动机和广告宣传予以考察,指出至"英文对照"类读物井喷式出版发行的 1930 年代,促进英语学习成为该类丛书的核心出版策略和宣传口径,该类丛书的首要目标读者为学生群体。操乐鹏在报告中从文学译介角度厘清了"英汉对照"文学丛书的翻译诗学与译注策略,指出该类丛书的译注中相当比例在于解释英文字句及文法,除语言学习层面外,译者亦着力于文学常识、文化背景、典故和修辞等方面的注解。此外,从现代文学翻译史的角度观察,"英汉对照"文学丛书构成了世界文学汉译史和接受史的重要环节,并深度参与到现代白话文类的创生过程当中。

中国人民大学历史学院博士研究生曾子恒的报告题为《〈法西斯蒂及其政治〉与1930年代初法西斯主义思潮》。曾子恒注意到,以往研究大多强调1920年代法西斯主义在中国的沉寂与1930年代的勃兴,而忽略了其内在的沿袭与变化,1933年萧文哲编著的《法西斯蒂及其政治》的出版为探讨中国的法西斯主义思潮的转向提供契机。报告以《法西斯蒂及其政治》为中心,考察了萧文哲编纂该书时的思想资源与主张及该书出版后的传播状况与影响,指出《法西斯蒂及其政治》一书是萧文哲根据海外法西斯主义知识的基础上,参考1920年代以来国内相关论著而写成。该书出版后,既推动法西斯主义在中国的发展,也在法西斯主义思潮中从"学术研究"转变为"宣传品"。

中华书局《中国出版史研究》编辑部副编审张玉亮的报告题为《革命的流量:民初谭嗣同著述再考》。张玉亮考察了《章谭汪黄四家尺牍》和《民权素》这两种民初谭嗣同著述的出版发行状况,通过对《四家尺牍》中谭氏尺牍的眉批的细致考证,发现编者"重民"并未如其所声称为谭氏友人,有理由怀疑"重民"的按语为以射利为目的的伪托之作。《谭复生先生尺牍》和《民权素》并未在民初引起太大反响,尽管谭嗣同作为烈士的形象颇受出版商青睐,但在民初的政局翻覆中,始终难以凝聚起足够的市场号召力,民初以革命求流量的谭氏尺牍出版最终以失败告终。

太原理工大学马克思主义学院讲师裴梦华以1918年起在山西出版的《人民须知》及相关的宣讲活动为研究对象,考察此类文本是如何参与到政府宣传体系之中,又是如何借助公民教育的外衣规训民众,并帮助阎锡山扩大他在省内外的政治影响力。裴梦华指出《人民须知》兼有启蒙民众的"公民读本"和巩固阎锡山为首的山西地方秩序的"督军训喻"的双重性质,既有启发民智的新知,也处处强调阎锡山的重心地位。《人民须知》在发行上借助于1918年初出于抗疫需求而建立的宣讲体系,通过行政体系大规模散发是主要的发行方式,此外还通过要求商人宣传讲解和组织宣讲员和学生深入乡村宣讲等方式进一步传播。《人民须知》在客观上促进了山西社会的现代化进程,但本质上仍是为阎锡山个人服务。

中国社科院近代史研究所助理研究员韦昊昱详细考察了中国艺术史学的

重要奠基学者滕固 1926 年出版的《中国美术小史》，指出该书受近代中国文化界"中西调和派"思想与新史学思潮的影响，提出了跨文化性质的"混交艺术"理论，力图打破传统古典书画史的朝代划分界限，开创性地对中国艺术作"生长、混交、昌盛、沉滞"四阶段论分期概括，形成了一套将生命成长与历史演进论相结合的叙事史观和时空框架。滕固致力于钩稽中国艺术演变的根源动力和整体线索，重建有关中国艺术延续性与文化同一性的历史叙事，打造一部"国民艺术史"。《中国美术小史》正是滕固此种文化立场和现实关怀的体现，而非仅是一部通识性质的讲义教科书。

北京印刷学院设计艺术学院副教授张馥玫关注出版《时代画报》并开办时代图书公司的"时代派"出版团体。该团体是以艺术家张光宇为核心，集结了张振宇、鲁少飞、叶浅予、邵洵美、叶灵凤等文艺界人士的非正式组织，活跃于 20 世纪上半叶上海的工商业美术、画报出版、漫画与摄影等诸多领域。张馥玫的报告以"时代派"为主要研究对象，一方面结合张光宇等人在上海国际化都市文化环境中博采东西文化之长的兼容性创新实践，考察设计师参与文化出版的特色道路；另一方面分析《时代画报》在摄影图像剪辑、漫画、版式、字体等方面展现的先锋设计探索，评价特定时局与文化语境中的"设计师出版"之影响与贡献。

上海市历史博物馆副研究馆员邵文菁以《点石斋画报》画师群体为中心，考察了石印媒介时代的画师群体。石印技术改变了传统图像复制的生产方式，开启了将知识信息以图画方式向大众普及的传播模式。石印作为促使媒介更新的新技术，改变了出版物的消费市场，也改变了出版物的编辑方式。以《点石斋画报》为代表的近代石印画报，聚集了一批以供稿为生的职业画师。他们投身于石印媒介时代的出版物创作，其作画方式、创作心态和营生理念都因媒介的更新而转变。石印画家群体在上海逐渐形成的消费社会中建立起新的身份，用作品构建出了现代都市情境。

浙江师范大学外国语学院副教授蒋硕的报告题为《普世审美情感与国族文化再造：郑振铎的世界文学建构》。报告在近代中国世界文学发展脉络中全面探讨郑振铎对英美与苏联世界文学理论的接受与批判，分析郑氏思想对其主编《世界文库》的影响与建构。蒋硕认为，郑振铎世界文学思想是文学研究会文艺思想的重要组成部分与发展，是在 20 世纪上半叶动荡对抗的世界与近代中国背景下对普世审美情感的认定。他进而依据这一范式重估中国传统文化,试图实现中国国族文化的再造与复兴。

鞍山师范学院人文与传播学院副教授蔡译萱以慈灯的童话创作为核心分析了东北沦陷时期的儿童文学。抗战时期对文学大众化的提倡模糊了儿童文学与给成年人准备的大众文学之间的界限,使得儿童与成人同等地承受殖民统治的创伤的同时也承担着相同的抵抗殖民者的责任。因此慈灯的童话作品更倾向于为成人创作。面对日益严峻的殖民环境和不断收紧的统治政策,慈灯巧妙地利用离奇曲折的故事情节,用拟人的手法,赋予万事万物以人的思想情感来表达对被倾轧的受害者的同情及对日本侵略者的痛恨与鞭挞。但是由于童话中动物意象具有多义性,使慈灯跌入日伪当局的修辞陷阱,抑或被日伪当局挪用和再解释,无意间与"新满洲"的话语建构形成共谋。

上海交通大学日语系副教授林子博的报告题为《副文本视角下建国初期日本儿童文集在中国的译介——以〈基地儿童〉为例》。林子博通过运用热奈特的副文本理论对《基地儿童》中日文版的内副文本进行比较分析,并结合新中国成立初期中日交流情况对外副文本加以考察。林子博发现,《基地儿童》中文版的出版及其副文本的设计编纂体现了译方传播新中国成立初期主流意识形态的编译目的,呈现了人民外交政策的重要侧面。

复旦大学新闻学院博士研究生万益君的报告题为《超越书信知识:民国儿童白话尺牍指南之知识变奏》。万益君在报告中以知识社会学为理论视阈,观照儿童尺牍指南中的"知识变奏",认为随着新式文体意识和现代思潮的涌现,儿童尺牍指南作为一种"媒介知识",在其"中介化"特征的作用下,形成了由多种实用性价值构成的教化方略,从而介入到儿童的现实生活世界。

同济大学外国语学院副教授梁艳以 1913 年 8 月至 1921 年 12 月间中华书局陆续出版的"世界童话"丛书为研究对象,详细考证了"世界童话"丛书的日文底本,厘清该丛书诞生的源头。并在此基础上,结合民国初期的社会变革以及教育发展状况,从内容、语言、插图等角度分析该丛书的编译策略和出版特色,解明中华书局在儿童课外读物出版方面取得成功的原因。

复旦大学中文系博士后陈宜然聚焦于民国时期报刊和武侠小说中对于滇黔民族婚俗的呈现,指出大众报刊对于滇黔民族婚俗的呈现具有猎奇性,其中虽然存在因认知局限而产生的污名化描述,却也常见以内地人视角对滇黔民族的自由恋爱所进行的渲染和追捧。以还珠楼主为例的民国武侠小说具有同大众报刊类似的题材和趣味。综合来看，大众报刊和武侠小说以婚恋自由为价值核心，以族际通婚为典型桥段，以内地国人和汉文化的立场从滇黔民族的异质性文化中识别和提炼出共通性，寄寓民族认同意识并传达平等与融合的主题。

首都师范大学历史学院博士研究生杜怀清的报告题为《战动总会大众读物的编写、出版和影响》。第二战区民族革命战争战地总动员委员会（简称"战动总会"）是在晋察绥地区中共与阎锡山商谈成立的一个战区合作的统一战线组织。该组织从 1937 年 9 月到 1939 年 7 月，在运行的将近两年时间里，开创的大众读物出版事业在晋察绥获得相当发展。杜怀清在报告中以战动总会大众读物的编辑出版工作为研究对象，详细考察了其出版概况和阅读与传播的状况，在深入分析其大众读物编辑出版特点的基础上，总结了其在大众读物出版方面的影响和经验。

南开大学马克思主义学院硕士研究生杨纪一从读者、报纸与党政机关的互动关系的视角着眼，详细考察了晋冀鲁豫边区通俗报纸《新大众报》的阅读史。杨纪一指出，《新大众报》的读者以农民和基层干部为主体，发行量居于华北前列。《新大众报》依靠邮政部门发行，邮政职工的宣传是发行量扩大的基础。以读报组为主的阅读方式，契合了一般读者的文化水平。根据读者需求灵活编排的报纸，内容通俗易懂，实现了革命动员和文化启蒙的同步进行。而读者与报纸的互动，则发挥了对党政机关的舆论监督作用。

第三组

北京师范大学历史学院博士研究生徐添以五四时期的无政府主义出版物为研究对象。无政府主义出版物主要以地下出版物的形式流通，在出版过程中，无政府主义者采用多种手段逃避审查。地方青年由于对社会不满、贫困与知识不足等因素，乐于阅读、传播这些书刊。徐添通过对少年巴金的无政府主义阅读史的考察，发现当时对书刊的阅读与分享催生出无政府主义者与无政府主义社团。同时，这些出版物带给当时青年一种情感启蒙，使其向往共产主义社会、在革命中实现自我。对无政府主义出版物的地下出版史的考察，有助于分析五四时期书报流通情况与青年思想受容之间的关系。

华东师范大学历史学系博士研究生徐雅容的报告题为《莲英之死：民初上海社会事件的跨文本展演与控管》。1920 年 6 月，上海失业青年阎瑞生谋杀名妓莲英，这一事件发生后经由各类报刊、电影等媒介迅速发酵，从社会新闻转化为娱乐作品。这一过程中相关媒介文本的生产、监管及其引发的社会舆论，折射出当时的消费风潮、媒介伦理与社会问题，同时也反映了早期电影生产与发展的困境。

郑州大学新闻与传播学院讲师申爽的报告题为《读书与救亡：作为启蒙话语与大众动员的近代常识读物出版》。申爽在报告中梳理了近代以来常识读物的出版过程，指出面向大众的常识生产与传播实际承载着多重政治功能，这构成了 20 世纪中国政治文化的最基本面向。"常识"不仅赋予个体以知识，更重要的是为个体生成了政治身份。印刷出版媒介的常识读物的生产，为政党、国家和知识分子提供了一整套以"启蒙救亡"为名的动员运作机制。

复旦大学历史学系博士研究生李娅杰的报告题为《民国时期应酬交际指南书籍的编辑、出版与阅读研究》。李娅杰注意到，民国时期的出版市场，充斥着大量用于指导人们日常应酬交际的书籍，一方面，这是明清时期应酬指南类书籍出版传统的延续；另一方面，随着时代变化，人们的交际需求日益复杂，此类书籍的刊印技术、书籍版式、编纂目的和编纂内容均有较大的改变。应酬指南书籍的装帧设计的"中体西用"观念，使得民国时期的应酬指南在很长一段时间内继续沿用旧时代的形式，而内容是新时代的内容。李娅杰认为应酬指南类书籍是民国时期出版业的重要组成部分，不同身份背景的作者投入此类书籍的编纂之中，为不同职业、性别、年龄、身份的人提供必要的酬世知识，在一定程度上促进整个社会的文明不断进步，与国际社会的交际、应酬礼仪接轨。

台州学院讲师陆秀清的报告题为《舒新城与中华书局"中华百科丛书"的出版》。陆秀清在报告中围绕 1930 年舒新城担任上海中华书局编辑所所长后策划"中华百科丛书"一事，讨论了该计划的提出、征稿及出版、编作者群体、特色及影响四方面的内容，并在引用新史料——影印版的《舒新城日记》的基础上，评述"中华百科丛书"的编写、出版特色和影响。

中山大学中国史博士方子潇的报告题为《抗战胜利后国定本教科书的应

用与纷争(1945—1949)》。抗战期间,重庆国民政府在大后方对教科书采取统一编写、印刷、销售的办法。抗战胜利后,国民政府着手重建战后秩序,向全国各地推行国定本教科书,并对相关制度进行改革。印销方面,教育部决定完全开放印销权,破除七联处的垄断局面,并扶植后起的小型书局与七联处成员书局形成平衡。而在编辑方面,教育部和国立编译馆受舆论的裹挟,考虑放弃定于一尊的国定制,改为国定制和审定制并行的折中方案。改革引起了诸多纷争,并未及真正推行就随着国民党政权的崩溃而流产。

香港中文大学硕士研究生罗宇谦的报告以《抗战小丛书》为切入点讨论抗战时期重庆知识分子的军民通俗读物书写。抗战时期,为了加强官兵对抗战建国的认识,军事委员会政治部与中华全国文艺界抗敌协会合作编写《抗战小丛书》,这是政治部第三厅迁至重庆后印刷的重要宣传刊物之一,截至 1940年 9 月编印了大约 100 种。该丛书是文字和口头宣传兼备的小册子,采用通俗文艺及白话文,旨于供给识字的军民阅读,再经过军民的口头宣传,尝试在国军士兵识字率不高的情况下进行政治训练。罗宇谦在报告中探讨了《抗战小丛书》的出版背景、文本内容及传播成效,并进一步分析大后方作家如何尝试和前线军民建立联系网络,宣传政治知识及抗日故事,以及政工人员如何运用这些后方运来的通俗读物。

综合讨论

综合讨论环节,邹振环、戴维、乔世华、林子博、周蓓和刘善涛等参会学者就本次会议的评议形式、对下一届会议的改进意见等问题展开了热烈的讨论。邹振环对本次会议为每位报告人配置两位评议人的做法表示赞许,他表示当下的诸多学术会议流于形式,并不能真正提供坦率直接的学术交流机会,而本次会议给予了充分的评议和讨论时间,评议人也都能各尽其职,提供坦率的、有建设性的批评与建议,并希望下一届会议能够继续延续这种做法。多位学者也分别从自己参加学术研讨会的切身体会出发,表达了对本次会议坦率直白的会风的赞许,并期待日后能有机会继续参加讨论交流。本届会议在与会学者的热烈讨论与对下一届会议的殷切期许中圆满落幕。

后 记

　　继 2021 年"近现代马列主义文献汉译出版"和 2022 年"近现代出版与新知识传播"两届研讨会之后,复旦大学历史学系和中国近现代新闻出版博物馆连续第三年合作,2023 年 9 月 2 日、3 日在复旦大学举办"近现代大众读物的编写、出版和影响"学术研讨会。本书也作为系列研讨会的第三本成果集与读者见面。

　　近现代新闻出版业产生了前所未有数量的出版物,将阅读行为普及到了前所未有规模的人口,其中,有各式各样的大众读物繁荣了出版市场,嵌入到一代代国人的文化记忆之中。本届研讨会聚焦此类出版物,征文启动以后收到近 200 位学者的踊跃投稿。限于会议规模,我们邀请其中约 40 位学者赴会,带来他们对近现代大众读物及其生产、传播、接受各环节的考察成果。这些研究的议题分涉语言、文学、政治、美术、科学等,视野也广及都市、农村、沦陷区、大后方甚至少数民族生活,呈现出近现代大众读物多彩纷呈的面向。

　　此次研讨会特为每场报告设两位评论人,鼓励在场专家学者更多对话。研究领域相近的学者可以在交流中相互深入,不同领域的学识可以碰撞出意料之外的火花。务实的会风和坦率的交流受到广泛好评,有学者表示,准备评议内容的过程也是在新的领域展开学习、探索的过程,成为今后新研究的契机。作为主办方,我们乐见这次研讨会能为学术的进展作出这样的切实推动,也感谢所有与会专家学者的积极参与。两天会期内,复旦大学历史学系黄洋主任和我馆赵书雷馆长在开幕式致辞,邹振环教授受邀作主旨报告,高晞教授、戴海斌教授、曹南屏副教授、章可副教授和李春博老师也受邀担任分会场主持人参与讨论,张仲民教授承担了大量的召集人工作,和学生吴世平、曾煜等一起为研讨会顺利召开提供了可靠的保障,并为论文集的出版作序,在此再致谢忱。

中国近现代新闻出版博物馆于 2023 年 6 月正式开馆,此次研讨会是我们首次以一座正在运营的博物馆的身份与各地学者会面。在研讨会最后的综合讨论环节,王晨副馆长就馆藏及数字人文系统为在场学者作了简要介绍,并听取对馆藏文献数字利用方式的建议。会后,部分与会者来到博物馆,对以中华书局图书馆旧藏为代表的馆藏体系,以及以中国近现代新闻出版通史为主轴,分设印刷、儿童、艺术、数字、音像专题分馆的展示体系有了实地的了解。研讨会闭幕大半年来,我们为一些研究者提供了馆藏资源利用协助,为学生们提供了现场教学课堂,呈现馆藏数字化工作成果的数字人文平台稳步建设、即将上线,更深入的展览和馆藏交流项目也正步入轨道。以学术研讨会为平台,辐射研究资料支持、博物馆收藏和展示的馆学合作通道逐渐畅通,相信将为研究者和博物馆双方在材料可及性、成果专业性等方面都带来助益。

小说、童书、连环画等大众读物是博物馆展厅中获得观众最多驻足的展品,博物馆则希望观众从这些历史遗存中获得情感共鸣之余,可以增进对过去的了解,就过去与现在、与"我"、与未来有所思考。本册论文集获得 21 位参会学者的大力支持,这批根据会议研讨交流修订后的论文结集问世,是研讨会成果成为公共知识的第一步,这些知识,以及此外的许多学术创见将是博物馆公共教育的启发和养料。长久地与学界携手,用厚重的实物、饱满的史料、深刻的史识,为公众讲好近现代新闻出版故事,是我们——一座年轻博物馆为之努力的方向。

中国近现代新闻出版博物馆

2024 年 4 月